주택과 커뮤니티

머리말

Intro

1990년대부터 여러 학문분야, 시민단체, 사회단체를 중심으로 커뮤니티에 대한 관심이 높아졌다. 그리고 주민들이 스스로 나서서 일상 생활환경의 문제들을 개선하려는 활동도 늘어났다. 주거 생활에서 볼 때 주택의 양적인 공급을 주도했던 아파트가 사회·공간적으로 배타적이고 폐쇄적이라는 것, 근린성의 약화, 외부공간의 비활성화를 가중시키고 주민들의 유대나 상호교류를 이끌어내지 못했다는 비판이 제기되었던 것이다. 이후 주택의 양적인 공급보다는 주거단지 생활의 쾌적성과 문화적인 측면을 중시하고, 개별주호 중심의 주거에서 커뮤니티 의식을 향상시키고 주민들의 자발적인 참여를 유도할 수 있는 주거로 변화되어야 한다는 움직임이 일어났다.

산업화와 도시화의 문제 속에서 시작되었던 커뮤니티에 대한 관심은 삭막하고 고립된 주거지에 대한 반성과 더불어 커뮤니티 회복과 재생으로 시민의 일상성, 가족공동체와 지역공동체 등을 복원하여 삶의 질의 향상이라는 목표로 이어졌다. 최근에는 커뮤니티에 대한 정책적 관심과 지원으로 점차 사회적 공감대를 형성하고 그 범위와 내용이 확대되고 구체화되고 있다. 즉 주거지를 중심으로 한 커뮤니티의 형성은 지역환경개선뿐만 아니라 지역에서 관계를 맺으며 호혜적인 일상생활을 가능하게 하며, 친환경적인 삶을 이끌기도 하며, 자원이 부족한 구성원에게 삶을 지원하고, 공유를 통해 삶의 질을 높일 수 있는 새로운 대안이 되고 있다.

이 책은 주택과 커뮤니티라는 제목으로 지역공동체의 재생과 회복, 계획과 관리, 구성과 활동에 관심을 갖는다. 1부에서는 커뮤니티에 대한 이해를 돕기 위하여 커뮤니티의 개념을 정의하고, 커뮤니티를 보는 관점과 이론을 정리했으며, 커뮤니티의 구성에 대하여 설명하였다. 2부에서는 커뮤니티의 전개를 다루고 있다. 우리나라와 외국의 지역공동체적 전통과 물리적 계획 방식 등에 대한 내용으로 구성했다. 그리고 커뮤니티의 전개가 지역적으로, 주택유형별로 다른 양상을 보이기 때문에 도시, 농어촌, 공동주택으로 구분하여 커뮤니티의 특성과 전개 방식을 설명하였다. 3부에서는 커뮤니티 활성화를 위한 방안이자 전략이 되는 주민참여와 주민역량 강화, 커뮤니티 공간 계획과 활용 방법, 커뮤니티 프로그램 기획과 운영 방안, 지역사회자원연계에 대한 실천적 내용을 담았다. 끝으로 4부에서는 주거복지와 커뮤니티라는 주제로 커뮤니티를 활용한 경제활동과 사회통합, 공공임대주택의 커뮤니티, 커뮤니티 활성화를 위한 지원과 정책에 대하여 다뤘다.

책의 구성에서 보듯이 이 책은 커뮤니티에 대한 이론과 실질적 지식을 담고 있는데, 그 이유는 커뮤니티를 이해하기 위해서는 그 배경이 되는 패러다임과 이론과 이념이 설명되어야 하며, 또한, 커뮤니티는 현실적이고 실생활에 기본을 둔 실천적 분야로 현장에서 활용할 수 있는 지식과 정보, 구체적인 전략과 방안이 필요하기 때문이다. 따라서 이 책은 주택과 커뮤니티에 대하여 공부하고자 하는 일반인에게 뿐만 아니라 전공자, 그리고 커뮤니티, 주거복지와 관련된 분야에서 일하는 분에게도 활용될 수 있을 것이다. 바라기는 이 책을 통하여 커뮤니티 활성화를 위한 새로운 아이디어와 전략이 발굴되길 기대하며, 미진한 부분은 앞으로 계속 보완해나가고자 한다. 책이 나올 때까지 도움을 준 많은 사람들의 정성과 노고에 감사드리고, 출판될 수 있도록 도와주고 수고를 아끼지 않은 (주)이테시스 관계자 여러분께 감사드린다.

집필자 일동

차례

{ 1부 커뮤니티의 이해 }

01 커뮤니티의 개념과 의의
1.1 커뮤니티의 개념 ·· 10
1.2 커뮤니티의 의의 ·· 13

02 커뮤니티를 보는 관점과 이론
2.1 커뮤니티를 보는 관점 ·· 17
2.2 커뮤니티 분석의 이론 틀 ·· 26

03 커뮤니티의 구성
3.1 커뮤니티의 구성과정 ·· 33
3.2 커뮤니티의 구성 요소 ·· 34
3.3 커뮤니티의 유형 ·· 39

{ 2부 커뮤니티의 전개 }

04 커뮤니티의 역사

4.1 역사 속의 커뮤니티 ·· 46
4.2 현대 커뮤니티의 전개 ·· 65

05 도시와 커뮤니티

5.1 도시 커뮤니티의 특성 ·· 74
5.2 우리나라 초기 도시주택의 커뮤니티 운동 ·································· 79
5.3 주거지 개발 관련 제도 ·· 82
5.4 도시재생과 커뮤니티 ·· 85
5.5 마을만들기 ·· 88
5.6 더불어 사는 코하우징 ·· 94

06 농어촌과 커뮤니티

6.1 기존 주거지의 공동체 활성화 ·· 100
6.2 신규 공동체 조성 및 활성화 ·· 105
6.3 귀농·귀촌과 커뮤니티 ·· 111
6.4 주민주도형 마을만들기 ·· 117
6.5 정부 주도의 정책사업 ·· 124

Contents

 공동주택의 커뮤니티

7.1 공동주택의 개념과 특징 ·· 129
7.2 공동주택 커뮤니티에 대한 이해 ·· 131
7.3 아파트 커뮤니티 활성화의 전개 ·· 134
7.4 공동주택 커뮤니티 활성화 요소 ·· 138
7.5 공동주택 커뮤니티 활성화 사업 사례 ·· 147

{ 3부 커뮤니티 활성화 }

08 공공임대아파트의 커뮤니티 활성화

- 8.1 임대주택의 개념과 종류 ·· 158
- 8.2 공공임대아파트의 특성과 커뮤니티 필요성 ················ 161
- 8.3 사회적기업(Social Enterprise) ································ 164
- 8.4 소셜믹스(Social mix)와 커뮤니티 ··························· 175
- 8.5 공공임대주택과 커뮤니티 시설 ································ 180
- 8.6 커뮤니티 프로그램의 사례 ····································· 187
- 8.7 주민참여와 운영조직 ·· 193

09 주민참여와 주민역량 강화

- 9.1 주민참여 ·· 199
- 9.2 주민참여 방법 ·· 202
- 9.3 주민조직과 주민활동가 ··· 208
- 9.4 주민역량 강화와 주민교육 ····································· 211
- 9.5 주민참여와 주민역량 강화를 위한 제도적 지원 ·········· 216

10 커뮤니티 공간의 계획과 활용

- 10.1 커뮤니티 공간의 개념 ··· 218
- 10.2 커뮤니티 공간의 법적 설치기준 ····························· 220
- 10.3 커뮤니티 공간 및 단지의 변천 ······························· 228
- 10.4 커뮤니티 공간 계획 ·· 232
- 10.5 커뮤니티 공간의 활용 ··· 238

11 커뮤니티 프로그램 기획과 운영

11.1 커뮤니티 프로그램에 대한 이해 ······ 245
11.2 커뮤니티 프로그램의 종류 ······ 247
11.3 커뮤니티 프로그램 기획과 운영 ······ 254
11.4 커뮤니티 프로그램 실행과 평가 ······ 267

12 지역사회자원 연계

12.1 지역사회자원과 커뮤니티 ······ 269
12.2 지역사회자원 실태 파악 ······ 272
12.3 지역사회자원 발굴과 연계 ······ 278
12.4 자원봉사 활용 ······ 284

13 아파트 커뮤니티 활성화 지원: 법과 정책

13.1 공동체 활성화 교육 지원 ······ 287
13.2 공동주택 모범관리단지 및 우수관리단지의 선정과 지원 ······ 288
13.3 커뮤니티 활성화 비용 지원: 공동주택지원조례 ······ 291
13.4 지방자치단체의 커뮤니티 활성화 지원: 공동주택관리규약 준칙 ······ 291

1부 커뮤니티의 이해

01장 커뮤니티의 개념과 의의
02장 커뮤니티를 보는 관점과 이론
03장 커뮤니티의 구성

1장 커뮤니티의 개념과 의의

1.1 커뮤니티의 개념

커뮤니티(Community)라는 용어는 실로 다양하게 사용되고 있다. 사람이 활력 있게 살아가는 데 있어서 커뮤니티는 필수적이다. 즉, 사람은 기본적으로 다른 사람과의 관계 속에서 일상생활이 이루어지기 때문에 공동체적 삶이 필수적이라는 의미이다.

사람들의 커뮤니티는 동아리 같은 작은 모임부터 좀 더 넓은 지역과 국가, 혹은 국제적으로 확대된 범위까지 사용되기도 한다. 강력한 결속을 전제로 하는 의도적 커뮤니티 코뮌(Commune)을 의미하기도 하고, 혈연 간의 결속을 의미하는 가족공동체와 지역사회의 결속을 의미하는 마을공동체 혹은 지역공동체, 심지어는 국가적 범위까지 확대되는 사회공동체에 이르기까지 실로 광범위하게 사용되고 있다. 다시 말하면 커뮤니티라는 용어는 일련의 공통 관심사를 가진 사람들의 모임부터 종교와 이념 공동체, 가족과 지역, 국가를 포괄하는 공동체에 이르기까지 광범위하게 사용되고 있다.

널리 사용되는 커뮤니티의 의미 중에서도 이 책에서 사용하고자 하는 커뮤니티의 의미와 범위를 분명히 하기 위해서는 다양한 용어정의와 그 사용 예에 대해 고찰해 볼 필요가 있다.

네이버 국어사전에 '커뮤니티'는 "지연에 의하여 자연 발생적으로 이루어진 공동사회. 주민은 공통의 사회 관념, 생활양식, 전통, 공동체 의식을 가진다"고 되어 있다.

위키피디아에서 'Community'는 "공통의 가치를 공유하는 사회적 단위로서 커뮤니티 의식은 사회적 자본이며 커뮤니티 유형은 관심과 실천, 장소에 따라 나뉜다"고 되어 있다. 대면 커뮤니티는 소규모일수도 있으나 국가적, 국제적, 도덕적 커뮤니티까지 확대될 수 있으며, 인적 커뮤니티는 참여자의 정체성과 응집성에 영향을 미치는 관심, 신념, 자원, 선호, 욕구, 위험 등이 나타나고 공유된다고 하였다. 인터넷이 보급되면서 지역적 한계는 극복되고 온라인 커뮤니티가 성행하는 경향도 지적하고 있다. 'Community'라는 용어는 '공동으로 발생하는 일(Communis)'에서 파생된 라틴어 Communitas에서 어원을 찾을 수 있는 고대 프랑스어 Comuneté에서 유래되었고, 커뮤니티를 '사회적 정체성과 실천에 중요한 영향을 미치는 사람들의 집단 혹은 네트워크'라고 정의함으로써 본래의 의미는 '사람들의 관계'에서 출발하였음을 밝히고 있다.

이상의 사전적 의미에서 볼 때 커뮤니티는 본래 '관계'를 의미하고 있으나 한국어 사전에 표현된 커뮤니티는 '지연을 기반으로 한 공동체의식'을 전제로 하고 있다. 그런데 지연이라는 것은 지역(주거단지, 동네, 마을)을 기반으로 하는 것이며, 관심, 생활과 문화를 공유하고 가동력이 미치는 규모일 때 그 결속은 더 공고해질 수 있다.

근래에 저술된 '마을의 재발견(김기홍, 2014)'에서는 마을과 커뮤니티를 대비시켜서 더욱 본질적으로 정의하고 있다. 마을은 '주로 시골에서 여러 집이 모여 사는 곳'이라는 정의는 좁은 관점일 뿐이고 여기에 '이념적 구성물'이며, 마을은 '사회적 사실'이고 '사회적 실재'로서 사람들의 사고와 생존에 연결되는 사실적 개념이라는 것이다. 따라서 마을을 커뮤니티와 동일시하거나 그의 일부로 정의하는 것은 잘못되었다고 보고, 마을은 30~60가구에 인구가 100~200명 안팎인 데 비해, 커뮤니티는 500~1,000가구에 인구가 1,000~2,000명에 달하는 규모로 규정하고 있다. 또한, 역사적으로 마을은 19세기 이전에 발달하였지만 커뮤니티는 19세기 이후에 발달된 근대적 개념으로 규정하고 있고, 마을은 관계가 중시되는 데 비해 커뮤니티는 목적과 사회적 가치가 더 중시되는 경향이 있다. 마을은 자발성, 자족성, 지속성으로 유지되는 독립적 단위이지만 커뮤니티는 상호의존성의 원리에 의해 구성된다고 보고, 마을을 특정장소를 기반으로 비교적 독립된 모둠살이의 공간에서 구성원들이 직접적이고 친밀한 대인관계에 바탕을 둔 공동 운명체로서 특별한 연대감과 역사성을 갖는 단위'로 정의하고 있다. 그런데도 근대사회로 넘어오면서 마을과 커뮤니티는 유사성을 더 많이 갖는 단위로 수렴되어 감을 인정하고 있다.

또 다른 책, '한국 사회와 공동체(이종수 편, 2008)'에서는 공동체는 작은 마을일 수도 있고 지구촌 전체를 의미할 수도 있으나 중요한 것은 공통의 연대 의식과 호혜적 관계라고 하였다. 다만, 현대적 공동체가 지역적 한계를 벗어나고 있지만, 현대사회에서 지역이라는 요소가 공동체의 다양한 모습을 규율하는 가장 강력한 변수이며,

사회자본의 산실이라고 하였다. 현대사회의 가족구조의 변화와 삶의 변화에 지역공동체(Local Community)가 필요하며, 지역사회에 존재하는 자발적 결사체, 주민의 참여, 사회적 규범, 연결망이 지역사회의 발전을 결정하고 나아가서는 국가의 발전에 순기능으로 기여할 수 있기 때문이라고 하였다.

커뮤니티에 대한 체계적이고 학술적인 최초의 접근은 1955년 사회학자 힐러리(Hillery, 1955)임을 여러 연구(하성규·서종균, 2000; 김주일·김진균, 2003; 강순주 외 2인, 2012; 박예솔·이경환, 2012; 김수영 외 2인, 2013)에서 인용하고 있다. 그가 내린 커뮤니티에 관한 정의는 첫째, 커뮤니티는 일정 지역을 차지하는 지역성, 둘째, 이 집단내의 사람들은 동질적인 문화, 태도, 그리고 성향을 공감하는 정체성, 셋째, 이들은 이웃과의 상호교류가 지속적으로 이루어지는 공동체성이라고 하였다.

우리나라 연구들에서 커뮤니티에 대한 정의는 '특정 지역을 공유하면서 구성원의 사회적 상호작용을 통해 유대감과 소속감을 공유하며 조화로운 공생을 통해 스스로 존속을 꾀하는 사회집단(대한주택공사, 1999)'이라고 하였다. 커뮤니티에 관한 2012년까지의 연구를 분석한 연구(강순주 외 2인, 2012)에서는, 여러 정의들을 근거로 '특정 지역에 함께 거주하면서 구성원들이 사회적 상호작용을 도모하여 공동생활에 참여함으로써 서로에 대한 유대감과 소속감을 느끼게 되는 사회집단'으로 정의함으로써 기본적으로 지역을 기반으로 한 유대감이 있는 사람들의 모임임을 강조하고 있다.

이처럼, 마을과 공동체, 커뮤니티라는 용어의 사용은 문맥에 따라 이해할 수밖에 없는 모호성을 가지기는 하지만, 대체로 커뮤니티라는 용어를 주로 사용하면서 '지역을 기반으로 한 사회자본, 커뮤니티'에 한정하여 커뮤니티의 의의와 관점, 이론을 살펴보고, 커뮤니티의 구성, 커뮤니티의 역사와 유형, 참여자의 역량 강화, 커뮤니티 공간, 커뮤니티 프로그램, 커뮤니티 관리와 활성화, 커뮤니티에 관련된 법과 제도, 주거복지를 위해 커뮤니티가 왜 중요한지를 살펴보고자 한다.

1.2 커뮤니티의 의의

현대사회에서 왜 특히 커뮤니티가 중요해 졌으며 커뮤니티의 의의는 무엇일까. 역사적으로 커뮤니티는 자연발생적으로 늘 상존했다.

우리나라의 마을과 지역에 근거한 커뮤니티의 역사에서 상호협력을 위한 노동공동체 '두레'와 같은 조직과 규약으로서의 '향약'은 마을 단위 커뮤니티 운영체계로서 중요한 의미를 지니었다. 영국에서 'Pub'은 동네 사람들의 커뮤니티의 중심으로서 중요한 위치를 차지하고 있었다. 도시발전의 역사에 있어서 계획공동체(Planned Community)의 커뮤니티 공유공간은 커뮤니티의 중요성에 따라 그 활동을 지원하고자 출현하였다. 또한, 페미니즘의 전개와 함께 여성의 노동절약을 위한 실험적 코뮌(Commune), 친환경적 생활공동체인 코하우징(Co-housing)의 생활방식과 공동 활동 방식이 나타나게 된 배경도 커뮤니티가 삶의 풍요로움에 기여한다는 중요성에 근거를 두고 있다.

우리나라의 산업화 과정에서 도시로의 인구집중에 따라 부족한 주택을 대량 공급하는 과정에서 계획주거단지인 아파트 거주가 일반화되면서 전통사회에서 중요하게 기능하였던 가족공동체와 지역공동체의 공동사회(Gemeinschaft)적 특성은 많이 약화되었다. 또한, 1960~70년대 신자유주의(Neo-liberalism)가 팽배함에 따라서 시장이 중요해지고, 개인주의가 확대되었으며, 그에 따라 개인화, 개별화가 심화되어 계약과 이해관계에 의한 이익사회(Gesellschaft)적 특성이 심화됨에 따라 커뮤니티는 와해되고 변모하게 되었다. 이러한 현상이 사회적으로 문제시되자 이를 극복하기 위한 자구적인 노력이 발생하게 되었다. 그리고, 21세기 탈산업사회로 이행되면서 생산주의에 경도되었던 삶은 여유를 되찾고자 노력하게 되었고, 산업현장과 분리된 지역의 일상생활 속에서 관계를 회복하고자 공동체문화의 회복과 재생이라는 명제가 등장하게 되었다. 이러한 과정에서 가족공동체, 지역공동체, 마을공동체가 중요해지고 마을 만들기가 지역의 거버넌스로 등장하고, 커뮤니티, 커뮤니티 의식, 커뮤니티 센터, 커뮤니티 프로그램이 조직되고 지원되고 관리되기 시작하였다.

또한, 산업화의 고도성장 이후 무차별적인 개발과 공업화로 인해 각국은 심각한 환경문제와 공해문제에 시달리게 되었고 그에 대한 반성으로 후세에 좀 더 깨끗한 환경을 물려주고자 지속가능한 사회(Sustainable Society) 만들기에 돌입할 수 있는 여유가 생기게 되었다. 21세기 즈음하여 산업사회의 합리기능주의 패러다임이 후기산업사회의 지속가능성(Sustainability: 로마클럽이 1972년 '성장의 한계(The Limits to Growth)'란 보고서에서 처음 언급한 이후 인간활동, 경제나 경영, 기후와 환경, 국가정책 등에 광범위하게 사용되고 있다) 패러다임으로 근본적으로 전환되었고, 이는 1990년 유엔총회 결의, 1992년 리우 유엔 환경회의 등을 거쳐 1997년 지구온난화방지를 위한 국가 간 협약 등으로 구체화되면서 가속화되었다. 지속가능성이라는 패러다임은 환경적 지속가능성뿐만 아니라, 경제적 지속가능성, 사회적 지속가능성까지 그 개념이 확대되었으며, 사회적 지속가능성의 중요한 이슈 중의 하나가 공동체, 즉 커뮤니티의 회복과 재생이다.

커뮤니티의 회복과 재생에서 중요한 것은 가족공동체와 지역공동체의 회복, 사회공동체의 회복이지만 이 책 '주택과 커뮤니티'에서는 가족공동체와 지역공동체의 재생과 회복, 구성과 활동, 관리에 관심을 둔다. 이러한 운동은 산업사회의 생산성보다는 개인의 일상성을 중시하는 패러다임으로의 전환과 사회구성론이라는 담론의 성숙에 의해 탄력을 받으며, 에코페미니즘과 같은 조화롭고 친환경적이고 민주적인 방법론에 근거하여 커뮤니티의 성격과 주체, 범위를 확대해 가며 전개되어 왔다.

이상과 같이 산업화 이후의 변질된 사회에 대해 반성하고, 산업사회에서 황폐해진 시민의 일상성 회복을 위해 자발적 아나키즘적 발상으로 에코페미니즘적 방법론을 동원하여 커뮤니티 의식이 충만한 지속가능한 사회로 나아가고자 하는 것이 커뮤니티 운동의 목표이다.

한편으로, 세계적으로 특별한 사례를 보여주는 우리나라의 물리적 주택의 발전과정이 과거와 단절된 방식으로 전개되어온 것과 연계하여 커뮤니티의 의의를 살펴본다.

1950년대 6.25 전쟁으로 폐허가 된 도시와 주택을 다시 건설하고, 1960년대 산업화 이후 인구의 도시 집중으로 부족해진 주택재고를 짧은 기간 안에 대량 공급하기 위해 정부는 1962년부터 1986년까지 1차~5차에 걸친 경제개발 5개년 계획[1]을

---

1) 1962~1986년 1~5차 경제개발 5개년 계획이 달성한 고도성장의 요인·성과·문제점; 고도성장이 가능했던 요인으로는 ①값싸고 풍부한 양질의 노동력 ②순조로운 외자도입 ③정부의 적극적 지원에 의한 수출증대 ④베트남 특수·중동건설 붐 등 수요증대를 꼽을 수 있다. 고도성장의 성과로는 ①경제규모의 확대와 경제구조의 고도화 ②고용증대와 소득증대 등을 들 수 있다. 반면에 고도성장이 가져온 부작용으로는 ①자본·기술·시장 등 경제의 대외의존도 심화 ②외채누증 ③만성적 무역적자 ④농업·공업간, 대기업·중소기업간, 공업부문간 불균형 심화 ⑤계층 간 소득격차 확대 ⑥물가상승 ⑦사치·낭비·퇴폐풍조 만연 등의 문제점을 낳

거치며, 고도성장을 이루어 냄과 동시에 공동주택을 대량공급[2]하였다. 또한, 1기 신도시 건설[3]에서 200만호 건설목표를 시작으로 2기 신도시 등 단기간에 집중 보급함으로써 주택 보급률은 점차 높아져 2002년 100% 이상을 달성하게 되었다. 이 과정에서 노후 단독주택들은 다세대, 다가구, 다중주택으로 변모하게 되었고, 아파트는 중산층의 주거규범이 되었고, 아파트 거주는 곧 중산층이라는 사회의식이 확대되었다. 그러나 정착과정에서 아파트는 투자상품으로 인식되어 거주성보다는 투자성, 환금성이 좋은 지역의 아파트가 그렇지 못한 지역의 아파트보다 고가상품이 됨으로써 지역과 근린에 따라 동일 상품도 가격차가 크게 나타나게 됨에 따라 아파트는 투기 대상으로 변모하게 되었다. 아파트 대량공급이 주택보급률 상승에 획기적인 기여를 하였고, 주생활의 현대화에 많은 기여를 한 것도 사실이다. 그러나 가족공동체성과 지역공동체성을 약화시키고 이웃과 지역문제에 관심이 없고 편의성과 환금성에만 가치를 두는 이기적인 중산층을 양산해 온 것도 사실이다.

  1990년대 중반부터 투기적인 상품으로서의 아파트의 가치가 하락하고 아파트 미분양이 속출하자 건설사들은 아파트 상품의 차별화 전략을 펴기 시작하였다. 경제적인 여유가 생기면서 사람들의 주거 가치관도 다양화되기 시작하자 건설사들은 다품종 소량생산, 주문생산 등을 주요 상품전략으로 내세우며 공동주택 고품질화에 나서게 된다. 1990년대 말부터는 One-Stop Life를 표방하며 주상복합아파트(주거복합건물)가 등장[4]하면서 휘트니스센터, 연회실, 독서실, 취미실, 탁아방, 게스트룸 등

있다. [네이버 지식백과] 경제개발 5개년계획 [經濟開發五個年計劃] (한국근현대사사전, 2005. 9. 10., 가람기획)

2) 1980년 12월에 『택지개발촉진법』이라는 법률이 제정·공포되었으며 서울 시내의 개포지구·고덕지구·상계지구·중계지구·목동지구 등에 대규모 주택단지가 공급되었다. 위 5대 지구의 면적합계는 2천평방미터가 넘어 세계의 도시개발사상에 유래가 없는 대규모였다. [네이버 지식백과] 도시 [city, 都市] (한국민족문화대백과, 한국학중앙연구원)

3) 1989년 4월 정부는 폭등하는 집값을 안정시키고 주택난을 해소하기 위해 주택 200만호 건설을 목표로 서울 근교 5개의 1기 신도시 건설계획을 발표하였고, 1992년 말 입주를 완료하였다. 이로써 지난 1985년 69.8%까지 떨어졌던 주택보급률이 1991년에는 74.2%로 올랐다. [네이버 지식백과] 1기신도시 (매일경제, 매경닷컴)

4) 1997년 6월 국내 최고층 인텔리전트 주상복합아파트인 대림 아크로빌 분양을 개시하였고, 타워팰리스가 1999년 6월에 착공해 2002년 10월에 완공되어 입주를 시작하였다. 각 동의 중간층에는 연회장·게스트룸·체육시설·옥외정원이 있고, 각동 2층은 독서실·주민취미실·유아놀이방 등으로 꾸며져 있다. 상가동 3층에는 수영장·골프연습장·샤워장 등 주민 전용 체육시설 등 주민 공간으로 조성되었다. 최고의 시설과 마감재를 사용한 초호화 주거 공간으로, 한국 최초의 초고층 주상복합 아파트이다. 그러나 입주 당시부터 도시교통문제·환경문제, 주변 지역 주택가격 상승, 부동산 투기, 배타적 공동체 문화 형성 등 부작용 논란도 끊이

많은 공유공간이 제공되었고 이는 여타 공동주택 디자인에도 영향을 미치게 되었다.

건설사들은 심화된 경쟁 하에 미분양을 타개하기 위해 스마트 아파트, 친환경 아파트 등의 캐치프레이즈를 내세우며, 내부공간의 질적 향상과 외부공간 및 커뮤니티 센터에 총 건설비의 많은 부분을 할애하여 상품성을 높이기 위한 경쟁에 돌입하였다. 2000년대에 들어서면서 1980년대 이전에 지어진 아파트들의 재건축과정에서도 커뮤니티 센터와 외부 공유공간을 신개념으로 만든 건설사들이 매일경제의 살기 좋은아파트상, 한국건축문화대상5)을 수상하기 시작하면서 경쟁적으로 고품격 디자인과 생활을 표방하는 아파트들이 인기를 끌게 되었다. 이러한 신개념 아파트들이 분양가 자율화에 힘입어 평당 가격 상승을 유도하며 아파트 시장을 선도하며, 개별주호의 수직적 집적에 지나지 않던 아파트를 일상생활의 풍요로움이 보장된 보금자리라는 새로운 시각으로 바라보게 하였다.

2000년대 중반부터 생활에 여유가 있게 되자 사람들이 다양한 주거 가치관을 가지게 되었고, 전원주택, 타운하우스, 4도3촌 등 새로운 스타일의 주거생활 수요를 보이며 탈공동주택 전략에 눈을 뜨게 되는 시기와 공동주택이 고품격 외부공간과 커뮤니티 센터와 같은 공유공간을 내세우며 커뮤니티에 관심을 갖게 되는 현상이 동시적으로 나타났다. 아파트가 편리하기는 하지만 공동주택의 익명성에 싫증을 내고 좀 더 친환경적인 삶을 구가하고자 하는 가치관의 변화, 자동차와 인터넷의 보급에 의해 지역에 따른 문화적 격차가 줄어들게 되면서 탈도심의 전원생활을 꿈꾸게 되고, 주호의 수직적 집적으로 공급되었던 아파트도 익명성보다는 커뮤니티라는 마을살이에 눈을 돌리는 변화가 초래된 것이다.

충만한 자의식을 바탕으로 사는 지역에서 관계를 맺으며 호혜적인 일상생활을 가꾸어 나가려는 욕구를 발굴하고 지원하는 것, 커뮤니티의 사회자본을 이용하여 호혜적으로 지원함으로써 자원이 부족한 구성원의 삶의 질을 높이려는 활동이 현대사회 커뮤니티를 탐구하는 의의라고 할 수 있다.

지 않았다.[네이버 지식백과] 타워팰리스 [Tower Palace] (두산백과)

5) 살기좋은 아파트상은 2015년에 16회, 한국건축문화대상은 20회에 달하는데 모두 1990년대 중반 이후에 시작되었다.

2장 커뮤니티를 보는 관점과 이론

2.1 커뮤니티를 보는 관점

1) 일상성과 커뮤니티

개인의 일상성이 크게 주목을 받기 시작한 것은 20세기 초 전쟁 상황과 전체주의의 등장이 인간의 일상생활을 총체적으로 파괴하고, 삶의 중심이 산업적 생산영역에서 여타 삶의 영역으로 이동하기 시작하면서부터였다.

일상생활의 구조를 파악하려는 노력은 기본적으로 행위의 반복성에 관심을 가진다. 일상은 반복적이지만 이러한 반복성이 결국 일상의 사고와 행동을 생활화하고, 같은 사고와 행위가 반복됨으로써 개인의 행동에 내재된 불확실성과 의혹이 제거되어 행위가 안정화된다고 본다. 일상생활의 구조 속에 한 개인의 일상생활을 구성하는 의미들은 개인의 주관적 해석과정 및 의미부여 과정에 대한 정확한 이해를 전제로 해야만 비로소 올바로 파악될 수 있다. 즉, 일상적 사고 및 행위의 위험을 구조화시키는 의미구조를 파악하려는 작업, 주관화하는 구조에 대한 이해가 필요한 것이다 (강수택, 1998).

개인의 일상생활에서 가장 내밀한 부분은 주택 내에서 일어나지만 좀 더 확대된 일상생활이 영위되는 커뮤니티를 구성하려는 노력은 이러한 개인 일상생활의 구조를 파악하고 커뮤니티 내에서 함께 만들어 나가려는 노력이므로 일상성에 대한 이해는 곧 커뮤니티를 어떻게 구성해야 하는가에 대한 전략과 맞물리고 있다.

일상성에 대한 분석은 그동안 세 가지 전통(강수택, 1994)으로 진행되어 왔다.

① 현상학적인 관점

현상학적 관점은 보이는 것의 내재된 의미를 파악하는 것으로서 일상생활의 경험에 대한 사람들의 주관적 의미를 이해하고자 시도하는 비판적이고 기술적인 과학이다. 즉 일상세계 이면을 탐색하여 체험한 현상의 본질에 관심을 가지므로 개인적으로 체험한 현상을 탐색하는 데 가치를 두며, 사회현실을 외부에 존재하는 그 무엇으로 규정하지 않고 행위자에 의해 주관적으로 구성되는 것으로 본다. 일상의 인간에 대해 현상학적인 전통의 뿌리를 복원시키고 재구성한 슈츠와 루크만(Schutz and Luckman, 1975)은 ① 다른 사람의 물리적 존재 ② 내 주변에 있는 물리적 인간들이 당연히 나와 유사한 의식을 갖고 있다는 사실 ③ 내 주변과 이웃사람들의 주변에 있는 외부세계의 사건들이 기본적으로 동일한 의미를 지니고 있다는 사실 ④ 나는 이웃 사람들과 관계를 맺고 소통할 수 있다는 것, 즉, 일상적 생활세계는 언제나 다른 사람과 공유하고 있는 세계라는 사실 ⑤ 조직화된 사회세계 및 문화세계는 나와 내 이웃에게 역사적으로, 자연세계와 같이 의심할 바 없이 사전에 주어져 있다는 점 ⑥ 내가 직면하고 있는 매 상황의 창출에 일부분만 기여했다는 점을 '의심 없이 주어진 것'으로 본다. 일상적 생활세계는 이웃과 상호 소통할 수 있는 실재이자, 경험현장이자, 상호적 행위가 지향하는 목표영역이며, 인간이 설정한 목표를 달성하려면 주어진 여건을 극복하고 이를 변화시킬 수 있어야 하므로 인간은 생활세계의 피동체이자 능동체라고 보았다. 즉 생활세계는 우리의 행위를 통해서 변형되고, 우리의 행위를 변형시키는 실재(김종길, 2002)라는 것이다.

현상학적 관점은 총체적 체험과 그 실존의 장소를 대상으로 인간의 삶을 선입관 없이 현상으로 이해하고 그 본질을 파악하려고 한다. 즉, 그 특유의 구조와 역학관계로 이루어진 동작과 생활을 체험으로서 이해하고자 하기 때문에 개인의 주관과 주체성을 매우 중요하게 여긴다. 그러한 점에서 개인과 가족의 주거를 포함한 가장 일상적인 생활세계인 커뮤니티를 살고 싶은 곳으로 만들기 위한 아주 중요한 관점이 될 수 있다.

② 상징적 상호작용 관점

상징적 상호작용 관점은 개인들이 중요한 타인으로부터 상징들의 공유를 배우고 이를 통하여 공통의 행위모델로 인도되는 방식을 분석하는 데 강조점을 둔다. 미드(Mead)의 이론에 의하면, '내'가 '타인' 혹은 '사회'와 만나는 사회적 과정을 통해서 의식, 자아, 의미 등이 발생한다. 이러한 맥락에서 만드는 사회적 과정이 일상적 환경을 구성하는 대상들의 출현에 큰 책임을 가진다고 보고 그 과정을 해명하고자 하였다. 가장 영향력 있는 상징적 상호작용론자인 미드의 일상생활과 사회의 관계에 대한 입장을 추론해 보면 다음과 같다(Mead, 1962: 강수택, 1994에서 재인용).

첫째, 일상적 사유 및 일상적 행위들로 이루어진 한 개인의 일상생활이란 근본적으로 사회적 환경 및 자연환경과 같은 외적 환경 속에서 삶의 문제들을 풀어 나가는 과정이므로 사회적 문제의 성격에 따라 일상생활이 달라진다.

둘째, 사회적 환경은 개인에게 해결해야 할 문제를 제공할 뿐만 아니라 문제를 해결할 수 있는 응집력 및 방식들도 제공한다. 각 개인이 사유와 인간적 행위를 할 수 있게 된 것은 결국 그가 속한 사회적 환경과의 소통을 통하여 그 능력 및 방식들에 대한 정보를 제공받았기 때문이다. 그 결과 개인이 어떠한 사회적 환경 속에서 일상생활을 하는가에 따라 해결할 삶의 문제를 달리하고 문제해결의 방식과 정도도 달리한다.

셋째, 일상생활은 자기가 속한 환경의 기계적 반영은 아니고 사회적 환경에서 가해지는 일체의 작용들을 자신의 방식으로 독특하게 해석하고 판단한 뒤 주체적으로 반응함으로써 역으로 사회적 환경의 변화를 초래할 수 있다.

이처럼, 상징적 상호작용 관점은 인간이 사회적·물리적 환경과 상호작용함으로써 세상의 의미를 얻는다는 점을 강조한다. 인간의 정신이란 개념화, 정의, 상징화, 추구화, 가치화, 내면화 등을 통하여 주어진 객관적 자극에 주관적으로 반응하는 능력이 있기 때문에 행동은 외부적 자극에의 기계적인 반응이 아니라 창조적 혹은 선택적인 것이라고 본다. 따라서 개인은 자신과 다른 사람을 역할이란 관점에서 생각하게 되고 이러한 사람들 사이의 관계와 그 역할이 상호작용이론의 중심개념이다. 여기서 역할이란 미리 정해진 일련의 권리와 특권이 아니라 그 사람에 의해 수행되는 역할과 그 상황에 있어서 상대적 역할들과 맺어지는 관계에서의 의미와 특수성이다.
상징적 상호작용이론에서는 사람이 그가 속한 사회의 규범을 습득하는 사회화과정과 지속적인 행동양상의 조직체인 인격형성 문제가 언급된다. 또한, 인간이 행동하는 방향의 직접적인 원인은 인간의 마음속에서 일어나는 정신적인 의미와 가치관에 있다고 본다. 그리하여 인간에게 얼마나 중요하고 가치 있는가 하는 과정을 강조하며 인간이 살고 있는 환경이나 상황에서 일반화된 조건에 대한 사람들의 인지에 역점을 둔다(조병은, 1991). 인간과 사회를 이해하기 위하여 상호작용에서 일어나는 의미, 상황의 정의, 상징, 해석, 다른 내재화된 과정을 중요시하기 때문에 표면에 나타나는 인간의 행동도 포함하지만 숨겨진 행동도 포함해야한다고 본다.

이상에서 설명한 바와 같이 상징적 상호작용이론은 개인이 모여서 형성하는 집합체가 커뮤니티에 기반을 두고 성숙해 나가는 상황을 인간의 역할관계에 초점을 맞추어 이해할 수 있는 관점을 제공한다.

③ 마르크스주의적 관점

르페브르는 일상생활이란 노동, 가정생활 또는 사생활, 그리고 여가시간으로 이루어진 하나의 통일체이며, 일상생활의 본질은 인간과 인간적인 것을 생산하는 현실적인 창조가 이루어지는 곳, 그리고 그것이 완성되기 시작하는 곳이라고 하였다(르페브르, 1990). 그리고 일상생활은 일상성에 의해 지배를 받는데 일상성은 다음과 같은 특징을 가진다고 하였다.

첫째, 순환적인 시간과 리듬에 의해 지배되며, 이는 집단에 따라 다양한 방식으로 단편화되고 드러난다.

둘째, 시간과 공간이 제한되어 있다.

셋째, 사람들의 관계는 상징들을 중심으로 둘러싸여 있으며, 사람들은 이들 상징의 의미를 인식하지 못하고 미리 주어진 현실로 지각한다.

넷째, 순환적인 시간과 그때그때의 사회적 공간은 가장 기본적인 욕구의 충족과 과제들의 해결로 채워지는데, 이 충족과 해결은 매일, 매주 동일한 곳에서 동일한 목표를 갖고 동일한 방법들로 이루어진다는 것이다.

하버마스(Harbermas)는 사회의 상징적 재생산과 물질적 재생산을 구분하고, 사회적으로 통합된 행위맥락과 체계 통합적 행위맥락을 구분 짓고 있다. 그중에서 물질적 재생산은 체계 통합적 행위맥락으로서 공적경제와 국가가 이에 속한다. 상징적 재생산은 사적영역으로서의 가족과 참여와 토론, 여론조성을 하는 공적영역으로서의 생활세계로 되어 있다. 따라서 현대사회를 체계(system)와 생활세계(life world)로 이루어진 이중체계로 보고 있다. 이를 커뮤니티의 특성과 부합시켜보자면, 물질적 재생산을 위해 정부와 지자체 등 외적인 체계에 지배를 당하기보다는 상징적 재생산을 위해 개인의 생활세계의 일상성을 풍요롭게 하는 커뮤니티라는 개념으로 접근해야 할 것이다.

하버마스는 근대화가 진행되면서 경제체계와 관료행정체계의 복합성과 강제성이 증대되어 생활세계의 일상적 실천이 위협받는 과정을 '생활세계의 식민화'라는 개념으로 설명하였다. 생활세계의 식민화는 첫째, 생활형태가 분해되면서 체계와 생활세계가 분화될 때, 둘째, 하위체계들과 생활세계의 교환관계가 분화된 역할에 의해 조정될 때, 셋째, 역할이 사회적 보상과는 반대되는 시간과 돈의 영향을 받을 때, 넷째, 돈으로 주어진 보상에 역할의 방향이 결정될 때 발생한다고 하였다. 이처럼 구조에 가려서 보이지 않던 생활세계의 식민화 상태를 이중체계로 분화하여 분석하면 명료해지므로 마르크스주의적 일상생활의 관점을 이용한 커뮤니티 구조에 대한 이해는 중요하다.

일상생활의 주체인 개인은 커뮤니티 내에서 언제나 다른 사람 및 사물과 일정한 공간적 관계 속에 위치하게 된다. 이러한 공간적 관계는 개인의 생각과 행위에 커다란 영향을 미친다. 일상생활에 구조적으로 영향을 미치는 이러한 공간적 관계는 우선 자연지리적 조건에 의해 규정되고, 개인의 일상생활에 대한 자연적 조건의 영향은 여러 다른 유형의 공간적 조건과 비교할 때 상대적으로 보편적인 성격을 띤다. 다음으로 공간적 관계는 순수하게 사회문화적으로 구성된 조건에 의해서도 규정된다. 이 조건에는 사회적 접촉이나 상호작용의 가능성, 방향, 정도 등에 관한 가치관이나 규범이 속하므로(강수택, 1998) 커뮤니티의 공간적 조건은 중요하다고 볼 수 있다.

2) 사회구성론과 커뮤니티

기든스(Giddens)는 '사회는 어떻게 구성되고 변화하는가'를 설명하고자 한 '사회구성론(The Constitution of Society)'이라는 저서에서 그동안의 신자유주의와 사회민주주의의 문제점을 직시하는 것이 새로운 사회발전 모델이 될 수 있다고 주장하였다. 기든스는 전통적 사회민주주의와 신자유주의는 과거 냉전시대의 양극체제에 적합했던 사회모델로서 이제 더 이상 사회적인 효용가치가 없다고 본다. 즉, 국가가 개인의 역할을 대신해 주는 전통적 사회민주주의도 반대하지만, 연대와 평등의 개념이 없는 신자유주의적 개인주의도 반대하면서 시민들이 자생적으로 구성해 나가는 방법만이 이를 대체할 새로운 발전론이라고 보는 것이다. 기든스는 사회철학적으로 볼 때 근대사회의 한계를 극복하기 위해서는 개인의 진지한 성찰과 사회적 연대·합의를 중시해야한다고 보았는데, 즉, 거시와 미시를 아우르는 방법론을 제안하였다. 이는 근대화와 산업화 이후 한국 사회의 발전을 분석하는 중요한 개념틀로써 작동해 왔다.

사회구성론은 이미 주거학분야에서 사회구성주의(Social Constructionism) 이론으로 적용되어 노숙자 문제, 공동주택관리 분야와 다문화가정의 주거연구에 적용된 바 있다. 공동주택관리 분야에서 사회구성주의 이론은 거시적인 것부터 미시적인 것까지 모두 변화해야 주택관리분야가 변화할 수 있다는 개념구조(Franklin, 1998)로 소개되었다. 구조적, 제도적, 조직적, 작업적, 상호주관적 맥락을 행위자의 관점에서 주로 논하고 있다. 최근에는 기존의 사회구성주의 이론의 행위자 위주의 편향적 관점을 지적하면서 수혜자의 입장과 주변적인 입장에 처한 사람들의 상황을 같이 대변해야 사회변화를 이끌 수 있다고 주장하는 비판적 사회구성주의 관점이 등장하여 관점과 쟁점의 폭을 넓히고 있다(Hong, 2014).

그렇다면 커뮤니티의 이해에 있어서 사회구성론은 어떻게 적용될 수 있을까?

우선 기든스의 사회발전 모델로서의 사회민주주의와 신자유주의의 한계를 극복하는 제3의 길은 자생적이고 자발적이며 시민정신을 가진 주체들이 구성해 나가는 커뮤니티의 가능성을 인정하는 것에서부터 시작할 수 있다. 커뮤니티의 힘은 개인의 문제를 보듬을 수 있다는 믿음 하에 개인적으로 해결할 수 없는 문제를 공동체 안에서 지원받고 구성해 나갈 수 있는 집단으로서의 장점을 강조할 수 있다. 이러한 방법론은 관료적인 행정지도에 의존하기 보다는 아나키즘적이며, 사회구조에 몰입된 인간보다는 사람의 일상성을 중시하며, 느리지만 협조하며 조화로운 인간과 자연의 협력관계를 추구하는 에코페미니즘적인 이상을 지지한다. 이 사회구성론이 역동적으로 작용하여 변화시켜 나가는 것은 일상이 행복하고 건강한 개인들의 공동체이며, 궁극적으로는 신자유주의적 편리성과 경제성의 추구와 국가의 관료적 복지에 기대는 개인 보다는 스스로 능동적으로 복지적 커뮤니티를 구성하며 공동체의 힘이 작동하는 지속가능한 사회로의 전환이다. 그렇다고 행위자로서의 정부와 당국이 손을 놓고 있어서는 안 될 것이다. 민관협력의 아젠다와 거버넌스 구축을 통해 필요하면 법과 행정으로, 경제적 지원으로 민간의 자발성을 지원해야 보다 효율적으로 원하는 국가와 사회를 만들 수 있기 때문이다.

3) 에코페미니즘과 커뮤니티

문학비평용어사전에 의하면, 1970년대 서부 유럽에서 주창된 에코페미니즘(Eco Feminism)은 생태학(Ecology)과 여성주의(Feminism)의 합성어로 여성해방과 자연해방을 동시에 추구하는 이론이면서 운동이다. 생태학(Ecology)의 어원은 집, 살림을 뜻하는 오이코스(Oikos)와 추론, 이성, 학문을 뜻하는 로고스(Logos)이며, 우리가 살고 있는 집(장소)에 대한 학문, 즉 생물과 그를 둘러싼 환경과의 상호관계를 연구하는 학문이란 의미이다. 그러한 생태학의 흐름 중에 생태여성주의(Eco Feminism)가 있다. 에코페미니즘은 여성과 자연의 동일성을 근간으로 여성이 가정과 사회 내에 놓여있는 수동적·억압적 대상으로서의 위치가 서로 같다고 본다. 자연이 인간에 의해 지배당하는 것과 여성이 남성에 의해 지배당하는 것에는 상관성이 존재한다는 것이다. 따라서 에코페미니즘은 여성과 환경문제는 그 뿌리가 남성 중심의 억압적 사회구조에 있다는 전제에서 출발하여 여성의 경험에서 나오는 보살핌과 길러냄의 윤리와 결합하여 인간과 자연이 공생(류지석, 2008)해야 한다고 주장한다.

즉, 에코페미니즘은 인간과 자연, 남성과 여성, 인간과 인간이 서로 관계를 맺는 방식에 대전환을 요구하며, 이는 기존 환경 운동과 여성 운동에 대한 반성이자 대안이기도 하다. 에코페미니스트들은 지금까지의 환경운동이 단순히 환경보호라는 구호에 집착, 단속과 법제 등에 의존해 왔다고 비판하고 여성운동 역시 지나치게 남녀의 대결 구도 속에서 진행되어 왔다고 지적하면서 다음과 같은 주장을 하고 있다.

첫째, 자연과 여성의 이미지는 동일하다는 합의이다.

둘째, 자연이 인간에 의해 취급받는 방식과 여성이 남성에 의해 취급되는 방식이 유사하다는 점이다. 즉 양자 모두 자신의 가치를 박탈당하고 유용성이란 측면에서만 취급되거나, 경제적 논리가 깔려 있는 식민화 방식에 의해 원료, 혹은 상품 등으로 취급되거나, 주체성이 상실된 '타자'의 위치에 놓여있다고 본다.

셋째, 에코페미니즘은 여성 영역으로서 가정이 가지고 있는 특성, 그리고 여성의 재생산 노동이란 특성을 경제영역이나 정치영역으로 확대시킬 가능성이 있다고 본다.

넷째, 여성과 자연 파괴를 야기하는 원인이 가부장제적 구조나 그 지배적인 문화와 밀접한 관계가 있다고 본다.

다섯째, 에코페미니즘은 이원론, 가치 차등주의, 도구주의 등을 극복한 세계, 혹은 이원적 세계를 인정하되 경쟁이 아닌 상보적·상생적 관계가 우선인 세계를 그리고 있다.

이상과 같은 주장을 바탕으로 에코페미니즘은 그 동안의 여성 운동과 환경 운동을 비판하고 있다(네이버 지식사전, 김훈겸).

그렇다면 에코페미니즘과 커뮤니티와의 연관은 어떻게 시작될 수 있을까. 우선, 에코페미니즘이 인간의 편리를 위한 개발 위주보다는 불편해도 환경보호를 주장하는 환경운동의 이념에 부합되면서 조합된 이념이라는 점에 주목할 필요가 있다. 페미니즘은 합리기능주의와는 상반되는 여성성(Femininity)적인 즉, 경쟁보다는 협력을, 강함보다는 약함을, 부조화보다는 조화를, 개발 보다는 보존을, 파괴보다는 재생을 강조하는 이념체계를 갖는다. 이는 환경 운동이 일상생활의 유지를 위한 작은 활동이 모아져서 큰 효과로 모아질 수 있다고 보므로 여성이 주로 사용하는 부엌과 가족을 살리는 '살림'을 통해서 이룰 수 있다는 점에서 환경운동과 연결된다. 페미니즘이 여권론적인 접근을 하는 경향이 있는 것도 사실이지만 페미니즘의 이념적 속성 중에는 '여성성적인'이라는 의미가 내포되어 있기 때문에 인간 편의를 위한 개발논리를 합리화하는 합리기능주의와는 상반되는 입장을 가진 개념인 것이다.

환경을 살리는 모든 '살림' 활동은 커뮤니티 프로그램으로 작동될 수 있다. 예를 들면, 폐유를 이용한 비누 만들기, 안 쓰는 물건 바꾸어 쓰기, 활용가치가 없는 옷을 에코가방이나 인형 등 다른 물품으로 바꾸어 만들기, 큰 묶음으로 파는 식재료를 이웃과 나누기 등의 살림활동이 커뮤니티에서 힘을 발휘할 수 있고 더 나아가 공동구매, 공동 육아, 공유공간 청소, 살림 정보 공유 등의 커뮤니티 활동으로 확대될 수 있다. 이는 기본적으로 소모임으로 진행되다가 공개적 커뮤니티 활동으로 확대될 수도 있을 것이다. 소모임일 때는 서로 개인사의 상호부조 예를 들면, 부재 시 자녀 픽업이나 노부모 식사 챙기기 등으로 이어지기도 하고, 같이 정기적으로 식사하거나 여행을 가고 문화활동에 참여하는 등 커뮤니티 유대를 공고히 하기 위한 활동으로 이어져서 커뮤니티의 지속성을 보장하는 유대감과 소속감으로 기능할 수도 있을 것이다.

4) 아나키즘과 커뮤니티

네이버 국어사전에 아나키즘(Anarchism)은 무정부주의(일체의 정치권력이나 공공적 강제의 필요성을 부정하고 개인의 자유를 최상의 가치로 내세우려는 사상)라고 설명되어 있다.

위키피디아에서 'Anarchism'은 두 가지 입장으로 설명되어 있다. 하나는 무정부주의적인 사회의 자발적인 기관을 대변하는 정치철학으로서의 설명이고, 또 하나는 비위계적으로 구성된 자율적 조직을 의미한다. 커뮤니티와의 관련성은 후자의 입장을 따르는 것으로서 아나키즘은 인간관계에서 권위적이고 위계적인 것을 반대하는 상태로 보며, 국가의 관료조직에 의해서가 아니라 자발적이고 자생적인 커뮤니티 구성의 철학적 배경에 초점을 맞추고 있다.

현대의 아나키즘은 서구에서 1960년대의 반문화운동으로 시작하여 서유럽의 많은 코뮌이나 불법거주운동, 아니키스트 페미니즘에도 영향을 주었다. 아나키스트들은 독창적이며, 페미니스트이고, 생태적이며, 문화비평적인 사고를 하고 있는 사람들이라고 볼 수 있다(Wikipedia/Anarchism).

아나키즘이 21세기를 위한 새로운 이념적 대안으로서 주목을 받게 된 가장 큰 이유는 자본주의나 사회주의 같은 기존의 이데올로기가 현존하는 사회적 모순들, 예를 들면 환경과 생태파괴, 여성과 인종문제, 평화와 폭력의 문제들을 이론적으로 제대로 설명하지 못할 뿐만 아니라 실천적으로 해소할 수 있는 능력 또한, 상실하였기 때문이다. 아나키즘은 생태주의, 페미니즘, 지역주의 즉 지역공동체운동, 비폭력의 평화주의 등의 신사회운동과 이론적, 실천적으로 긴밀하게 연관되어 있다. 기존의 인간중심적 자연관을 비판함으로써 생태주의적인 참신한 이론 틀을 제공하며 생태적 균형론을 제시하는 것, 불평등한 권력관계와 중앙집권주의를 거부하는 지역자치운동, 남녀 간의 평화적 불평등 해소 등(김성국, 1998;김성국, 2007)으로 구체적 활동의 길을 보여주고 있다.

자연론적 사회관, 자주적인 개인, 공동체의 지향, 권위에의 저항과 같은 아나키즘의 인식체계(방영준, 1998)는 지역사회 커뮤니티 운동의 사회철학적 배경이 되고 있다. 주민들의 자발적인 참여를 추구하는 자생적 커뮤니티는 지역사회에서 생태환경적이고 문화창조적인 방향으로 구성됨으로써 구성원들을 커뮤니티에 속한 행복하고 자주적인 개인으로 거듭나게 할 수 있기 때문이다.

아나키즘에서 중요한 것은 자발적이고 자생적이라는 것이다. 소규모 활동이나 시민단체들이 조성하는 다양한 커뮤니티 활동이 아나키즘적 이상에 더 부합하지만, 좀 더 효율적이고 확산적인 공동체를 만들기 위해 정부는 일찍이 반상회[6]를 20~30가구로 구성된 반(班)마다 조직하도록 했고, 아파트에서는 이러한 반상회 이외에도 부녀회, 노인회, 입주자 대표회의 등의 모임을 공식화함으로써 지역공동체 활동의 주체를 인정해 왔다. 즉 공식적인 반상회 활동 이외에 추가적인 공동체 활동의 장이 아나키즘적 신사회운동의 발판이 될 수 있도록 조직화 되었던 것이다.

이제 반상회는 제도상 소멸되었고, 아파트 부녀회라는 이름도 2008년에 공식적으로 사라졌지만 주민에 의한 지역사회의 아나키즘적 커뮤니티활동의 요구와 동력은 충분히 성숙되었다고 보아야 할 것이다.

2.2 커뮤니티 분석의 이론 틀

자본주의를 분석한 학자들은 물적 자본과 인적자본에만 관심을 가지다가 이들 두 가지 자본이 부족해도 구성원의 상호관계 속에서 작동하는 자본의 존재를 알게 되었다. 즉, '관계'의 중요성에 대한 것으로 단순한 만남이 아니라 사람들을 묶어 주는 지속적인 힘이 자본일 수 있는 제3의 사회자본에 주목하게 된 것이다. 사회자본이 풍부한 공동체는 그렇지 않은 경우보다 성공이나 희소자원을 손쉽게 획득할 뿐만 아니라 위기에서도 쉽게 벗어남(김기홍, 2014)은 분명 권위체의 힘이 미치지 못하는 곳에서 사람들의 복지에 관여하는 아주 중요한 자본인 것이다. 또 하나는 더글러스

---

[6] 반상회는 1980년대에 주민들의 의사소통과 국민화합의 장으로서의 기능을 하였는바, 행정단위의 최말단 조직인 반(班)을 구성하는 가구 대표자가 한 달에 한 번씩 정기적으로 모이는 월례회로서 반상회는 중앙과 지방, 국가와 민간 또는 시민사회 사이의 상호관계라는 맥락으로 해석할 수 있다. 이러한 의미에서 반상회는 지방행정이나 지방자치와 밀접한 관계를 갖는 일종의 인보조직(隣保組織)이다.
1970년대 반상회는 주민 상호 간 친목 및 상호부조를 도모하고, 지역사회의 발전을 스스로 추진하며, 자치능력 훈련 및 민주생활 교육을 위한 장으로서 역할을 하였다. 또한, 마을의 실태 및 주민들의 요망 사항을 파악하여 행정에 반영한다는 목적을 표방하고 있었다.
1980년대 후반 이후 특히 1990년대 이후에는 반상회가 과거 관주도의 일방적이고 타율적 방식에서 벗어나서, 주민 서로간의 의사소통과 친목을 위하여 주민들이 자율적으로 참여하는 양상을 보이고 있다. 반면 2002년 부동산 광풍 이후 반상회는 집값 담합 등 이익집단화되거나 집단 민원 제기 등에 활용되기도 하였다.[네이버 지식백과] 반상회 [班常會] (한국민족문화대백과, 한국학중앙연구원)

(Douglas)의 문화이론인데, 문화를 '사람들이 함께 살아가는 방식'이라고 정의하고, 사회구성원 상호 간의 관계유형을 격자(Grid)와 집단(Group) 간의 관계와 문화적 편향(세계관)이라는 차원으로 접근하여 유형화하였다. 사회자본을 인정하고 문화이론으로 보완하여 이론틀을 탐색한 논문(김수영 외 2인, 2013)을 통해 현대의 커뮤니티 유형들이 어떻게 동태적인 양상을 보이며 형성되고 유지되는지를 분석하기 위한 이론 틀에 대해 알아보고자 한다.

1) 사회자본 이론

사회자본이라는 개념은 적용과 접근방법에 따라 구조(네트워크)와 기능, 그리고 분석수준에 따라 거시적 접근과 미시적 접근으로 나눌 수 있다.

첫 번째로는 사회자본 분석의 초점을 구조(네트워크)와 기능 중 어디에 둘 것인가로 구분할 수 있다. 네트워크의 크기에 초점을 둔 예를 보면, 사회자본이란 단순히 연계된 네트워크 이상을 의미하며, 특정한 행위자가 누릴 수 있는 사회자본의 크기는 자신이 효과적으로 동원할 수 있는 네트워크의 규모와 그 연결망에 포함된 다른 행위자들이 소유한 자본의 크기에 달려 있으므로 사회자본의 분석초점은 행위자가 소유하거나 참여하고 있는 사회네트워크의 크기라고 본다(Boundieu, 1986). 한편, 사회네트워크의 구조보다는 성원들 간에 교환하는 신뢰와 호혜성 규범에 초점을 맞추는 관점으로서 신뢰와 호혜성 규범이 없으면 비록 네트워크가 존재한다고 하더라도 목적을 실현하는 데 기능하지 못한다고 본다. 즉, 사회네트워크 구조에 속한 개인이나 집단에게 특정한 행위를 유도하고 촉진시키는 생산적 메커니즘이 사회자본이며 공동체에서 폐쇄적으로 형성되는 신뢰와 규범에 주목하는 입장이다(Coleman, 1990).

두 번째로는 분석의 수준에 따라 거시적 접근, 중시적 접근, 미시적 접근으로 분류할 수 있다. 거시적 접근은 주로 공동체의 문화나 조직의 특성에 초점을 두는 입장이다. 즉, 사회자본을 사회의 문화적, 집단적 특성으로 파악하고 그 사회의 문화가 신뢰나 협동과 같은 호혜성 기반의 가치나 관계를 어느 정도 뒷받침하는가에 관심을 둔다. 그 이유는 한 사회의 문화적 전통이 시민적 참여를 강조하는가 아니면 비도덕적 가족주의에 지배적인 영향을 받는가 하는 상호 간 이익을 위한 협력과 연계를 촉진시키는 네트워크, 규범, 신뢰와 같은 사회조직의 특성이 바로 사회자본(Putman,

1995)이라고 보기 때문이다. 따라서 거시적 접근에서의 사회자본은 현대사회에 만연된 개인주의의 병폐를 치유하고 사람들로 하여금 신뢰할 수 있게 하므로 공동체 형성과 유지에 반드시 필요한 전제조건이다. 중시적 접근에서는 구성원들이 자발적인 시민단체(NGO)에 참여함으로써 이러한 조직에서 학습한 공동체성과 신뢰가 다른 사회영역으로 확대되어 나가는 사회자본의 공적가치를 중시한다. 미시적 접근은 다른 사람이나 집단에 비해 사회적 자원 동원의 측면에서 얼마나 유리하고 불리한지에 관심을 둔다. 이때 사회자본은 집단이나 네트워크에 있는 자원에 접근함으로써 확보할 수 있는 행위자의 능력으로 보기 때문에 관계를 맺고 있는 사회네트워크가 자신이 추구하는 목적을 달성하는 데 얼마나 효율적인가에 초점을 맞춘다(김수영 외 2인, 2013).

신뢰와 네트워크에 대해 좀 더 살펴보면, 신뢰가 존재할 때 구성원들의 삶은 안정되고 안전하게 되므로 신뢰는 공동체 유지에 필수적이며, 신뢰의 기능은 첫째, 사회적 관계의 안정화, 둘째, 사회적 결속 강화, 셋째, 협력 증진이다. 신뢰의 작동 메커니즘은 세 가지이다. 인간은 본질적으로 사회적 관계의 맥락에서 분리될 수 없으며 누군가와의 관계 속에서 평생을 존재하므로 관계망을 계속 넓혀가는 성향이 있다는 배태성(Embeddedness), 지속적인 관계 속에서 서로 도움을 주고받는데 도덕적 의무감이 있으며, 등가교환이 이루어지지 않을 때는 관계가 단절되거나 불평등으로 인한 권력관계가 형성되므로 최대한 등가교환을 위해 노력한다는 호혜성(Reciprocity)[7], 개인이 갖는 신뢰를 구성원들과 공유 확대할 수 있는 방법과 절차를 의사소통하고 공감하며 설명해주는 간주관성(Intersubjectivity)의 3가지 작동 메카니즘을 가진다.

네트워크는 서로 연결되는 방식이 중요하다. 커뮤니티에서의 네트워크를 보면, 크든 작든 유유상종의 무리짓기가 나타나며, 다양한 기준으로 차별과 배제의 구별짓기가 지속적으로 발생되고, 다양하게 범위의 확장을 시도하며 연결짓기가 나타나므로 이들 작동원리를 이해하면 커뮤니티의 미래 예측이 가능하다. 그러나 분명한 것은 사회자본이 선이고 긍정적이라는 고정관념은 경계할 필요가 있고, 사회자본이 곧 신뢰이자 네트워크가 아닐 수 있으며, 작동방식에 따라 다른 결과를 초래할 수 있음을 인식할 필요가 있다(김기홍, 2014).

---

7) 호혜성은 도덕적 의무감에서 가능한 한 나은 보상으로 되돌려주고자 하는 적극적(Active) 호혜성, 비슷한 보상으로 되돌려 주고자하는 균형 잡힌(Balanced) 호혜성, 즉각 보상하지 않거나 자신의 이익을 위해 부등가교환으로 보상하는 부정적(Negative) 호혜성으로 정교화된다(Sahlins, 1972; 김기홍, 2014: 136에서 재인용).

오늘날에는 사회자본의 형태가 신뢰, 네트워크, 규범 이외에도 리더십, 보상체계, 정보, 파트너쉽, 참여의식, 소속감 등 다양할 수 있지만 일반적으로 사회네트워크, 신뢰, 규범으로 정의되어 측정되고 있다.

　사회적 자본을 측정한 최근의 경험적 연구에서 보면, 사회자본의 구성요소를 신뢰, 규범, 네트워크로 구분하여 측정(신화경·조인숙, 2015)하였는데, 신뢰는 이웃과 지역사회 신뢰도, 네트워크는 이웃과 지역사회 주민과의 관계만족도와 교류정도, 규범은 호혜성과 참여도, 소속감 및 연대감으로 측정하였다. 또한, 지역사회의 상호관계를 통해 형성되는 친밀도, 참여도, 공동체의식, 신뢰감으로 구분하여 사회자본을 측정(Chun, 2004)한 경우도 있다.

2) Douglas의 문화 이론

　더글러스는 문화를 '사람들이 함께 살아가는 방식'으로 정의한다. 삶의 방식은 사람들 간의 사회적 관계와 그들의 문화적 편향간의 생동적인 결합으로 보고 있으며, 삶의 방식은 특정한 사회적 관계와 특정한 세계관(문화적 편향)이 상호 지탱해 줄 수 있을 때 생명력을 가진다고 본다. 따라서 더글러스의 문화이론에서 문화는 '삶의 방식'으로 사회구성원들 간의 사회적 관계와 세계관의 결합물이다. 더글러스는 사회구성원 상호 간의 관계유형을 격자(Grid)[8]와 집단(Group)[9] 간의 관계와 문화적 편향(세계관)이라는 차원으로 접근하며, 이 두 가지가 높고 낮은 요소로 결합되어, 낮은 집단성에서는 격자성의 높고 낮음에 따라 운명주의, 개인주의로, 높은 집단성에서는 격자성의 높고 낮음에 따라 위계주의, 평등주의와 같은 4가지 문화유형이 나타나며 유형별로 문화적 편향이 차별화된다고 본다.

　평등주의는 자연을 연약한 것으로 보고, 시장과 정부, 제도로부터 보호해야 한다고 보며, 모든 사람이 똑같이 출발하지 않기 때문에 종국적으로는 결과의 형평성이 이루어져야 한다고 본다. 위계주의는 세상이 통제가능하다고 보며, 자연은 회복가능

---

[8] 더글러스는 격자를 고립성, 자율성, 통제, 경쟁으로 구분하였으며, 이는 구성원들 간의 사회적 역할에 의해 구분된다. 역할이 느슨하면 상호작용에 대한 규제가 약하고, 엄격하면 규제가 강하다. 구성원간의 상호권리와 의무로 역할을 규정함으로써 관계가 평등할 수도 불평등할 수도 있다(김수영 외 2인, 2013: 348)

[9] 집단은 개인의 정체성에 관한 것이다. 자기가 속한 집단과의 일체감이 강할 때 집단을 통해 자기 정체성을 인식하며, 집단과의 일체감이 약할 때 집단보다는 자기 자신의 정체성을 더 선호한다(김수영외 2인, 2013: 348).

한 범위 내에서 개발해도 안전하며, 사람은 유순하고 상처받기 쉽지만, 지속적이고 신뢰성이 높은 제도에 의해 그 상처는 회복될 수 있다고 본다. 높은 수준의 통찰력과 덕성을 가진 사람들이 공공의 문제에 대해 의사결정을 해야 하며 간접적인 민주주의 제도를 선호한다. 개인주의는 자연이란 어떠한 개발에도 회복이 가능하고 사람들은 자기이익 추구적이며 개별화되어 있다고 본다. 사람들은 다른 사람과의 교환과정에서 그들의 기여에 대한 보호장치(제재)가 존재하는 한 협력하며, 권위체(정부)의 존재 이유는 개인의 권리, 자유, 소유권을 보호하기 위한 것으로 본다. 운명주의는 자연이란 사람이 어떻게 해볼 수 없는 존재이고 사람들은 변덕스럽고 신뢰할 수 없는 것으로 보며, 공정성이란 찾아볼 수 없고 삶에 대한 희망이 없다고 본다.

이상에서 나타나는 문화유형에 따른 문화적 편향은 특정한 사회관계에서 비롯되고 또 그러한 문화적 편향에 의해 사회관계가 형성될 수 있기 때문에, 개인의 선호는 이미 주어진 것이라고 보는 자유주의자들과는 달리, 사회적 관계에 의해 구성되는 것으로 본다는 점에서 공동체주의자의 견해와 동일한 맥락이라고 볼 수 있다.

더글러스의 문화이론은 이론 전개에 있어서 3가지 전제조건이 있다. 첫 번째는 양립성의 조건(Compatibility condition)이다. 이는 사회적 관계와 문화적 편향이 상호 상반되게 결합될 수 없으며 양자는 상호지탱적이어서 지속성과 일관성이 있어야 함을 의미한다. 두 번째는 불가능성의 정리(Impossibility theorem)이다. 이는 격자와 집단의 차원에서 유추된 문화유형만이 존재한다는 것을 의미한다. 세 번째는 다양성의 조건(Variety condition)으로서 한 사회 내에는 각각의 문화유형들이 존재하고 서로 경쟁하며 그들 간에는 상호의존성을 가진다는 것이다. 이러한 문화유형들의 다양성에 있어서 수동적이거나 능동적인 문화유형이 있는데, 개인주의적, 위계주의적, 평등주의적 문화유형은 그들의 삶의 방식이 옳다고 믿고 수용하도록 강요하기도 하며 확산시키고자 하는 경향이 있기 때문에 능동적인 문화이다. 이 능동적인 문화유형들은 약점을 보완하기 위해 문화적 연대를 형성하며 상호 간을 경쟁자로 인식한다. 반면에 은둔주의와 운명주의는 수동적인 문화이다(Mamadouh, 1997)(김수영 외 2인, 2013).

분석수준을 지역사회로 할 경우 그 지역사회에서도 다원의 문화유형이 존재하며, 그들 간에 경쟁적 관계를 가지는 동시에 상호연대를 통한 지역사회 공동체들의 역동적 관계를 야기할 수 있다고 보기 때문에 더글러스의 문화이론은 지역사회 커뮤니티 분석에 유용한 틀을 제공한다.

3) 사회자본론과 문화이론의 상보적 이론틀

사회자본이론은 문제가 명확하지 못하고, 분석의 단위를 적정수준으로 제한하지 못하며, 이론적 일관성을 유지하기 어렵고, 동기·사회구조화 등의 개념이 기존의 이론체계로부터 동떨어져 있다는 비판을 받고 있다(김기홍, 2014). 그러나 사회자본론의 모호한 개념을 더글러스의 문화이론은 명확하게 함으로써 다원적 성격과 기능을 가진 공동체의 형성과 유지를 설명할 수 있다(김수영 외 2인, 2013)고 주장한다.

더글러스 문화이론은 공동체성을 형성하고 유지하는 데 있어서 구성원 간의 사회적 관계의 균형에 4가지 유형이 있다고 하였다. 이를 근거로 추구하는 이념과 가치체계가 다르고 그에 따라 도덕적 의무감을 가지게 된다. 즉, 각각의 삶의 방식이 가지는 가치와 신념으로 자연관, 위험, 시간, 공간 통치방식으로서의 이상, 정의 등을 조직화하는 방식을 명확하게 규정할 때, 사회자본의 개념인 규범, 신뢰와 같은 애매모호한 내용을 명확히 규정할 수 있다는 것이다. 문화이론의 개념틀은 사회자본이 덜 축적되어 사람들 사이의 신뢰를 부정하는 운명주의를 제외하고는 신뢰와 불신 같은 개념을 모두 포함하고 있다.

운명주의 문화유형에 속하는 사람들은 현대사회의 경쟁구조에서 패배한 사람들이다. 원인은 다양하지만, 능력이 없거나 기회를 얻지 못하여 실업자가 된 사람, 노화에 의해 일할 능력이 없거나 불의의 사고와 선천적으로 장애를 가지고 있는 사람들이 여기에 해당하는 경향이 있다. 이들은 사회나 공동체로부터 도움을 필요로 하지만 배제되기도 하고 경계한다. 평등주의 문화유형은 사회구성원으로서 동등한 권리와 의사결정 구조를 가진 소규모 공동체, 생활방식의 간소함 등에 대해 신뢰를 가진다. 반면에 권력의 불평등을 초래하는 정부와 시장의 확대, 자연자원에 대한 부당한 개발 등 평등의 조건에 대한 위협에 대해서는 불신한다. 위계주의 문화유형은 덕망과 전문성을 가진 지도자, 사회적 조화, 안정적 질서유지에 대해 신뢰한다. 반면에 기본 질서를 문란하게 하는 행위, 사회적 합의를 통해 구축한 제도에 대한 불응에는 불신한다. 개인주의 문화유형은 개인의 자유를 극대화하는 균형과 견제, 이익을 위해 자발적으로 협력하며 개인의 타고난 재능이나 경쟁성에 부응하는 보상체계에 대해서는 신뢰한다. 반면에 개인의 자유와 권리를 제약하는 과도한 규율이나 규제, 자기희생을 요구하는 도덕성, 권력의 집중에 대해서는 불신한다(김수영 외 2인, 2013).

이상의 사회자본론과 문화이론의 상보적 개념틀은 왜 자연발생적이거나 자발적으로 혹은 외부세력에 의해서 지역사회 커뮤니티가 형성되고 유지되는지 중시적 수준의 지역사회 커뮤니티 분석에 이용될 수 있다. 즉, 경쟁력이 없어 낙오한 사람이나 사회구조의 변화로 쇠퇴한 지역에 거주하는 고령층은 운명주의 문화유형을 가지게 되고, 그들의 정주지역은 빈민촌화되므로 외부세력의 개입에 의한 커뮤니티 형성이 필요하다. 이들에게는 사회자본이 구축되어 있지 않아서 공동체로 볼 수 없기 때문에 이들을 도와 공동체성을 회복하도록 시민단체와 지역정부가 도울 수 있다. 그러나 빈민촌에 공동체성을 복원하고자 하는 의도는 각기 다르다. 시민단체는 이들이 지역사회의 동등한 구성원으로서 신뢰적 관계를 바탕으로 자립을 원하기 때문에 관여한다. 그러나 지역정부는 지역사회의 안정과 질서를 유지하기 위해 관여하며 제도에 대한 신뢰와 제도에 기반한 호혜성을 바탕으로 하기 때문에 정기적인 평가를 통해 계속 지원 여부를 결정한다. 이러한 시민단체와 지역정부의 역할을 때로는 기업이 이익의 사회환원 차원에서 수행하기도 한다.

평등주의적 문화유형을 가진 사람들은 경쟁적 시장구조에 불신을 가지고 있거나 지역사회 구성원들에게 동료의식을 가지고 친환경적 생활방식을 옹호하고 함께 실천하기 위해 커뮤니티를 만들거나 공동으로 토지를 매입하여 생태마을을 조성하고 그들만의 삶의 방식을 공유하는지 설명이 가능하다. 또는 나이가 들고 병들거나 장애가 있는 사람들이 등가적 교환을 바라지 않고 자발적으로 서로 돕는 단체를 만들며, 평등주의적 문화유형을 가진 사람들이 공동체를 자연발생적으로 형성하고 유지하며 외연적으로 확산을 시도하는지도 설명할 수 있다.

개인주의 문화유형을 가진 사람들이 같은 주거단지에 살고 있다는 것만으로 이익을 도모하기 위해 공동체를 결성하고, 교환적 신뢰와 균형잡힌 호혜성을 매개로 하지만 응집성과 연대성은 약할 수밖에 없다. 이러한 공동체는 권위체의 권한에 불신을 가지고 있기 때문에 외부세력이 개입하여 공동체성을 강화하고자하면 반발하기 쉬우므로 오히려 공동체 내의 청년모임, 주부모임, 노인모임과 같은 하위조직 활동이 더 공동체 활성화의 주체로서 유용할 수 있다. 개인주의 문화유형을 가진 사람들은 사적 이해관계로 공동주택의 구성원이 되었지만 개인의 권리 침해에 견디지 못하므로 스스로 공동주거 방식을 철회하게 될 것이고, 이에 동의하는 사람들만 커뮤니티를 형성하며 활동하게 될 것이다. 그러나 개인주의 문화유형을 가진 사람들도 합리적인 절차에 따라 그들의 권리가 보호될 수 있다면 규칙에 동의하고 커뮤니티의 구성원으로 남아 있게 되는 현상도 설명할 수 있다.

이상의 세 가지 이론 틀은 지역사회 커뮤니티가 사회자본으로서 구성되고 회복되는 과정, 커뮤니티가 자율성을 확보하고 문화유형에 따라 외부세력의 개입을 조절하는 과정 등이 설명될 수 있으므로 현대사회의 지역사회 커뮤니티 분석에 유용한 이론적 개념틀로 활용될 수 있다.

3장 커뮤니티의 구성

3.1 커뮤니티의 구성과정

펙(Peck)은 커뮤니티 구성과정이 4단계를 거쳐 이루어진다(Peck, 1987)고 보았다.

1단계, 유사 커뮤니티(Pseudo-community): 사람들이 모여드는 초기 단계이다. 사람들은 서로 정중하며, 그들의 느낌을 매력적이고 우호적으로 나타낸다.

2단계, 혼돈(Chaos): 유사 커뮤니티단계의 불확실성을 넘어서게 되면 사람들은 자신의 부정적인 면을 나타내도 충분히 안전하다고 생각하는 단계로 이동한다. 이 단계에서 리더십과 조직의 촉진요소에 대한 수요가 나타난다. 그러나 펙(Peck)은 조직이 곧 커뮤니티는 아니므로 이러한 압력에는 저항해야 한다고 하였다.

3단계, 비움(Emptiness): 모든 인간들에 공통적이면서 자신들이 입은 상처와 슬픔을 알 수 있게 되었을 때, 혼돈 단계의 집착, 치유, 전환을 넘어 이 단계로 이동한다.

4단계, 진정한 커뮤니티(True community): 커뮤니티 내의 다른 사람의 욕구를 경청하고 깊이 존중하는 단계이다. 사람이 동료로부터 이해를 받는, 모든 인간의 정신세계에서 가장 깊은 동조와 동경이 나타나는 단계이다. 이러한 커뮤니티 의식을 구축하는 것은 쉽지만 현대사회에서 이를 유지하는 것은 어렵다. 또한, 커뮤니티 구축은 간단한 이벤트(예를 들면 한 접시 음식을 만들어 와서 같이 먹는다거나 북클럽을 만든다거나 하는 작은 이벤트부터 대규모 페스티벌을 기획하거나 지역의 참여자들을 중심으로 건설공사 프로젝트를 진행하는 일)에 이르기까지 그 실천의 폭이 굉장히 넓고 다양하다.

이상과 같은 커뮤니티 구성 단계는 우리나라의 커뮤니티 구성과정과 성립에도 유용하다고 볼 수 있다. 일단 모임은 우선 모여서 차를 마시거나 음식을 먹으면서 서로 요구하는 바가 무엇인지 탐색하는 단계를 지나면 이를 조정하는 단계에 이르고, 버려야 할 것과 남겨야 할 것들이 정리된 후에 목표가 선명해 지면서 서로에 대한 존중과 배려를 바탕으로 동의와 약속이 운영 메커니즘으로 작동하는 단계를 거쳐 커뮤니티는 안정화되기 때문이다.

3.2 커뮤니티의 구성 요소

커뮤니티가 지속되려면 커뮤니티 의식이 있어야 한다. 커뮤니티 의식(Sense of community)이 구축되려면 멤버십, 영향, 욕구의 통합과 충족, 공유하는 정서적 연결이 중요하다(McMillan and Chavis, 1986). 송복(1996)은 커뮤니티 의식은 친밀과 정보의 결과이며, 커뮤니티의 기본요소는 친밀, 정보, 공동행동의 3가지라고 하였다. 즉, 친밀한 유대관계를 맺고 서로에 대해 집단에 대해 충분한 정보를 가지고 있으면 집단 내 개인들은 나(Ego)를 극복하고 우리(We) 의식을 가질 수 있고, 개인의 욕구에 집착하지 않고 우리라는 덩어리로 융화될 수 있다는 것이다.

커뮤니티의 구성요소는 분야마다 인식을 조금씩 달리한다.

사회심리학 분야에서는 구성원 의식, 상호영향 의식, 욕구의 충족과 통합, 정서적 연계(Nasar&Julian, 1995)를 커뮤니티 구성요소로 보았다.

사회학분야에서는 커뮤니티에 대한 94개의 정의 가운데 2/3 정도가 일정한 지역, 사회적 상호작용, 공통의 유대감을 구성요소로 보고 있다(강순주 외 2인, 2012에서 재인용).

지역개발 및 건축학분야에서는 도시 커뮤니티를 촉진하기 위한 요건으로 커뮤니티 계층구조와 지구설정, 커뮤니티 주민조직, 커뮤니티 계획수립, 커뮤니티 시설정비, 커뮤니티 시책화의 5가지를 들고 있다(권순복, 1989).

주거학분야에서는 무엇보다는 사용자에 맞는 커뮤니티 프로그램이 개발·보급되어야 함을 강조하고 있으며, 이용시설인 커뮤니티센터가 활성화되기 위해서는 이 커뮤니티센터가 사용자에 적합한 활동 프로그램을 제시하는 기능을 충실히 해야 하고, 그렇게 함으로써 주민들 간의 이해와 커뮤니티 의식이 고취될 수 있다고 하였다(채혜원·홍형옥, 2002).

지역사회운동 분야에서는 지역사회운동은 지역사회가 주체가 되어 삶의 현장인 지역사회에서 야기되는 문제 또는 그로 인해서 파괴되는 지역사회를 새롭게 하려는 자구적인 노력(박서호, 1993)이며, 커뮤니티 의식은 바로 이러한 운동과정에서 형성된다고 보았다. 지역사회운동은 지역이 가지고 있는 공동의 유산, 사회적 유산, 집합적 소비재, 공공재, 영향력과 권력의 원천에서 발생하는 각종 문제들을 스스로 해결해 나가는 과정이라고 보므로 그 목표를 달성하기 위해서는 첫째, 커뮤니티가 안고 있는 문제와 주민들의 요구를 정확히 파악하는 능력, 둘째, 행동의 목표와 우선순위에 대해 의견일치를 이룰 수 있는 능력, 셋째, 동의된 목표의 수행을 위한 방법과 수단에 대해 합의를 이룰 수 있는 능력, 넷째, 필요한 행동을 효과적으로 실행할 수 있는 능력을 스스로 키워야 한다고 하였다.

커뮤니티에 관한 최근 연구(강순주 외 2인, 2012)에서는 1973~2011년까지의 커뮤니티 관련 연구를 망라하여 분석하면서 물리적 요소, 사회적 요소, 심리적 요소로 나누어 분석하였다. 물리적 요소로는 커뮤니티 관련 시설 및 공간계획, 기능, 시설이용을 포함하고, 사회적 요소로는 이웃관계, 프로그램 종류 및 참여, 운영관리를 포함하며, 심리적 요소에는 개인의 커뮤니티 의식, 시설 및 프로그램 선호도, 만족도, 요구도, 중요도를 포함하였다.

결과적으로, 커뮤니티 구성요소는 참여자, 공통의 관심, 운영조직, 인적·물적 자원이라고 볼 수 있으며, 커뮤니티 의식은 이러한 구성요소가 제대로 기능하기 위한 조건이기도 하지만 제대로 기능을 하고 난 후의 성과로 커뮤니티 의식이 상승한다고 볼 수 있다. 커뮤니티 의식은 소속감, 참여의식, 커뮤니티에 대한 선호도, 요구도, 중요도, 만족도 등의 용어로 측정될 수 있다.

1) 참여자

커뮤니티는 참여자가 있어야 시작된다. 커뮤니티 참여자의 규모는 작은 이벤트부터 큰 프로젝트에 이르기까지 다양하다. 이웃끼리 한 그릇 음식을 가져와 먹는 모임(potluck)부터 시작해서 좋은 목적으로 지역봉사를 하는 커뮤니티로 한 단계 발전할 수도 있고, 공동육아를 위해 처음부터 목적을 가지고 지역사회 안에서 공개모집을 하여 시작할 수도 있다. 이러할 때는 모임의 공간에 적절한 규모의 커뮤니티가 구성될 것이다. 그러나 공동주택 단지의 커뮤니티 센터 혹은 한 동네의 주민센터에서 일정한 목적을 가지고 프로그램을 만들어 단지 내의 거주자를 대상으로 아이디어를 내어 지역의 커뮤니티 결성을 유도하는 경우라면, 예를 들면 지역의 환경운동, 봉사활동, 동네 축제 등을 위한 커뮤니티는 목적에 따라 참여자 규모가 유동적이거나 일시적이거나 다양할 수밖에 없을 것이다. 이러한 커뮤니티는 그 결속이 단단하거나 느슨하거나 지속되는 정도가 프로그램에 따라 다양할 것이다.

공통의 관심을 가지고 함께 커뮤니티 활동을 함으로써 참여자에게는 커뮤니티 의식과 유대감이 생겨난다.

2) 공통의 관심

공통의 관심은 가장 기본적인 커뮤니티 구성의 조건이다. 이웃이기 때문에 만나는 것은 친목이고, 한 달에 한 번 정해진 사람들끼리 정기적으로 한 그릇씩 음식을 만들어오는 모임이 안정화되면 커뮤니티가 된다. 커뮤니티가 안정화되는 과정에서 만나는 시기, 만날 때마다 가져오는 음식, 만나는 장소 등에 대한 논의가 오가고 이에 동의하지 못하면 탈퇴를 하는 등 유사 커뮤니티 과정을 거쳐 들고나며 갈등을 빚기도 하고 우왕좌왕하는 혼돈의 단계를 거쳐, 서로 조화롭게 양보하고 동의하는 비움의 단계를 거쳐 서로 인정하고 배려하고 소속감이 분명하게 안정화된 진정한 커뮤니티가 탄생된다. 이처럼 처음에는 단순한 목적에서 결성되어 진정한 커뮤니티로 안정화된 커뮤니티는 시간이 흐르면서 한 걸음 더 나아가 세계음식 맛 보기, 와인 시음, 레스토랑 탐방, 함께하는 여행 등으로 발전할 수 있고 더 나아가 공동선을 위한 봉사모임으로 활동을 넓혀 나갈 수도 있다. 이때 의사결정은 민주적이지만 누군가 리더로서 항상 의사소통의 중심에 있거나 혹은 돌아가며 조직을 이끌 사람은 필요하고, 운영을 위한 규범화된 약속 혹은 규약이 필요하다.

지역사회에 기반을 둔 더 큰 커뮤니티는 자생적으로 오랜 기간을 거쳐 규모를 달리하며 조직될 수도 있고, 누군가 의도적으로 목적을 가지고 커뮤니티를 구성하여 안정화될 수도 있다. 예를 들면 막연히 지역사회 마을 만들기에 관심이 있는 몇몇 사람들의 발의로 시작될 수도 있고, 처음부터 벼룩시장, 재능나눔, 버려진 땅에 꽃밭 만들기나 텃밭 만들기 등 지역재생을 목적으로 시민단체의 주선이나 지자체 당국의 독려에 의해 운영조직이 만들어지고 커뮤니티가 결성되어 안정화 단계에 이를 수도 있다. 이때 공통의 관심은 운영조직과 참가자에게 프로그램이라는 이름으로 공지되고 운영된다. 공통의 관심은 운영조직에게는 선호도, 만족도, 요구도, 중요도 등의 커뮤니티 의식 평가를 통해 피드백되어 프로그램의 안정화 혹은 수정에 이르기도 하고 좀 더 확대된 프로그램으로 발전하기도 한다.

3) 운영 조직

커뮤니티가 작으면 리더가 정해질 수도 있고, 회원들이 돌아가며 맡을 수 있으며, 민주적인 의사결정이 진행될 것이다. 특정한 목적이 있어 모여진 커뮤니티라면 정보나 자원이 많거나 리더쉽이 있는 사람을 중심으로 조직이 결성된다. 커뮤니티 조직은 이익집단보다는 유연하지만, 시간이 흐르면서 리더의 파워가 형성되고 관련주체가 많아지면 민주적인 과정을 통해 의사결정이 되지 않거나 다시 혼돈의 단계로 후퇴하는 등 갈등이 생길 소지가 있다. 따라서 커뮤니티가 클수록, 목표가 다양할수록, 자원을 많이 필요로 할수록 리더가 바뀌어도 적용 가능한 표준적인 규약을 만들어 둘 필요가 있다.

때로는 지자체의 행정목표에 따라 운영조직에 공무원이 관여할 수도 있다. 특히 경제적인 지원을 받거나 커뮤니티 활성화를 위한 공모 프로그램을 운영하는 경우 평가와 제재를 받을 수도 있다. 이러한 행정기관의 아젠다에 따른 프로그램들은 경제적 지원이 종료되면 자연히 프로그램 자체가 사라지거나 활력을 잃기 쉽다. 따라서 운영조직을 결성할 때는 처음부터 목표를 분명히 하여 정해진 기간 동안만 운영할 것인지 자생력을 가지고 지속적으로 커뮤니티 활동으로 이어갈 것인지에 따라 운영조직의 가동기간과 방법에 따라 규약을 만드는 등 탄력적으로 조절할 장치가 필요하다.

4) 인적·물적 자원

커뮤니티가 움직이려면 인적(관심, 커뮤니티 의식, 능력과 시간), 물적(공간적, 경제적) 자원이 필요하다. 인적자원은 기본적으로 뜻이 있고 시간이 있는 사람들의 모임이라는 커뮤니티의 전제조건이 있기 때문에 기본적인 인적자원은 충족되어 있고 노동력은 회원 봉사로 충당할 수 있다. 그러나 공간적인 자원은 커뮤니티 규모가 작을 때는 이미 있는 공간으로 감당할 수 있지만, 규모가 커서 거점공간이 필요할 때는 상시 인력과 사무집기를 둘 수 있는 공간이 필요하므로 이를 지원할 수 있는 자원이 필요하다. 우선은 지역 내의 행정기관의 유휴공간을 사용하거나 커뮤니티 센터, 주민센터를 공간 조정하여 재구성함으로써 활용할 방안을 구상할 수도 있을 것이다. 혹은 행정당국의 공모프로그램에 지원하여 필요공간을 지원받을 수도 있고, 활동 내용 중에 운영비 정도의 수익을 창출하여 임차한 후 사용하거나, 참가자들이 회비를 낸다든가 기부금을 받아 충당할 수도 있을 것이다.

커뮤니티의 위치가 구도심인가 교외 혹은 신도시인가, 도시인가 농어촌인가, 계획단지인가 자생적으로 조성된 동네인가에 따라 거주자의 특성이 다르고, 그에 따라 인적 자원의 특성이 다르므로 커뮤니티에 제공할 수 있는 인적 자원과 관심사가 다르며 그에 따라 선호하는 프로그램의 종류가 다르다. 또한, 단독주택이 밀집한 동네인가 아파트단지인가에 따라서 공유공간의 크기와 종류가 다르며, 공동주택 단지라도 건축경과년수에 따라서 공유공간의 크기와 종류가 다르다. 2000년대 이전에도 아파트 부대복리시설 설치기준10)에 따라 관리사무실 등 공동으로 사용할 수 있는 공간이 있었으나 커뮤니티 센터라는 이름의 주민 공유공간은 없었다. 그러나 1996년부터 매일경제 주관 '살기좋은아파트'상 수상 단지를 선발하기 시작하면서 건설사들은 경쟁적으로 외부공간과 공유공간에 많은 투자를 하여 왔고, 스마트 단지, 친환경 단지 등의 캐치프레이즈를 내세우며 아파트 녹지공간과 외부 모임 장소를 확대하는 등 법에 규정한 부대복리시설 이상의 공간을 조성하며 상품성을 높여옴에 따라 커뮤니티의 필요조건으로서의 물리적인 공간 여건은 향상되어 왔다.

〈그림 3-1〉 아파트 단지 내 커뮤니티센터와 주민 공유공간(경기도 고양시 Wi-city 자이 아파트)

---

10) 1979년 주택건설기준에 관한 규칙에 따라 부대복리시설로 구체화되었다. 이 기준의 특성은 세대수 기준에 의한 의무설치 규정을 두고 있다. 관리사무소는 50세대 이상은 무조건 설치하여야 하며, 노인정은 100세대 이상, 주민공동시설은 300세대 이상, 보육시설은 500세대 이상 단지에 의무적으로 설치하게 되어 있고 시설별로 세대증가에 따라 할증기준을 적용하고 있다. 최소규모와 최대설치규모를 동시에 정하고 있다. 예를들어 주민공동시설은 300세대 기준 최소 50㎡, 최대 300㎡로 제한하고 있으며, 공급유형에 따라 차등적인 시설기준을 적용하고 있다(백혜선, 2005).

3.3 커뮤니티의 유형

커뮤니티라 하면 전문적 지식에 기반한 학술단체와 같은 커뮤니티(Professional community)가 있고, 인터넷에 기반한 가상 커뮤니티(Virtual community)도 있다. 또한, 은퇴자들이 신체의 노화정도에 따라 옮겨가며 살 수 있도록 노화에 대처하기 위한 은퇴 커뮤니티(Retirement community)도 있고, 생활의 편의와 이념적 실현을 지역 기반으로 실천하고자 하는 의도적 커뮤니티(Intentional community)와 계획적으로 커뮤니티를 구획해서 단지화하여 분양하는 계획 커뮤니티(Planned community)도 있다. 커뮤니티의 유형은 지역기반 커뮤니티, 정체성 기반 커뮤니티, 조직기반 커뮤니티로 분류하기도 한다. 지역기반이라 함은 이웃, 교외, 동네, 등 지역과 장소에 근거를 두고 만들어진 커뮤니티이다. 정체성 기반이라 함은 종교, 문화, 하위문화, 종족, 장애인, 노인 등 정체성이 다른 사람들끼리의 커뮤니티이다. 조직기반이라 함은 가족, 길드, 정당, 학회 등 공동의 목적을 가지고 조직된 커뮤니티이다(Google/Wikipedia/Community).

그런가 하면 공간적 커뮤니티(Territorial Community)와 비공간적 커뮤니티(Non-Territorial Community)로 구분한 학자(Hedges and Kelly, 1992)도 있다. 공간적 커뮤니티는 영역적인 정체성을 중심으로 도시계획이나 도시정책분야에서 중요한 의미를 지니는데 공간적 현상으로만 볼 수 없는 비공간적 요소가 더 크게 작용할 수도 있다. 비공간적 커뮤니티는 같은 지역, 같은 동네 거주보다는 인종, 종교, 문화, 취미, 이념, 성별 등이 커뮤니티 형성과 활동의 기초가 되는 경우이다. 따라서 현대사회의 커뮤니티는 정체성과 이해관계가 중요하다(Blackman, 1994)(하성규·서종균, 2000;275에서 재인용).

제임스와 그 이외 사람들(James&his colleagues)은 지역 커뮤니티(Grounded Community), 생활양식 커뮤니티(Lifestyle Community), 프로젝트 커뮤니티(Projected Community Relations)로 나누었다. 지역 커뮤니티란 특정장소, 특정인들의 지속적인 애착이 있는 친한 관계가 지역을 기반으로 만들어진 것이다. 생활양식 커뮤니티란 흥미, 생활, 작업 등 특정한 생활양식을 구현하기 위해 만들어진 커뮤니티로 종교, 이념 등에 의해 만들어진 커뮤니티가 여기에 속한다. 현대에도 취미, 스포츠, 여가, 사업 등의 공통성을 추구하는 생활양식을 영위하기 편리하도록 공통의 생활양식을 추구하는 커뮤니티가 많이 만들어지고 있다. 프로젝트 커뮤니티(Projected Community Relations)는 재구성된 실체로서 자의적으로 만들어진 커뮤니티이다. 진입장벽이 있는 커뮤니티, 정치적 통합이나 실천, 전문적 프로젝트를 위한 사람들의 모임이며 개인적 창의성과 자율성, 상호성을 고양시키고 지원하기 위해 만들어진다. 국가는 가장 규모가 큰 프로젝트 커뮤니티이다. 커뮤니티는 집합장소인 아지트가 있기는 하지만 상호 완전 배타적이지는 않다. 큰 커뮤니티가 작은 여러 개의 커뮤니티로 이루어지기도 하고 커뮤니티끼리 서로 교차점이 있기도 하다(Google/ Wikipedia/Community).

'Community'는 공동체라는 용어로 번역이 되는데 일괄적으로 커뮤니티라는 용어로 사용하기보다는 때로 공동체라는 용어가 더 적절할 경우도 많다. 이 책에서는 가능한 한 커뮤니티라는 용어를 사용하되 불가피할 때는 지역공동체 혹은 공동체라는 용어를 병행하여 사용하고자 한다. 상식적으로 가장 흔히 사용되는 커뮤니티라는 용어는 지역에 기반을 둔 지역사회 커뮤니티(Local Community)이며, 이 책이 '주택과 커뮤니티'로 한정할 때는 같은 동네, 같은 마을을 일컫는 명확한 구역명으로 구성된 행정자치구역으로 같은 주민센터를 이용하는 범위가 커뮤니티의 경계일 수도 있고, 같이 입주한 공동주택 단지, 같은 마을명을 공유하는 농어촌 지역사회 커뮤니티이다. 특히 우리나라에서는 같은 행정 동이더라도 건설사가 다른 아파트단지는 다른 커뮤니티 센터를 이용하며 서로 다른 지역사회 커뮤니티로 기능한다.

2010년 인구주택 총조사 결과(통계청, 2010) 현재 아파트 거주자는 전 가구의 47.1%이다. 전 국민의 절반이 공동주택단지에 같은 시기에 입주하고 같은 커뮤니티 센터를 공유공간으로 제공받는 계획 커뮤니티(Planned Community)에 연루되어 있음을 의미하므로 아파트는 가장 커뮤니티가 활성화되기 쉬운 조건을 가지고 있다고 볼 수 있다.

지역사회 커뮤니티를 기반으로 구성되고 활동을 하는 각종 커뮤니티를 포함하여 커뮤니티 구성의 의도와 커뮤니티의 전개 범위에 따라 다음과 같이 몇 가지 유형으로 분류할 수 있다.

1) 구성의도에 따른 커뮤니티

커뮤니티 구성의도에 따라서는 생활커뮤니티, 이념커뮤니티, 계획커뮤니티로 구분할 수 있다. 생활커뮤니티에 해당하는 예로는 육아공동체로 시작한 성미산 마을 공동체가 있고, 사회민주주의 친환경 생활방식을 지향하는 북구의 코하우징 공동체가 여기에 속한다. 이념커뮤니티의 예로는 종교적인 목적에서 구성된 우리나라의 신앙촌과 새벽의 집, 이스라엘의 키부츠(Kibbutz), 미국의 사회주의 페미니즘의 구현을 위해 만들어진 생활공동체 코뮌이 여기에 속한다. 계획커뮤니티는 현대의 각종 계획단지로 만들어진 공동주택단지 커뮤니티가 여기에 속한다.

신공동체주의자들은 현대사회의 자유주의적 개인주의적 삶은 피할 수 없는 대세이지만 문제의 해결은 공동체주의적 삶에서만 찾을 수 있다고 보며, 두 가지 가치의 공존을 모색하기 위해 두 가지 분파로 나뉜다. 첫 번째는 자원봉사주의에 기초한 공동체주의 분파이다. 공동체의 문제를 해결하기 위해 아무런 대가 없이 시간과 노력, 자금을 제공하는 구성원들에게 적당한 명분이나 사회적 안정감을 제공하면 이들은 헌신적으로 공동체를 위해 일할 것이며, 구성원의 자유와 권리에 대한 정부와 같은 권위체의 관여를 최소화하는 것을 선호한다. 따라서 이들은 독립적이며 이익을 추구하지 않는 많은 자원봉사자들이 공공의 편익을 위해 함께 자발적으로 협치하는 것을 강조한다. 두 번째는 전통적 공동체주의의 회귀를 바라는 입장은 아니지만 공동선을 강화하기 위한 사회적 장치가 부족하므로 이의 해결을 위해 촉진역할을 하는 선에서 권위체의 개입을 허용하는 분파이다. 분명한 것은 두 가지 분파 모두 공동의 연대의식과 구성원의 조화와 협력을 강조하는 본질에는 변함이 없다(김수영 외 2인, 337-8 참조). 구성의도에 따른 커뮤니티 중에서 계획 커뮤니티가 두 번째 분파에 속한다.

2) 전개 규모에 따른 커뮤니티

커뮤니티 전개 규모의 가장 기본적인 것으로 가족커뮤니티가 있다. 역사적으로 우리나라의 마을은 입향조를 두고 혈연가족이 확대되는 범위로서 가족공동체적인 성격을 가지고 있었다. 현대가족은 혈연가족이더라도 사는 지역을 한정하지 않고 다른 동네, 다른 도시, 다른 국가로 분화되어 거주하는 경우가 많으므로 지역에 기반한 가족공동체라고 보기는 어렵다. 그러나 혈연이 아니더라도 가족처럼 함께 사는 가족공동체는 많이 있다. 소위 실버타운이나 여성의 집, 노숙자 쉼터, 학생 기숙사, 공장

기숙사와 같이 동일한 집에서 숙식을 함께하는 경우가 여기에 속한다. 유럽의 중세 농경사회도 동일 성(castle)안에서는 가족공동체적인 성격을 가지고 있었다.

지역사회 커뮤니티는 좀 더 범위가 넓은 마을과 빌리지까지 전개된다. 현대에는 같은 단지, 같은 행정동까지 확대된다. 같은 행정동이라도 분양한 건설사가 다른 단지이면 사로 다른 커뮤니티 센터를 이용하고, 행정동에 따라 설립되어 있는 주민센터는 그 행정동 거주자에게는 전면 개방된다. 때로는 지자체가 설립한 커뮤니티 센터를 다른 지자체 주민이 이용할 경우 이용제한을 하지는 않으나 이용비용을 더 내야하는 경우도 있다.

사회커뮤니티는 사회적인 의미를 공유하는 커뮤니티로서 임대주택 커뮤니티, 준주택 커뮤니티, 코하우징 커뮤니티와 같이 주거가 포함되고 동일한 사회적 의미를 가지지만 동일 지역사회에 한정되지는 않는 경우이다. 지역과 사회를 통합한 유형으로는 농어촌 커뮤니티, 공동주택 커뮤니티, 생태마을 커뮤니티 등이 있으며 하나의 지역사회에 한정하지 않고 어느 지역사회에 속하든 같은 사회적 의미를 가지고 있는 커뮤니티로서 비슷한 사회적인 인식을 갖는다는 공통점이 있다.

3) 구성 주체에 따른 커뮤니티

커뮤니티 형성이 자유의지에 따랐는가 여부에 따라 자발적 커뮤니티와 외부세력에 의한 비자발적 커뮤니티로 분류(김수영 외 2인, 2013)한다.

자발적 커뮤니티는 동일한 물리적 공간을 공유하는 것과 동일한 신념과 가치를 공유함으로써 나타난다. 동일한 물리적 공간을 공유하는 커뮤니티 예로는 은퇴자가 같은 지역에 살면서 서비스 전달의 효율성을 위해 만드는 은퇴자 커뮤니티[11], 자발적으로 구성한 코하우징 커뮤니티도 여기에 속한다고 볼 수 있다. 공동의 신념과 가치를 공유하는 공동체는 우리나라에서도 한 때 많이 등장하였던 생태마을 공동체[12]나 육아 공동체를 지향하다가 확대된 성미산 마을이 여기에 속한다고 볼 수 있다.

---

[11] 일산의 호수공원 옆에는 일산노인종합복지관이 있다. 좋은 입지와 노인대학을 포함하여 노인 여가 프로그램이 다양한 것으로 알려져 있으며, 일산은 65세 이상 노인 주민이 다른 지역에 비해 상대적으로 높은 6%대를 상회함으로써 잠재적인 이용자가 많아 항상 프로그램이 활성화되는 것과도 연관이 있다.

[12] 생태마을 공동체, 전북무주군 안성면 진도리 생태마을은 1994년에 10가구 정도로 시작되었다. 나무와 돌, 흙벽돌을 이용하여 생태적인 주택을 건설하였고, 생활하수를 정화하기 위한 장치를 통과하고 미나리꽝을 통과하여 정화시킨 후 농업용수로 최종 사용하는 시스템을 갖추었다.

비자발적 커뮤니티는 NGO나 지방자치단체들이 촉매역할을 하여 구성된 커뮤니티로서 사회구조에 의해 편파된 삶의 방식으로 내몰리게 된 사람들의 공동체성을 복원하기 위해 구성된다. 지역 품앗이 성격을 가진 것으로 자체 화폐를 통해서 구성원의 인적 물적 자원을 교환하는 대안경제 모델인 레츠 제도(LETS; Local Exchange and Trading System)가 여기 속하는데 자체 통화를 사용한다는 점에서 구성원의 신뢰성과 호혜성을 기반으로 하며, 구성원으로서의 정체성과 경제적 혜택을 동시에 얻을 수 있다. 우리나라에서는 1990년대 후반 대전지역에서 환경운동가에 의해 '한밭 레츠'가 설립되었으며 그 모델이 과천, 서천, 성남, 대전, 의정부, 부산 등 전국적으로 확산되었다(김수영 외 2인, 2013).

비자발적 커뮤니티의 예로는 사회통합의 균열을 봉합하기 위해 지역공동체의 복원과 회복을 위한 지방 정부의 관여와 역할이 얼마나 존재하느냐에 따라 민관 파트너쉽 모형과 주민자치 모형이 있다(김수영 외 2인, 2013). 정부가 지역주민을 파트너로 하여 지방정부와 주민들이 대등한 관계에서 지역문제를 해결하는데 이 과정에서 소속감, 연대감, 정체감이 형성된다. 그러나 이러한 공동체가 주로 저소득층과 고령층으로 구성된 지역인 경우에는 주민들이 현안에 대해 적극적으로 참여할 여건을 가지지 못하며, 지방정부의 일률적인 사업진행과 재정지원에 의존하는 한계가 있다. 민관 파트너쉽 모형이 진정한 공동체로 진화하기 위해서는 정부의 개입이 지속되기 보다는 지역주민들에 의해 조직화되고 자치능력을 갖추는 방향을 탐색할 필요가 있다. 주민자치 모형은 주민들이 지역의 문제를 주민들의 공동의 문제로 인식하고 관심을 가지도록 유도하고 지원하는 촉매자의 역할을 지방정부가 담당하지만 최소한의 개입으로 주민들이 자발적으로 의사결정에 참여하고 지역사회의 공동체성을 회복하도록 돕는 것이다. 이 모형에 부합하는 사례가 공동주택 커뮤니티이다. 정부는 아파트 지역의 문제에 개입하기 보다는 공동주택관리법에 따라 아파트 거주 주민들이 지역의 문제를 스스로 해결해 나가도록 공동주택관리규약을 실정에 맞게 주민합의를 통해서 정하도록 하고, 문제가 발생하면 자체규약을 통하여 해결하도록 되어 있다. 이 과정에서 정부의 개입은 최소화된다.

2부 커뮤니티의 전개

04장 커뮤니티의 역사
05장 도시와 커뮤니티
06장 농어촌과 커뮤니티
07장 공동주택의 커뮤니티

4장 커뮤니티의 역사

4.1 역사 속의 커뮤니티

1) 한국의 가족공동체와 마을의 노동공동체, 두레

한국의 가족공동체는 씨족 마을의 형성과 함께 근세와 근대화 이전 농경사회를 지탱하는 원동력이었다. 고구려의 혼인제도는 서류부가혼(婿留婦家婚)으로서 남자가 여자의 집에 가서 혼인을 청한 후 허락을 받고 장가(杖家)를 간다. 그 후 처가(妻家)에서 일정 기간 봉사를 한 후 아이들이 장성하면 본가로 돌아가서 사는 방식이었다. 이러한 혼인방식은 근세 조선이 유교사회를 지향함으로써 여자가 혼인 후 시집에서 평생을 사는 친영(親迎)을 왕실에서 모범을 보이며 권고하였으나 경제력이 있는 상류층에서는 여전히 서류부가혼이 자행되었다. 그리하여 조선 명종대에 이르러 처가에서 혼인 후 달묵이, 해묵이를 한 후 시집에 가서 영구히 사는 반친영(半親迎)으로 절충되어 시행되게 된다. 이는 조선 중기 이후 영남사림파를 중심으로 생활 속의 유교적 윤리 실천이 더욱 공고해 지면서 부계중심의 가부장제 확립의 기초가 되었고, 이는 조선 후반기 향촌사회의 가족공동체 확립과 확대 과정에 가장 강력하게 작용(홍형옥, 1992)하였다.

가부장제의 혈연 중심 가족공동체의 중심은 종가(宗家)이다. 종가는 조상의 4대 봉사와 시제, 불천지위(不遷之位)의 제사를 상징적 행사로 결속하면서 상호부조를 지원하는 가족공동체로 자리 잡게 되었다. 이러한 근세까지의 가족공동체는 이념적으로 대가족이며 확대가족이었고, 가족원리의 세 가지 축은 효사상과, 직계가족원리, 집사상이었다(장현섭 1993). 가족공동체 커뮤니티의 범위는 마을이었고, 직계가족원리로 혈연관계가 정리되고, 어른에 대한 효사상이 이를 지탱하는 정신체계였으며, 제사를 포함하는 일상의 실천이 종가와 사당을 중심에 두는 집사상을 중심으로 물리적으로 상징되면서 가족공동체의 버팀목의 역할을 하였다.

그러나 근대화와 산업화 과정에서 집사상이 약화되면서 고향을 떠나 교육과 문화,

직업의 기회가 많은 도시로 이동하는 현상이 심화되고, 효의 실천과 제사에도 많은 변화가 있게 되면서 자연히 가족공동체의 결속은 느슨해졌다. 현대는 핵가족원리로 변화되었고, 가사노동의 산업화, 자녀 양육과 교육의 산업화, 부부 맞벌이로 주말부부, 기러기 부부 등 혈연가족이 이제 더 이상 같은 집에서 같이 한솥밥을 먹기보다는 축소기 이전의 가족이라도 흩어져 사는 것이 만연화된 시대이다. 따라서 1인 가구 500만 시대에 이른 현시점에서 혈연 가족공동체에 의지하기보다는 코하우징과 같은 유사가족 공동체에 속하거나 생활 공동체가 활성화된 지역사회 커뮤니티 속에서 지원적이고 활력 있는 삶을 추구하는 것이 더 현실적인 대안이 되고 있다. 이러한 경향을 부추겨온 1990년대까지의 공동주택의 공급에 대해 반성하고 2000년대 중반부터는 건설사마다 커뮤니티 활성화를 지원하는 커뮤니티 센터를 공급하기 시작하였고 소비자의 의식도 변화하여 커뮤니티 공간의 질은 주거선택에서 중요한 요인이 되고 있다.

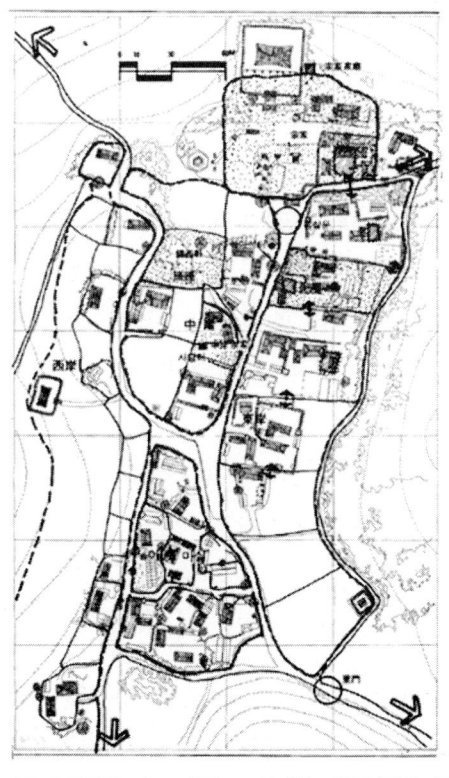

〈그림 4-1〉 씨족마을의 특성을 잘 보여주는 묘동마을 배치도(출처: 강영환, 2002: 193)

전통사회에 존재하던 마을의 노동공동체, 두레에 대해 살펴보자. 두레는 노동의 역사이고 마을의 역사이며 공동체의 역사이다(주강현, 2006). 마을 단위로 조직되어 우리나라의 농경문화에서 아주 중요한 자리를 차지하였으나, 마을이 변하고 공동체의 질서도 변모하면서 두레도 변화하여 왔지만, 오늘날 공동체의 회복과 재생을 논할 때 역사적으로 반드시 살펴볼 필요가 있는 우리의 역사이다.

두레는 농경사회 인간의 삶을 윤택하게 하는 공동체적 살림의 한 방법이었으며 현대의 공동체적 삶의 이상향을 추구할 때도 자주 언급되는 모델이다. 우선 두레는 농경사회의 노동공동체로서 사유적 요소를 극복하고 공유적 계기와 밀접하게 공동체성을 띠고 있다는 점에서 그러하다. 또한, 임란 이후 조선 후기 향촌사회에서 마을공동체적 성격은 농업생산력의 발전과 함께 많은 노동력의 필요성에 의해 일과 놀이가 병존하는 두레로 발전해 왔기 때문에 커뮤니티가 약화되어 회복과 재생을 논하는 데 있어서 역사적 모델이 될 수 있다.

두레의 어원은 고구려 벽화의 용두레, 두레박 등과의 연관으로 윤번(輪番)의 뜻을 가지고 있다는 설과 두레의 어원을 '두르다'에서 기원한 것으로 보고 두레 자체가 공동체 자체라는 설(주강현, 2006)도 있다. 중요한 것은 두레는 우리 민족에게서 자생적으로 발전해 온 조직이며 놀이와 노동이 포함되고, 둥글게 돌아가며 하는 작업과 관련이 있다는 점에서 오늘날의 커뮤니티에도 시사점을 준다. 즉, 지역사회의 친환경 활동이나 마을의 건축활동과 관리에 있어서 계절적으로 혹은 연간행사로 진행되는 작업들은 품앗이나 노동력이 필요한 활동이기 때문에 우리 민족의 노동공동체 두레가 원형으로서 간주될 수 있다. 조선 후기 사회경제적 변화와 맞물린 두레는 그 이전보다 상당히 강력한 촌락의 조직이 되었고, 기본적으로 마을 단위로 민주적인 의사결정으로 상부상조를 이룰 수 있도록 과부, 노인, 환자나 어린아이가 있는 집의 농사를 거들어 주고 마을 전체를 위한 노역에 우선 인력을 제공함으로써 공동체적 삶을 유지(이해준, 2006)하였다.

2) 영국의 지역사회 커뮤니티 공간, 그레이트 홀과 펍

16, 17세기 중세 유럽에서는 지역의 리더인 성주와 영주의 성안에는 대형 홀(Great hall)이 있어 사람들이 모여 사교와 모임, 여흥을 즐기는 중심 공간의 역할을 하였다. 이 대형 홀은 넓고 높은 네모난 방으로서 스크린이 있는 통로를 지나 출

입을 하였고, 이 통로 위에는 음유시인의 회랑(Minstrel's gallery)이라고 불리는 높은 무대가 있어서 사람들이 올라가 악기를 연주한다든지 시를 읊거나 연극을 하는 등 홀에 모인 사람들의 흥을 돋우었다. 반대쪽에는 상단(Dais)이 있어 메인 테이블을 두고 상단의 뒤쪽에는 부엌이나 식기실이 있고 그 위에는 집주인이 물러나서 휴식을 취하는 공간(Withdrawing room)이 있었다. 홀에는 기다란 테이블이 놓여있어 모인 사람들이 서서 음식을 먹었고, 대형 벽난로가 있어서 난방을 겸하고 음식을 덥히거나 만들기도 하였다. 이 대형홀은 다목적홀이어서 가족과 하인들이 같이 식사를 하기도 하고, 때로는 손님들이나 하인들이 바닥에 자기도 하였으며 성안의 가족공동체의 중심 공간이었다.

〈그림 4-2〉 중세 영주의 성에 있는 공동체공간, 그레이트 홀(Haddon hall, Derbyshire in UK,1475).

근세 이후 영국의 지역사회 거주구역에서 펍(Pub)은 휴식, 외식, 회합, 정보교환의 중심이고, 때로는 여관(Inn)의 기능도 가지고 있어서 숙박도 가능하며 커뮤니티 내에서 도움을 주고받는 중심공간의 역할을 하였다. 각 거주 구역의 한쪽 코너에는 의례히 펍이 자리 잡고 있었으며, 어느 지역을 방문하든지 동네 안 거주구역 한편에서 펍은 쉽게 발견할 수 있다. Pub은 Public house의 준말로서 대중에게 공개된 집이라는 의미를 내포하고 있다. 영국과 아일랜드, 뉴질랜드, 오스트레일리아, 캐나다, 덴마크에서도 발견할 수 있지만 특히, 영국의 빌리지에서는 커뮤니티의 중심공간 역할을 한 역사가 오래다. 페피스(Pepys)의 글에서는 '영국의 심장(The heart of England)'으로 묘사되어 있기도 하다. 그 이유는 19세기의 공동주택 공급 시스템의 일환으로 주택들을 묶어서 단지형으로 공급할 때 한편에 의례 펍을 위한 공간을 두었고, 그 이후 주거단지 내 커뮤니티 공간으로 지역주민의 일상적 삶을 지배해 왔기 때문이다. 동네 사람들은 일주일에 1번 이상 펍에 들러 술도 마시고 사람들을 만나 이야기도 나누고, 음식도 먹고, 모임을 가지고 사교활동과 정보교환도 하고, 때로는 게스트의 숙박까지 가능했던 펍은 일상생활의 중심에 자리하였고, 소문과 비평, 토론의 장이었기 때문에 정치가들은 동네의 펍이 영국의 하원이라고 평하기도 하였다.

펍이 보편화되어 빌리지에서 자리잡기 까지, 1100년 경 발생 당시에는 여자들의 출입을 금지했을 뿐만 아니라 육체노동자는 'Public'으로 화이트 컬러 계층은 'Salon'으로 출입구 마저 구분했으며, 내부 공간 역시 계층을 구분하는 구조를 취했었다 (Naver 지식인/영국의 Pub). 그러나 19세기 주택을 공급하는 시스템에서 주거단지마다 펍을 계획적으로 만들어 주었기 때문에 커뮤니티의 중심으로 자리한 경향도 있다. 그리하여 빌리지의 펍에는 동네 사람들, 주거단지의 펍은 단지 거주자들이 주로 모이기 때문에 일반 대중에게 공개된 펍이지만 정기적 모임이 자리를 확보한 표시물 (tag)이 테이블에 걸려 있기도 하고, 낯선 방문객이 우연히 들르면 일제히 쳐다보고 흥미를 나타내는 등 커뮤니티만의 고유 정서가 있다. 펍에서는 기본적으로 맥주를 팔며, 제조사들이 경영하는 경우는 지정된 브랜드의 맥주만 팔지만 개인소유인 펍에서는 각기 고유의 맛을 가진 생맥주를 마실 수 있고, 중요한 것은 술이 아니라 이 펍이 가지고 있는 지역사회 내의 커뮤니티 공간 기능일 것이다.

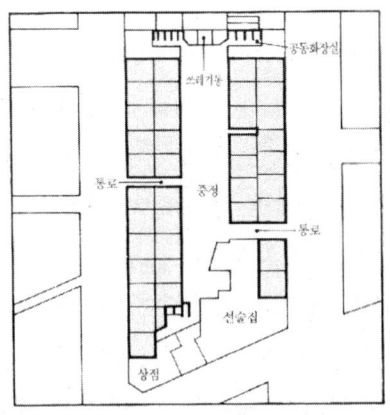

〈그림 4-3〉 선술집의 위치(출처: 손세관, 1993)

3) 중국 객가인의 거주 공동체, 토루(土楼)

토루는 중국 객가인의 거주공동체이다. 북방의 끊임없는 전쟁과 자연재해 때문에 중원에 살고 있던 많은 한족들이 같은 성씨의 친족이나 마을 단위로 남쪽으로 이동하여 복건성, 광동성, 강소성 주변에 정착하며 토착민을 피해 지세가 험악한 산악지대에 자리 잡았고 그들은 힘을 합쳐 외적을 막아야 했으므로 자연스럽게 집단 거주 공동체인 토루가 형성되었다. 토루는 중앙의 중정을 중심으로 방어적이고 배타적인 공간구성을 하고 있다. 원형과 방형이 있으며 객가인의 독특한 사회구조와 생활관습을 방영하는 주거형식(손세관, 2001)이다.

단단한 성벽과 같은 외관을 보이지만 내부는 중정을 향해 열려있고 그 중심부에는 각종 공유공간이 있음으로써 외부에 대해 폐쇄적이지만 내부는 개방적이며 호혜적인 공동체 생활에 기능적인 구조를 하고 있다. 공동체의 의미를 '지리적 영역성과 사회적 상호작용과 문화를 서로 공유하고 소속감을 가지는 사람들의 집합체'라고 본 힐러리(Hillery, 1954)의 정의에 가장 유사한 공동체 거주지라고 볼 수 있다.

(출처: http://www.shanghaibang.com/webdata/aacn02/news/201312/orig/20131226160657_ee701002.jpg)
(출처: 영정현의 대표적인 토루, 승계루의 공간구성(손세관, 2001, 도판 199))

〈그림 4-4〉 토루의 원경과 공간구성

토루의 구조는 외부가 두꺼운 흙벽으로 둘러싸여 있고 내부는 목조건물이 있는 혼합구조의 3-5층 집합주택이다. 토루의 벽은 황토에 설탕, 계란, 찹쌀물을 섞어 벽을 견고하게 만들었고, 흙 사이사이에 볏짚이나 대나무를 박아서 구조적으로 보완하였다. 벽의 두께는 1.5~2미터에 달하며 지진에도 견딜 만큼 견고하다. 원형의 토루는

햇빛이나 면적, 구조면에서 동일하기 때문에 그곳에 사는 사람들에게 평등의식을 심어주었고, 토루 한가운데 조상의 사당인 조당을 설치해 놓아 정신적인 구심점으로 삼고, 그 주변으로 객청, 우물, 부엌, 축사, 변소 등을 두어 공동공간을 배치한다. 1층은 부엌과 식당이고 2층은 창고로 그리고 3층 이상은 주거공간인 와실을 두고 있다.

객가인은 일반적인 대가족체제를 따르고 있으며 결속력이 강하다. 개인에서 출발하여 일족의 공동체에 이르기까지 몇 단계의 중층구조를 형성하며 개인보다는 전체를 중요시하는 대가족 공동체를 구성한다. 남자들은 결혼 후 공간적으로 독립된 한 단위를 구성하게 되며 처자와 함께 한 방(房)을 차지하고 이러한 것이 모여 공동체를 이룬다. 가족공동체의 우두머리는 가장(家長)이며 가족의 일상사를 관장하고 경제권을 갖는다. 소비는 공동의 회계를 통하고, 공동의 경제생활을 통한 잉여수입은 공동의 재산으로 비축되며, 일족내의 모든 성인남자는 이러한 재산에 평등한 권리를 갖는다(손세관, 2001).

사례로 영정현의 승계루는 지름 50m 거대한 원형으로 1709년부터 3년에 걸쳐 건축되었고 1986년 당시 57가족 319명이 거주하고 있었다. 중앙원은 10m로 조당, 천정, 회랑이 있고, 그 외부를 6~7m의 이중구조가 둘러싸고 있다. 이 부분은 2층으로 일부 생활공간도 있지만 부엌, 창고, 변소, 축사가 있다. 바깥쪽 외주부는 4층 규모로 폭 1m의 복도, 3.6m의 거실이 연이어 배치되어 있다. 외주부의 1층은 부엌과 식당으로, 2층의 대부분은 창고로, 3~4층은 거실로 사용되며, 남쪽으로 대문이, 동서쪽으로 작은 출입구가 하나씩 있다(손세관, 2001).

4) 유럽의 중정형 집합주택의 공유공간

중정형 주거는 유럽의 주거지 구성의 가장 대표적인 형태이다. 유럽의 주거는 고대부터 중정형을 원형으로 발달하여 왔다. 개별주택도 중정형을 중심으로 구성하지만 주택들의 집합도 가로를 둘러싼 형태로 중정형으로 구성한다. 개별주택은 전면이 좁고 후면으로 길이가 긴 세장형 주택 스키에라(Schiera)를 연이어 붙여서 가로를 둘러쌈으로서 외부에는 폐쇄적이지만 내부에는 안전한 공유공간이 존재한다. 스키에라형 주택은 1250년과 1348년 사이에 등장한 도시형 개별주택으로서 소상인과 장인 계층의 요구에 의해 새로운 삶의 터전을 구축하려는 현실적 필요로 등장하였다(손세관, 1993). 거주민들은 기본적으로 내부 중정을 공유하며, 중정에는 성당이나 교회 등의 공동시설이 들어서기도 하였다.

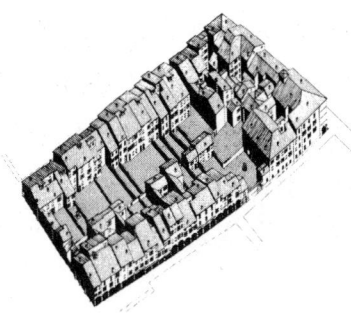 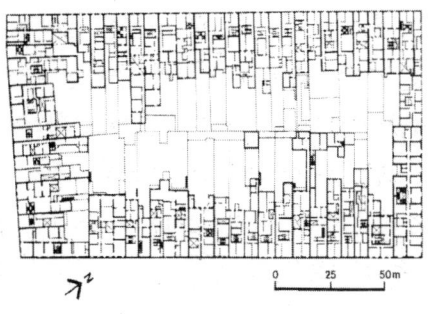

〈그림 4-5〉 스키에라로 둘러싸인 중세의 가로형 주거블록(출처: 손세관, 1993)

역사적으로 중요한 의미를 갖는 중정형 집합주택으로 브링크만(Brinkman)의 슈팡엔 하우스(Spangen house)를 예로 들어보자. 이 예는 1921년 당시 일반적인 네덜란드의 주거블럭과 달리 중정의 내부는 몇 개의 윙이 뻗어 나와 각기 다른 외부공간을 형성하고 있다. 주출입구는 하나이지만 중앙의 블록 아래를 통과하여 중정에 들어가는 동선은 두 개다. 전체 주거블럭을 크게 이등분하는 중앙의 건물은 세탁소, 탁아소 등 공용시설이고 중정은 그 안에서 또 다시 작은 중정을 구성하며 영역성을 갖는다. 각 세대는 복층으로 구성되어 있고, 1~2, 3~4층이 한 세대를 이룬다. 1, 2층과 3, 4층 사이 3층에 형성된 갤러리는 상부층 거주자의 거리이고 마당의 역할을 한다.

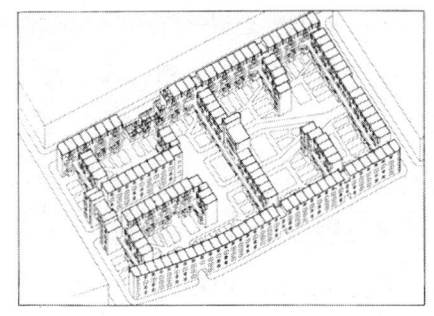 

〈그림 4-6〉 슈팡엔 주거지의 조감도와 3층의 갤러리
http://blog.naver.com/eh0402?Redirect=Log&logNo=43722669

이처럼 유럽의 가로형 혹은 블록형 집합주택, 즉 중정형 아파트의 내부 중정이 커뮤니티 활동을 독려할 수 있음은 우리나라를 대상으로 한 연구에서도 검증된 바 있다. 우리나라 최초의 블록형 중정형 아파트가 시도된 은평 뉴타운의 중정형 아파트와 비중정형 아파트 외부공간에서 나타나는 주민들의 사회적 활동과 커뮤니티 의식을 비교한 연구에 의하면, 중정형 아파트에서 더욱 다양한 사회활동이 관찰되었으며 타워형과 판상형 아파트보다 커뮤니티 형성에 긍정적임을 실증적으로 밝힌 바 있다(박예솔·이경환, 2012).

5) 이념공동체 쉐이커 빌리지와 코뮌의 공동생활

사람들의 관계는 의도적으로 만든 이념공동체 커뮤니티에서 가장 강력하게 작동한다. '코뮌(Commune)'이라는 용어는 라틴어 Communia에 어원을 두고 있으며, 공통으로 하는 일을 의미하는 라틴어 Communis에서 파생되었음은 커뮤니티와 같으나 공동생활을 공유하는 사람들의 모임을 의미한다. 이는 의도적 커뮤니티(Intentional Community)로서 관심, 자산, 소유물, 자원을 공유하며, 심지어는 공동 작업과 재산까지도 공유하고 공동 경제와 생태적 생활을 가장 중요한 기본 원칙으로 삼는 경우가 많다(Google/Wikipedia/Commune).

종교공동체로서 18세기부터 역사적으로 유명했던 쉐이커(shaker) 교도들은 독신주의, 금욕, 재산의 공유를 신조로 삼고 공동체를 이루어 살았다. 완전한 생활과 생산적인 노동에 헌신했으며, 경제적으로 번창했고, 미국의 건축·가구·수공품 등에서 독특한 양식을 창출하는 데 기여했다. 미와 선은 하나라는 신념아래 매우 검소하고 기능적인 생활 집기들을 스스로 만들었는데 그 간결미와 유용성은 이미 1920년대의 기능주의 제품을 연상시킬 정도로 뛰어났다.

셰이커교는 처음에 과격한 영국 퀘이커교도들의 작은 분파에서 시작되었다. 미국에 알려진 셰이커교의 교리를 공식적으로 작성한 사람은 맨체스터에 사는 한 문맹 직조공으로 일찍이 1758년 '셰이킹 퀘이커교'(Shaking Quakers)로 개종한 앤 리라는 사람이었다. 소란스러운 예배에 참석했다는 이유로 핍박받고 감옥에도 들어갔던 '마더 앤'(Mother Ann)은 일련의 계시를 받은 뒤, 독신주의를 자기 종파의 기본 신조로 삼았고, 1774년 미국에 천년왕국교회를 세우라는 새로운 계시를 받고 8명의 제자들을 데리고 미국으로 갔다. 1776년 뉴욕에 정착한 이 소수의 신자들은 마침 그 지역을 휩쓸고 있던 독립 부흥운동의 덕분으로 5년 만에 수천 명의 개종자를 얻었다.

1784년에 마더 앤이 죽은 뒤 장로 조지프 미첨과 여장로 루시 라이트가 셰이커교를 이끌며 공동체의 양식을 마련했는데, 이 양식은 후에 셰이커교 특유의 사회조직이 되었다. 최초의 셰이커교 공동체는 1787년 뉴욕 주 뉴레버넌에 세워졌고, 1826년까지 18개의 셰이커교 공동체 부락이 8개 주에 세워졌다.

셰이커교도들은 반전론자들이고 신앙에 대한 오해를 받아 핍박을 받기도 했으나, 모범농장과 잘 정돈되고 번창하는 공동체를 가꾸어 나감으로써 명성을 얻었다. 그들은 부지런히 일하고 창의성을 발휘해 스크루 추진기, 배빗 합금(Babbitt metal), 회전식 써레, 자동 용수철(혹은 태엽), 터빈 수차, 탈곡기, 둥근 톱, 빨래집게 등 수많은 발명품을 만들었다. 그들은 최초로 씨앗을 포장하여 거래했으며, 한때는 의약용 약초들을 가장 많이 생산했다. 셰이커교도들의 춤과 노래는 순수한 민속예술의 하나이며, 그들의 집회소·헛간·인공구조물 등에 나타난 간결미, 기능주의, 정직한 장인정신 등은 오랫동안 미국 디자인계에 영향을 끼쳤다.

우리나라에도 1960년대 새벽의 집이라는 종교 공동체가 문동환 목사의 주도로 결성되어 8년간 지속된 바 있다. 신앙촌이라는 종교공동체 역시 1970년 결성되어 전성기에 전국에 3개소가 있었으나 현재는 1개소만 운영되고 있다.

그 밖에 자유주의 페미니즘, 사회주의 페미니즘, 급진주의 페미니즘, 마르크스주의 페미니즘 등 페미니즘의 분파에 따라 여성을 노동으로부터 해방시키고 민주적인 생활공동체를 만들어 살아가고자 하는 여러 실험적 코뮌들이 있었다.

6) 페미니즘 이념공동체, 유토피안 사회주의 커뮤니티

사회개혁을 달성하기 위한 방법으로서 개인적인 가사노동에 반대하는 가장 초기의 캠페인은 모델 커뮤니티를 건설하려던 유토피안 사회주의자들에 의해 시작되었다.

유토피안 사회주의 커뮤니티 실험은 주로 18~19세기 미국을 중심으로 이루어졌으나 이론적 배경은 오웬(Owen)과 푸리에(Fourier)의 여성과 남성의 평등이 이루어지려면 공동 가사노동과 탁아가 지원되어야한다는 주장에 근거를 두고 있다. 1813년 영국의 오웬은 공동부엌, 식당, 육아실 등을 포함하는 이상적 커뮤니티 계획을 처음으로 발표하였다. 1825년 오웬과 건축가 휘트웰(Whitwell)은 이상주의 커뮤니티 모델을 미국 인디아나주에 건설할 계획을 세웠고, 공동주택의 커뮤니티 시설로 공동부엌과 탁아시설을 갖춘 초기 디자인이라고 할 수 있었으나 실현되지는 못하였다. 푸리에는 개인주택을 여성의 노동력을 착취하는 낭비적이며 억압적이라고 비판하면서 가사노동을 위한 집합시설을 만들자고 주장하였다. 푸리에는 여성해방의 정도는 한 사회의 일반적인 해방의 척도이며, 궂은 가사일을 도맡는 여성을 경멸하는 사회는 여성과 남성이 모든 활동을 나누어 하고 여성이 경제적으로 자립한 사회보다 열등한 사회라고 주장하고 있다. 푸리에는 그의 팔란스테리(phalanstery)는 경제적 사회적 자원의 계몽적인 재배치에 의해 도시와 농촌, 빈곤층과 부유층, 여성과 남성 사이의 갈등을 극복할 수 있도록 하는 건축적 발명품이라고 하였다(Benevolo, 1975). 팔란스테리는 주민의 집단적 이익과 함께 프라이버시도 더 향상시킬 수 있음을 강조하고 있다. 이 운동에 참가한 유명한 지성 중의 하나인 라자러스(Lazarus)는 "팔란스테리와 같은 공동 작업과 공동 육아가 가능한 시설 없이 여성이 자유로워진다는 것은 불가능하다"고 주장하였다(Hayden, 1985; 신혜경).

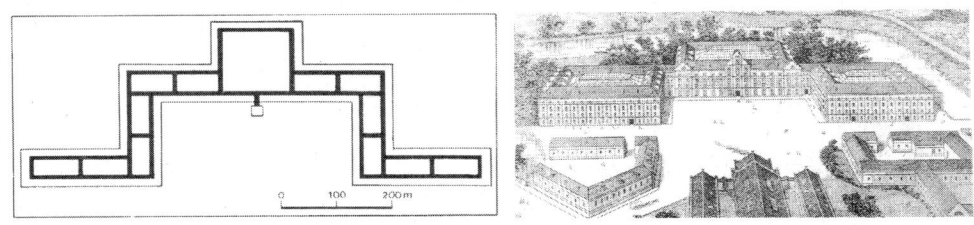

〈그림 4-7〉 푸리에가 1841년에 제시한 이상적 공동체, 팔란스테리.
(출처: 손세관, 1993 (도판 204)(좌) / 고딘이 팔란스테리 개념으로 건축한 프랑스 기세의 파밀리스테어.
출처: 손세관, 1993 (도판 205)(우))

공동체 사회주의(Communitarian socialist)에는 어느 정도 개인적 가족생활을 유지하는 커뮤니티와 하나의 큰 가족으로 공동생활을 하는 두 가지 형태가 있다.

하나의 대가족으로 조직된 유토피안 사회주의 커뮤니티는 핵가족을 폐지하고 경제적 공산주의를 채택하고 자유연애 및 독신주의 등을 기본으로 종교집단들이 주로 이러한 대가족 형태의 커뮤니티를 구성하는데, 그들은 공동의 큰 주거를 선호하며 공동의 부엌, 식당, 탁아시설에 연결된 침실로 구성되는데 그중 대표적인 것이 오네이다 커뮤니티(Oneida Community)이다. 뉴욕 주 중부에 1846년 건설된 200여 명의 구성원을 위한 공동 가사관리시설들은 1850~75년에 그림과 함께 널리 소개되었다. 1893년 아이오와 주에서 올리히(Olerich)는 자유연애와 비종교적 유토피안 사회주의에 기초를 두고 '커다란 집(Big House)' 계획을 출판하였는데, 개인침실이 넓은 복도를 중심으로 늘어서 있고 복도는 서비스 공간으로 이어지며, 남성과 여성이 동등한 삶을 누릴 수 있도록 운영될 수 있음을 강조하였다.

핵가족을 포함하는 유토피안 커뮤니티는 핵가족마다 나름의 영역을 가지고 공동시설로 부엌, 식당, 탁아시설을 이용할 수 있도록 하였다. 푸리에주의자들이 개인 아파트와 공동의 가사관리시설을 두는 하나의 건물, 즉 팔란스테리를 선호하였고, 고딘(Godin)에 의해 1859년 프랑스 기세(Guise)에 지어진 파밀리스테어(Familistere)는 개인 부엌도 있지만 대규모 식당도 있는 혁신적 주거를 노동자들에게 제공하였다. 미국에서도 푸리에주의자들은 팔랑스(Phalanx)라는 다양한 공동시설이 있는 주거를 실현하였다.

유토피안 사회주의 커뮤니티에 의해 디자인된 주거계획은 가사작업의 효율적 수행과 가사작업을 사회화하려고 시도하였던 다양한 계획(신혜경, 1995)을 함으로써 주부의 고립을 종식시키고 가사작업도 사회적 노동이 될 수 있음을 보여주었다. 가사노동이 분업화와 전문화 될 수 있도록 다양한 가정기기를 디자인하고 사용하였으나 가사노동이 공동의 작업으로 변모하였다고는 해도 여전히 여성이 참여하는 것은 가사노동이었다. 그러나 적어도 주거건축을 집단적인 것으로 발전시키려 하였고, 그러한 배경에는 여성의 사회적 참여의 필요성과 여성노동의 경제적 가치를 인정하려는 사고가 자리 잡고 있었으며, 주거공간이 사회적 산물임을 깨우쳐주는 계기가 되었다.

7) 근대의 계획 주거동 위니테의 커뮤니티 공간

제2차 세계대전 이후 1947~52년에 르 코르뷔지에(Le Corbusier)가 설계하여 건축한 마르세유에 있는 위니테 다비타시옹(Unité d'Habitation)은 당시에 정부의 정책으로 건설되기에는 너무 비싸고 특이하였지만 1960년대 이후 현대건축 발전에 많은 영향을 미치게 되었다.

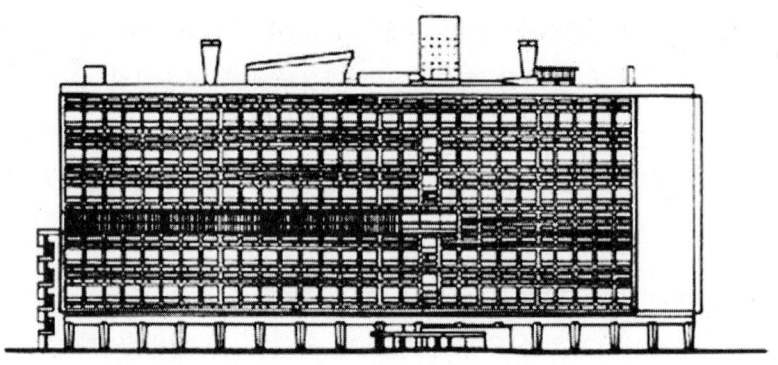

〈그림 4-8〉 위니테 다비타시옹 건물 입면
(출처: [네이버 지식백과] 르 코르뷔지에(서양근대건축, 1998. 4. 25., 서울대학교출판문화원))

이 위니테 다비타시옹은 르 코르뷔지에가 그의 도시계획안, '빛나는 도시'의 개념에 따라 주거 건설 분야의 혁신 의지를 보여준 주거 동으로서 하나의 건물이 도시처럼 주거와 쇼핑이 가능한 도시가 될 수 있음을 보여주고 있다. 또한, 프랑스 집합 주거의 문제에 대한 새로운 해답을 모색하여 기계 문명 사회의 새로운 세대를 위한 혁신적 주택을 모색하고 있다. 즉, ① 개인의 독립성과 가족 단위의 편의성, 세대의 독립성을 각각 충족할 것, ② 건설 부재의 규격화와 공업생산을 통한 건설 기술 향상, ③ 기술에 의한 조립 시공력 향상으로 건설 시간을 줄이고 원가를 파격적으로 낮추는 방법을 사용하였다. 공장 생산된 조립식 판으로 구성된 각 호의 구조는 철근콘크리트 골조와 완전히 독립되어 설치되었고, 기본 유형으로 구성된 세대는 부엌, 부모 침실, 자녀방의 세 부분으로 나뉘어 공장에서 제작되고 현장에서 조립되었다.

필로티 위에 얹힌 길이 130미터, 높이 56미터의 장방형 콘크리트 볼륨에 독신자부터 자녀가 6명이 있는 가족까지 살 수 있는 23개의 다양한 평면을 가진 337세대가 들어 있다. 위니테 다비타시옹의 대담성은 한 건물 안에 1,600명의 인구를 수용한다는 데 있는 것뿐만 아니라, 이 건물이 사회적인 기능 즉 커뮤니티에 새로운 방향을 제시하고 있는 점이다. 이 단위주거에서 가장 흥미 있는 시도는 구매시설을 가로나 지면에 위치시키지 않고 그 건물의 중앙층에 배치하였고, 외부에서 보면 이 중앙상가(La rue marchande)는 건물 입면 중간에 있는 2층 높이의 수직 루버에 의해 그 위치를 알 수 있게 되어 있다. 주거, 노동, 교육, 교통의 엄격한 기능 분리를 완화시키는 갖가지 기능의 새로운 혼합이 시도되어 주거동에서 일어날 수 있는 각종 커뮤니티를 예상하여 중간층에는 식료품 상점, 호텔 객실, 세탁소, 약국 등의 서비스 시설이 있고, 17층에는 150명을 수용하는 육아실이 설치되어 있고, 하나의 램프가 옥상 테라스에 직접 연결되어 있다. 옥상에는 휴식시설과 얕은 풀 등 어린이들이 즐겁게 놀 수 있는 여러 가지 놀이시설, 일광욕장, 카페테리아, 저수탱크, 환기탑, 300미터의 조깅 트랙 등이 배치되어 있다. 그러나 건물 자체가 주변 공간으로부터 고립되어 상점들이 중간층에 위치하여 접근성이 떨어져 주민에게만 의존해야 하는 문제점이 있다.[13]

다른 측면의 실험성은 차치하고, 주거동 안에 커뮤니티 공간이 있는 최초의 시도였던 위니테는 현대의 주상복합아파트에 변형되어 재현되고 있다. 중간부에 있던 상업공간은 주상복합 저층부의 상업시설로 구현되어 접근성이 뛰어나 주변에서도 이용할 수 있으며 사용자가 비용을 내고 사용하고 있다. 기타 커뮤니티 전용 공유공간인 연회실, 휘트니스 센터, 탁아실, 독서실, 게스트룸은 위니테의 17층과 옥상에 있던 주민전용공간은 현대인의 요구에 맞게 바뀌어 적용되고 있다.

8) 사회민주주의 생활공동체, 코하우징

코하우징은 1940년대에 스웨덴에서 페미니즘 운동의 일환으로 직업을 가진 기혼여성의 가사노동 경감을 위해 유료로 서비스를 공급받는 위탁관리 형식으로 출발하였다. 최초의 코하우징은 1964년 덴마크의 건축가 앤 굳맨 화이어가 그의 동료들과 함께 새로운 삶의 형태, 그들의 자녀를 가까이에 두고 세탁, 식사준비, 탁아 등과 같은 일상적인 가사를 이웃과 협력할 수 있는 주거형태를 생각하면서부터 시작되었다.

1970년대 이후 코하우징은 차츰 주민들이 공동으로 식사도 하고, 자치관리로 공유공간을 관리하는 방식으로 정착되었다. 코하우징은 공동으로 어린이 돌보기, 공동으로 식사하기, 공동으로 정원 가꾸기 등 개별 가정생활은 보장하면서도 축소하고, 공동으로 이웃과 함께 공유공간을 통해 교류하면서 친근한 상호호혜적 관계를 유지함으로써 프라이버시와 커뮤니티의 상보적 조화를 추구한다. 그리하여 주민 공유공간(Common space, 혹은 Common house)을 중심에 배치하고 개인공간은 축소시켜 주민 간에 커뮤니티 의식을 강화하고 자발적으로 커뮤니티 활동에 참여하도록 하고 있다.

---

13) [네이버 지식백과] 위니테 다비타시옹(르 코르뷔지에-근대 건축의 거장, 2006.12.30, ㈜살림출판사)

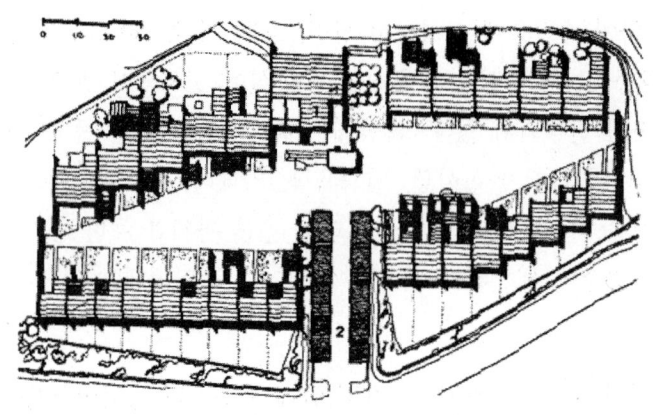

Saettedammen site plan: 1. common house, 2. parking.

〈그림 4-9〉 덴마크 최초의 코하우징 Saettedammen(1964년)

코하우징 디자인은 부엌과 욕실, 거실과 1~2개의 침실이 딸린 개인주택들과 공동부엌, 공동식당, 공동 세탁실, 취미실 등 공동체 정신이 잘 반영될 수 있는 공유공간이 있어서 사람들의 사회적 접촉과 공동의 식사, 자원의 절약을 촉진시킨다. 코하우징에는 자발적으로 계획단계부터 대지구입과 단지설계, 공유공간의 필요공간 배치, 생활의 규약에 대해 열린 토론을 통해 결정하므로 완성 단계에 이르러 실제로 생활하기 까지 단계가 오래 걸리지만 주민들간의 공동체 의식이 향상되고, 커뮤니티에 대한 책임감이 증진되는 효과도 있다. 그러나 궁극적으로 부부와 자녀로 구성된 가족은 독신자, 노인, 한부모 가족들이 다른 가구들과 상부상조하면서 외롭지 않게 살수 있고, 자녀양육의 어려움과 가사노동도 덜기 때문에 공동활동의 즐거움과 소속감, 안전성을 줄 뿐 아니라 이웃 간의 긴밀한 유대감을 형성하기 때문에 이러한 것을 원하는 가족과 가구들에게 매력이 있는 생활 공동체이다. 특히 네덜란드, 덴마크, 스웨덴에서 노인들이 코하우징으로 이주하는 이유가 사회적 접촉과 활동을 통해 고독감을 덜고 안전감을 주기 때문이라고 알려져 있다.

미국에 코하우징 개념이 소개된 1988년 맥카멘트와 듀렛(McCamant&Durret)은 코하우징에 관한 책을 출판하고 캘리포니아 지역에서 코하우징을 전파하기 위하여 강연과 교육프로그램에 참여하고 직접 거주하면서 수많은 코하우징 단지를 현실화하였다. 이들이 제시한 코하우징 규모는 소규모는 6~12가구, 중규모가 13~34가구, 대규모는 35가구 이상으로서 너무 대규모이면 시설과 같은 느낌을 주므로 18~25가구가 적정하다고 하였다. 이들이 정리한 코하우징의 특징은 4가지로 요약(이경희, 2000)할 수 있다.

첫째, 주민이 참여하는 과정; 주민들은 주거단지가 계획되는 전 과정에 참여하며 조직하고 의사결정과 책임도 함께한다. 둘째, 의도적인 근린 계획; 단지 디자인은 공동체 의식을 고취하는 형태로 한다. 셋째, 공유시설의 확대; 공유공간을 통해 공동체를 통합하는 방향으로 일상적으로 공동사용하고 개인적으로 사용할 수 있는 부수적 공유공간도 추가한다. 넷째, 주민의 완벽한 자치관리; 개발과정부터 의사결정에도 참여하고 관리와 운영의 의사결정도 주민회의를 통해 결정한다. 단위주택에서 개인적인 프라이버시도 지켜지지만 공유공간을 포함한 공유시설을 함께 사용하고 관리 운영하면서 이웃과의 교류를 통하여 자율적인 생활과 공동체 생활을 즐기는 생활 공동체 주거유형이다. 일터에서 집에 돌아가면 언제나 친구가 있고, 개인적으로 갖추기 힘든 공유시설이 있으며, 원할 때는 공동식사가 가능한 주거공동체인 것이다. 공동구매를 통해 자원도 절약하고 공유공간을 같이 관리하므로 비용도 절약하고 상호작용을 기본으로 하므로 커뮤니티 의식과 공통의 관심이 있어야 만족스러운 삶을 영위할 수 있다. 이러한 코하우징은 무언가 상호부조가 필요한 집단, 외로운 가구, 예를 들면, 독신 가구, 편부모 가구, 노인 가구 등에서 더욱 더 필요한 생활공동체라고 할 수 있다. 우리나라도 점차 1인 가구가 증가[14]하는 추세이므로 자발적인 코하우징 결성을 지원할 수 있도록 법적인 지원이 필요한 시기이다.

미국에 만들어진 최초의 코하우징은 미국 캘리포니아 에머빌 소재 도일 스트리트 코하우징(Doyl Street Cohousing)(홍형옥, 2000)이다. 1990년에 듀렛이라는 건축가가 이끄는 코하우징 컴퍼니가 2년 동안의 워크숍을 통해 비어있는 창고의 주인을 프로젝트 리더로 하여 780~1600 $feet^2$에 달하는 12호의 개별주호를 분양하고, 2000 $feet^2$의 공유공간을 만들었다. 공동관리하는 공유공간은 거실, 부엌과 식당,

---

14) 1인 가구 500만 시대. 고령층 '소득불안', 젊은층 '주거불안'; 현대경제연구원이 16일 발표한 '싱글족(1인 가구)의 경제적 특성과 시사점' 보고서에 따르면 우리나라 1인 가구는 2000년 226만 가구(전체가구 중 15.6%)에서 올해 전체인구의 26.5%에 달하는 506만 가구로 급증했다. 보고서는 2035년 1인 가구가 전체인구의 34.3%인 763만 가구에 이를 것으로 추산했다. 1인 가구는 60대 이상의 고령층을 중심으로 증가했으며, 특히 미혼 및 이혼으로 1인 가구가 급증했고, 여성 1인 가구도 증가 추세다(종합 경제정보 미디어 이데일리, 2015.8.16. 검색).

놀이실, 작업/레크리에이션룸, 창고, 세탁실, 온수 쟈쿠지를 설치하였다. 각 주호의 현관은 중정과 테라스에 개방되고 벽난로, 천창, 바닥재는 선택사항이며 주호마다 개성을 부여하였다. 이 코하우징에는 코하우징 컴퍼니를 운영하면서 적극적으로 소개하고 있는 맥카멘과 듀렛부부가 살고 있으며, 입주자들은 입주규약을 만들어 코하우징의 이상을 실현하고 있다. 주변의 비슷한 규모의 집값과 비슷한 수준에서 개발비가 결정되었고, 1999년 당시 주변의 집값보다 좀 더 높은 수준이어서 재산적 가치도 인정받고 있다.

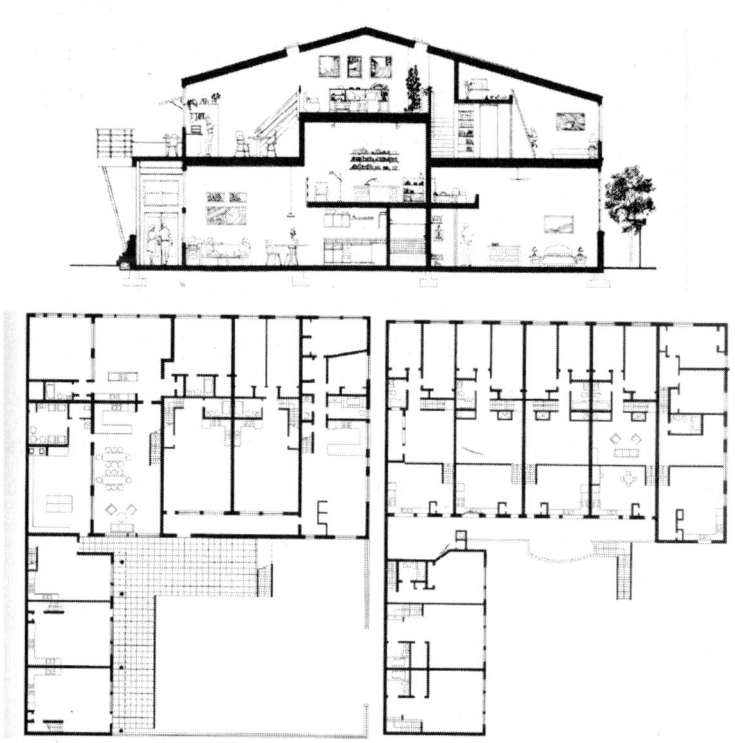

〈그림 4-10〉 도일 스트리트 코하우징 단면도와 평면도(출처: 홍형옥(2000), p125~126)

9) 일본의 마을만들기(まちづくり)

1970년 마치즈쿠리라는 이름으로 시작된 일본의 마을만들기 운동은 행정이 주도하는 마을만들기 형태로 일본 전역에 확산되고 추진되어 왔다. 마치즈쿠리 태동기인 1970년대 초는 급격한 산업화로 인해 발생한 공해문제 저항하는 형태로 활동이 전개되었다. 1970년대 중반부터는 일상생활에 필요한 시설이나 공간만들기를 비롯하여 도시정비와 재개발사업에 이르기까지 다양한 영역으로 확대되어 왔다. 1980년대 들어서면서 마을만들기를 위해 지자체들은 '도시디자인실', '마을만들기과' 등의 지원부서를 신설하고 주민참여를 유도하였다. 1981년에는 고베시의 '마을만들기 협정에 관한 조례', 1982년 세타가야구의 '가로만들기 조례' 제정 등 체계적으로 추진하기 위한 제도들이 등장하여 주민보다 행정이 앞서가는 경향이 우세하였다. 일본이 1970년대 이후 약 30년 동안 추진해 온 마을만들기 및 지원행정과 제도 중에서 특히 동경도 세타가야(世田谷)는 독자적인 마을만들기 조직과 시스템을 통해 도시의 정체성을 회복한 사례로 잘 알려져 있다.

세타가야구는 동경도 23개 구 중의 하나로서 도심주변부에 자리하며 몇 개의 중소하천을 비롯한 많은 공원과 오픈스페이스가 있다. 대학과 미술관 등이 있고 자연환경과 문화기반이 잘 갖추어져 있는 면적 58㎢, 인구 약 80만 명이 거주하고 있는 교외 주거형 도시이며 단독주택이 23개 구 중 가장 많다. 세타가야구는 NPO(Non Profit Organization)의 역할이 주효하였으며, 약 30여 년에 걸쳐 체계적인 아이디어가 축적되어 활용되고, 마을만들기 지원센터 및 마을만들기 펀드가 NPO활동을 지원하는 등 독자적인 추진체계를 가지고 있다(최일홍·이창호, 2005).

세타가야구의 마을만들기 지원행정은 구청의 '도시디자인실'과 '지역정비담당', 구청 총합지소의 '마을만들기과'에서 담당하고 있다. 구청 내의 행정조직과는 별도로 '재단법인 세타가야구 도시정비공사'에 따로 '마을만들기 센터'가 설치되어 있다. 마을만들기 센터는 1993년에 설치되었는데 마을만들기 정보와 기술지원, 마을만들기 학습기회제공, 마을만들기 정보의 수집과 홍보, 마을만들기 조사연구의 업무를 담당하고 있다. 마을만들기에 필요한 자금은 '마을만들기 공익신탁' 제도를 통하여 지원하고 있는데, 지원할 때는 중립적 입장을 유지하고, 투명한 심사를 통해 자금을 지원하며, 지역에서 마을만들기를 지원하는 '마을만들기 하우스'에 대해서도 지원하고, 주민참여를 통해 마을만들기 지원을 결정하고 기금운영 내역은 공개한다(이명규, 2008).

10) 덴마크의 계획 마을, 솔베이 하베(Solbjerg Have)

생활자의 입장에서 볼 때 바람직한 마을이란 가족생활주기가 바뀌어도 마을에서 필요한 주택을 찾을 수 있도록 갓 결혼한 부부도, 유아가 있는 가족도, 교육기 가족도, 노후를 보내는 부부도, 혼자 남은 노인도, 독신주의 싱글족도 마땅한 집을 찾을 수 있어야 할 것이다. 주거 가치관이 다른 사람들도 한 동네에서 어울려 살 수 있도록 단독주택도, 저층아파트도, 고층아파트도 있는 동네라야 하고, 다리를 다친 청소년도, 유모차를 끄는 주부도, 다리가 아픈 노인도 편리하게 접근할 수 있도록 모든 주택이나 시설에는 유니버설 디자인 적용되어야 할 것이다(홍형옥, 2005).

1978년에 조성된 덴마크의 솔베이 하베는 계획단지로 마을만들기의 규범이 될 만한 컨셉을 가지고 있다. 건축가와 조경가가 손을 잡고 만든 거주 블록으로서 밀도와 층수가 다양하게 복합되어 있고, 306개의 일반주택, 22개의 독신자용과 79개의 노인용 보호주택, 데이센터, 유치원, 청소년센터, 96베드의 요양원과 케어센터가 다양한 중정을 둘러싸고 있는 연령통합형 계획단지이다. 48개 유형의 단위세대가 있어서 다양한 가족의 라이프 스타일을 포용할 수 있다. 모든 세대는 발코니, 정원, 지붕에서 외부공간에 직접 접근할 수 있게 설계되어 있다. 길모퉁이의 펍(Pub)에는 사람들이 모이고, 중정은 안전하며 다양한 상호작용이 일어나도록 조성되어 있다. 어린이부터 노인까지 다양한 가족들이 어울려 살 수 있도록 계획되어 있고, 쇼핑과 대중교통 수단에의 접근성도 좋은 이러한 동네는 생활자의 일상성 측면에서 볼 때 바람직하다.

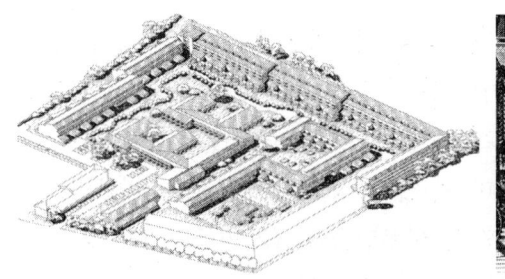 

〈그림 4-11〉 솔베이 하베의 단지 조감도와 커뮤니티

(출처: http://mortenjust.com/huse/show_house.php?id=61)

4.2 현대 커뮤니티의 전개

1) 커뮤니티 담론과 운동의 전개

인간의 삶에서 늘 상 존재해 왔던 커뮤니티가 커뮤니티 회복, 커뮤니티 재생이라는 용어와 함께 특히 주목을 받게 된 것은 1960년대 이후 산업화와 도시화과정을 거치면서 사람들은 일자리나 교육의 기회, 경제적인 부를 찾아 계속 도시로 모여들고, 특히 대도시를 중심으로 지역에 기반을 둔 공동체의식이 급속히 약화되어 이의 회복과 재생 필요성이 증대되었기 때문이다. 산업화이후 일터와 집이 분리된 일상생활, 자동차 등을 이용하여 출퇴근하는 원거리 이동, 일을 찾아 이주하는 사람들이 많아 토박이가 줄어들고 뜨내기들이 많은 동네 주민, 특히 아파트라는 수직적인 동네는 오고가며 마주치는 전형적인 마을의 기능을 하지 못하였다. 엘리베이터라는 폐쇄적인 이동수단을 이용하면서 서로 낯선 이방인처럼 인사도 건네지 않는 환경이기 때문에 이웃에 누가 사는지도 모르는 심각한 커뮤니티의 붕괴를 촉진하여 왔다.

이러한 환경은 1990년대까지 공동주택의 장점으로 부각되기도 하면서 동네에 애착을 가지지 못하고 이사를 가고 오더라도 관심이 없는 익명성이 보장된 생활이라는 장점이 더욱 강조되는 측면도 없지 않았다. 그러나 이웃과 근린이 애착과 공동체성을 가지고 서로 알고 지내며, 동네의 환경과 범죄에도 관심을 가지고, 걸어서 오고가며 동네에서 취미와 일상을 영위하고 상호부조하는 그러한 커뮤니티에 대한 희구가 사람들의 마음속에 자리 잡게 되고, 그대로 두어서는 인류의 본질인 공동체성을 통한 지역사회의 풍요로움이 완전히 사라지고 고독과 무관심과 범죄가 만연할지도 모른다는 불안이 싹트기 시작하였다. 전문가들은 그에 대한 담론들을 사회적인 공감대 형성을 위해 쏟아내기 시작하였다.

오늘날 한국사회는 역사상 가장 살기 힘든 사회의 하나가 되어 있으며, 그 원인은 공동체가 와해되었기 때문(송복, 1996)이라고 하면서 새로운 공동체를 건설하자고 갈파한 사회학자도 있다. 또한, 공동체의 개념이 산업사회로의 진입기, 그리고 탈산업사회로의 전환기에 특히 중요하게 부각된다면서 이러한 개념은 새로운 사회적 변화로 인해 발생하는 혼란과 부조화, 갈등과 억압, 소외와 인간성 상실 등을 극복하고자 하는 시대인들의 대안적 희망을 의미한다고 주장(최병두, 2000)한다. 현대도시는 산업화과정이 가장 치열하게 이루어졌던 곳이고 이로 인해 역기능이 심각하게 유발되고 있는 장소이며, 그중에서도 아파트는 개인주의적 생활양식과 삭막한 환경을 초래하였으므로 그대로 방치될 경우 재산가치로서의 아파트 인식, 폐쇄된 생활공간과 고립된 주거생활, 그리고 정체성이나 장소적 소속감의 결여는 심화될 수밖에 없다는 것이다.

공동체를 개인주의의 대척점에 있는 집단주의와의 동일시를 경계하고 있다. 공동체라는 개념은 가장 민주적인 방법으로 공동의 선을 추구하는 틀이라는 긍정적 의미를 강조하면서 개개인들 간에 존재하는 차이 또는 격차, 즉, 소득, 직업, 성별, 사회적 지위, 출신지, 가치관 등등의 격차를 민주주의의 원리에 의해 극복해 보자는 의지가 담겨있다(신명호, 2000)고 주장한다. 특히 아파트 공동체운동의 필요성을 역설하며, 아파트 공동체의 미래는 이웃과 정을 나누고 어려움과 기쁨을 함께 나누며 삶의 조건들을 개선하기 위해 함께 노력하고, 주거환경은 물론 사회적, 경제적, 문화적 환경을 함께 개선해 가며, 궁극에는 나눔과 연대의 공동체가 되어야 한다고 주장(김칠준, 1999)한다. 이처럼 아파트 공동체에 대해 특히 관심을 갖는 것은 공동주택 거주비율이 이미 45%를 넘어섰고, 수도권 일부 지자체는 80%를 넘어섰으나 입주자들의 참여의식과 공동체의식은 미흡하다(심현천, 2000)는 것이다. 이기적이고 폐쇄적인 아파트 문화를 열려있는 문화로 바꾸어 우리문화의 특성인 신바람문화와 결합하면 아파트 공동체 운동이야말로 민주시민의식 함양에 결정적 역할을 할 것이라고 전망하고 있다. 그 파급효과는 삶의 질 향상에 광범위하게 영향을 미칠 것이고, 새롭고 종합적인 시민운동으로 자리매김할 것이라는 것을 강조하며, 이에 지역시민운동단체와 종교지도자들이 나서서 이끌어 주어야함(심현천, 2000)도 강조하고 있다.

해방 후 도시성장에 따라 지역사회는 변화를 겪어 왔고 이러한 변화는 도시성장에 따른 점진적인 변화였다. 그러나 농경사회에서 산업화과정을 겪으면서 잘살기 운동에 급급했던 시절에는 어느 정도 생활수준의 달성이 목표였고, 사회자본으로서의 커뮤니티의 역할과 기능에 대한 의식과 자각을 잠시 접어둔 상태였다. 후기산업사회에 들어서면서 사회가 산업화에 경도됨에 따라 발생했던 온갖 문제들, 예를 들면 혈연공동체의 해체와 지나친 개인화 및 이기주의가 만연되고 지역공동체가 붕괴되자 지속가능한 사회를 만들기 위한 방법론으로 커뮤니티의 사회자본으로서의 역할과 기능에 대해 다시 돌아보게 되고 커뮤니티 회복과 재생에 눈을 돌리게 된 것이다.

1990년대 소지역 단위의 커뮤니티 회복과 재생 운동은 마을 가꾸기, 동네 가꾸기, 마을만들기 등으로 불리는 주민운동을 중심으로 확산되기 시작하였다. 1990년대 마을만들기 운동은 1970년대 관주도로 시행되던 농촌근대화를 위한 새마을운동이 사회자본의 확대라는 입장에서 본 사람도 있지만 그와는 근본적으로 접근방식에 차이가 있다. 국민들의 소득수준이 향상되고 삶의 질에 대한 욕구가 높아지면서 살고 있는 지역의 생활환경개선에 주민들이 관심을 가지게 되었고, 이러한 운동에 참여하는 개인과 단체가 자연발생적으로 늘어나게 된 것이다. 1995년 지방자치제도가 시행되면서 주민들은 추상적이고 거시적인 도시정책보다는 지역의 현안에 대해 목소리를 높이게 되었고, 걷고 싶은 도시 만들기 시민연대, 참여연대, 경실련의 도시개혁센터, 도시연대 등 전문가의 참여와 지원이 시민단체를 중심으로 한 몫을 하게 되었다(이왕건, 2005).

소규모 지역공동체를 만들기 위해서는 주민들의 의식개혁이 선행되어야 하며, 주민들은 일반적으로 자신과 직접적인 이해관계가 없는 일에는 관심도 적고 참여율도 저조한 성향을 가지고 있다고 주장한다. 따라서 과거의 공동체 운동과는 다른 신공동체를 구축해야 한다는 것이다. 김수영 외 2인(2013)은 1980년대 등장한 공동체주의자들의 가치인 '공공선의 우선, 도덕윤리의 함양, 사회적 책임과 의무의 강조, 질서와 자율의 조화, 공동체적 부의 분배'는 과거의 공동체의 기본 이념을 현대적으로 재구성한 것이므로 사회구조의 변화와 인식과 삶의 방식의 변화에 따라 신공동체적 특성을 유지하기 위해서는 세 가지 특성이 있음을 강조하고 있다.

첫 번째 특성은 공유된 가치와 신념인데 전통적 공동체는 구성원 간 합의가 이루어졌었지만 현대의 신공동체는 한정된 범위 내에서 신념과 가치에 대해서는 합의하고 있으나 어떤 이데올로기에 맞춰 공유된 헌신적 행동을 요구하는 데 있어서는 저항이 나타나기도 한다는 것이다. 따라서 신공동체는 개방성을 띠고 다원적 공동체의 성격을 가지는 경향이 있다. 개방성과 다원적 공동체적 성격은 적당할 때는 발전의 원동력이 되지만 지나칠 때는 갈등과 분화, 와해의 수순을 밟게 될 수도 있다. 이때 커뮤니티 구성의 초심에 근거한 구성원 상호 간의 배려와 리더십이 완충작용을 할 것이다.

두 번째 특성은 구성원 사이의 관계가 직접적이고 관계들은 다면적이어야 한다는 것이다. 전통적 공동체는 물리적 공간을 공유하고 삶을 유지하면서 이러한 것은 필수적이었으나 현대의 신공동체는 같은 물리적 공간을 공유하더라도 대면관계가 어려워질 경우가 많고, 오히려 사이버 공동체에서 온라인상으로나마 직접적인 관계가 형성되며 다면적인 관계가 어려워지는 경향이 있다는 것이다. 그러나 최근에는 카카오톡과 같은 핸드폰을 이용한 다중 커뮤니케이션이 보편화되면서 직접적이면서도 다면적인 특성이 보완되고 있기도 하다.

세 번째 특성은 호혜성이다. 이는 공동체의 특성 중 가장 중요한 것으로서 공동체의 구성원이라면 필수적으로 기대하는 효과이다. 구성원들이 서로 돕는 호혜성은 받은 도움에 대한 보답의 의미로 도덕적 의무감에 기초하여 야기된다고 하였다.

2) 커뮤니티를 위한 민관협력의 거버넌스와 아젠다

거버넌스는 '개인이나 조직이 자신의 이해와 복지 등에 영향을 미치는 결정에 대해 실질적인 영향력을 행사하는 방법을 조정하거나 결정하는 일련의 구조와 과정'을 의미한다. 커뮤니티 회복과 재생은 일정한 지역적 범위에서 이루어지므로 지역 거버넌스로 파악할 수 있다(천현숙, 2008). 커뮤니티 회복과 재생에는 민관이 활발히 참여하여 커뮤니티를 활성화하는 것이 목적이므로 이러한 활동에서 민관협력의 거버넌스 구축에 필요한 요소는 무엇인지 분석해 볼 필요가 있다.

사회구성주의적 접근(social constructionism approach)은 기든스의 사회구성론에서 출발하여 이론화된 개념으로서 주거학분야에서는 주거관리 문제, 노숙자 문제, 다문화가정의 주거문제 등에 이 접근방법이 적용된 바 있다. 현대의 커뮤니티 회복이라는 과제를 이해하고 추진하는 과정도 이러한 사회구성주의 접근을 이용하면 현재의 상황을 거시적인 것부터 미시적인 것에 이르기까지 행위자 측면에서 그 거버넌스를 잘 이해할 수 있다. 영국의 주거관리 상황을 분석하기 위해 프랭클린(Franklin, 1998)이 개발한 개념구조를 적용하자면, 커뮤니티에 관한 가치와 문화는 구조적 맥락, 커뮤니티에 관한 법과 지원제도 등은 제도적 맥락, 의사결정 구조와 조직, 행위주체간의 관계는 조직적 맥락, 커뮤니티 활동 현장의 물적, 인적 상황은 작업적 맥락, 현장에서 일어나는 행위자들의 상호작용은 상호주관적 맥락으로 분석할 수 있다.

기든스의 사회구성론에 기초하고 있으나 힐리와 인스(Healey&Innes)가 발전 시킨 제도주의적 접근(institutional approach)을 이용하여 커뮤니티 재생 거버넌스 분석에 적용한 예가 있다. 이에서 거시적 차원의 분석은 행위주체와 구조와의 관계

설정을 기초로 하며 주체와 구조가 무엇을 매개로 하여 상호작용하고 있는지를 파악할 수 있고, 미시적 차원의 분석은 거버넌스가 작동하는 과정으로서 행위주체간의 상호작용이 어떠한 형태로 이루어지며 변화하는지를 파악한다고 하였다. 이때 주체는 직간접의 이해당사자로서 주민과 전문가, 시민단체, 지방정부, 중앙정부이며, 주민은 세입자/토지소유자, 직접적 이해당사자/간접적 이해당사자 등으로서 사례에 따라 달라질 수 있다. 이때 이해관계의 구조는 이해당사자들의 상호작용을 제약하는 환경이자 곧 '제도'이며, 역사적, 문화적 맥락과 정부의 정책, 관련 법 규정도 제도에 포함된다고 보았다. 미시적 차원의 거버넌스는 이해당사자들의 상호관계 변화과정을 의미하며, 그 분석요소는 참여성, 자율성, 상호의존성 측면이라고 하였다(천현숙, 2008).

〈표 4-1〉 커뮤니티재생 거버넌스의 구성요소

분석요소	세부요소	내용
참여성	대표성	참여주체가 이해당사자들을 얼마나 잘 대표하고 있는지 정도
	주체들 간의 힘의 균형	주체들 간의 힘의 균형이 이루어져 실질적인 참여가 보장되고 있는지 정도
자율성	정부의 직접개입 정도	정부가 어느 정도 직접적으로 관여하여 결과를 유도하고 있는지
	조직의 안정성	상호작용을 하고 있는 주체들이 어느 정도 지속성을 가지고 역할을 하고 있는지
상호의존성	신뢰 정도	주체 상호 간의 신뢰도 정도
	의사소통	정보의 투명성과 정보공유·유통의 활발한 정도

(출처: 천현숙, 2008: 36)

오랫동안 지속된 중앙집권적이고 관이 주도하는 공공행정에 익숙해진 사람들은 공공사업과 관련하여 계획을 수립하고 사업을 집행하는 주체는 행정기관과 전문가라는 인식을 가지고 있다. 그러나 정부는 지역주민과 지역공동체에 대해 살고 있는 지역의 주민만큼 잘 알지 못하므로 그들의 소리에 귀를 기울이면서 지원자로서의 역할을 충실하게 수행해야 한다. 마을만들기 등 커뮤니티의 회복과 재생에 있어서 민관협력은 필수적이므로 계획수립 및 집행과정에서 중앙정부, 지자체, 전문가, 시민단체, 주민 등 다양한 주체 간의 건전한 협력관계 구축은 아주 중요하다. 이때 가능하면 주민주도로 진행하고 관련주체는 지원하는 역할에 머물러야 커뮤니티의 결속과 단결의 효과를 더 많이 기대할 수 있다. 그러기 위해서는 주민들도 지속적인 관심을 가져야 하고 전문적인 지식이 필요한 경우에는 적극적으로 전문가들로부터 지식을 구하며, 리더를 중심으로 정보공유와 소통을 통해 참여의식을 가져야 한다.

일본, 미국의 예(이왕건, 2005)를 들어보자면, 일본에서는 1970년대 중반 이후 마을만들기(まちづくり) 운동이 일본 전역으로 확대되었고, 사업영역도 주민들의 일상생활에 필요한 시설을 정비하거나 확보하는 수준에서 벗어나 지구단위의 도시정비사업이나 재개발 사업으로 확대되었다. 1990년대 이후 많은 지자체에서 마치즈쿠리를 지원할 전담 행정조직이 만들어졌고, 관련조례제정, 정보센터 설치, 기금마련, 활동조직간 네트워크 형성 등이 이루어지며 더욱 다양해졌다. 최근에는 마을만들기 영역의 의미가 더욱 확대되어 도시계획, 지구계획, 건축 등 다양한 분야의 제도적 혹은 비제도적 영역까지 활용되고 있다.

미국의 모든 도시에는 지역에 기반을 둔 다양한 근린단체(Neighborhood Association)와 커뮤니티 조직(Community Organization)이 설치, 운영되고 있는데 근린단체는 시정부와 시민들을 연결하는 가교이며, 시민참여를 조직적으로 실현시키는 공식기구로서의 역할을 수행하고 있다. 시민, 지역공동체 조직, 시 관련공무원, 이해당사자, 전문가 등이 참여하여 근린 계획을 수립하거나 변경하고, 계획에는 개발수요, 목표, 도시차원 계획과의 관계, 토지이용, 환경, 교통과 같은 부분의 계획, 사업의 우선순위 선정을 위한 실행전략, 공원, 학교, 교회와 같은 근린의 공공시설계획 등이 포함된다. 그러나 이러한 계획이 항상 주변의 근린계획이나 도시계획과 조화를 이루는 것은 아니기 때문에 시차원의 중재 또는 조정위원회가 있어 의견을 조율한다.

우리나라는 커뮤니티 활성화의 아젠다에 있어서 공동주택을 중심으로 한 논의가 활발하다. 주민들의 공동체 의식 형성을 위한 활동들은 '주택건설기준에 관한 규정'에 의한 부대복리시설 설치기준에 따라 설치되는 물리적 시설공간을 중심으로 이루어지고 있다. 공동체 형성에 공간의 공유가 필수이고 접촉과 참여를 바탕으로 공동이익과 공동선을 추구하는 사회관계가 전제 되어야하기 때문이다. 우리나라의 공동주택단지 부대복리시설은 1979년 법에 의해 설치되었고, 그동안 해당단지의 관심에 따라 달리 운영되어 왔는 바 몇 가지 문제점이 지적되고 있다(백혜선, 2005). 문제점은 ① 공간의 양적 부족문제이다. ② 획일적이고 표준화된 부대복리시설의 계획이다. ③ 세대수 기준에 의한 법적 시설설치기준의 문제이다. ④ 공급유형에 따른 차별적인 부대복리시설 설치의 문제이다. 이러한 점을 개선하기 위해 부대복리시설 설치 기준 및 관련법규는 2013년 6월에 개정되어 커뮤니티 공간의 총량면적과 의무설치 시설만을 규정하고 있다.

또한, 장기적으로 거주자의 수요에 적극적으로 대응하기 위해서는 다음과 같은 방안이 고려되어야 한다고 주장하였다. 첫째, 주택건설기준 등에 관한 규정에서 정하고 있는 시설기준과 각 시설별로 관련 법에서 정하고 있는 시설기준을 통합할 수 있는 방안 마련. 둘째, 주택건설 기준 등에 관한 규정에서 명시되어 있는 시설 종류 중 정부나 자치단체가 사회적으로 복지기능을 담보해야 하는 보육시설이나 독서실, 문고 기능과 임대아파트의 저소득층을 위한 사회복지기능은 지역차원에서 통합적으로 운영될 수 있도록 지역통합형 주민문화복지시설 조성방안 마련, 셋째, 물리적 시설의 양적 확보뿐만 아니라 지속적인 주민들의 적극적인 자치활동을 유지하기 위해 주민이 참여할 수 있는 다양한 프로그램 개발, 주거복지전문가 등을 활용한 전문인력 지원제의 도입, 관련 시민단체와의 연계방안마련 등을 위한 작업이 이루어 져야한다(백혜선, 2005)고 하였다.

근래에는 공동주택에 부대복리시설 혹은 옥외공간에 속하는 법에서 정한 규모와 종류 이상이 건설사가 해당단지의 분양을 위한 상품성을 위해 제공되는 경우가 많다. 예를 들면 주택법 2조 복리시설로는 주차장, 관리사무소, 담장 및 주택단지 안의 도로, 자전거보관소, 조경시설 등이 있다. 복리시설로는 어린이 놀이터, 근린생활시설, 유치원, 주민운동시설 및 경로당이 있다. 그러나 최근 공급되는 공동주택에는 휘트니스 센터, 독서실, DVD 룸, 주민카페, GX룸, 교양강좌실, 주민회의실, 골프 연습장을 갖춘 커뮤니티 센터 등의 공간이 제공되고 있다. 기존 공동주택도 주민 2/4의 동의를 얻어 신고를 하면 용도변경을 할 수 있으며, 주택법 시행령 47조에서는 공동주택의 지하층을 지자체의 지원을 받아 주민공동시설로 용도 변경할 수 있다.

2010년부터 공동주택 우수단지 선정 조항이 신설되어 현재는 공동주택관리법에 의해 매년 공동주택단지를 선정할 수 있도록 하였다. 우수관리단지 선정지표는 일반관리 분야, 시설유지관리 분야, 공동체 활성화 분야, 에너지절감 분야로 나뉘어 있다. 이중 공동체 활성화 분야에서는 커뮤니티 활성화가 중요한 비중을 차지하며, 주민자율활동 운영, 주민화합행사, 주민참여실적, 사회봉사활동, 단지별 우수사례 등이 포함되어 있다.

각 지자체에서도 공동주택 커뮤니티 활성화를 위한 다양한 지원을 하고 있다. 서울시는 공동주택관리규약준칙을 개정(2010년)하여 공동주택활성화 단체 구성을 유도하고 있다. 아파트 입주민 10인 이상이 공동주택활성화 단체를 구성하여 사업계획서를 입주자대표회의에 제출하면 승인을 거쳐 활동을 지원받을 수 있다. 서울시는 각 동동주택단지의 커뮤니티활성화를 지원하기 위한 전문가 양성을 위해 2010년 커뮤니티 양성과정을 설치하였다. 2011년 2월부터는 양성된 커뮤니티 플래너가 각 구청에 배치되어 커뮤니티활성화 사업지원과 공동체 단체구성지원, 지역사회자원과의 연계, 프로그램개발 등 정보제공과 지원역할을 담당하고 있다(은난순, 2011).

앞으로의 커뮤니티 활성화의 아젠다는 사회적인 중요성에 따라 커뮤니티활성화를 구체적으로 독려하고 지원하는 법이 만들어지고, 지자체는 이를 지원하는 조례가 적절히 만들어 지속적인 지원을 해야 한다. 특히 입주자대표회의 교육에 커뮤니티 활성화 내용이 포함되고 단지별 주민교육을 통해 자발적 공동체가 결성될 수 있도록 문화조성을 해야 한다. 또한, 주민복지 차원에서 임대주택의 공동주택활성화를 유도하기 위해 국토해양부의 '공동주택 우수단지 선정 사업'과 서울시의 '아파트 커뮤니티활성화 사업' 등 정부와 지자체 지원사업에 분양·임대 혼합단지와 임대아파트도 포함될 것을 제안(은난순, 2011)하고 있다.

특히, 도시 빈곤지역의 커뮤니티 활성화를 위해서는 공동체가 중심이 되어야함이 강조되고 있다. 그간의 시장주도적 정비기법으로 자주 사용되어온 재건축과 재개발은 개발업자의 수익성과 공간구조의 물리적 변화만 추구하고 그 지역의 사회적, 공동체적 문제에는 별 관심을 기울이지 않음이 비판을 받고 있다. 이때의 공동체 계획이란 전문가 중심의 위로부터의 계획이 아니라 아래로부터의 계획이라야 하며, 이때 공동체 계획 과정에서 중시할 것은 여러 주체들이 사회적 상호작용을 거치면서 공동의 문제를 인식하고 해결책을 모색하고 실천해 나가는 사회적 과정이라는 점을 인식하는 것이다. 즉, 물리적인 개선만이 아니라 지속적으로 지원세력과 네트워크를 형성하여 신뢰를 기반으로 지역문제를 해결해나감에 있어서 서로 협력하는 파트너쉽을 구축하는 것은 대단히 중요하다. 특히 국가의 지원과 사회적 자원이 동원되어야 하므로 민관협력의 파트너쉽이 필수적인 도시빈곤지역의 공동체 계획에는 주민역량을 높여 빈곤문제를 극복하는 과정까지 포함되어야 한다(윤일성, 2006).

미국에서 시행되고 있는 CCIs(Comprehensive Community Building Initiatives)는 지역사회 공동체가 중심이 되어 빈곤지역을 재활성화시키는 것을 목표로 하고 있다. 이 사업이 추구하는 것을 정리하면 첫째, 지역사회의 사회적, 경제적, 물리적, 문화적 요소를 모두 강화시키고자한다. 둘째, 지역사회 공동체의 변화를 시도하는 이니셔티브는 지역주민에게 있다. 셋째, 지역 주민들은 지역주민들 간에 그리고 외부단체와 협력해야 한다. 넷째, 지역사회의 사회적 자본을 최대한 활용해야 한다(시정개발연구원, 2004)는 것이다.

5장 도시와 커뮤니티

5.1 도시 커뮤니티의 특성

우리나라의 역사에서 지역커뮤니티는 양반사회 모임인 '족계'와 '향약' 그리고 서민들의 모임인 '촌계'와 '두레'를 볼 수 있다. 마을을 중심으로 한 혈연과 지연 중심의 문화적 배경 및 풍습, 생활습관에서 비롯된 커뮤니티는 사회적 규범으로서 정착되었지만, 도시화에 따른 급격한 사회변화로 인해 커뮤니티 의식이 해체되었다.

도시 커뮤니티는 도시에서 공동생활을 영위하는 사람들의 집합체로서 지리적으로 한정된 도시 지역 안에서 거주하면서 자신들이 살고 있는 장소에 대해 사회적, 심리적 유대를 가지고 있는 사람들의 집합체이다. 즉 동일한 도시 지역을 심리적, 지리적으로 공유하면서 도시에 대한 소속감이나 공동 목적을 집합적으로 수행하기 위한 동일한 일체감을 내재한 집단이라 할 수 있다.

와렌(Warren)은 현대 산업도시에서 이웃(근린)집단은 피셔(Fisher)의 부분문화나 갠스(Gans)의 도시촌락민에서 찾아볼 수 있는 것과 같이 다양한 형태로 분화되었다고 하였다. 우선 이웃을 준거집단으로 보아 긍정적 준거집단으로서의 이웃과 비긍정적 준거집단으로서의 이웃으로 나누었다. 긍정적인 준거집단으로서의 이웃은 통합적 이웃, 교구적 이웃, 확산이웃으로 나누어진다. 그리고 비긍정적 준거집단으로서의 이웃은 징검다리 이웃, 유동적 이웃, 아노미적 이웃으로 나누었다. 이들 이웃 유형은 통합적 이웃과 아노미적 이웃의 양극을 중심으로 이웃의 조직화 정도에 따라 분류한 형태이다. 각 이웃형태의 특성을 요약하면 다음과 같다〈표 5-1〉.

첫째, 통합적 이웃은 공식적 인간관계와 비공식적 인간관계가 적절히 균형을 이루며 보다 큰 도시공동체와 국가에 대한 유기적 관계를 적극적으로 유지한다. 주거집단의 성원들 간에는 일차적 인간관계가 빈번하고 적극적인 자생단체 활동이 일어난다. 이러한 형태의 이웃에서는 주민참여율이 높고, 결속력도 높고, 일탈행위와 사회적 무질서가 효율적으로 통제된다.

둘째, 교구적 이웃은 셔틀의 방어적 이웃(defended neighborhood)과 유사한 형태이다. 이웃의 내적 접촉은 빈번하고 친밀하나 이웃 외부의 커뮤니티나 사회와는 접촉이 거의 없다. 여기에는 내적인 공식·비공식 관계가 특수규범에 의해 잘 조직화되어, 외부접촉에 방어적 태세로 나타나게 된다. 한국 농촌의 씨족부락이나 미국 대도시의 차이나타운이나 유태인 거리가 이에 속한다. 그들 나름대로 공동가치와 이 가치를 지지하기 위한 클럽, 교회 등 내적 조직들이 생겨난다. 우리나라의 고급화된 아파트에서 커뮤니티 의식이 높게 나타난 연구가 있다. 부녀회와 주민들의 활동이 적극적이고, 관리사무소도 호텔과 같은 서비스 제공을 하고 있었다. 도구화된 설문지에 의해 계량적으로 커뮤니티 의식이 높게 측정되었으나(이경희 외 1인, 2004), 질적으로는 교구적 이웃의 특성을 갖고 있을 것으로 예측된다.

셋째, 확산이웃은 공식적, 비공식적 조직력이 약화되어 있고, 이웃의 외부접촉 또는 극히 한정된 주거집단이다. 물리적으로나 조직적으로 공동체와 분리되어 있다. 비슷한 계층이 고립되어 살면서 이웃에 대한 애착심이 없고, 자신의 이해관계에만 관심이 있는 주거집단이 이에 속한다. 우리나라 대단위 고층 아파트단지가 이형태에 가까울 것이다.

넷째, 징검다리 이웃이다. 밀접한 인간관계와 적극적인 자발적 결사체 활동이 이루어지는 동시에 이웃 외부와의 관계도 빈번하다. 도시의 취약계층이 직장을 찾아 임시로 거주하다가 언제든지 다른 곳에 직업이 마련되면 미련 없이 그곳을 떠나는 경우가 이에 속한다. 따라서 이웃내의 조직은 성원이 자주 바뀌고 일시적인 활동에 치중한다. 그러나 이곳에 새로 전입해온 주민들은 활동적으로 공식, 비공식 조직에 참여하고 상호친밀한 관계를 유지한다.

다섯째, 유동적 이웃은 대도시에서 이웃 간에 일차적 관계나 공식적 결사체에 대한 참여가 거의 없고 대부분 주민들이 이웃 외부활동에 치중하고 있는 형태이다. 저소득층의 노동자 중에서 직업이 안정되지 못하고 유동적인 건축노동자, 행상 등이 집중된 곳이 이에 속한다.

마지막으로, 아노미적 이웃이 있다. 통합적 이웃과 대칭되는 형태이며, 이웃 간에 공식, 비공식 관계는 물론 외부와의 조직적 관계도 거의 없는 주거지역에서 나타난다. 주민의 사회참여와 지역적 정체감이 결여된 주거집단이다. 이웃 간에 관계가 있다면 앞뒷집 정도에 불과하다. 주민들의 태도는 수동적이고 소외되어 있으며 관심사는 특정한 분야에 집중되지 않고 분산되어 있다. 한국에서는 이러한 전형적인 유형을 찾아보기 어렵지만 소매상 밀집지역이나 유흥가에서 비슷한 모습을 찾아볼 수 있다 (강대기, 1992).

〈표 5-1〉 사회조직과 준거집단에 기초를 둔 이웃형태

분류	형태	공식적·비공식적 조직력	연계 외부 접촉
긍정적 준거집단으로서의 근린	통합적 근린 (integral neighborhood)	+	+
	교구적 근린(parochial neighborhood)	+	-
	확산 근린(diffusion neighborhood)	-	-
비긍정적 준거집단으로서의 근린	징검다리 근린(stepping-stone neighborhood)	+	+
	유동적 근린(transitory neighborhood)	-	+
	아노미적 근린(anomic neighborhood)	-	-

(출처: 강대기, 1992)

우리나라 도시 거주자의 커뮤니티 특성에 대한 초기 연구에서는 도시 거주자의 이웃관계와 교류에 대한 분석이 이루어졌다. 1980년 이후 논의된 이웃관계에 대한 연구에 의하면, 산업화되어 다양한 사람들이 거주하고 있는 도시사회에서는 농촌의 자연적인 마을에서 생활하는 사람들의 이웃관계망보다는 긴밀하지 않지만 여전히 이웃관계망의 친밀함을 유지하고 있다(최재석, 1983; 김경준, 1998). 특히 도시사회에서 일차적 관계망은 여전히 거주지 중심의 사적 영역에서 표출된다는 것은 일상적 생활의 구조에서 주거환경이 커뮤니티 형성의 장소가 되고 있음을 보여준다.

공동체적 유대란 일차적이고 정의적인 관계망을 지속적으로 형성하여 일상에서 특정의 기능, 즉 친목성, 교제성, 이례성, 도구성을 수행하게 된다. 도시사회의 거주자들이 일상생활을 하면서 형성하는 이웃관계망의 유대적 특징은 가정의 경조사에 서로 부조하고 참여하는 의례성과 소비적 경제생활이 물리적 도움을 주고받는 도구성을 중심으로 상호작용을 한다(김정오, 1999).

많은 사람들은 도시 커뮤니티에서 구성원들 간의 관계가 경쟁과 개인이익의 추구로 사무적이고 비인간적이며 일시적이라고 한다. 개인은 많은 사람들 속에서 익명성을 향유할 수 있으므로 사회규범이 해이해지고, 사람들은 성품의 순수성을 잃고 타

인에 대해 무관심해질 수 있다. 그러나 도시주택 거주자들이 지역사회에 대한 참여에 대해 긍정적인 의사를 갖고 있으며, 친척 등의 혈연관계, 친목모임, 동창회나 취미집단과 더불어 이웃의 관계를 중요하게 생각한다는 것을 볼 때, 주거를 기반으로 한 커뮤니티의 형성은 가능성이 있을 것이다. 같은 지역에 거주하다보면 나름대로 공통된 관심사가 있기 마련이고, 이런 관심사나 공통의 문제를 해결하기 위해서는 커뮤니티 지향적인 삶이 요구된다.

도시 아파트 거주자의 커뮤니티 의식(공동체의식: Sense of Community)

아파트의 확산으로 주거생활에서 공동체 문화가 희박해져가고 개인주의, 고립, 익명성 등의 사회적 문제를 야기한다는 지적이 나오는 가운데, 서울시 아파트 거주자의 커뮤니티 의식을 조사한 연구결과가 있다.

커뮤니티 의식을 조작화하거나 행동수준을 파악하려는 연구는 Glynn(1981)의 연구 이후 측정도구가 개발되어 사용되기 시작했다. 그는 커뮤니티 의식을 공동체 구조의 객관적인 평가, 공동체 내의 지원적인 관계, 공동체 주민들의 유사성 및 관계 유형, 공동체에의 참여, 공동체 환경의 특성, 공동체 안전의 6개 차원으로 측정하였다. 김경준(1998)은 McMillan&Chavis와 Nasar&Julian의 공동체 구성요소를 토대로 지역사회 공동체 의식을 충족감, 연대감, 소속감 및 상호영향의식, 정서적 친밀감의 요소로 구성하였다. 즉 커뮤니티 의식은 지역사회에 소속해 있음으로써 받게 되는 충만한 느낌, 지역사회 주민들과 함께 한다는 연대의식, 지역사회와의 일체감 및 지역사회와 구성원 상호 간에 중요한 의미를 가지며 영향을 미치고 있다는 의식, 그리고 지역사회 및 구성원들의 친밀한 느낌을 가지는 것이라고 정의하였다.

조사에서 커뮤니티 의식은 충족감, 소속감 및 상호영향의식, 정서적 친밀감, 연대감의 4영역으로 구성되었다. 조사결과, 서울시 아파트 거주자의 전체적인 커뮤니티 의식 수준은 3.15(이론적 평균치 3.0)로 나타났고, 거주자의 커뮤니티 의식의 하위영역별 수준도 이론적 평균치보다 다소 높게 나왔다.

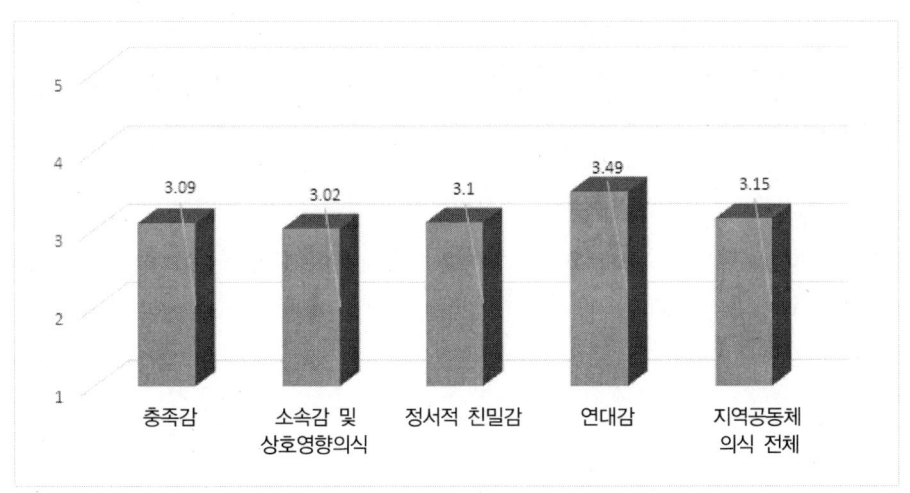

〈표 5-2〉 서울시 아파트 거주자의 커뮤니티 의식 수준

영역	태도	평균
충족감	우리단지는 주민을 위해 노력하고 있다	3.19
	나는 이곳에 속해 있음으로 혜택을 받고 있다	3.06
	우리 단지에 문제가 생기면 주민들은 힘을 모아 해결한다	3.07
	우리 단지는 주민들의 욕구를 충족시켜주고 있다	3.06
소속감 및 상호영향 의식	내가 노력한다면 우리 단지 발전에 기여할 수 있을 것이다	3.13
	우리 단지는 나에게 중요한 영향을 미치고 있다	2.91
	우리 단지에만 있는 고유한 정신이나 질서가 있다	2.87
	다른 지역 사람들에게 내가 살고 있는 곳에 대하여 자랑스럽게 말할 수 있다	3.38
	우리 단지에서 나의 역할은 능동적으로 참여하는 것이다	2.77
정서적 친밀감	우리 단지에는 내가 대화하고 싶을 때 당장 이야기할 수 있는 이웃이 있다	3.04
	우리 단지에는 정말로 나를 염려해주는 가족 같은 사람들이 있다	3.00
	나는 이곳에서 좀처럼 외로움을 느끼지 않는다	3.36
	우리단지에서 사람들은 서로 의지할 수 있다	2.95
연대감	우리 단지에는 정말로 나를 염려해주는 가족 같은 사람들이 있다	3.00
	이웃이 고통을 당하면 내 마음도 아프다	3.45
	주민들이 단결하면 어떤 문제도 해결될 것이다	3.41
커뮤니티 의식 전체		3.15

* 5점 척도(5: 매우 그렇다 ~ 1: 전혀 그렇지 않다)

(출처: 채혜원, 2004)

5.2 우리나라 초기 도시주택의 커뮤니티 운동

1) 아파트 중심의 커뮤니티 운동

1980년대 이후 생활상의 문제를 해결하기 위해 새로운 형태의 다양한 공동체들이 등장하였는데 아파트와 일반 주택지에서 나타나는 양상에는 차이가 있었다.

일반 아파트를 중심으로 한 주거공동체 운동은 1960년대부터 시작된 도시빈민운동이 도시공동체운동의 효시가 되어 이후 철거 반대운동, 세입자 운동, 아파트의 자주관리 운동, 지역공동체 만들기 운동으로 발전해가면서 영역별로 다양한 유형의 공동체 운동이 파생되었다.

첫째, 주거권 확보를 위한 주민운동은 도시 무주택 서민들을 중심으로 시작되었고, 주로 아파트 건설을 전제로한 재개발 철거 대상지역 주민들에서 일어났다. 이 운동에 참여하는 사람들은 자신이 소유 또는 세입으로 거주하고 있는 주택이 철거되고 다른 곳으로 강제이주하게 되는 상황에 처한 경우이다. 지역주민들이 임시주민조직을 결성하여, 기본적 생존권의 일환으로 주거권의 보장을 주장하면서 재개발을 위한 철거에 반대하거나 이에 따른 정당한 보상, 즉 금전적 보상뿐만 아니라 건설기간 동안 대안적 주거 등을 요구하기도 하였다.

둘째, 아파트 자주관리운동이다. 이 운동은 입주자대표회 구성, 관리규약 제정, 관리비 사용 및 부과 등의 사안을 다루면서, 효율적이고 투명한 아파트 관리가 이루어지는 것을 목적으로 하였다. 당시 아파트 관리와 관련하여 관리비 비리가 단순횡령에서부터 공사입찰, 청소, 소독, 승강기보수, 유류가스요금, 보험료 리베이트에 이르기까지 광범위하게 성행했으며, 관리자 집행과정에 대한 주민감시 장치도 결여되어 있는 상황이었다. 이러한 문제를 해결하기 위하여 아파트 자치 운동은 법률, 회계, 건설 관련 지식을 획득하기 위한 자치관리교실을 개최하고, 아파트 운영과 관련된 정보의 소개, 소식지의 발간 등을 통해 운동에 대한 관심과 참여를 촉구하기도 하였다.

〈표 5-3〉 아파트관리 관련 시민단체 활동 유형

활동유형	시민단체
표준관리규약 제정 및 보급	참여연대, 부산경실련, 대한주택관리사협회, 아파트생활문화연구소 등
관리비 비교조사 및 절감 운동	한국소비자보호원, 아파트생활문화연구소, 수원 YMCA, 전국아파트연합회 등
아파트 시민운동	참여연대 아파트공동체연구소, YMCA, 청주시민회, 녹색연합, 녹색소비자연대 등
공동체 활동 지원, 유도	참여자치 군산시민연대, 울산 참여자치시민연대 등

(출처: 장영희, 2001 일부 내용을 수정하였음)

셋째, 아파트 생활문화 운동이다. 아파트의 공동 활동에 대한 중요성이 인식되어 아파트에서 입주자대표회의, 부녀회, 통반장회, 동호회, 노인회, 청년회 등 주민들로 구성된 다양한 소모임을 통해 활동이 이루어지도록 하였다. 시민단체를 중심으로 아파트 주민 대상의 주민학교 강좌가 개설되었고, 아파트 단지에서는 교양, 교육 강좌, 상담 교실, 독서토론 교실, 스포츠 교실 등이 열렸다. 또한, 주거환경 개선을 위한 분리수거 운동, 그림벽화, 화단조성 등의 활동이 있었으며, 친환경과 관련하여 알뜰 물물교환시장을 개설하거나 자원재활용 운동을 펴기도 하였다. 그리고 주민화합을 위한 주민잔치, 합창대회, 민속놀이, 문학의 밤 등과 같은 행사를 개최하기도 하였다.

넷째, 공동체마을 운동이다. 공동체 내에서 일상활동을 전반적으로 협동조합형식으로 꾸려가는 공동체 마을 운동이 펼쳐졌다. 아파트 주민들이 직접 소비자협동조합을 구성하여 농촌에서 유기농법을 이용한 작물재배 농가와 계약관계로 직거래를 통해 상대적으로 싼 가격에 신선한 작물들을 공동구매할 수 있도록 하기도 하였다 마을협동조합, 신용협동조합, 복지조합을 만들어 어린이집, 노인정, 대안학교를 운영하기도 하였다.

다섯째, 환경공동체 운동이다. 환경공동체 운동은 80년대 이후 소각장입지반대운동과 같은 소위 NIMBY운동으로부터 시작되었으나 환경의식을 중심으로 주민들의 일상생활을 견인하는 운동으로 발전하였다. 소극적 형태인 단지 환경개선에서부터 생태환경을 구축하는 운동까지 다양하다. 녹색아파트만들기 운동은 주민들이 스스로 친환경적 단지를 조성하고, 음식물 쓰레기 줄이기, 승용차 함께 타기, 환경교육사업 등을 전개하였다. 생태마을운동은 도시인근 지역과 농촌지역을 중심으로 생태친화적인 주거시설을 만들고, 친환경적으로 농사를 지으며, 생태적 감수성을 바탕으로 일상관계를 실천하는 사업들을 추진하였다(한국도시연구소, 2003; 최병두, 1999).

<표 5-4> 주거를 기반으로 한 공동체 운동의 발전단계

유형	주거권확보운동 ⇒	자주관리운동 ⇒	생활문화운동 ⇒	공동체마을운동
주민 조직	임시주민조직 결성, 대표자 선출	상설적 자치회 및 대표자회의 구성	다양한 주민소모임 구성	공동체 협동조합구성
주민조직 및 활동 내용	• 주거권보장 주장 • 철거 반대운동 • 정당한 보상요구	• 관리규약 제정 • 자치관리 조직결성 • 정보공유 및 학습	• 취미, 교양교실 • 환경정비, 알뜰시장 • 공용공간 활용	• 공동 구매 및 소비 • 공동 생산 활동 • 공동복지시설관리
공동체 성격	보상적 공동체 (집단적 이익확보)	←	→	규범적 공동체 (공동적 자아실현)

(출처: 최병두, 1999)

2) 일반주택지의 커뮤니티 운동

주로 일반 단독주택지에서의 주거공동체 운동은 같은 주거지역인 아파트 단지와는 다소 다른 양상으로 진행되는 특징을 보였다. 아파트가 하나의 단지를 중심으로 조직된 공동체라고 한다면, 일반단독주택지의 경우 골목길을 중심으로 조직되는 공동체라고 할 수 있다. 이러한 차이는 각각의 주거환경이 갖는 물리적 환경의 차이에서 비롯된 것으로 주거공동체 운동의 양상 또한, 다른 방식으로 일어날 수밖에 없다.

일반주택지에서 진행되는 커뮤니티 운동은 주민 개개인이나 지역활동가 차원에서, 행정 차원에서, 또는 시민단체가 활동사업을 전개하기 위한 목적 등으로 다양한 주체에 의하여 추진되었다. 커뮤니티 활동은 골목 가꾸기, 공원 만들기, 담장 허물기, 차 없는 골목 만들기, 주택 내 주차장 갖기, 어린이 통학로 개선, 공동 육아 공간 만들기 등의 다양한 형태로 나타났다. 대표적인 사례로 용두동 꽃길 골목은 1990년대 중반 서울 동대문구 용두동 꽃길 골목에 한 주민에 의해 시작되었다. 도시형 한옥이 모여 있던 동네에 주민이 자신의 집 앞을 아름답게 가꾸고자 화분을 내놓은 것이 자연스럽게 퍼져나가 골목 전체가 꽃길로 조성된 것이다.

또한, 사당동 양지공원은 서울 사당동에 위치한 약 560평 규모의 공공용지로, 10년 동안 나대지로 방치되던 곳에 구청이 주차장을 조성하고자 했으나 주민들의 반대에 부딪혀 마을공원으로 조성된 곳이다. 공원을 만드는 과정은 주민들이 적극적인 참여, 전문가의 역할, 행정의 지원이 서로 맞물려 얻어낸 결실이라 할 수 있다(정석, 1999).

〈그림 5-1〉 용두동 꽃길 골목   〈그림 5-2〉 사당동 양지 공원

5.3 주거지 개발 관련 제도

그동안 주거지 개발을 부동산과 자산가치의 증대로 인식하는 경향이 있었으나 최근에는 삶의 터전으로 인식하며 주거지 개발에서 도시재생적 접근에 대한 가치와 필요성이 높아지고 있다. 우리나라의 주거지 개발 관련 제도와 방식도 초기에 주거지를 단순한 공간으로 보는 물리적 자본 중심의 개발방식에서 벗어나 기존의 주거지 구조와 커뮤니티 유지를 고려하는 방식으로 전환되고 있다.

1) 도시 및 주거환경정비법

'도시 및 주거환경정비법'은 도시기능의 회복이 필요하거나 주거환경이 불량한 지역을 계획적으로 정비하고 노후·불량건축물을 효과적으로 개량하기 위하여 필요한 사항을 규정함으로써 도시환경을 개선하고 주거생활의 질을 높이는 데 이바지함을 목적으로 한다.

도시 및 주거환경정비법은 체계적이고 효율적인 정비와 사업의 일관성을 위하여, 기존에 개별법에 의해 추진되어 오던 주택재개발사업, 주택재건축사업, 주거환경개선사업, 도시환경정비사업이 도시정비법에 통합되었다가 도시정비법 개정으로 2012년 8월부터 주거환경관리사업과 가로주택정비사업이 추가되었다〈표 5-5〉.

〈표 5-5〉 도시정비법의 정비사업

구분	내용
주거환경개선사업	도시저소득 주민이 집단거주하는 지역으로서 정비기반시설이 극히 열악하고 노후·불량건축물이 과도하게 밀집한 지역의 주거환경을 개선하거나 단독주택 및 다세대주택이 밀집한 지역에서 정비기반시설과 공동이용시설 확충을 통하여 주거환경을 보전·정비·개량하기 위한 사업
주택재개발사업	정비기반시설이 열악하고 노후·불량건축물이 밀집한 지역에서 주거환경을 개선하거나 상업지역·공업지역 등에서 도시기능의 회복 및 상권활성화 등을 위하여 도시환경을 개선하기 위한 사업
주택재건축사업	정비기반시설은 양호하나 노후·불량건축물에 해당하는 공동주택이 밀집한 지역에서 주거환경을 개선하기 위한 사업. 이 경우 다음 요건을 모두 갖추어 시행하는 재건축사업
도시환경정비사업	상업지역·공업지역 등으로서 토지의 효율적 이용과 도심 또는 부도심 등 도시기능의 회복이나 상권활성화 등이 필요한 지역에서 도시환경을 개선하기 위하여 시행하는 사업
주거환경관리사업	단독주택 및 다세대주택 등이 밀집한 지역에서 정비기반시설과 공동이용시설의 확충을 통하여 주거환경을 보전·정비·개량하기 위하여 시행하는 사업
가로주택정비사업	노후·불량건축물이 밀집한 가로구역에서 종전의 가로를 유지하면서 소규모로 주거환경을 개선하기 위하여 시행하는 사업

(출처: 도시 및 주거환경정비법(2016.3.2. 시행예고))

① 재개발사업과 재건축사업

재개발사업과 재건축사업은 노후불량건축물이 밀집한 지역에서 물리적 환경개선 위주로 진행된다는 공통점을 갖고 있다. 재개발 혹은 재건축사업이 사업성에 기대하는 민간자본에 의존하고 기존의 장소적 특성을 배제하였으며, 실질적인 주민참여가 미흡하고 낮은 주민재정착율, 세입자 배제 등에 대한 문제점이 지적되었다.

② 주거환경개선사업

주거환경개선사업은 도시 저소득 집단 주거지를 대상으로 하며 주민의사에 따라 주택건설 및 개량사업을 할 수 있도록 특례를 인정하여 줌으로써 기존에 물리적 환경개선에 치중했던 방식에서 발전하여 주민의 재정착율을 높이고 공동체를 유지하고자 했다는 점에서 의의가 있다. 주거환경개선사업의 유형에는 현지개량방식, 공동주택건설방식, 혼합방식(거점확산형방식)이 있다[15].

---

[15] 현지개량방식은 지자체에서 도로·공원 등의 기반시설을 설치하면 주민이 스스로 주택을 개량하는 방식이며, 공동주택개량방식은 토지 및 건물을 공공이 모두 사들여 철거한 후 공동주택을 건립하여 주민에게 우선공급하는 방식이다. 거점확산형방식은 정비구역의 일부 구역을 공공이 임시거주용 공동주택과 공동이용시설을 우선 건설(거점 구역 개발)하고 이와 함께 도로 등의 기반시설을 설치한다. 또한, 주민은 거점 구역

③ 가로주택정비사업과 주거환경관리사업

가로주택정비사업은 단독주택 및 공동주택을 대상으로 하며 노후·불량건축물이 가로구역에서 종전의 가로를 유지하면서 소규모로 주거환경을 개선하기 위하여 시행하는 사업이며, 주거환경관리사업은 단독주택 및 다세대주택이 밀집된 지역에서 주거환경을 개선하기 위하여 시행하는 사업이다. 사업시행자가 정비기간시설과 공동이용시설을 설치하고 주민 스스로 주택을 보전·정비·개량하는 방식이다. 기존의 대규모 전면 철거 위주의 정비방식 대신 기존 도시구조를 최대한 유지하고 이주수요를 최소화하려는 정비사업 방식이다(김형균 외, 2015; 손성민 외, 2012).

2) 도시생활 활성화 및 지원에 관한 특별법

'도시생활 활성화 및 지원에 관한 특별법(약칭: 도시재생법)'은 도시의 경제적·사회적·문화적 활력 회복을 위하여 공공의 역할과 지원을 강화함으로써 도시의 자생적 성장기반을 확충하고 도시의 경쟁력을 제고하며 지역 공동체를 회복하는 등 국민의 삶의 질 향상에 이바지함을 목적으로 한다고 규정되어 있다.

'도시재생'이라 함은 인구의 감소, 산업구조의 변화, 도시의 무분별한 확장, 주거환경의 노후화 등으로 쇠퇴하는 도시를 지역역량의 강화, 새로운 기능의 도입·창출 및 지역자원의 활용을 통하여 경제적·사회적·물리적·환경적으로 활성화시키는 것을 말한다(제2조 제1항 제1호). 도시재생사업은 도시재생활성화지역에서 도시재생활성화계획에 따라 시행되는 사업을 말하며 '도시 및 주거환경정비법'에 따른 정비 사업 및 '도시재정비 촉진을 위한 특별법'에 따른 재정비촉진사업이 사업에 포함된다. 2010년 국토교통부에서는 도시재생의 모델을 발굴하기 위하여 지역자력형 도시재생 사업의 테스트베드로 창원과 전주를 선정하였다.

3) 도시재정비 촉진을 위한 특별법

도시재정비 촉진을 위한 특별법(약칭: 도시재정비법)은 도시의 낙후된 지역에 대한 주거환경의 개선, 기반시설의 확충 및 도시기능의 회복을 위한 사업을 광역적으로

의 공동주택을 이용하면서 공공의 지원 아래 주민 스스로 단독 또는 공동으로 주택을 개량하는 주민참여형 주거환경개선 사업이다.

계획하고 체계적·효율적으로 추진하기 위하여 필요한 사항을 정함으로써 도시의 균형 있는 발전을 도모하고 국민의 삶의 질 향상에 기여함을 목적으로 한다. 재정비촉진지구의 유형에는 주거지형, 중심지형, 고밀복합형이 포함되며, 이 중에서 '주거지형'은 노후·불량 주택과 건축물이 밀집한 지역으로서 주로 주거환경의 개선과 기반시설의 정비가 필요한 지구를 뜻한다.

5.4 도시재생과 커뮤니티

우리나라는 1990년대 후반부터 경제적 성장 보다는 삶의 질과 문화적인 면을 강조하면서 기존의 도시개발의 방향이 공간 중심 개발 측면에서 사람 중심의 개발로 바뀌고 더불어 도시성장관리정책도 민주적 절차와 커뮤니티를 중요시하는 방향으로 전환되고 있다. 이러한 패러다임의 변화는 기존의 도시 개발이 물리적 환경만을 정비하는 재개발·재건축, 뉴타운 사업에서 발생되는 비판이 제기되었기 때문이다.

기존 방식에 대한 비판 중에서 커뮤니티와 관련되어 다음과 같은 문제점이 제기되었다.

첫째, 노후화된 환경을 전면 철거하는 방식으로 추진되는 물리적 환경 정비 위주의 사업은 해당 지역 주민들의 사회·경제·문화적 여건과 장소적 특성을 반영하지 못하였다는 것이다. 이로 인해 재개발사업이 완료되면 물리적 환경은 개선되더라도, 그 지역에 살던 세입자는 물론이고 영세 가옥주 등 원주민들조차 재정착하지 못하는 문제가 발생하였다. 따라서 커뮤니티가 파괴되는 악순환이 되풀이 되었다.

둘째, 기존에 노후하고 낙후된 물리적 환경의 개선을 통한 지역 이미지 쇄신에 비중을 두고 있어 지역 특성이 무시되고, 커뮤니티, 주민참여 등 기존 거주자와 주민이 배제되어 있다. 전면 철거를 전제로 시행되어 그 지역에 살고 있는 거주자, 특히 영세 가옥주와 세입자들의 생활여건을 반영하지 못하였다.

셋째, 쇠퇴지역에 대한 지원사업이 개별 부처별로 추진되어 효과 면에서 한계가 있었다. 기성시가지 쇠퇴지역은 주택, 기반시설 등 물리적 환경뿐만 아니라 고용, 교육, 복지, 문화 등의 문제가 복합적으로 추진되어야 함에도 불구하고 그렇지 못했다.

쇠퇴지역의 활성화를 위해서는 관련 사업들의 연계·추진이 필수적이나 지원체계와 공공의 역할이 미흡했다(대한국토·도시계획학회, 2014).

영국의 경우, 1990년대 이후 도시재생정책에서는 쇠퇴지역의 물리적 환경만을 재생하는 것이 아니라 산업, 교육, 실업, 범죄, 인종 등의 문제를 종합적으로 해결하는 쪽으로 정책방향을 선회하였고, 해당 지역의 경제적·사회적·환경적 상태를 지속적으로 개선하는 통합적 접근이 강조되었다. 특히, 도시재생 추진 과정에서 해당 지역 주민들의 참여와 파트너쉽 형성, 주민합의, 그리고 민간부문·지역공동체의 적극적인 참여를 중시하고 있으며, 공공의 재정지원을 기반으로 하고 있다(대한국토·도시계획학회, 2014).

도시재생은 쇠퇴하고 낙후된 구도시를 대상으로, 삶의 질을 향상시키고 도시경쟁력을 확보하기 위하여 물리적 정비와 함께 사회적, 경제적 재활성화를 통합적으로 추진하는 일이다. 또한, 도시기능을 회복하여 도시경쟁력을 강화하고 쇠퇴지역의 삶의 질을 높일 수 있는 다양한 콘텐츠를 통해 도시를 활성화시키는 종합적 정책수단이다(도시재생사업단 홈페이지; 대한국토·도시계획학회, 2015).

지금까지의 도시재생사업이 해당지역 주민의 의견을 고려하지 못하고 있음이 지적되면서 지역주민의 적극적임 참여와 커뮤니티 기반의 도시재생의 필요성이 제시되고 있다. 따라서 도시재생은 지역의 다양한 사회적 자본을 활용하고 주민, 지역전문가, 지자체 등 다양한 주체가 협력하는 거버넌스 구축을 통하여 생활터전을 점진적으로 개선해나가고 주거복지 및 일자리 창출 등과 연계하는 지역공동체를 위한 포괄적·종합적 차원에서 이루어져야 한다(손성민 외, 2012; 최현선 외, 2012).

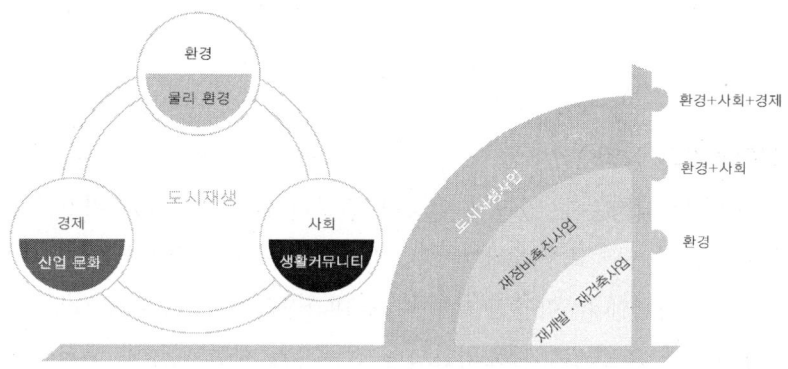

〈그림 5-3〉 도시재생의 개념
(출처: 도시재생사업단 홈페이지 http://www.kourc.or.kr)

    도시재생정책이 추구해야 할 목표와 방향에 대하여 지역자산 활용, 지역정체성, 지역공동체 참여, 지역공동체 회복, 지역역량 강화 등이 강조되고 있다. 도시재생은 도시의 여건에 따라 다양한 형태로 접근할 수 있으나 가능한 한 자족적으로 이루어지는 것이 바람직하다. 해당 지역의 거주자가 중심이 되어 추진하고 지역의 자력을 기반으로 자생력을 갖추어야 한다. 이를 위해서는 지역역량을 강화하고, 지역의 자산을 최대한 활용하고, 이를 통하여 지역의 정체성과 지역 커뮤니티가 회복되어야 한다. 아울러 지역경제 활성화와 일자리를 창출하고, 사회취약계층을 위한 주민복지를 향상시키고, 생활개선이 이루어지는 방향으로 나아가야 한다(대한국토·도시계획학회, 2015; 최현선 외 2012).

5.5 마을만들기

1) 마을만들기에 대한 이해

① 마을만들기의 정의

마을만들기를 정의하는데 있어서 학자나 전문가마다 약간의 차이가 있다. 마을만들기는 일본의 마치즈쿠리(まちづくり)라는 용어를 직역한 말이다. 2000년 초기까지 우리나라에서 마을만들기는 '동네가꾸기', '마을가꾸기', '마을만들기' 등의 용어가 혼용되어 사용되었으나 전문가와 시민운동 및 주민들 사이에서 자연스럽게 '마을만들기'가 사용되면서 정리되었다.

마을만들기는 주변환경에 관심을 갖고 지역에서 발생하는 문제를 주민들 스스로가 해결하기 위한 활동들을 의미한다. 여기서 '마을'의 의미는 우리들이 일상생활에서 활동하는 집, 학교, 직장, 공원, 거리 등을 모두 포함하는 광범위한 의미로 사용된다. '만들기'의 의미는 크게 두 가지로 볼 수 있는데 하드웨어적인 부분과 소프트웨어적인 부분에서 살펴볼 수 있다. 도로, 상하수도와 같은 도시기반시설의 정비에서부터 작은 화단을 만드는 일까지, 물리적인 변화를 일으키는 요소를 하드웨어적인 요소라 한다면, 마을축제 등 주민들의 삶을 풍요롭게 해줄 수 있는 프로그램, 주민모임과 같은 조직을 만드는 등의 일들을 소프트웨어적인 요소라고 할 수 있다.

결국 '마을만들기'는 공동체의 삶을 회복하기 위한 활동이며, 그 과정에서 주민들이 학습과 체험을 통한 상호의견의 조율과 합의를 이끌어내게 되므로 민주적인 의사결정의 과정이며 리더십을 개발하고, 마을의 사회적 네트워크를 형성하는 모든 과정을 일컫는다(폴 매티시, 2015; (주)이락, 2013).

② 마을만들기의 목표

마을만들기의 목표는 마을의 여건과 상황에 따라 다양하게 정의될 수 있다. 정석(1999)은 마을만들기가 '삶터 가꾸기', '커뮤니티 이루기', '마을사람 만들기'라는 의미를 함축한다고 하였다. 마을만들기를 통해 마을삶터(생활환경)를 주민들 스스로 나서서 가꾸어 가고, 주민조직을 이루어 공동의 문제를 함께 해결하고 개선하여 새롭게 만들어 가는 과정을 통해 단절된 이웃과의 관계를 회복하고 의사소통의 경로와 활동체계를 만들 수 있다. 또한, 사람만들기로 책임감 있고 자격 있는 주민을 기를 수 있다는 것이다.

마을만들기는 주민이 참여해 지속적으로 마을을 개선해 나가는 과정에서 마을공동체, 마을환경, 마을운영이라는 3가지 목표를 갖는다. 첫째, 마을공동체 형성은 주민들이 관계를 형성해 마을을 유지해나가며 그 안에서 주체적 활동을 하는 사람이 중요해지며 이들의 참여를 이끌어 내는 것이다. 마을 공동체는 구성원의 적절성과 참여, 조직역량이 중요하다. 또한, 마을을 중심으로 거버넌스(지역기관, 단체, 학교, 연구기관, 지원센터, 행정, 전문가 등)를 구축하여 마을을 유지하고 관리한다. 둘째, 마을환경은 주민 거주환경의 개선을 위한 마을만들기가 이루어짐을 말한다. 마을환경의 조성 및 정비, 개선, 유지관리를 위한 운영 프로그램과 운영관리의 주체에 대하여 관심을 갖는다. 셋째, 마을운영은 마을이 스스로 유지될 수 있는 자생력을 확보하는 데 목표를 두는 것이다. 마을이 자생력을 갖기 위해서는 마을공동체의 구성 및 운영, 적절한 마을환경의 개선과 유지관리 유연하게 진행되기 위해서는 마을 자체적인 운영능력이 요구된다. 이를 위해 마을의 비전과 중장기 마을 발전계획과 단계별 실현화 방안, 마을 차원의 수익창출 모델개발 등이 제시되기도 한다((주)이락, 2013).

③ 마을만들기의 전개

우리나라에서 마을만들기는 1990년대 중반 이후 일본의 마을만들기 사례가 소개되면서 시민단체들이 중심이 되어 다양한 주민참여 활동들로 마을만들기를 시작하였다. 걷고싶은도시만들기시민연대(도시연대), 대구 YMCA 등을 중심으로 지역만들기가 추진되어 주민들과 통학로 개선 활동, 골목 가꾸기, 담장 허물기, 벽화조성, 마을 축제, 커뮤니티 비즈니스 등의 마을만들기 사례가 진행·확산되었다. 마을만들기 운동에 대한 가치가 사회화되면서 2000년대부터 행정이나 전문가에 의한 '계획수법으로서 마을만들기'가 시작되었다. 광주 북구를 시작으로 지자체, 정부 차원의 마을만들기가 확산되었다. 광주 북구는 조례제정, 마을만들기지원센터 설립을 추진하였고, 서울시는 북촌가꾸기, 살기 좋은 마을만들기 지구단위계획 시범 사업, 휴먼타운사업 등을 시행하였다. 중앙정부는 부처별로 2005년 살기 좋은 도시 만들기(국토부), 2006년 살기 좋은 지역 만들기(행자부), 살기 좋은 농촌 만들기(농림부) 등의 사업을 추진하였다. 또한, 2010년 민선 5기 출범 지방자치단체 주도로 마을만들기가 확산되는 추세이다(한국마을만들기연구회, 2012; 남원석, 2012).

2) 마을만들기의 추진 주체

마을만들기의 추진 주체들은 시대별로 차이가 있다. 1990년대는 시민단체의 사회운동가 및 지역활동가들, 마을만들기 전문가를 중심으로 마을만들기가 전개되었다. 당시의 주민들은 통반장, 입주자대표회의, 부녀회 등의 조직과 지역에 애착이 큰 일부 주민들을 중심으로 진행하였다. 또한, 일부 지자체에서는 행정적 지원이 있었다.

2000년대에는 마을만들기가 확산되면서 주민의 참여가 부각되었다. 전문가의 경우 초기에는 주로 물리적 지역 환경 개선에 집중되었으나 이후에는 마을의 특성에 따라 프로그램 기획과 운영, 공공예술, 경제 영역 등에 다양한 전문가들이 등장하였다. 행정적으로 중앙부처 지원사업이 시작되었는데, 살고 싶은 도시 만들기, 살기 좋은 지역 만들기 등이 추진되었다.

2010년대 나타나는 활동 주체들의 특징은 주민들의 참여계층과 형태가 다양화되었다는 것이다. 통반장과 전업주부들을 중심으로 한정되었던 참여 계층이 자생단체, 동호회 및 동아리, 소규모 주민조직 등으로 확대되면서 재능기부, 공동육아, 도시농업 등의 형태로 마을만들기의 주제가 다양화되었다. 전문가들은 참여주체들 사이의 중재자 역할을 수행하거나, 다양한 분야의 전문성을 갖추고 마을만들기에 참여하였다.

마을만들기에 다양한 주체가 활동하였으며, 추진 주체는 주민주도형, 시민단체 주도형, 행정기관 주도형, 전문가 주도형으로 구분될 수 있다.

① 주민주도형

주민으로부터 시작되어 주민들 스스로가 마을만들기에 적극 나서는 경우이다. 주로 주민들이 생활환경의 문제를 개선하거나 공동체적 삶을 추구하기 위한 시도로서, 주민개개인 또는 주민조직 차원에서 문제를 제기하고 이를 풀어간다. 여기에는 행정이나 전문가의 도움 없이 주민 스스로의 힘으로 이루어진 경우와 주민이 먼저 시작하고 난 후에 행정이 지원한 경우가 있다.

② 시민단체 주도형

주민들의 자발적인 의지보다는 시민단체가 주도하여 주민들과 함께 마을만들기를 전개하는 형태이다. 이 유형은 시민단체의 사회적 이슈 제기나 활동의 일환으로 시작되는 경우가 많다. 시민단체와 주민이 함께 생활환경의 문제점에 대한 개선을 행정에 요청하는 경우와 주민과 시민단체가 생활공간 안에서 함께 자체활동을 진행하는 경우이다. 그러나 주민들의 요구나 참여의지가 부족한 상황에서 시민단체의 일방적인 주도로 진행되었을 때는 일시적 활동에 그칠 수 있다.

③ 행정기관 주도형

행정이 주도하여 마을만들기를 추진하는 사례이다. 행정 측면에서 먼저 주민참여형 사업을 시작하거나 주민에게 사업을 제안하는 형식, 또는 중요한 의사결정 과정에 주민을 적극 참여시키는 경우이다.

④ 전문가 주도형

외부전문가로부터 시작되는 형태이다. 행정기관의 계획이나 설계 용역을 맡아 수행하는 전문가가 주민참여를 유도하고 주민들이 계획이나 설계 과정에 참여하는 과정에서 시작한다. 전문가는 사업기획과 실행과정에서 행정과 주민 사이에 매개자 역할을 수행하면서 주민의 의견을 사업에 반영한다. 행정이 공모사업을 통해 마을만들기를 제안하고 전문가 그룹이 참여하여, 사업을 기획하고 마을 속에서 주민들과 목적의식적으로 진행하는 유형이다(안옥희 외, 2014).

〈표 5-6〉 마을만들기 전략

번호	전략 및 요소
1	마을 주민들이 지역의 문제를 깊이 인식해야 한다
2	마을 주민들로부터 자발적 동기가 나와야 한다
3	마을의 규모가 작아야 한다
4	마을만들기 조직은 유연성과 적응성을 가져야 한다
5	마을의 사회적 응집력이 높아야 한다
6	토의로 합의를 끌어내고 협력하는 능력이 있어야 한다
7	뚜렷한 리더십이 있어야 한다
8	마을만들기 운동의 성공적인 경험이 있어야 한다
9	마을 주민들이 광범위하게 참여해야 한다
10	잘 발전된 의사소통 체계가 있어야 한다
11	조직이나 사람들 사이에서 경쟁하지 말아야 한다
12	조직의 자기정체성을 이해해야 한다
13	마을만들기의 혜택이 많은 사람들에게 돌아가야 한다
14	성과와 과정에 동시 집중해야 한다
15	마을외부 조직과 연대해야 한다
16	마을만들기 사업은 단순한 일에서 시작해야 한다
17	정보를 체계적으로 모으고 마을의 문제를 분석하는 시스템이 있어야 한다
18	마을만들기에 필요한 리더십 프로그램이 있어야 한다
19	기존 조직을 운동 초기부터 참여시켜야 한다
20	전문가의 도움을 적절하게 받아야 한다
21	마을만들기 리더를 꾸준히 길러 내야 한다
22	결정 과정에 마을 주민들이 통제력을 가져야 한다
23	내부와 외부 자원이 균형을 이뤄야 한다
24	마을만들기 활동가는 그 마을을 잘 이해해야 한다
25	마을의 행복을 위해 진정으로 헌신해야 한다
26	마을 주민들과 신뢰를 쌓아야 한다
27	활동가는 다양하고 풍부한 경험을 쌓아야 한다
28	활동가는 끊임없이 변화하는 상황과 환경에 유연하게 대처하고 적응해야 한다

(출처: 폴 매티시, 2015)

3) 서울시의 마을만들기 사업

① 서울특별시 마을 공동체 만들기 지원 등에 관한 조례(2016.1. 개정)

서울시는 '서울특별시 마을 공동체 만들기 지원 등에 관한 조례'를 두고 주민자치의 실현과 민주주의 발전에 기여하기 위하여 주민이 주도하는 마을공동체 만들기를 지원하는 데 필요한 사항을 규정하고 있다.

조례에서 정의하는 '마을공동체'는 주민 개인의 자유와 권리가 존중되며 상호대등한 관계 속에서 마을에 관한 일을 주민이 결정하고 추진하는 주민자치 공동체를 말한다. 또한, '마을공동체 만들기'란 지역이 전통과 특성을 계승 발전시키고 지역의 인적·물적 자원을 활용해 주민의 삶의 질을 높이는 활동을 의미한다.

마을공동체 만들기를 추진하는 데 있어서 첫째 주민 간의 긴밀한 관계형성을 통한 주민공동체 회복을 지향하고, 둘째 주민의 참여를 기반으로 주민이 주도하여, 셋째 주민 및 마을의 개성과 문화의 다양성을 존중하며, 넷째 주민과 행정기관의 상호신뢰와 협력을 통해 추진함을 기본 원칙으로 하고 있다.

② 마을공동체 만들기 사업비 지원

서울시에서 다음 각 호의 마을공동체 만들기 사업에 대하여 행정적 지원과 예산의 범위 내에서 사업비를 지원할 수 있도록 명시하고 있다(지원조례 제9조). 그러나 친목을 목적으로 하는 경우나 특정 정당 또는 선출직 후보를 지지하거나 특정 종교의 교리 전파를 목적으로 하는 경우에 해당하는 경우에는 지원하지 않는다. 서울시 마을공동체 만들기 사업은 다음과 같다.

1. 주거환경 및 공공시설 개선
2. 마을기업 육성
3. 환경·경관의 보전 및 개선
4. 마을자원을 활용한 호혜적 협동조합
5. 마을공동체 복지증진
6. 마을공동체와 관련된 단체·기관 지원
7. 마을 문화예술 및 역사보전
8. 마을학교 운영
9. 마을공동체와 관련된 연구·조사
10. 그 밖에 마을공동체 만들기에 적합하다고 인정되는 사업

③ 서울시 마을공동체 종합지원센터

서울시는 사업을 체계적으로 추진하기 위하여 종합지원센터를 설치하도록 하였다. 종합지원센터는 종합지원센터 사업계획의 수립 및 시행, 마을공동체 기초조사, 사업 분석·평가·연구, 마을공동체의 사업계획 수립·실행 지원, 마을공동체 민간단체의 네트워크 사업, 마을공동체 일꾼 발굴 및 육성, 마을공동체 만들기 관련 교육·홍보·전파, 마을공동체 만들기 자원관리, 그밖에 마을공동체 만들기 지원에 필요하다고 인정하는 사항의 기능을 수행한다.

④ 마을공간의 설치·운영

주민자치 및 공간공유, 마을공동체 활성화를 위해 "마을배움터" 및 "마을활력소" 등의 마을공간을 자치구 또는 지역별로 설치·운영할 수 있다.

- "마을배움터"는 마을배움과 돌봄, 주체적 성장을 위해 지역 특성에 맞게 조성할 수 있으며, 마을 환경에 따라 특화된 마을배움 사업계획 수립 및 실행, 마을배움 운영주체간 네트워크 구축 및 마을배움 사업 발굴 시행, 주민과 청년의 참여 프로그램 운영과 마을배움 활동가 양성, 마을학교의 거점 공간 운영, 그 밖에 마을배움 활성화와 주민 활동가의 성장을 위해 필요하다고 시장이 인정하는 사업을 수행한다.
- "마을활력소"는 지역주민 주도로 조성하며 마을사업의 계획 수립 및 실행, 지역주민 참여 확대 및 소통, 마을공동체 활성화 제안 및 실행, 그 밖에 마을공동체 활성화를 위해 시장이 필요하다고 인정하는 사업을 수행한다.

5.6 더불어 사는 코하우징

우리나라에서는 같은 직업을 가진 집단, 또는 친구들끼리 동호인 주택과 동거주택이 만들어졌으며 2010년 이후 생활을 공동으로 하는 코하우징, 쉐어하우징(shared housing) 등이 시도되었다. 이들은 커뮤니티 공간을 갖춘 공동주택에서 보육·교육 등 생활문제를 함께 해결하거나 커뮤니티를 이루는 주거형태이다.

동호인 주택은 코퍼러티브 주택(Cooperative housing)에 비해 소극적인 공동체 생활단지로 같은 직업이나 취미, 공동의 목적을 가진 사람들이 모여서 조합을 결성한 것이다. 예를 들면 연구자를 위한 집, 예술인 마을 등이 있다.

1) 코하우징

우리나라에서는 주거공간에 대한 재산권 소유의 개념이 강하여, 공동생활시설이 발전하지 못하고 같은 직업을 가진 집단 또는 친구들끼리 만든 '동호인주택'의 개념이 일반적이었다. 그러나 2010년 이후 '공동체 마을'을 중심으로 생활을 공동으로 하는 코하우징(Cohousing)의 개념이 적용된 소규모 공동주택이 점차 건설되고 있다(박경옥, 2012).

① 소행주

〈표 5-7〉 소행주 코하우징 주택공급 개요

구분	주택1호	주택2호	주택3호
위치	마포구 성산동	마포구 성산동	마포구 성산동
대지면적	393.10㎡	274.00㎡	278.00㎡
건축규모	지상 6층	지하 1층, 지상 4층	지상 5층
세대수	9세대	9세대	8세대
연면적	777.89㎡	664.49㎡	554.36㎡
층별용도	1층 주차장 2층 근생 및 커뮤니티 시설 3~6층 주택	지하 1층 주차장, 자전거보관소, 공용물품보관소 지상 1~4층 주택, 커뮤니티 시설	1층 주차장 2~5층 주택, 커뮤니티실
착공시기	2010년 9월	2011년 11월	2012년 12월
입주시기	2011년 3월	2012년 7월	2013년 9월
기타	주택층: 신발장, 복도 공유 2층: 마을기업, 도토리방과후교실, 커뮤니티실 공유	1층: 공용현관, 공용물품보관소 303호: 독립생활자 주택	내부적 목구조 마감

(출처: 김혜승 외, 2013)

소행주는 공유집합주택(Collective housing)의 입주자모집, 토지계약, 설계, 시공 및 입주관리 등의 업무를 수행하는 마포구 소재 마을기업인 '㈜소통이 있어서 행복한 주택만들기'를 말한다.

성미산 마을은 서울 마포구 성산동 일대에 1993년 터전을 마련한 '공동육아'에 관심 있는 부모들로부터 시작하여 공동체가 형성된 곳이다. 1년의 준비과정을 거친 공동육아형식의 '우리어린이집'을 중심으로 시작하여, 이후 '도토리 방과후 학교'를 조합체계로 운영하였다. 이를 토대로 지역사회에 공헌하기 위해 친환경 먹거리를 나누는 '마포두레생협'을 2011년 결성하고, 마을카페인 '작은나무', 반찬가게인 '동네부엌', 물품가게인 '되살림가게'를 지속적으로 열어 생활 전반에서 함께하는 마을 공간을 형성하게 되었다.

공동체 생활을 위한 주거공간을 마련하기 위하여 직접 부지를 매입하고 주택 분양 공급 사업(소행주 코하우징 주택사업)을 진행하였다. 소행주 코하우징의 사업진행은 입주자모집 → 입주자 모임 결성 → 수요자 참여 설계 → 공사 및 입주자 워크샵 → 완성을 거치는데, 이 과정에서 수차례에 걸친 토론과 협의가 이루어진다.

주택관리는 그 수준과 비용을 입주자회의를 통해 결정한다. 주택을 함께 관리함으로써 비용을 절약하고 청소는 용역업체에 맡기고 있다. 관리비용은 층별로 각 세대가 공동책임을 지도록 하고, 장기수선충당금은 집과 사무공간에 차등을 두어 지불하도록 한다.

소행주에 거주하는 입주자들은 커뮤니티 공간에서 한 달에 한번 모여 저녁식사를 한다. 공동주택 내 커뮤니티 시설을 두어 입주자를 위한 공간을 제공하고, 이외에도 근린생활시설을 위한 공간을 마련하여 마을기업 및 협동조합 등이 사용할 수 있도록 마을 공동체 활성화에도 기여하고 있다(김혜승 외, 2013).

② **일오집**
- **소재**: 부산시 남구 대연동
- **주택유형**: 다세대주택
- **대지면적**: 922㎡
- **구성**: 2개 동. 지하1층, 지상4층.
- **세대수**: 14세대

- **주거 전용면적**: 69~72㎡의 단층 8세대, 복층 6세대
- **공유공간**: 커뮤니티 하우스(약 70㎡ 내외), 수영장, 지하주차장, 목공실

일오집의 사업목표는 개인 주거공간을 줄이고 공동생활과 아이들이 놀 수 있는 외부공간을 충분히 확보하고, 마을을 향해서는 열려있는 공동체를 형성하는 것이다. 학부모모임에서 출자금을 모아 대지를 구입하고 주택협동조합 준비위원회를 구성하였다. 주택협동조합(준)은 일오집의 시행자로서 토지매입, 설계와 시공사 선정, 자금조성, 분양사업까지 직접 담당하였다.

일오집의 건축설계는 다음과 같은 특징을 지닌다. 첫째는 외부환경과의 소통으로, 모든 세대의 거실을 외부와 직접 면하게 설계하였으며, 1층에는 직접 연결되는 베란다와 최상층에는 거실에 천창을 설치하였다. 둘째는 면적활용의 극대화로, 개인주거 공간을 최소화하면서 공용공간을 충분히 설치하였다. 외부에는 아이들이 놀 수 있는 넓은 마당과 수영장을 두고, 커뮤니티하우스를 1층에 배치하였다. 셋째는 층간소음을 줄이기 위해 바닥배관으로 시공하고, 내·외부 마감을 간결하게 하였다.

주택관리는 입주자회의를 통하여 결정하며 2주에 한번씩 진행한다. 일오집의 입주자들의 커뮤니티 활성화는 주로 회의와 학습회 등의 교육을 통하여 이루어진다. 일오집의 기존 철학은 공동체에 있다. 입주자들의 집과 공동체에 대한 기대와 열망으로 이루어진 사업으로 만족도 또한, 높은 것으로 나타났다(일오집 카페 홈페이지; 김혜승 외, 2013)

2) 쉐어하우스

쉐어하우스(Shared house)는 일반가족과는 다른 형태의 사람들이 혼자가 아니고 함께 살 수 있도록 계획된 주택(Planned house)이다. 이 주택은 자유롭고 경제적이며 자신의 프라이버시를 지킬 수 있도록 공동의 공간과 시설을 공유하고 최소한의 개인 주호 부분은 따로 가지도록 계획된 주거이다[16](주거학연구회, 2004).

쉐어하우스에서 거주자들은 자신의 침실을 개별적으로 확보하고 부엌, 욕실, 세탁실, 거실 등을 공동으로 사용한다. 시설과 공간을 공유함으로써 임대료 부담을 줄일

---

16) 쉐어하우스이란 용어는 학술적 정의가 불명확하여 가족이 아닌 복수의 거주자가 부엌 등을 함께 사용하면서 하나의 집에 사는 하우스쉐어링(house sharing)과 혼용되어 사용되기도 한다.

수 있다는 경제적 장점과 공유함으로써 거주자들 간의 커뮤니티를 형성하고 사회적 관계를 지원한다는 점에서 저출산·고령화, 1인 가구의 증가하는 상황에서 1인 가구를 위한 주택의 대안으로 주목받고 있다.

쉐어하우스가 함께 살 수 있도록 계획한 주택이라 한다면, 하우스 쉐어링(House sharing)은 한 가구가 살도록 계획된 주택에 가족 이외 복수의 거주자가 함께 살면서 부엌, 식당, 거실, 욕실, 세탁실 등을 공유하는 것이다.

대표적인 예로 서울시 룸쉐어링이 있다. 룸쉐어링은 아파트에 방이 남는 독거노인 집에서 대학생이 저렴하게 하숙을 하는 형태로 해당 관내에 있는 집을 소유한 65세 이상 노인들과 대학생들의 주거 공유 프로그램이다. 방을 제공하는 노인 가구에게 1실당 50만원 이내의 개선비가 지원되며, 노인에게는 고립감 해소와 임대수입이 생기고, 대학생은 저렴하게 주거공간을 확보할 수 있다.

3) 서울시 공동체주택

고령화, 만혼·비혼 등의 영향으로 늘어난 1인 가구의 주거소요 충족, 전세가격 급등과 전세의 월세 전환 증가에 따른 주거비 부담 경감의 필요성 확대, 육아 등 생활문제에 대한 해결방법으로써 마을공동체의 역할에 대한 관심 증대 등을 배경으로 점차 확대되고 있는 추세이다. 서울시는 2010년 이후 늘어나고 있는 쉐어하우스, 코하우징 등을 '공동체주택'으로 명명하고, 이러한 종류의 주택을 확산시키기 위한 지원 정책을 모색하고 있다.

시민들이 함께 거주하면서 공동으로 생활문제를 해결하는 주거모델로서, 공동체 형성을 위한 커뮤니티 공간을 갖춘 주택으로 정의할 수 있다. 공동체주택은 공동체 특징에 맞게 육아방, 회의실 등의 커뮤니티 공간을 갖추고 세탁실, 공동창고, 공유서가 등 임차인 공동사용 시설인 공유시설이 주택 내부에 있다.

개인과 가족의 생애주기나 주거요구에 따라 다양한 수요 맞춤형 공동체 주택이 제시되어 자신에게 맞는 공동체 주택을 선택할 수 있다. 현재 육아형, 신혼부부·사회초년생형, 동호회형, 복지형이 있으며, 소유형태에 따라 자가형과 임대형 있다. 또한, 전월세 임대주택에서 자가형 공동체주택 입주 희망자를 대상으로 대출 지원을 하고 있다(서울시 주택·도시계획·부동산·마곡사업 홈페이지; 남원석 외, 2015).

◆ 공동체주택은 거주하는 사람들의 특징에 따라 특화되는 주택입니다.

육아보육　　노후생활　　예술가　　사회초년생

◆ 거주자들이 함께 쓰는 커뮤니티 공간이 주택 내부에 있어
거주자 활용목적에 따라 다양하게 활용됩니다. (공간 활용방식 선택 가능)

(유형 1) 다목적 공간
 - 거주자 중심, 지역주민 소극적 활용 공간(교육, 행사 등에 활용)
 - 거주자와 지역주민이 함께 쓰는 적극적 활용 공간(코워킹, 북카페 등)
(유형 2) 특화공간

예) 요리사들을 위한 공동주방, 화가들을 위한 작업실, 원예가를 위한 온실 등 다양한 주제로 확장가능

◆ 함께 살면서 겪게 될 수 있는 '갈등'을 예방하기위해, 거주자들이 함께 만드는
공동체 규약도 있습니다.

▶ 육아형, 노후생활, 예술가, 사회초년생 등 목적 여건에
　맞게 표준규약을 활용하여 규약 마련

◆ 원하는 기간 동안, 적정한 임대료로 거주할 수 있습니다. (임대형 가능)

평균이하　　　5%　　　40년
초기 주변시세 평균 이하　2년 5% 이내 상승　40년 거주 보장

〈그림 5-4〉 서울시 공동체 주택 개념

(출처: 서울시 주택·도시계획·부동산·마곡사업 홈페이지 http://citybuild.seoul.go.kr)

6장 농어촌과 커뮤니티

우리나라 농어촌은 주변 자연과 잘 어우러진 마을 경관과 자연을 공동으로 활용하는 공동체적 질서가 형성되어 왔다. 하지만 급속한 근대화 과정에서 농촌은 농업의 기계화와 더불어 공동협업 생산의 필요성이 줄어들고 이웃과의 공존이 급격히 해체되었다.

1960년대 이후부터 정부는 농촌의 인구감소와 고령화로 경제적인 퇴화를 막고 활기와 경제적 안정을 되찾기 위하여 다양한 정책을 수립해 왔다.

정책시행 초기에는 주민의 생활환경 정비사업을 중심으로 도로정비 등 기반시설 위주로 진행되었으며 이후 도시와의 연계성을 살린 정책 등 다양한 형태의 사업들이 진행되어 갔다. 한편에서는 주민주도의 마을만들기가 확산되고 장기간에 걸친 생태마을의 자연체험학습장 등 농촌의 자연환경과 연계한 커뮤니티 활동들이 진행되고 있으며 최근에는 마을만들기 사업이 농어촌공동체회사 등의 활동과 결합되는 경향을 보이고 있다.

6.1 기존 주거지의 공동체 활성화

커뮤니티 활성화 관련 사업이나 정책은 기존 주거단지의 공동체 활성화와 새로운 주거단지를 조성하여 공급·건설하여 새로운 공동체를 조성하는 것으로 구분할 수 있다.

기존 주거지의 공동체 활성화는 구성원의 참여를 바탕으로 지역 또는 마을이 갖고 있던 장소적 가치와 지역성을 회복하기 위한 목적으로 수행되며, 주로 공공공간의 환경개선 등을 위한 마을만들기 사업 방식으로 추진되고 있다.

이는 세부적인 목적에 따라 노후화된 지역의 주민참여 확대에 목적을 두거나 구성원간의 연대의식 확대를 통한 커뮤니티 회복에 목적을 두는 경우로 구분된다.

농어촌 지역에서 기존 주거지의 공동체 활성화는 주택개량사업을 통해 노후화된 주택을 수리하는 물리적 개선사업에 초점을 맞추고 있으며 농어촌마을 리모델링 사업이 대표적이라 하겠다. 이와 관련된 법은 농어촌정비법과 농어촌마을 주거환경 개선 및 리모델링 촉진을 위한 특별법이 있다.

1) '농어촌정비법'과 농어촌정비사업

1994년 제정된 '농어촌정비법'은 농업생산기반, 농어촌 생활환경, 농어촌 관광휴양자원 및 한계농지 등을 종합적·체계적으로 정비·개발하여 농수산업의 경쟁력을 높이고 농어촌 생활환경 개선을 촉진함으로써 현대적인 농어촌 건설과 국가의 균형발전에 이바지하는 것을 목적으로 한다.

농어촌정비법에 따른 농어촌 지역개발과 관련된 농어촌 생활환경정비와 마을정비계획 등은 공간계획의 성격보다는 개별법에 의한 사업계획 성격이 강한 특징을 가지고 있다.

농어촌정비법에 근거한 농어촌정비사업의 종류 농어촌정비법 제2조에 세부 사업 내용과 함께 명시하고 있다. 사업의 내용을 살펴보면 기존 공동체 복원과 활성화와 함께 노후된 환경개선을 통한 새로운 신규주택 공급에 대한 내용도 담고 있음을 알 수 있다.

- 농업생산기반을 조성·확충하기 위한 농업생산기반 정비사업
- 생활환경을 개선하기 위한 농어촌 생활환경 정비사업
- 농어촌 관광휴양자원 개발사업
- 한계농지등의 정비사업

〈표 6-1〉 농어촌정비사업 종류별 세부 사업 (농어촌정비법 2015.1.6. 일부개정)

사업 종류	세부 사업
농업생산기반 정비사업	• 농어촌용수 개발사업 • 경지 정리, 배수(排水) 개선, 농업생산기반시설의 개수·보수와 준설(浚渫) 등 농업생산기반 개량사업 • 농수산업을 주목적으로 간척, 매립, 개간 등을 하는 농지확대 개발사업 • 농업 주산단지(主産團地) 조성과 영농시설 확충사업 • 저수지[농어촌용수를 확보할 목적으로 하천, 하천구역 또는 연안구역 등에 물을 가두어 두거나 관리하기 위한 시설과 홍수위(홍수위 : 하천의 최고 수위) 이하의 수면 및 토지를 말한다. 이하 같다], 담수호 등 호수와 늪의 수질오염 방지사업과 수질개선 사업 • 농지의 토양개선사업 • 그 밖에 농지를 개발하거나 이용하는 데에 필요한 사업
농어촌 생활환경 정비사업	• 집단화된 농어촌 주택, 공동이용시설 등을 갖춘 새로운 농어촌마을 건설사업 • 기존 마을의 토지와 주택 등을 합리적으로 재배치하기 위한 농어촌마을 재개발사업 • 분산된 마을의 정비사업 • 간이 상수도, 마을하수도(「하수도법」 제2조제4호에 따른 공공하수도 중 농어촌지역에 마을 단위로 설치하는 공공하수도를 말한다) 및 오수·폐수 정화시설의 설치 등 농어촌 수질오염 방지를 위한 사업 • 주민생활의 거점이 되는 지역을 중점적으로 개발하는 정주생활권(定住生活圈) 개발사업 • 빈집의 정비 • 농어촌 임대주택의 공급 및 관리를 위한 사업 • 치산녹화(治山綠化) 등 국토보전시설의 정비·확충 • 농어촌 주택의 개량(신축·증축·개축 및 대수선을 말한다. 이하 같다)사업 • 슬레이트(석면이 함유된 슬레이트를 말한다. 이하 같다)가 사용된 농어촌 주택·공동이용시설 등 시설물에 대한 슬레이트의 해체·제거 및 처리 사업 • 그 밖에 농어촌지역과 준농어촌지역의 생활환경을 개선하기 위하여 필요한 사업
농어촌 관광휴양사업	• 농어촌 관광휴양단지사업: 농어촌의 쾌적한 자연환경과 농어촌 특산물 등을 활용하여 전시관, 학습관, 지역 특산물 판매시설, 체육시설, 청소년 수련시설, 휴양시설 등을 갖추고 이용하게 하거나 휴양 콘도미니엄 등 숙박시설과 음식 등을 제공하는 사업 • 관광농원사업: 농어촌의 자연자원과 농림수산 생산기반을 이용하여 지역특산물 판매시설, 영농체험시설, 체육시설, 휴양시설, 숙박시설, 음식 또는 용역을 제공하거나 그 밖에 이에 딸린 시설을 갖추어 이용하게 하는 사업 • 주말농원사업: 주말영농과 체험영농을 하려는 이용객에게 농지를 임대하거나 용역을 제공하고 그 밖에 이에 딸린 시설을 갖추어 이용하게 하는 사업 • 농어촌민박사업: 농어촌지역과 준농어촌지역의 주민이 거주하고 있는 「건축법」 제2조제2항제1호에 따른 단독주택을 이용하여 농어촌 소득을 늘릴 목적으로 투숙객에게 숙박·취사시설·조식 등을 제공하는 사업
한계농지등의 정비사업	농어촌지역의 한계농지와 그 주변산지 등 토지(이하 "한계농지등"이라 한다)를 활용하여 농림수산업적 이용, 농어촌 관광휴양자원 이용, 다목적 이용 등의 형태로 개발하는 사업

2) 농어촌마을 주거환경 개선 및 리모델링 촉진을 위한 특별법

2013년 6월에 '농어촌마을 주거환경 개선 및 리모델링 촉진을 위한 특별법'(약칭 농어촌 리모델링법)이 제정됨으로써 농어촌마을에 대한 통합적인 주거환경 정비의 토대가 마련되었다.

농어촌 리모델링법의 목적은 농어촌의 주거환경 및 노후·불량 주택을 계획적·효율적으로 개선하기 위해 필요한 사항을 규정함으로써 친환경적이며 지속 가능한 살기 좋은 농어촌마을을 만드는 데 이바지하는 것이다.

농어촌 리모델링법을 통해 마을의 도로, 상수도·하수도 및 오수·폐수 정화시설 등 정비기반시설을 확충·재정비하고 주민이 공동으로 사용하는 마을회관·공동작업장 등의 공동이용시설사업을 위해 정부가 재정적·행정적 지원이 가능하게 되었다.

또한, 농어촌 주거환경을 체계적이고 신속하게 개선할 수 있도록 사업시행 절차를 간소화하고 사업시행자에 대한 각종 부담금 감면하고 있다. 기존 '농어촌정비법'보다 사업의 추진절차를 8단계에서 6단계로 2단계 축소하였으며 27개 인·허가를 의제처리할 수 있도록 하여 사업기간을 최대 8개월 단축할 수 있게 하였다. 그리고 사업시행자의 부담을 덜어주기 위하여 각종 조세 및 부담금도 감면할 수 있도록 하였다.

농어촌 리모델링법에서 농어촌 정비사업을 위한 지원내용은 제4장 제38~40조에서 명시하고 있으며 농어촌주거환경지원센터의 설치·운영과 정비사업에 대한 보조와 융자, 그리고 조세 및 부담금 등의 감면에 대한 지원 내용을 담고 있다.

> 농어촌마을 주거환경 개선 및 리모델링 촉진을 위한 특별법(2015.6.4. 시행)
>
> 제4장 정비사업을 위한 지원
>
> 제38조(농어촌주거환경지원센터의 설치·운영)
> ① 농림축산식품부장관 및 해양수산부장관은 정비사업에 필요한 업무를 지원하기 위하여 농어촌주거환경지원센터를 설치·운영할 수 있다.
> ② 농림축산식품부장관 및 해양수산부장관은 제1항에 따른 농어촌주거환경지원센터의 설치·운영을 대통령령으로 정하는 자에게 위탁할 수 있다.
> ③ 농어촌주거환경지원센터는 농어촌주거환경을 개선하기 위하여 대통령령으로 정하는 업무를 할 수 있다.
> ④ 농림축산식품부장관 및 해양수산부장관은 제1항에 따른 농어촌주거환경지원센터의 설치·운영에 필요한 경비를 지원할 수 있다.
>
> 제39조(보조 및 융자)
> ① 국가와 지방자치단체는 다음 각 호에 해당하는 비용의 전부 또는 일부를 보조 또는 융자할 수 있다.
>   1. 정비기반시설의 설치·정비 비용 및 보상비
>   2. 정비사업에 필요한 비용
>   3. 그 밖에 대통령령으로 정하는 비용
> ② 제1항에 따른 보조 및 융자의 지급 방법 및 절차 등 필요한 사항은 대통령령으로 정한다.
>
> 제40조(조세 및 부담금의 감면 등)
> ① 국가와 지방자치단체는 정비사업을 원활히 시행하기 위하여 필요한 경우에는 사업시행자에 대하여 「조세특례제한법」 및 「지방세특례제한법」에서 정하는 바에 따라 법인세·소득세·취득세·등록면허세 및 재산세 등의 조세를 감면할 수 있다.
> ② 국가 및 지방자치단체는 정비사업을 원활히 시행하기 위하여 필요한 경우에는 사업시행자에 대하여 「개발이익환수에 관한 법률」, 「농지법」, 「초지법」, 「산지관리법」, 「도시교통정비 촉진법」, 「자연환경보전법」, 「공유수면 관리 및 매립에 관한 법률」, 「환경개선비용 부담법」, 「국토의 계획 및 이용에 관한 법률」 및 「대도시권 광역교통 관리에 관한 특별법」에서 정하는 바에 따라 개발부담금, 농지보전부담금, 대체초지조성비, 대체산림자원조성비, 교통유발부담금, 생태계보전협력금, 공유수면 점용료·사용료, 환경개선부담금, 기반시설설치비용 및 광역교통시설 부담금을 감면하거나 부과하지 아니할 수 있다.

3) 농어촌마을 리모델링 사업

농림축산식품부는 2013년부터 농어촌 주거환경을 통합적으로 개선하기 위해 농어촌마을 리모델링 사업을 본격적으로 추진하였다.

이 사업은 주민들의 삶의 질 향상을 위하여 주민참여 하에 수립된 마을 리모델링 계획에 따라 추진되며 농어촌마을의 기반정비, 노후 주택개량과 빈집 및 기초인프라 정비, 슬레이트 처리, 독거노인 등 공동생활형 주택, 영유아보육시설 설치, 에너지 효율화 사업 등을 통합적으로 실시하는 것이다.

이를 위하여 2013년 4개 마을, 충남 서천(송림마을), 전북 순창(방축마을), 전남 진도(안농마을), 경북 영주(주치골마을)에서 시범사업을 실시하였다.

시범사업 마을은 마을 전체에서 노후·불량주택이 주택 총수의 3분의 1 이상이고, 세대주의 3분의 2 이상이 마을 공동개발을 동의하는 마을이다.

사업기간은 2013~2014년까지 2년간이며 총사업비는 158억 원으로 보조 81억, 융자 40억, 지방비 35억, 자부담 2억이다. 마을당(50호 기준) 39.5억원이 지원되었다(보조 20억, 융자 10억, 지방비 9억, 자부담 0.5억).

① 지원 내용
- 기반시설 정비, 슬레이트 철거, 공동생활형홈 조성, 영유아보육시설, 에너지 효율화사업 비용은 보조금으로 지원
- 개별 주택건축비는 주택개량사업 융자금으로 지원(5천만원 한도)

② 추진 역할
- **농림축산식품부**: 기본계획 수립 및 비용에 대한 국고 지원
- **지방자치단체**: 마을별(지구) 사업계획 수립, 지방비 부담금 확보 등
- **한국농어촌공사**: 사업 총괄 지원 및 사업시행 등
- **지역주민**: 주택 개량 및 공동생활형홈에 대한 입주자 선정 등

6.2 신규 공동체 조성 및 활성화

농어촌의 신규 공동체 조성 및 공급 관련 제도로는 농림축산식품부의 전원마을 조성사업과 농어촌 뉴타운 조성사업이 대표적이다.

전원마을 조성사업과 농어촌 뉴타운 사업은 국비지원을 통해 전원마을을 조성하는 것으로 주로 귀농·귀촌의 활성화를 통한 자립형 주거단지 공급을 목적으로 추진되며, 국비지원의 범위는 기반시설 공사비에 한정하여 투자되고 있다.

농어촌 지역 신규 공동체 조성사업은 커뮤니티 활성화 측면에서 긍정적으로 받아

들여지고 있지만 사업추진 과정에서 분쟁이 빈번하게 발생하고 있고 원주민과의 갈등과 융화, 마을의 지속적인 운영의 한계점 등은 해결되어야 할 과제이다.

1) 전원마을 조성사업

전원마을 조성사업은 농림축산식품부에서 농어촌 지역에 쾌적한 주거단지를 조성하여 도시민의 농어촌 유입을 통해 농어촌 지역을 활성화하기 위하여 추진한 사업이다. 2006년 시작되어 2010년까지 추진되었으며 이후에는 '신규마을 조성사업'이라는 이름으로 변경되어 지속적으로 이루어지고 있다. 2013년까지 133개 마을이 계획되었거나 추진 중에 있다.

신규마을 조성사업은 20호~99호까지 규모별로 지원금을 차등하여 지급하고 있다. 지원을 고려한 적정 규모는 30세대 내외로 18억(30~49호) 이내의 자금을 도로 및 상하수도 등 기반시설 조성비용으로 지원받게 된다.

분양자격은 제한이 없어 다양한 사람들의 참여가 가능하며, 사업 초기에는 원주민들과의 문제가 있었으나 현재는 지역 주민과의 커뮤니티 형성을 강화하여 마을의 지속적인 유지를 돕고 있다.

2) 농어촌 뉴타운 조성사업

농어촌 뉴타운 조성사업은 도시에 거주하는 30~40대의 젊은 인력을 농어촌으로 유입시키고 농어업의 핵심주체로 육성함으로써 농어업의 경쟁력을 제고하고 살맛 나는 농어촌을 조성하기 위한 주거단지 조성사업이다. 이 사업에는 고령 농어업인의 젊은 출향 자녀가 귀농하여 현지 젊은 인력과 함께 지역농산업의 핵심 주체로 성장하도록 지원하는 맞춤형 인력육성지원 종합 프로그램이 포함되어 있다.

이 사업은 '농업·농촌 및 식품산업 기본법' 제3장 제3절(농업인력의 육성) 및 농어촌정비법 제24조, 제39조(생활환경정비)에 근거를 두고 있다.

2009년에 시범사업 5개 지구(단양, 장수, 고창, 장성, 화순)가 선정되어 약 700세대(개소당 50~300세대) 규모로 추진되었다.

사업 추진현황을 살펴보면, 단지 입지는 지역 내 제반 여건을 감안하여 시·군이 자율 선정하였으며 사업계획에 따라 영농어지원, 교육·복지환경조성 등은 기존사업과 연계하였다. 그러나 시범사업의 분양률이 80%, 입주율이 50%에 머물고 청년층의 유입을 실패하면서 사업의 지속성이 불투명한 상태에 있다.

주요 사업내용은 다음과 같다.

① 부지조성, 도로, 상·하수도, 전기·통신, 공원·녹지, 커뮤니티 시설, 주차장 등 마을기반 조성

- 시장·군수가 기존 마을재개발, 기존마을확장, 신규 마을조성 등 개발방식 자율 선택

② 농어촌 주택건설 및 공급

- 농어촌 지역의 국민주택 규모인 주거전용면적 기준 100㎡ 이하 범위 내에서 60㎡, 85㎡, 100㎡ 등 다양한 유형의 주택 공급
- 농어촌 경관을 고려, 저층형(단층 또는 복층)으로 건축
- 입주수요를 감안하여 분양주택 또는 장기 임대주택으로 공급

〈표 6-2〉 농어촌의 신규 공동체 조성사업

구분	신규마을 조성사업 (구. 전원마을 조성사업)	농어촌 뉴타운 조성사업
사업기간	• 2006~2010 전원마을 조성사업 • 2010~ 신규마을조성사업으로 명칭 변경	• 2009~
지원내용	• 수도권, 광역시 제외 면지역 • 지원내용: 도로, 상하수도 등 기반시설 • 지원규모: 마을규모에 따라 10~30억 원(국고 80%, 지방비 20%) 　-20호~29호: 12억/30~49호: 18억 　-50~74호: 24억/75~99호: 30억 　-100호 이상: 30억~36억 이내 • 최소면적규모 20,000㎡ • 사업추진방식 　-입주자주도형: 20~49호 　-공공기관주도형: 규모 제한 없으나 50호 이상 의무적	• 지역 여건 고려하여 개소당 50~30세대 • 지역의 제반 여건 감안 시군 자율 선정 • 시군직접시행, 농촌공사 등 위탁시행 • 해당지역 농어업인자녀, 귀농 30~40대 • 입주자 공모일 기준 만30세~만49세 이하 • 단독·타운하우스 전원형주택단지 조성 • 주거전용면적기준 100㎡ 이하 • 개조 88~485억 지원(세대규모차등) 　(국고 70%, 지방비 30%) • 분양+임대주택 50%씩 공급

(출처: 토지주택연구원, 2013.)

3) 신규 공동체 조성 사례

계획 공동체를 통하여 새로운 주거단지를 조성한 농촌의 마을만들기 사례를 공급방식별로 살펴본다(토지주택연구원, 2013).

공급방식은 분양형, 코디네이터형, 입주자 선모집-참여형으로 나눌 수 있으며 분양형은 공급주체에 따라 민간과 공공으로 나눌 수 있다.

〈표 6-3〉 공급방식별 신규 공동체 조성 사례

	공공분양형	코디네이터형	입주자 선모집-참여형
사업명	고창 월곡 꿈에그린	서천 산너울 전원마을 조성사업	생태공동체 선애빌
사업주체	고창군	서천군	선애빌 추진위원회
사업비	주거단지: 332억 인근지원: 소도읍육성사업 등 17개 분야 8,972억	69억	25억
근거법	농어촌뉴타운사업, 주택건설사업승인	전원마을조성법, 주택법, 건축법	주택법, 건축법
분양가	약 1억 5천만원~1억 7천만원	약 390만원/3.3㎡	약 5,000만원/1주택
사업기간	2008.3.~2012.3.	2006.11.~2008.1.	2010.8.~2011.11.
사업성	100% 분양	100% 분양	100% 입주

(출처: 토지주택연구원, 2013)

① 공공분양형: 고창 월곡마을 '꿈에그린'

고창 월곡 '꿈에그린'은 농어촌 뉴타운 시범사업지역으로 추진되었다.

귀농인을 위한 친환경 주택단지로 149,822㎡(약 4만 5천 평) 부지에 사업비 344억 원을 투입한 주택 100세대 규모이다. 1호당 분양금액은 1.5억~1.7억으로 7개 평면타입으로 설계되었다. 기반시설비용으로 40억 원은 국비지원을 통하여 기반시설 공사에 투자되고, 단지 내 도로는 도시계획도로로 지정되었으며 단독주택 필지 구획방식으로 개발되었다.

고창 뉴타운의 입주조건은 25세 이상 55세 미만의 현지농업인과 귀농예정자로 최종 입주자 100명 중 30~40대가 77%로 농업에 새로운 활력을 불어 넣을 수 있도록 젊은 층 위주로 선발하였다. 입주자 구성 비율은 외부에서 귀촌한 36가구, 기존에 고창군에 거주했던 64가구이다.

고창군은 뉴타운 입주 이후 돈 버는 농어업, 잘사는 농어촌을 실현할 수 있도록 입주 전 단계부터 정착, 성장단계 등 모두 3단계로 나눠 구체적 계획을 수립 지원하며, 특히, 농한기철 귀농인들의 소득이 없는 점을 고려하여 연중 소득 마련 대책과 농업기술 습득을 통한 실질적이고 안정적인 정착 및 현지 농업인과의 상생과 화합 등에 중점을 두었다(아리울신문 2012.04.18.).

한국에너지기술연구원과 기술업무 협약을 통해 신재생에너지인 태양광, 태양열, 지열 등을 활용한 에너지자립형 주택단지로 계획되었으며 친환경 특수자재를 사용하였다. 또한, 청정한 주거환경을 위해 세대 당 녹지비율 32%가 넘도록 공원을 조성하고, 기존 하천을 친환경 생태하천으로 재탄생시켜 자연이 살아 숨 쉬는 공간으로 조성하였다.

단지 내 커뮤니티 시설로 생태공원, 놀이터, 커뮤니티센터, 근린생활시설, 아동종합복지타운, 농촌체험시설, 보건진료소 등을 조성하였으며 이웃 주민도 함께 이용할 수 있도록 하였다. 커뮤니티 시설은 공공시설로 군에서 소유하고 유지관리하고 있다.

입주자들이 자체적으로 복리증진과 주민자치 능력을 강화하기 위해 자치위원회를 구성하여 단지 조성에 참여하는 등 적극적으로 운영하고 있다.

② **코디네이터형: 서천 산너울마을**

서천 산너울마을은 전원마을조성사업의 일환으로 농림수산식품부 지원사업에 신청 후 선정되었다.

서천군은 도시 사람들이 다시 돌아올 수 있는 환경을 만들기 위하여 2005년 10월 서천군과 (주)이장이 전원마을 입주희망자를 모집하였으며 34가구가 모두 입주 완료하였다.

2006년부터 3년 동안 3만㎡ 부지에 총 69억 원의 사업비가 투입되었으며, 분양가는 56.07㎡(18평)의 경우 1억 1,250만 원, 99.8㎡(32평)은 1억 5,610만 원으로 다른 지역의 전원마을 분양가에 비해 비교적 저렴한 편이었다.

산너울마을은 '공동체 형성', '생태마을', '입주자의 참여', '지역과 연계'라는 원칙을 정해두고 마을을 조성하였다. 2006년 12월 처음 시작된 예비 입주자들의 모임은 2009년 입주할 때까지 약 50여 차례나 계속되어 부지선정부터 집의 구조, 마을의 시설물 등 세부적인 내용까지 논의하며 진행하였다.

입주자의 연령대 구성은 50~60대가 주를 이루며, 30~40대 6가구, 70대 소수로 구성되어 있다. 대부분 수도권에서 이주해 왔으며 가족구성원은 유치원, 초등학교, 중학교, 고등학교 등 다양한 연령층의 자녀들이 포함되어 있다. 입주자들의 소득은 주로 월 150~300만 원 정도이며 이주 후 새로 직장을 구한 경우 이전 월 소득보다 줄어들기 때문에 이주 후 적응하는 데 어려움을 겪는 것으로 나타났다(토지주택연구원, 2013).

한편 군청은 2006년 산업통상자원부에 '그린빌리지 사업'을 신청하여 태양열 에너지 시설을 정부자금으로 지원하여 하수처리 시설을 비롯한 각종 기반사업을 시행하였다.

마을 커뮤니티 시설로는 서천군에서 건설하고 소유하고 있는 산너울 복합문화관, 마을 조성 시 지어진 마을도서관과 체육시설, 외부공연장이 있다. 커뮤니티 시설을 활용하여 입주민의 재능기부를 통해 다양한 동아리 활동을 하고 있다. 다른 마을과 비교하였을 때 서천 산너울마을의 커뮤니티 시설은 마을 입구, 마을 중간, 마을 끝자락에 분산 배치되어 있는 것이 특징이다.

산너울 전원마을은 공동체 마을 형태로 자체 규약을 갖고 자치위원회를 구성하여 월 1회 정기적으로 진행되는 회의에서 대부분 결정하며, 마을 운영에 관한 모든 사항을 자체적으로 결정한다.

③ 입주자 선모집-참여형: 보은 선애빌

선애빌은 2011년 귀농·귀촌한 30여 세대로 구성된 공동체 마을이다.
수도권 및 대전에 거주하는 명상동호회의 회원들이 생태공동체를 만들기 위하여 충남 보은군에 선애빌을 조성하였다.

공공의 지원 없이 약 2만 평의 대지를 약 10억 원에 구매, 초기 투자비용은 1인당 약 5000만 원으로 총 사업비 25억으로 시작하였으며 자체적으로 비용문제를 해결하면서 추진하였다. 대지와 공공건물은 마을조성을 위해 설립한 유한회사 형식의 법인에서 소유하고 있으며 개인주택의 경우만 개인이 소유권을 가지고 있다. 선애빌은 개인주택 19동(1주택 방 4개), 창고, 게스트하우스, 야외공연장, 노천카페, 텃밭, 양계장 등의 부대시설을 보유하고 있으며 2013년 지방자치단체의 지원으로 마을운영을 위한 건물을 별도로 건립하게 되었다.

입주자의 평균 연령은 40대 중반으로 입주 전 주거지와 직업은 다양하다. 선애빌 입주 후 다시 외부로 이주를 결정한 비율은 약 10% 미만으로 초기 입주한 가구 대부분이 적응하며 살고 있다. 마을 운영은 6명의 운영위원으로 구성된 마을 운영위원회를 중심으로 이루어지고 있다.

선애빌 입주자는 생태공동체를 이루기 위해 태양광에너지와 빗물을 활용한 생태화장실을 쓰는 등 환경운동을 스스로 실천하면서 도시민을 초청해 '전기 없는 날', '지구 힐링 콘서트', '자살예방 운동', '집중명상 스테이' 등 다양한 행사를 열고 있다. 또한, 녹색 체험마을 인증, 지역 창의아이디어 사업 선정(10억) 등으로 다양한 지원을 바탕으로 다양한 프로그램을 운영하고 있다.

한편 지방자치단체에서는 밀착형 멘토링 제도를 통해 11개면마다 선정된 선배 귀농인이 생활에서부터 생업까지 세심하게 정착을 돕고 있으며 지역의 명망 있는 인물들이 후견인이 되어 조직적으로 지원하고 있다.

6.3 귀농·귀촌과 커뮤니티

1) 귀농·귀촌의 실태

귀농은 농사를 짓기 위한 목적으로 농촌지역으로 이전하는 것이며, 귀촌은 전원생활을 위해 농촌지역으로 이전하는 것을 의미한다. 귀농·귀촌인은 2016년~2017년에 정점을 이룬 후 하락하는 추세였으나 2020년 이후 증가하고 있다. 귀농인은 수도권보다는 전통 농업지역에 해당하는 시·군에 집중적으로 분포해 있는 반면, 귀촌인은 서울 및 광역시 인근 지역을 중심으로 집중 분포되어 있다.

귀농·귀촌 가구의 40% 이상은 베이비부머(1955~1963년생)이며 특히, 수도권에 거주하는 베이비부머들은 귀농이나 귀촌지역을 선택할 때 도시적 성격이 강한 지역을 선호하였다(국토연구원, 2021). 농림축산식품부의 '귀농·귀촌실태조사(2021)'에 의하면 대부분의 귀농·귀촌 가구는 농업 생산 활동 이외에 부업을 하고 있는 것으로 나타났다. 귀농인은 농업에만 종사하는 전업농업인은 68.6%이고, 나머지 31.4%는 직업 활동을 함께 하는 겸업 귀농인이다. 특히, 귀촌가구는 10가구 중 9가구가 일반직장, 자영업, 농사일, 임시직 등 경제활동을 하고 있어 대부분의 귀농·귀촌가구는 농업생산 활동 만으로 소득을 충당하지 못하고 있는 실정이다.

귀농인과 귀촌인의 특성은 차이가 있는데 귀농인의 경우 평균 연령 55세, 남성 1인 가구가 주류를 이룬다. 이에 비해 귀촌인은 상대적으로 나이 어린 남성이 다수로 평균 나이는 45.1세이며, 귀촌가구 역시 1인 가구가 대부분이다.

귀농·귀촌 증가세는 상당기간 지속될 전망으로 인구사회적 흐름, 경제적 여건, 농업·농촌가치에 대한 인식 변화 측면에서 살펴보면 다음과 같다.

① 인구사회적 측면
베이비부머 세대의 은퇴가 가속화되고 기대수명의 증가로 장년·노년층의 탈도시화 흐름은 지속될 것이다. 베이비부머 세대가 자녀 진학과 결혼, 은퇴 이후 주거비와 생활비가 적게 드는 농촌으로 이주를 선택하는 경향을 보이고 있다. 베이비부머 취업자 감소분은 2013년에 4만 명으로 추산되었고(SERI, 2010), 베이비부머의 65%는 은퇴 후 농촌으로 이주를 희망하고 있다.

② 경제적 여건
저성장 경제기조 하에서 청장년의 고용여건이 불안정해짐에 따라 농촌에서의 비즈니스 기회를 찾아 이주하고 있다. 농촌 인구계층 다양화에 따른 사회서비스 분야 일자리, 작은 창업(small-business) 기회가 증가하여 청장년층의 U턴형 또는 I턴형[17] 농업 승계 및 창업 경향이 나타난다.

③ 농촌의 가치 재인식
전원생활, 생태적 가치 선호 증가와 함께 교통 및 정보통신망 발달로 농촌을 정주공간의 대안으로 재인식하는 경향이 나타나고 있다.

2) 귀농·귀촌인의 농촌공동체에서의 역할

① 공동체 리더 역할
귀농·귀촌인은 다양한 경력을 살려 농촌공동체의 활성화를 유도하는 지역리더 역할을 담당하고 있다. 이들은 마을이장이나 사무장으로 행정업무 또는 마을경영을 책임지는 사례가 증가하고 있다. 청년회, 작목반, 귀농·귀촌모임 등에 참여하

---

[17] 도시에서 태어나 연고가 없는 농촌으로 이주하는 귀농형태.

는 비중이 76.6%(KREI, 2014)로 지역사회와 교류 활동을 활발하게 하고 있다.

② 지역경제 활성화 주도

농업과 가공, 유통, 체험산업을 창업하거나 창의적 노동력을 제공하여 지역산업 발전에 기여하고 있다. 특히 젊은 영농승계 귀농인 등은 농업인력 부족을 보완하거나 공동체 경영을 주도하는 등 농업경영과 가공·체험 등을 접목한 6차 산업 비즈니스를 창업하여 도시와의 네트워크, 비즈니스 경험을 활용하여 성공하는 사례가 확산되고 있다.

③ 지역활성화 파급효과

귀농·귀촌 인구유입으로 농촌인구 감소세를 완화하고 사회경제적 역동성을 증가시킨다. 일부 지방자치단체는 귀농·귀촌인 유입으로 인구가 증가세로 전환되고 지방세 세수 등이 증가하는 효과가 나타나고 있다. 또한, 지역별로 주택·농지 거래가 증가하고, 교육·문화·보건 등 다양한 복지서비스 시장이 확대되는 효과가 나타난다.

3) 농어촌 지역 거주자의 삶의 질 향상을 위한 정책

정부는 2005년부터 농어업인의 삶의 질을 제고하여 도시와 농어촌 간 불균형을 개선하고, 도시와 농어촌이 상생할 수 있는 선순환 구조 마련하기 위하여 농어촌 지역개발 5개년 기본계획을 추진하고 있다. 농어업인 삶의 질 향상 및 농어촌지역 개발촉진에 관한 법률 제5조에 따라 수립되는 5년 단위의 법정계획으로 2005년부터 3차례에 걸쳐 삶의 질 기본계획을 수립·시행하여 왔으며 현재 4차 삶의 질 향상 기본계획은 2020년부터 2024년까지 적용된다.

4차 삶의 질 향상 기본계획의 정책 대상은 기존의 농어업인 중심에서 다양한 세대·계층을 포용하며 귀농어·귀촌자, 다문화 가정, 도시민 등 다양한 수요자를 고려한 정책을 발굴하여 추진하고자 하였다.

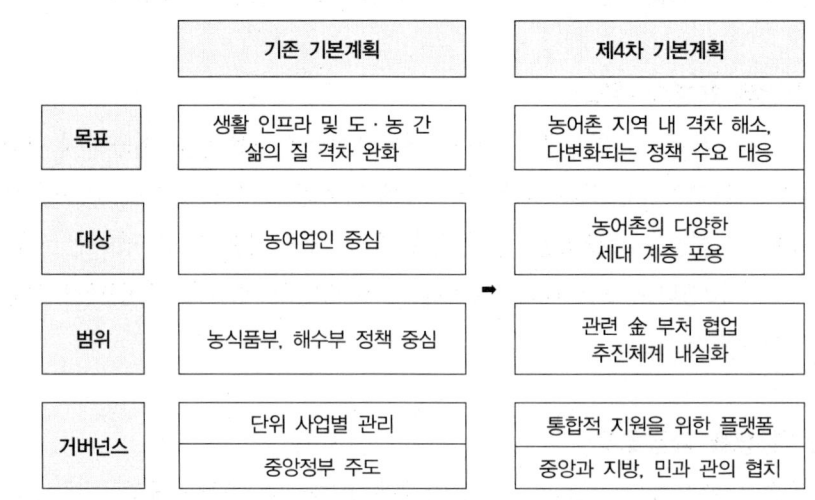

〈그림 6-1〉 제4차 농어업인 삶의 질 향상 및 농어촌 지역개발 5개년 기본계획(안) (출처: 관계부처 합동)

4차 삶의 질 향상 기본계획의 4대 전략은 첫째 생애주기별 복지서비스 제공과 포용적 공동체 육성, 둘째 교육·문화 기회의 형평성 보장, 셋째 농어촌다움이 살아있는 정주기반 구축, 넷째 경제활동 다각화와 지역순환경제 구축이며 정부는 5년간 약 51조원을 투자 및 융자하고 세부적으로 183개의 과제를 제시하고 있다. 4대 전략 중 농어업인의 공동체 활성화와 관련된 내용은 생애주기별 복지서비스 제공과 포용적 공동체 육성 전략과 교육·문화 기회의 형평성 보장 전략에서 찾아볼 수 있다.

① 생애주기별 복지서비스 제공과 포용적 공동체 육성

주요 과제는 농어촌 의료서비스 여건 개선, 농어촌 통합 돌봄시스템 구축, 보육·육아 친화적 농어촌 지역사회 육성, 농어촌 안전망 내실화 등이 있다. 절대적으로 부족한 의료서비스 인프라를 확충하고 독거노인 비중이 높은 농어촌 지역의 특성상 고령자들을 재택서비스 관련 인프라를 확충하는 것이다. 한편, 농어촌의 영유아 수 및 어린이집 감소 추세로 청·장년층의 경제활동 참여에 걸림돌로 작용하고 있어 보육·육아 여건 개선을 통해 보육에서부터 고령자까지 생애주기별 인프라 개선을 통해 포용적 공동체 육성을 위한 발판을 마련하고자 하였다. 이를 위해 우선 찾아가는 돌봄 등 지역 단위 커뮤니티 케어 기반을 마련하고, 세대별 복지 사각지대 최소화를 위한 대책을 추진한다. 그리고 지역 거점 공공병원의 시설과 장비를 현대화하고, 농어촌 국·공립 어린이집과 공동 아이돌봄센터 등 보육시설을 확충하여 단계적으로 포용적 공동체를 육성한다.

② 교육·문화 기회의 형평성 보장

주요 과제는 농어촌 특성을 반영한 교육서비스 확충, 농어촌 평생교육 강화, 농어촌 문화·여가 향유 여건 향상, 주민주도형 문화·여가 향유 지원 등이 있다. 농어촌은 문화를 기반으로 공동체 형성이 어렵고 고령화 심화로 지역 전통·향토 문화를 전승하는데 한계가 있다. 현재 농어촌은 지역의 유·무형 문화자원을 활용한 자발적·자생적 문화 프로그램 및 동아리 등 공동체가 절대적으로 부족한 상황이다. 뿐만 아니라 주민들의 관심 저하 등으로 소멸의 우려가 있다. 이에 농어촌 공공도서관 및 작은도서관, 농어촌 체육 공간, 농어촌 생활문화센터를 조성하는 한편 기존 문화시설 및 유휴공간을 리모델링하여 지역주민의 일상적이고 자발적 생활문화 공간을 조성한다. 그리고 지역 청년 문화 활동가, 문화 관련 대학 졸업자 등을 대상으로 교육을 실시하여 지역문화발전을 촉진하는 농어촌 문화·여가 전문 인력을 양성한다. 공동체 촉진 인력을 양성함으로써 지역 문화 매개 인력 발굴을 통한 지역 문화 발전의 기반을 마련하고 문화 매개 인력을 중심으로 지역 문화 역량 강화 추진하는 것이다. 이를 위해 지역별 맞춤형 교육 커리큘럼 및 체계 개발을 지원하고 교육 후 활동 연계 방안을 위한 컨설팅 및 정보 제공 체계 구축하고 지역문화진흥원 주관으로 지역 예비 문화 리더 양성을 한다. 그리고 향토문화자원 활용과 생활문화를 육성하고자 지역문화 기반 콘텐츠의 지속적 발굴 및 통합자료관리시스템 구축한다.

4) 귀농어·귀촌 활성화 및 지원에 관한 법률

2015년 7.21. 시행된 '귀농어·귀촌 활성화 및 지원에 관한 법률'은 귀농어·귀촌 활성화 및 지원을 위한 사항을 정함으로써 귀농어업인 및 귀촌인의 안정적인 농어촌 정착을 유도하여 농어촌의 지속가능한 발전에 이바지함을 목적으로 한다.

소관부처는 농림축산식품부이며, 이 법을 통하여 기존에 지방자치단체와 개별적이고 단편적으로 추진했던 귀농어·귀촌사업 방식에서 탈피하고 중장기 관점에서 지원 정책을 체계화할 수 있는 토대를 마련하였다.

주요 내용을 살펴보면 제5조(종합계획의 수립 등)에 농림축산식품부와 해양수산부는 매 5년마다 수립하는 귀농어·귀촌 지원 종합계획에 따라 시·도, 시·군·구에서 지원계획을 수립하도록 하였다. 이를 이행하기 위해 매년 시행계획을 수립해 추진토록 의무화하였다.

또 종합계획 수립 전에 귀농어·귀촌 현황에 관한 실태조사를 실시하고 이를 참고로 귀농어·귀촌 통계를 작성토록 의무화하였다(제9조(귀농어·귀촌에 관한 실태조사 및 통계작성 등)).

귀농어·귀촌에 대한 지원과 초기 안정적 정착을 위한 특별지원 근거도 마련되었다. 관련 조항은 제7조 귀농어업인·귀촌인 정착 지원, 제8조 귀농어 초기에 대한 지원 등, 제15조 창업 및 주택 구입 등 지원, 제17조 농지·어장매입 등 지원, 제18조 시설·장비 등의 지원, 제19조 우수 귀농어업인의 선정 및 지원 등이다.

지원 내용 중 귀농어 후 3년 내 자연재해 등으로 영농·영어가 어렵다고 판단되는 경우 창업자금·주택자금 등을 우선 지원받을 수 있도록 하고 있다. 이를 통해 귀농어업인이 예기치 못한 상황으로 정착에 실패하고 도시로 재이주하는 사례를 줄이겠다는 것이다. 또 귀농어 창업 및 주택마련 자금, 지역주민과의 융화를 위한 교류협력 사업 등 귀농어·귀촌 시책 추진의 법적 근거를 명확히 하고 있다.

지역주민과의 교류를 위하여 제13조에 국가와 지방자치단체는 교류협력 시책을 추진할 수 있도록 하고 있으며 관련 비용을 지원하도록 하고 있다. 교류협력 시책의 내용은 다음과 같다.

제13조(지역주민과의 교류 및 협력시책의 추진 등)
① 국가와 지방자치단체는 귀농어업인·귀촌인과 지역주민과의 교류협력 및 소통을 활성화하기 위하여 다음 각 호의 교류협력 시책을 추진할 수 있다.
  1. 귀농어·귀촌 활성화를 위한 지역주민 프로그램
  2. 귀농어업인·귀촌인과 지역주민과의 교류협력 사업
  3. 귀농어업인·귀촌인과 지역주민과 관내·관외 단체 모임 결성 운영 및 연계사업
  4. 그 밖에 귀농어업인·귀촌인과 지역주민과의 교류협력에 필요한 사항
② 국가와 지방자치단체는 제1항 각 호의 사업수행에 필요한 비용의 전부 또는 일부를 지원할 수 있다.
③ 제1항에 따른 사업내용과 지원방법 및 그 밖에 필요한 사항은 대통령령으로 정한다.

6.4 주민주도형 마을만들기

우리나라의 농촌계획은 경제성장 위주의 행정주도 경향이 강하였다. 농촌의 마을만들기에 있어서도 정책적으로 주민자치 측면보다는 단체자치에 집중되었고 주로 행정사업을 매개로 경제활동과 연계된 사업 중심으로 추진되었다.

1990년대 중반 이후에 이르러서야 본격적으로 주민주도 상향식 지역개발론이 도입되고 주민들의 생활 속에서 구축된 커뮤니티를 활용하여 지역여건과 맞는 마을만들기가 형성될 수 있었다. 주민주도 상향식 커뮤니티 활동은 지역 주민들이 주도하여 지역의 고유한 유무형 자원에 주목하고 경제, 환경, 문화, 복지 등 전반적인 삶의 질을 높이기 위한 주민자치운동의 성격을 강조한다.

주민주도형 마을만들기의 대표적인 성공 사례인 진안군의 마을만들기를 중심으로 사업의 내용과 인력 확보 방안 그리고 마을만들기를 지원하는 다양한 조직과 단체들을 살펴본다.

1) 진안군 '으뜸마을가꾸기 사업'

전라북도 진안군의 면적은 서울시의 1.3배인 789㎢이지만 2014년 기준 상주인구는 26,721명에 불과한 대표적인 과소지자체이다.

2000년 용담댐 건설로 농지의 많은 부분이 수몰되어 농지가 줄어들었으며 이로 인한 생산활동의 제약과 급격한 군세의 위축으로 지역의 위기감이 심화되었다. 이로 지역 주민의 자발적이고 주체적인 참여를 유도하고 지역의 특성을 살릴 수 있는 새로운 개발전략이 필요했으며 이것이 주민주도의 상향식 지역개발 정책으로 나타나게 되었다(미래한국재단, 2008).

진안군 마을만들기의 모태가 된 으뜸마을가꾸기 사업은 2001년 초 '읍·면지역개발사업'이라는 이름으로 처음 추진되기 시작하였다. 이 사업이 2003년부터 으뜸마을가꾸기 사업으로 명칭이 바뀌면서 기존의 농촌, 농업개발 방식에 대한 반성을 바탕으로 주민과 마을공동체가 중심이 되어 사업을 주도하였다. 지방자치단체 최초의 주민주도형 상향식 마을개발 사업이라고 할 수 있다.

이 사업의 가장 중요한 핵심 이념은 '더디지만 함께 더불어 발전한다'로 지역에 살고 있는 주민들이 마을의 발전을 위한 계획을 직접 수립하고 그에 따라 필요한 사업들을 선택하며 사업 추진과정에 공동으로 참여하는 것이다.

2003년 7월 으뜸마을가꾸기에 관한 조례가 제정되어 사업의 지속적이고 안정적인 추진 토대를 마련하였으며, 이듬해 2004년 진안군에 지급된 국비 10억 원을 으뜸마을가꾸기 사업에 본격 투입하게 되면서 더욱 탄력을 받게 되었다.

2007년 2월에 마을만들기 전담팀이 신설되고 이어 3월에 마을만들기 행정협조회의를 구성하면서 행정과 주민 간의 신뢰관계를 구축하게 되었다.

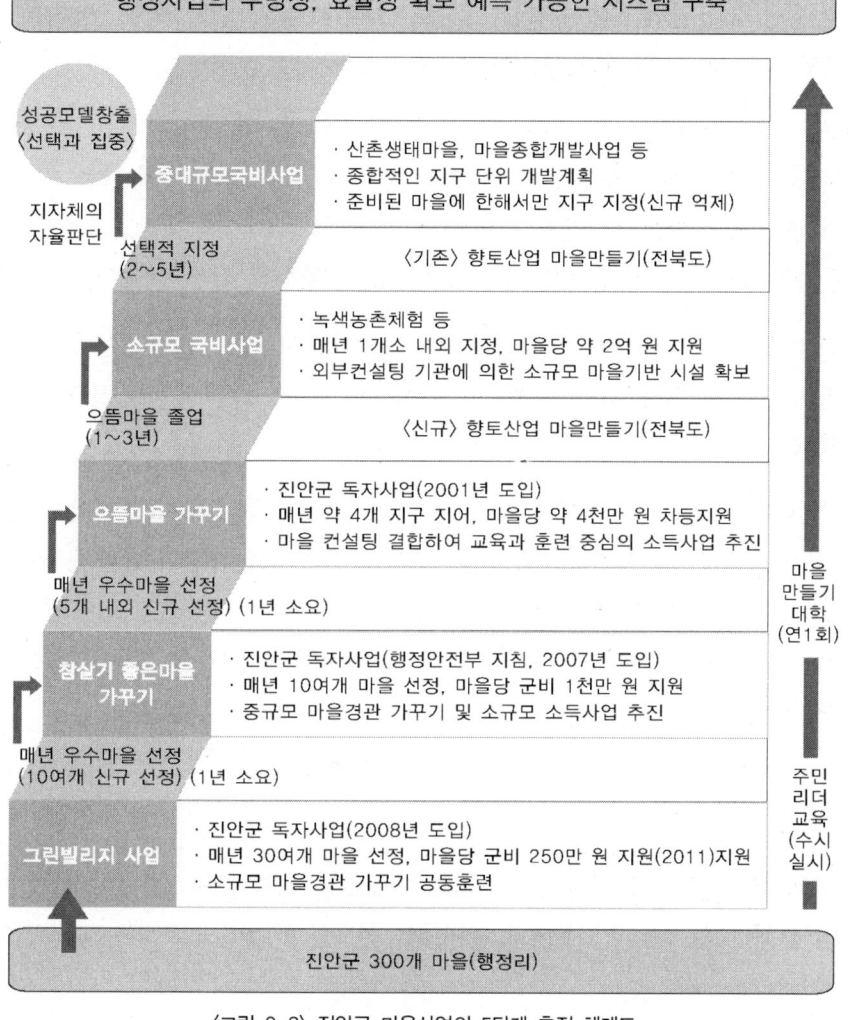

〈그림 6-2〉 진안군 마을사업의 5단계 추진 체계도
(출처: 국토연구원, 2012. 마을만들기, 진안군 10년의 경험과 시스템)

2) 인력 확보: 마을 간사제도

2006년에 마련된 진안군의 '마을 간사제도'는 도시에서의 다양한 경험을 가진 귀농인들이 마을을 함께 이끌어갈 수 있도록 돕는 것으로 마을만들기를 지원할 외부

6장 농어촌과 커뮤니티 **119**

인재 수혈과 귀농자의 연착륙을 지원하기 위한 제도이다.

지역주민과 의원, 마을대표, 외부 전문가 등으로 구성된 심사위원회의 엄격하고 공개적인 심사를 거쳐 선발되는 마을 간사는 세세한 마을 일에서부터 마을신문 만들기, 마을행사 기획 등 여러 가지 업무를 맡게 된다.

진안군은 마을 간사제도를 통해 귀농인에게는 농촌을 배우는 계기를, 지역주민들에게는 농촌을 전수하는 계기를 마련하게 되었다. 이들은 2년 동안 마을 일을 도와줌으로써 진안에 정착할 수 있을지를 판단하는 기회를 가지게 된다. 귀농자 스스로 마을만들기를 지원하는 민간전문 핵심 인력으로 정착하게 되는 것이다.

기존의 마을만들기 사업들은 마을 대표가 중심이 되어 업무를 맡았는데 무보수 명예직이라는 점으로 인해 활동에 제약이 있어 사업의 집중과 활력을 불어넣기 위해 도입하였다.

마을 간사제도의 또 다른 강점은 외지에서 온 귀농인을 우대한다는 것이다. 인구가 고령화된 농촌은 인구 부족으로 인해 향후 공동체 존립까지 위협받게 되는 현실이다. 농촌마을 사업에 활력을 불어넣기 위해서 중요한 것 중 하는 젊은 인력 및 외부 인재의 확보이며 이러한 측면에서 귀농인을 활용한 마을 간사제도는 매유 효율적인 인력확보 방안이라 하겠다.

3) 다양한 조직 및 단체와 역할[18]

진안군의 마을만들기를 지원하는 조직과 단체로는 마을만들기 지구협의회, 마을축제 조직위원회, 귀농·귀촌인 협의회, 한일교류협회, (사)농촌으로 가는 길, 평생학습센터 등이 있다.

① 마을만들기 지구협의회
2005년 9월에 구성된 으뜸마을위원장협의회를 확대, 재편하는 방식으로 설립된 마을만들기 지구협의회는 2008년 11월 설립되었다.
현재 31개 마을만들기 사업지구 사이의 상호협력체계 구축과 지구별 공동 사업 활성화를 통해 살기 좋고, 살고 싶은 마을을 만드는 것을 목적으로 한다.

---
18) 진안군 마을만들기 지원센터(www.jinanmaeul.com)

- 마을주민 역량 강화를 위한 교육
- 살기 좋은 마을만들기를 위한 정보 공유, 회의 운영
- 마을 사업을 위한 민·관 협의체 운영
- 마을 간 공동협력사업 발굴과 추진

② **마을축제 조직위원회**

마을이 학습하고 경험한 것을 실천하는 장으로서 주민 스스로가 기획하고 즐기며 찾아오는 사람들과 어울리는 1년 사시사철 마을축제의 천국을 만들고자 하는 것을 목표로 삼고 있다.

- 마을 주민 스스로 기획하고 즐기는 소박한 마을잔치
- 전국 마을만들기 활동가와 교류하는 학습교류회
- 마을이 다함께 모이는 한바탕 어울림 한마당
- 지역단체들이 마을을 주제로 기획하여 참여하는 독특한 행사

③ **귀농·귀촌인 협의회**

진안으로 이주한 귀농, 귀촌인들의 모임으로서, 진안군과 협력하여 '귀농 1번지' 프로젝트를 추진하고 농촌사회의 지속가능한 발전에 도움이 되는 일을 도모한다.

- 도시민 귀농·귀촌 희망자 상담
- 귀농·귀촌인 인적 정보(재능 등) 파악과 사회적일자리 제공
- 농경문화 전승, 농촌정서 복원, 환경보전, 토종종자 보급 운동
- 연 1회 귀농·귀촌문화제 개최, 생활문학상 시상

④ **한일교류협회**

진안군과 일본과의 교류를 도모하고 상호이해와 협력을 바탕으로 지역사회와 회원 개인의 발전을 지향한다.

- 진안과 일본의 민간교류사업

- 일본어 통역, 안내, 전문가 양성 교육
- 진안군 홍보자료 번역 소개
- 일본 아야정의 유기농업 및 주민자치활동 관련 자료집 발간

⑤ (사)농촌으로 가는 길

2008년 농림축산식품부 등록 사단법인으로 농촌으로 이주하고자 하는 사람들에게 필요한 교육과 정보를 제공하고 공익적 일자리를 창출해 삶의 질 향상을 도모하며 농촌 발전을 위한 정책 제시 및 수행 등을 한다.

- 귀농·귀촌 희망자에 대한 농촌정착 교육
- 농촌 사회형 일자리 발굴 및 모니터링 조사연구
- 귀농·귀촌인과 주민 한마당 프로그램 운영
- 도시민 대상 귀농·귀촌 설명회 개최

⑥ 전북진안지역자활센터

2001년 보건복지부 지정을 받아 저소득 실직자들과 불안정 고용상태에 있는 주민들에게 자활에 필요한 교육, 정보 및 일자리 등을 제공한다.

- **자활근로사업**: 환경사업단(무료청소), 비타민사업단(영농), 그린하우스사업단(영농), 무지개사업단(펠트제품 생산, 판매), 인큐베이팅사업단(교육, 상담)
- **자활기업 운영**: (유)나눔푸드(뷔페, 외식사업, 수제유과, 홍삼제품 판매), (유)마이크린(관공서 청소 등), 우리건축인테리어(집수리), 나눔복지센터(노인장기요양서비스 외))
- **기타사업**: 사회서비스사업(노인돌봄, 가사간병서비스), 푸드뱅크 사업 교육, 상담

⑦ 평생학습센터

2001년에 농촌 최초로 평생학습도시로 지정되어 주민들의 평생학습 욕구를 자극하고 관련 기관 사이의 구심체 역할을 하며 평생학습지도자의 역량 강화 등을 수행한다.

- 평생학습 기관 우수 프로그램 지원사업
- 마을회관으로 찾아가는 평생학습 지원사업
- 성인문해교실 운영, 평생학습 동아리 육성
- 주민자치센터 농한기, 여름방학 특강 지원

⑧ 줌 협동조합

2013년 2월 4일 설립된 협동조합으로써 '아줌마의 줌', '당기다의 Zoom', '퍼준다의 주~움'의 뜻을 담고 있으며, 지역 농산물을 이용한 안전한 먹거리 제공 및 지역민과 귀농·귀촌인, 지역방문자의 쉼터와 교류의 장을 제공한다.

- 지역 농특산물을 활용한 새롭고 안전한 먹을거리 제공
- 다목적 매장
- 지역 농특산물을 활용 상품 개발 및 제조, 온라인 쇼핑몰 운영

⑨ 진안마을(주)

마을의 소농, 가족농이 생산한 소규모 농산물의 안정된 유통을 통해 경제적 자립과 살기 좋은 마을만들기에 기여하고자 100여명의 주주를 모아 2011년 7월에 창립하였다.
공공성과 수익성의 조화를 이루어가는 공동체회사로 진안지역에서 생산하는 친환경농산물의 로컬푸드 판매와 친환경 학교급식을 주도하고 있으며 지역 내 순환경제체제의 구축과 농촌의 다원성을 유지하는 데 기여하고 있다.

- 학교급식 식재료 공급 사업
- 산나물, 잡곡 등 독자브랜드 개발 및 판매 사업
- 소농, 가족농 대상 생산자 교육과 조직화
- 로컬푸드 식당, 직거래매장, 농가공체험 등 6차 산업 전반

6.5 정부주도의 정책사업

1) 정부지원 사업의 개요

우리나라는 1970년대까지 새마을운동을 제외하고는 농촌지역 개발이 없었다(문지환, 2012)고 볼 수 있다.

이후 1980년대 정부 주도의 농업생산기반, 도로, 하천정비 등 기초 기반시설 조성 위주로 농촌 지역개발사업이 추진되었다.

1990년대에는 농촌개발에 대한 투자가 확대되었으며 지역균형개발을 위한 단일사업 위주로 추진되었다. 농산어촌 종합개발방식을 도입하여 상향식 개발을 시도하였으나 정착되지 못하고 정부 주도의 하향식 개발이 주를 이루었다.

2000년대에 이르러 농업·농촌종합대책이 마련되고 지방 중심의 농촌개발이 본격적으로 추진되었다. 지역참여를 통한 상향식 개발을 정착시키고자 하였으며 전통과 문화, 경관을 연계하는 사업들이 추진하여 왔다.

2000년 이후에는 여러 중앙정부 부처가 저마다의 특성을 살려 농촌의 정비, 기초서비스 향상, 도농교류 등 농산어촌의 마을만들기 지원을 위한 다양한 사업을 시행하였다.

농림축산식품부는 농촌마을 종합개발사업, 신규마을 조성사업(구 전원마을 조성사업), 녹색농촌 체험마을, 농촌전통 테마마을, 농촌건강 장수마을, 산촌생태마을 만들기, 색깔 있는 마을만들기 등의 사업을 추진하고 있다.

행정자치부는 정보화마을, 소도읍 육성마을, 오지종합개발사업, 참살기 좋은 마을 가꾸기 등, 해양수산부는 어촌체험마을, 환경부의 자연생태우수 마을 등의 사업을 추진하고 있다.

각 중앙부처별 대표적인 농어촌 마을만들기 사업에 대한 개요는 다음 표와 같으며 최근 농림축산식품부에서 '함께하는 우리 농촌운동'의 일환으로 추진하고 있는 '색깔 있는 마을만들기' 사업을 중심으로 정부의 마을만들기 정책사업에 대하여 살펴본다.

〈표 6-4〉 중앙부처별 농산어촌 마을만들기 사업의 개요

주관부서	사업명	시행 년도	사업 기간	국비보 조비율	사업비	내용
농림수산 식품부	농촌마을종합 개발	2004	5년	70%	40~70억	• 소득기반시설 확충 • 기초생활환경정비 • 주민역량 강화
	녹색농촌 체험마을	2002	1년	50%	2억	• 농촌관광기반시설 지원 • 도시민 유치(도농교류)
	전원마을사업	2008	·	80%	10~30억 원	• 마을기반시설 지원
	색깔 있는 마을만들기	2011	·	2012사업비 12조		• 소득창출 및 마을정비 • 주민과 도시민이 함께하는 거주·체험·여가·치유공간
농촌진흥청	농촌전통 테마마을	2002	2년	50%	2억	• 마을별 7가지 자원발굴과 컨설팅 • 농업, 농촌교육 및 체험시설
행정자치부	아름마을가꾸기	2001	2년	100%	10억	• 농어촌의 테마개발 • 농어민 소득증대 • 도시민 연가선용과 농촌체험
	정보화마을	2001	·	·	4,160 백만 원 (2015 예산)	• 농어촌지역 정보시스템 구축 사업 • 전자상거래 시스템을 구축하여 지역 경제를 활성화 • 도농 간 정보격차 해소
	소도읍육성 마을	2003~ 2012	10년		국비 50억 지방비 50억 민자 100억	• 소득창출을 위한 지역특화사업 • 주민생활편익시설 개선 • 재래시장·중심상업지역의 현대화
문화체육 관광부	슬로시티 관광자원화	2009	2년	2009기준 47억		• 마을기반시설 • 관광체험프로그램 • 브랜드 강화 • 주민역량 강화
	문화역사마을 가꾸기	2004	3~4년	기금 20억 지방비 10억	30억	• 문화·역사체험 프로그램 개발·운영 • 마을체험시설 • 마을기반·편의시설
산림청	산촌생태마을 사업	1994	2년	70%	14억	• 산촌생활기반시설 • 주택개량 등 생활환경개선 • 소득원 개발
해양수산부	어촌체험마을	2001~ 2013	13년	50%	703억 (5억/1개소)	• 관광기반시설 조성 • 어촌경제활성화

2) 색깔 있는 마을만들기

농림축산식품부는 '함께하는 우리 농촌운동'이라는 범국민운동을 통하여 인구감소와 고령화로 어려운 농어촌의 마을공동체를 활성화하고 도시민과 함께하는 미래공간을 조성하고자 하였다.

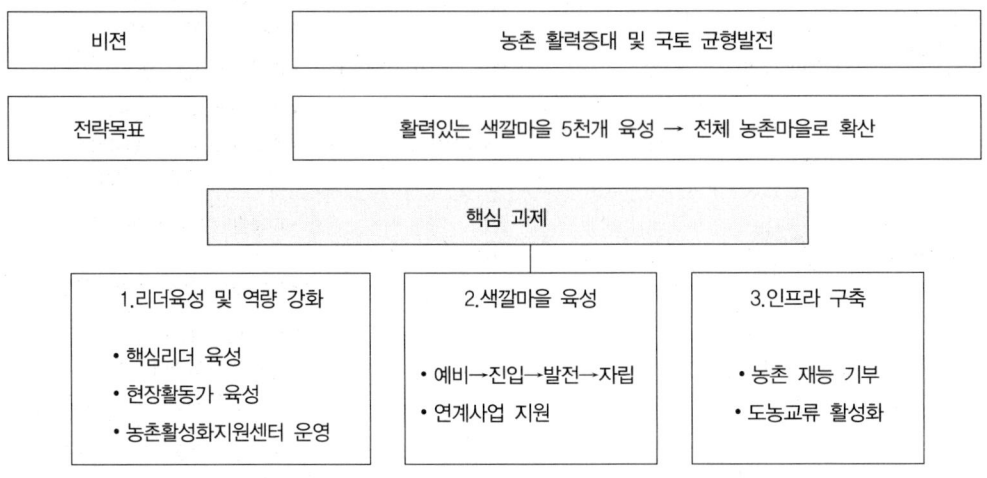

〈그림 6-3〉 '함께하는 우리 농촌운동' 추진체계 (출처: 농림수산식품부, 2013)

농촌마을이 지닌 유무형의 잠재적 자원을 발굴하여 발전시키기 위하여 차별성이 사라지는 현 농촌마을 사업에 대한 특색 있는 마을 발굴 육성에 대한 필요성이 제기되었다. 이에 2011년 함께하는 우리 농촌운동의 일환으로 2017년까지 색깔 있는 마을 5,000개 추진계획 및 선정기준을 마련하는데 이는 농촌의 정체성을 살린 마을운동으로 확산되는 계기가 되었다.

'색깔 있는 마을만들기'는 정부가 지원하는 정책사업으로 주민주도를 유도하는 사업이다. 이 사업은 농어촌 마을이 지닌 유무형의 잠재적 자원을 활용하여 소득창출 및 마을정비, 주민과 도시민이 함께하는 거주·체험·여가·치유공간으로 발전된 마을로 만드는 것이 목표라고 할 수 있다.

여기에서 마을의 색깔은 농어업 생산, 유통가공, 도농교류, 농촌개발 및 생활여건 개선에 이르기까지 농촌주민의 삶의 질 향상을 위한 마을 발전 요소를 포괄하고 있다

마을의 핵심 자원에 따라 사업은 5가지로 분류된다. 생활기반형, 농업형, 유통·가공형, 도·농교류형, 생활만족형으로 생활만족형은 소득사업뿐 아니라 복지환경 등의

삶의 질 제고분야이다.

사업의 선정 대상은 마을 주민 주도로 마을의 발전 가능성이 있거나 사업추진 경험 등이 있는 마을이다. 행정리 기준, 읍·면 수 및 1차 색깔 있는 마을 선정 개수를 고려하여 선정한다.

〈표 6-5〉 색깔 있는 마을 선정(2013.6. 기준)

계	부산	대구	인천	광주	대전	울산	세종	경기
1,504 마을	1	5	2	2	1	7	1	138
	강원	충북	충남	전북	전남	경북	경남	제주
	144	122	169	172	255	254	222	9

(출처: 농림축산식품부, 2013. 색깔 있는 마을만들기 자료집 2: 함께하는 우리 농촌 운동)

3) 농촌활성화지원센터

농림축산식품부는 2011년부터 '함께하는 농어촌 운동'을 추진하면서 마을 육성을 체계적으로 지원하기 위한 중간지원조직에 대한 구축이 필요함에 따라 농촌활성화지원센터를 설립하게 되었다. 2013년 기준, 각 도별 1개소로 총 9개소의 농촌활성화지원센터가 설립되었다.

농촌활성화지원센터는 색깔 있는 마을 육성 등 농어촌지역을 활성화시키기 위하여 정보 교류 및 지역 인적자원 육성관리, 농촌현장포럼 등을 지원하는 조직이라고 할 수 있다. 센터의 구성은 도별로 지역대학, 전문기관 등과 연계하여 컨소시엄 형태로 구축된다.

주요 역할은 다음과 같다.

- **정책지원**: 마을·권역·지역단위 신규 사업이나 정책·제도 건의
- **지역인적자원 육성·관리**: 현장활동가·마을리더 교육, 민간전문가 육성
- **현장포럼 지원**: 마을자원분석·주민역량평가 지원, 관련 전문가 및 퍼실리테이터(Facilitator)[19] 지원

---

19) 퍼실리테이션(Facilitatation)은 그룹의 구성원들이 효과적인 기법과 절차에 따라 적극적으로 참여하고, 상호작용을 촉진하여 목적을 달성하도록 돕는 활동을 말한다. 또한, 전문성을 갖고 이러한 퍼실리테이션 활동을

- **정보교류**: 마을 발전 관련 정보, 우수사례 등을 수집·배포
- **조사 및 연구**: 마을 활력을 위한 연구과제 발굴, 조사 등 수행
- **네트워크 구축**: 민간단체, 관계 전문가, 마을리더 및 행정기관 등 관련 기관·전문가 네트워크 구축 및 유지

4) 농촌 현장포럼

농촌 현장포럼이란 주민이 현장활동가·전문가의 도움을 받아 마을·권역의 다양한 유·무형의 자원과 역량을 분석·진단하고 색깔 있는 마을의 발전과제를 발굴하여 계획화하는 과정을 지원하는 활동을 말한다. 2011년부터 '함께하는 농어촌 운동'의 일환으로 추진되었다.

현장 포럼 개최 시 포럼에 참여하는 다양한 전문가에 의해 농촌마을 개발 관련 갈등관리, 계획제도, 환경, 예술문화 강의와 중앙지방의 정책 설명 등의 교육을 병행하여 주민역량을 강화한다.

현장포럼을 통해 마을주민들의 참여를 적극적으로 이끌어 내고 이들의 잠재적 역량을 극대화하여 스스로 자신감 회복과 동기부여는 물론 이를 마을 발전의 원동력으로 활용하여 마을사업을 추진함으로써 주민들의 참여도와 만족도를 높이는 선진형 주민협의프로그램이다.

농촌 현장포럼은 농촌활성화지원센터와 연계하여 실시하며 현장활동가는 현장포럼 실시 전 지역 내 농촌활성화지원센터와 사전에 협의하여 퍼실리테이터(Facilitator), 관련 전문가 등의 협조를 받아 진행한다. 현장포럼은 컨설턴트 주도의 정보전달식 교육이나 리더 중심 교육과 달리 다수의 주민이 참여하여 다양한 의견수렴과 합의과정을 유도하는 특징을 가진다.

능숙하게 해내는 사람을 퍼실리테이터(Facilitator)라고 한다(한국 퍼실리테이터협회 홈페이지. http://www.facilitator.or.kr)

7장 공동주택의 커뮤니티

7.1 공동주택의 개념과 특징

1) 공동주택의 개념

공동주택이란 대지 및 건물의 벽, 복도, 계단, 기타 설비의 일부 또는 전부를 공동으로 사용하는 각 세대가 하나의 건축물 안에서 각각 독립된 주거생활을 할 수 있는 구조로 된 주택을 말한다(주택법 제2조의 3)[20].

건축법 시행령(별표1)에 의하면, 공동주택의 종류를 층수와 면적에 따라 구분하고, 공동주택의 형태를 갖춘 가정어린이집·공동생활가정·지역아동센터·노인복지시설(노인복지주택 제외) 및 원룸형 주택을 포함한다고 명시되어 있다.

층수와 면적에 따라 다음과 같이 구분하고 있다(건축법시행령 별표1).

① 아파트
주택으로 쓰는 층수가 5개 이상인 주택

② 연립주택
주택으로 쓰는 1개 동의 바닥면적(2개 이상의 동을 지하주차장으로 연결하는 경우에는 각각의 동으로 본다) 합계가 660㎡를 초과하고, 층수가 4개 층 이하인 주택

③ 다세대주택
주택으로 쓰는 1개 동의 바닥면적 합계가 660㎡ 이하이고, 층수가 4개 이하인 주택(2개 이상의 동을 지하주차장으로 연결하는 경우에는 각각의 동으로 본다)

---
[20] 주택법 2022.2.3. 개정

④ 기숙사

학교 또는 공장 등의 학생 또는 종업원 등을 위하여 쓰는 것으로서 1개 동의 공동취사시설 이용 세대 수가 전체의 50% 이상인 것

공동주택은 1동의 건축물이지만 각각의 독립된 주택이 구분 소유될 수 있도록 '집합건물의 소유 및 관리에 관한 법률'에 명시되어 있다. 한 동의 건물이 구조상 구분되어 독립적으로 사용할 수 있을 때에는 그 각 부분은 법에서 정하는 바에 따라 각각 소유권의 목적으로 할 수 있으며, 이는 구분소유권이 된다. 따라서 공동주택은 구조상 하나의 건축물 안에 여러 주택이 있지만, 각각의 주택은 별개로 등기가 나누어져 전유부분의 권한을 행사할 수 있고 공간상 독립성을 보장한다.

2) 공동주택의 특징

① 전유부분과 공용부분의 구별

공동주택은 단독주택과 달리 구분 소유권의 목적인 건물부분과 전유부분에 속하지 아니하는 건물의 부속물과 공용부분으로 구성된다[21]. 즉 공동주택은 구분소유자[22]가 독립적으로 사용하는 전용부분이 있고, 모든 세대가 함께 사용하는 복도, 엘리베이터, 주차장 등 각 구분소유자가 공유하는 부분인 공용부분이 있다. 전유부분만이 구분 소유의 목적이 되고 공용부분과 대지사용권은 특별한 규약이 없는 한 분리·처분할 수 없다(집합건물의 소유 및 관리에 관한 법률 제20조).

② 공동주택의 장점

- 단위 세대당 대지의 점유면적이 단독주택보다 절감되어 토지를 효율적으로 이용하고 대지비를 절약할 수 있다.
- 구조상 벽·바닥·천장을 경계로 이웃과 접해 있고, 설비를 집중화하여 각종 설비의 시공비가 적게 든다.
- 설비가 집중화되어 있어 유지관리비를 절약할 수 있다.
- 단지 내 주민공동시설, 부대시설, 복리시설 등이 설치되어 일상생활이 편리하다.

---

21) 근거: 집합건물의 소유 및 관리에 관한 법률 제1장(2020. 개정)
22) 구분소유권을 가지는 자를 말함

③ 공동주택의 단점

- 단독주택에 비하여 사생활 보호가 어렵다.
- 주택 평면이 획일화되어 세대별 개성과 독자성이 결여된다.
- 단독주택에 비하여 자연과 접하기 어렵고 정원 가꾸기나 애완동물 사육에 제한이 있다.
- 생활 소음 발생으로 이웃 간의 갈등이나 문제가 생길 수 있으며, 소음방지를 위한 시설비가 증가된다.
- 주차공간이나 오픈스페이스가 부족할 수 있다.

7.2 공동주택 커뮤니티에 대한 이해

1) 아파트 커뮤니티의 개념

우리나라에서 공동주택의 역사는 1962년 마포아파트 단지를 시작으로 본격화되었다. 아파트는 단기간에 대량의 주택공급을 가능케 함으로써 주택부족 문제를 해결하는데 기여했다. 아파트가 우리사회의 보편적인 주거형태로 자리 잡으면서 도시뿐만 아니라 면 소재지에 이르기까지 주요한 주거공간이 되었다.

초기에 도심을 중심으로 확산된 아파트 주거문화는 도시화의 상징이자 도시적 생활양식 확산의 핵심적 기제가 되었다. 그러나 도시화의 부정적 측면의 하나로 지적된 공동체적 삶의 친밀성과 보살핌의 상실이 우리에게 중요한 주거공간인 아파트 주거생활의 특성으로 나타나면서, 아파트는 삭막한 도시의 상징이 되기도 하였다.

대규모로 공급된 아파트는 한정된 토지공간에 많은 사람들이 거주할 수 있도록 했으나 주거지의 집합화는 독특한 사회심리적 특성을 유발한다. 즉 좁은 공간에 많은 사람들이 거주하게 됨에 따라 관계가 표면적이고 익명성이 높아 서로 무관심하게 된다.

심리학적 관점에서 보면 과잉접촉으로 오히려 대인관계에 도피심과 정신적 불안감을 초래하게 된다. 좁은 공간에 많은 사람이 거주하게 되면 과잉접촉으로 대인관계에 도피심과 정신적 불안감을 초래한다는 연구결과도 있다(강대기, 1992). 나와 상관없는 타인에 대한 돕는 행동(helping behavior)의 지역차에 대한 연구에 의하면 대도시에서 돕는 행동이 낮게 나타나고, 인구규모가 작은 지역이 큰 지역보다 돕는 행동이 쉽게 일어나고 있다는 결과는 아파트 거주자에게도 적용될 수 있는 특징이다.

도시의 아파트 커뮤니티는 이전 전통 촌락에서 보여지는 공동체의 모습과는 다른 특징을 갖고 있다.

박광재 외(2001)는 아파트 공동체를 '주거단지라는 공간적 장소를 매개체로 하여 공유하면서 거주자들 간의 지속적인 접촉과 공동생활의 참여를 통해 형성되는 심리적 공동의식과 주거단지에 대한 애착심을 갖는 사회집단'으로 정의하였다. 또한, 도시적 생활공동체적 의미는 주거단지에서 개인 생활영역의 확장과 함께 주거생활에서 편리성과 문화생활을 영위하기 위한 커뮤니티 시설공간의 확충으로 이어진다고 하였다. 곽도(2006)는 아파트 공동체를 '정감이 넘치는 살기 좋은 마을을 만들기 위하여 거주자들 간의 긴밀한 접촉과 지속적인 참여를 통해 집단적 유대감을 형성하고, 생활환경을 개선하여 삶의 질을 높여가는 아파트 주민의 집단적 활동'이라고 하였다. 이들 정의에서 공간적 장소와 거주자들의 접촉과 참여, 심리적 유대감 등의 개념이 공통된다.

따라서 아파트 커뮤니티는 아파트 단지가 공동체 형성의 공간적 범위이며, 주거생활공간을 매개로 하여 거주자들 간의 접촉과 참여를 통해 심리적 유대감을 갖는 사회집단으로 정의할 수 있다.

2) 아파트 거주자의 이웃관계와 사회적 교류

아파트 거주자들의 이웃에 대한 의식을 다룬 연구에 의하면, 아파트 거주자들은 일상생활과 공식적인 모임을 통해 이웃과 사귀게 되며, 같은 아파트 단지를 우리 동네로 인식하는 비율이 높았다(천현숙 외, 2001). 이웃의 의미에 대하여 '필요할 때 도움을 줄 수 있는 사람들'이라고 인식하는 주부는 20.5%인데, '왕래는 없지만 안면이 있고 인사하는 아는 사람들(30.0%)', 또는 '잘 알지 못하지만 같은 아파트나 동네에 사는 사람들(29.7%)'이라고 생각하는 것으로 조사되었다(박경옥, 2010).

아파트에서 이웃관계를 형성하는 배경에는 사회경제적 특성이 유사한 사람들이 집합적으로 거주하면서 동질성을 바탕으로 하는 소속감이 있다. 아파트 주거생활은 지역과 규모가 통제되고 자녀의 학교와 생활시설 이용 등이 같아지게 되는데 이러한 요인은 거주자의 동질성을 높이는 요인이 된다. 특히 자녀양육이나 자녀교육에 대한 가치관은 근린관계에 영향을 주며 자녀를 매개로 근린교류가 이루어지는 경우도 많다. 즉 아파트 거주자의 근린과 이웃관계를 보면 주거의 근접성이라는 일차적 계기에다 의사소통, 비슷한 연령대, 자녀를 매개로 접촉하는 이차적 계기가 종합되어 친하게 지내는 근린이 발생한다. 비교적 생활의 시간적 여유가 많은 40대 중후반 주부들은 일상의 반복된 사회적 상호작용을 주로 이웃과 하고 있다.

이웃관계를 맺는 범위로서, 이웃 간에 서로 알고 인사하는 가벼운 의례적 유대관계를 맺는 이웃집은 5~10여 가구이지만, 친밀하고 정의성이 강한 이웃 간의 상호작용은 매우 제한적으로 형성된다. 즉, 인사교환 정도의 접촉을 하는 이웃의 폭은 넓지만 특별한 유대를 형성하고 있는 이웃의 범위는 대체로 한 두 가구로 축소된다는 것이다.

아파트에서 주민들 간에 이루어지는 근린활동은 생활 정보 교환, 일상생활에 필요한 도구 빌리기, 공동구매, 이웃의 경조사 참여 등의 활동을 중심으로 유대를 형성하고 서로 인사치레는 활발히 이루어지는 특성이 있다. 그러나 서로의 도움을 구하는 일은 많지 않다. 어려운 일을 의존한다든지, 경제적으로 도움을 받는다든지 보다는 이웃의 경조사에 참여하거나 선물을 교환하는 정도이며(강대기, 2001; 진미윤 외, 2001), 적극적인 교류는 원하지 않는 것으로 파악된다.

일부 아파트 주민들은 이웃 간의 정보 교환에 대해서도 상대적으로 부정적이며, 이웃관계를 선택적으로 형성하고 있으며, 소음 문제, 주차문제와 접촉사고, 공용공간에 물건 두기 등은 근린갈등을 유발시키는 원인이 되기도 한다. 그러나 이웃과 교류하여 좋은 점은 이야기 상대가 되고(28.8%), 마주칠 때 편안한 느낌을 가지게 되고(24.3%), 생활정보를 얻을 수 있다(17.0%)는 점에서 이웃과의 관계에 대하여 긍정적인 태도를 갖고 있다(박경옥, 2010).

7.3 아파트 커뮤니티 활성화의 전개

1) 아파트 커뮤니티 활성화의 전개 과정

아파트에서 공동체 활성화 운동은 90년대 후반부터 시민단체에 의해 시작되었다. 아파트 공동체 운동은 현실적인 실재론에 기본 철학을 두고 아파트 자치관리 운동을 펼쳤다. 이 운동은 아파트가 개인의 자산임에도 불구하고 주택관리에 대한 거주자들의 무관심으로 거주자들의 의사가 배제되고 사업주체나 사업주체가 선정한 관리회사가 관리를 주도하는 것에 대한 문제점을 제기하였다. 또한, 상계 지역 등 대규모 아파트 지구에 고층 아파트가 준공되면서 하자 문제가 발생한 데 기인한다.

초기 아파트 공동체 운동은 효율적이고 투명한 아파트 관리가 이루어지는 것을 목적으로 공동주택 관련 법규, 입주자대표회의 구성, 관리규약의 제정, 관리비의 사용 및 부과, 공동주택관리 방안, 아파트 하자문제 등에 중점을 두었다. 일부 시민단체[23)]에서는 상담창구를 개설하여 아파트 내 현상에 대한 일상적인 주민상담을 받아 변호사, 회계사, 건축사, 세무사 등 전문가들이 문제해결을 지원하였다. 아파트 시민학교를 개최하여 아파트 주민의 권리 찾기 학습의 장으로 아파트 시민학교를 단지별, 지역별로 개최하여 마을 공동체 만들기를 위한 프로그램을 소개하였다. 관리비 상담과 아파트 공동체 실천 사례 자료집 등을 발간하여 주민들에게 공동체 프로그램을 소개하고, 바람직한 모범 관리 규약을 제작하여 배포하기도 하였다〈그림 7-1〉.

이들 운동은 당시 전국적으로 아파트 관리의 부패와 주민들의 무관심이 사회 문제 되었던 상황에서 아파트 공동체 운동은 사회적으로 거주자의 참여와 합의, 주민화합에 대한 중요성과 관심을 이끌어내는 역할을 하였다.

---

23) 1992년 광주 YMCA에서 아파트 상담과 아파트 시민학교를 개설하였고, 2000년대 들어와서 부산참여자치시민연대 아파트공동체운동본부에서는 상담창구 상설화, 아파트 시민학교 개최, 하자부실공사 대응, 관리비 상담 및 아파트 공동체 실천 사례 자료집 발간 등을 수행하였다.
한편 1992년 10월 서울 노원구에서 아파트 생활시민모임이 구성되는 등 전국적으로 주민모임 형태의 아파트 공동체 운동이 활발하게 진행되었다.

〈그림 7-1〉 아파트 공동체 사례집과 교육 자료
(좌: 부산참여자치시민연대 발간, 우: 참여연대 아파트공동체 연구소 발간)

2000년대 들어와서 우리나라는 제4차 국토종합계획(2000~2020년)에서 '살기 좋은 우리 동네 만들기'를 주택정책의 기조로 두고 주거공동체 조성을 강조하였다. 이것은 90년대까지 중요시 해왔던 주택보급률 향상보다는 단지생활의 쾌적성과 문화적인 측면을 중시하고, 개별주호 중심의 주거에서 커뮤니티 의식을 향상시키고 주민의 자발적 참여를 유도할 수 있는 주거로 변화되어야 한다는 주장을 반영한 것이다.

그동안 아파트가 주민의 사유 재산이라는 인식 때문에 행정의 지원은 거의 없었으나 2003년 개정된 주택법(제43조 제8항)에서는 지방자치단체가 관리주체가 수행하는 공동주택 관리 업무에 필요한 비용의 일부를 지원할 수 있도록 하였다. 이후 각 지자체에서는 '공동주택 지원조례'에 공동체 활성화 지원에 관한 사항을 두어 시설물 유지관리와 공동체 활성화에 필요한 비용을 일부 지원하여 쾌적한 주거환경 조성과 주민화합을 도모하도록 하였다.

아파트에서의 커뮤니티 활성화에 지자체 행정이 직접 나서기 시작한 것은 2010년 서울시의 '열린 아파트 만들기 사업'을 추진하면서 본격화되었다. 서울시는 '아파트 관리 주민 주권 시대'를 제안하고 지역공동체를 활성화하기 위하여 2010년부터 공동주택관리규약준칙 개정하였다.

공동주택관리규약준칙(제4장)에서는 '공동체 활성화를 위한 자생단체 및 활동 등'에 대한 규정을 하고 있다. 그동안 아파트에서 자생적으로 운영되어 오던 부녀회는 노인정 식사대접, 환경미화 활동 등 각종 봉사활동으로 커뮤니티 활성화 활동 등을 해왔으나 비용 집행과 관련하여 문제점이 제기되었다. 이에 서울시를 비롯한 일부

지자체에서는 커뮤니티 활동을 유도하기 위한 주민자생단체의 구성을 촉진하고, 비용집행에 있어 투명성을 담보하기 위해 사업계획과 비용집행과정 및 보고 사항, 활동단체의 운영방식 등에 대한 규정을 공동주택관리규약준칙을 통해 제시하여 단지 내 자생단체의 활동근거를 마련하고자 하였다.

아울러 커뮤니티 전문가 투입, 주민교육 실시 등의 시도도 이루어졌다. 특히 2011년과 2012년에는 서울시와 자치구의 주택과에서 공동주택 커뮤니티 활성화 공모사업을 실시하였으며 2013년부터는 서울시의 '마을 공동체 지원사업'의 주민제안사업에 '아파트 마을 공동체 활성화'가 포함되어 사업 지원이 확장되었다. 기존의 아파트 공동체 운동을 마을만들기 사업의 일환으로 추진하게 된 것이다. 이러한 아파트 커뮤니티 활성화는 주민을 중심으로 하여 특정의 아파트 단지를 하나의 공동체로 형성함으로써 거주민의 삶의 질을 높이는 것뿐만 아니라 아파트 공동체를 바탕으로 지역사회 전반으로 공동체성을 형성하여 보다 확대된 공간적 범위에서 지역공동체가 형성되어질 수 있는 바탕을 이룬다는 점에서 의의가 있다(조이브, 2013).

2) 아파트 커뮤니티 활성화의 문제점

아파트에서 공동주택관리와 관련된 갈등이나 분쟁이 증가하면서 공동주택관리에서 참여의식이나 커뮤니티의 중요성이 대두되었다. 그러나 아직까지 거주자들의 커뮤니티에 대한 인식은 낮은 편인데, 아파트 커뮤니티 활성화를 저해하는 몇 가지 이유를 보면 다음과 같다.

첫째, 거주자들의 관심과 참여 부족이다. 한 연구에 의하면 공동주택 입주민의 62%가 입주자대표회의와 자생조직 등 주민조직에 참여한 경험이 없으며, 세입자의 경우는 83%가 참여경험이 없는 것으로 조사되었다. 또한, 동별대표자 선출(후보/투표)에 거의 참여하지 않은 입주민은 63%에 달하며, 소유자의 45%, 세입자의 10% 정도만이 동별대표자 선출과정에 참여한 것으로 나타났다. 또한, 자생조직이나 단지 내 커뮤니티 프로그램에 참여한 경험이 있는 입주민은 20% 정도에 그친다〈표 7-1〉. 이와 관련하여 주민의 무관심과 폐쇄적인 입주자대표회의 운영관리의 문제가 된다. 입주자대표회의에 입주민의 의견을 수렴·반영하는 참여통로가 부족한 상황이다. 소수인 입주자대표회의 구성원에 의해 관리비와 잡수입이 관리·사용될 우려가 있으며, 입주민들의 공동주택관리에 대한 무관심으로 인해 입주자대표회의의 도덕성과 전문성이 부족할 경우, 입찰과정에서 횡령·결탁 등의 비리가 발생할 수 있다(박은철, 2011).

〈표 7-1〉 점유형태별 주민조직 참여 경험

구분	입주자대표회의, 자생조직 모두	입주자대표회의만	자생조직만	참여경험 없음	합계
소유자	8.8%	21.2%	14.8%	55.2%	100.0%
세입자	0.9%	7.9%	7.9%	83.3%	100.0%
전체	7.0%	18.2%	13.2%	61.6%	100.0%

(출처: 박은철, 2011. 재인용)

둘째, 운영주체간의 갈등과 분쟁이다. 아파트에는 동별대표자로 구성된 의결기구인 입주자대표회의와 자생단체인 부녀회, 노인회, 동호회 등의 주민조직이 있다. 커뮤니티가 활성화되지 못하는 단지에서는 입주자대표회의 간의 갈등, 입주자대표회의와 부녀회 간의 갈등, 관리주체와의 갈등이 있거나 입주자대표회의가 주민의 신뢰와 지지를 제대로 받지 못하는 경우가 많다. 커뮤니티 활동이나 사업에 운영주체가 되는 주민과 주민조직 간의 화합과 원만한 관계가 필요하다. 아울러, 관리사무소와의 긴밀한 협조도 요구된다. 입주자대표회의가 관리업무를 감독하는 과정에서 부당한 이권 개입, 관리사무소장에 대한 무리한 간섭 등은 관리사무소장이 업무수행을 하는 데 운신의 폭을 좁히고 소극적인 업무수행을 유발하게 한다.

셋째, 공동주택에서 거주자 층간생활소음, 애완동물 사육 등과 관련된 갈등과 분쟁이 지속적으로 발생하고 있다. 공동주택 단지 내에서 입주민 간 갈등과 분쟁은 입주민 간의 관계 형성을 통해 자체적으로 해결하기가 거의 불가능한 실정이다. 자치구에 '공동주택관리 분쟁조정위원회'가 설치되어있으나 대부분의 자치구는 아파트가 사적영역이라는 이유로 공동주택관리와 관련된 분쟁 조정에 소극적으로 대응하며, 유명무실화된 상황이다(박은철, 2011).

넷째, 주민공유공간과 커뮤니티 프로그램의 부족이다. 주민들이 서로 접촉하고 상호작용할 수 있는 공간이 있어야 하는데 주민들이 함께할 수 있는 공간이 부족하다는 것이다. 우리나라의 공동주택단지 개발계획에 있어 주민공유공간은 1979년 주택건설촉진법의 하위규정으로 주택건설기준 등에 관한 규칙을 제정함으로써 공동주택

단지에서 부대복리시설 설치가 법적으로 의무화되었다. 초창기에 공급된 아파트나 소규모 단지의 아파트는 어린이놀이터, 농구장, 노인정과 관리사무소 정도가 입주민이 공동으로 사용할 수 있는 주민공유공간이다. 1990년대 이전에 건설된 아파트의 경우 실내 주민공유공간이 관리사무실과 입주자대표회의실 정도이며, 주민들의 편익을 위해 사용할 수 있는 실내 공간은 거의 없는 실정이다. 실외공간도 어린이 놀이터, 농구장 등이 한정되어 있다. 서울시 공동주택단지 가운데 65%는 300세대 미만의 소규모 단지이며, 이들 단지는 주민공유공간이 거의 없다. 대규모의 단지의 경우에도 입주민 간의 교류, 회의, 교육 등의 활동을 할 수 있는 공간은 절대적으로 부족하다.

또한, 주민들이 참여할 수 있는 커뮤니티 프로그램이 부족하고, 아파트 단지에서 운영되고 있는 커뮤니티 프로그램의 내용과 종류가 한정적이다. 또한, 대부분의 프로그램이 일회성으로 진행되는 경우가 대부분이다. 커뮤니티 활성화는 이웃관계를 회복하고 거주자간의 교류가 활발해지도록 아파트 주거문화를 바꾸는 것이다. 이를 위해서는 지속적인 관심과 참여를 이끌어 낼 수 있는 지속가능한 프로그램의 개발이 요구된다.

7.4 공동주택 커뮤니티 활성화 요소

공동주택 단지에서 커뮤니티를 활성화시키기 위한 방안에 대해서는 주거환경, 도시계획, 사회심리, 지역사회운동 등 여러 분야에서 논의되어왔다. 주거환경 측면에서 주거생활과 생활프로그램을 방안 등이 제시되었으며 주거관리적 측면에서는 입주민의 관리참여, 주민조직의 커뮤니티 활동, 공적 지원제도의 개선이 필요하다는 주장이 있었다.

공동주거관리연구회(2008)는 공동주거 커뮤니티의 형성을 위한 요소를 활동주체 등의 휴먼웨어 측면, 공유공간 등의 하드웨어 측면, 활동 프로그램 등의 소프트웨어 측면으로 구분하였다. 주민조직, 자생단체 활동, 리더·활동주체의 양성, 타 단체와의 공조 등은 휴먼웨어 측면에 속하며 이들의 활동 여부가 커뮤니티 활성화 성공의 조건으로 보고 있다. 공유공간 계획 및 조정 등 물리적 측면이 하드웨어적 측면에 속하고,

공동체 의식이나 생활양식, 운영방식, 의사결정 구조, 자금 및 경제구조, 각종 규약 및 규정, 각종 커뮤니티 활동 프로그램 등에 관한 것은 소프트웨어적 측면에 속한다.

커뮤니티 활성화를 위한 사회적 환경 구축 방안을 종합적으로 논의한 연구에서 박경옥(2010)은 커뮤니티 의식을 형성하기 위한 상호작용에 필요한 요소를 심리적 요소, 사회적 요소, 물리적 요소의 3가지로 구분하였다. 심리적 요소는 이웃에 대한 동질성과 만족감을 느끼는 것이고, 사회적 요소는 이웃 간의 사적 교류 또는 공통적으로 직면하는 문제에 대한 협동 활동을 하는 것이며, 물리적 요소는 이웃주택 간의 근접성, 거주지의 동일한 범위를 구획화 하는 영역성, 주거건물의 배치에 관련된 요소들의 조합인 밀도, 자신이 사는 것으로 느끼는 장소성 등을 포함하는 것으로 보았다.

커뮤니티 활성화는 공동체의식 형성으로 주민들의 관심을 유발하여 의식을 변화시키는 과정이지만 환경적 변화를 고려하여 의식적이고 계획적인 참여에 의해 더욱 활성화될 수 있으므로 각 요소들이 부분적으로 논의되기 보다는 종합적으로 다뤄질 필요가 있다. 따라서 아파트 현장에서 커뮤니티 활성화를 위해서는 사회적, 물리적, 정책적 방안들이 요구되는데 이때 고려되어야 하는 요소들은 주민참여·주민조직·주민활동가, 커뮤니티 프로그램, 커뮤니티 공간, 지원조직으로 구분될 수 있다〈그림 7-2〉(천현숙 외, 2013).

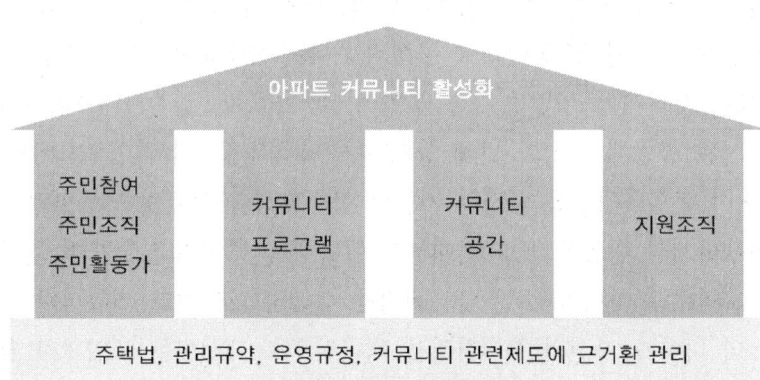

〈그림 7-2〉 아파트 커뮤니티 활성화를 위한 전략 요소

1) 주민참여, 주민조직, 주민활동가

① 주민참여

주민참여는 살고 있는 아파트단지와 지역에 대한 관심이나 귀속의식이 없는 거주자에게 자기 자신이 지역사회의 주체라는 의식을 갖게 한다. 아파트와 지역사회의 문제 해결과정에 참여하고, 권리를 행사하기 위해 지역사회의 일이나 자치단체의 행정활동에 적극적으로 참여하면서 의식이 변화되는 것이다.

참여 과정에서 거주자의식이 변화한다. 거주자들 간의 관계가 형성되고, 거주자들의 이견이 조정되며, 거주자들의 의식과 행동이 변화된다. 따라서 단지 내 커뮤니티 활동이 활발하고 이에 대한 주민참여가 높을수록 거주자들의 주거에 대한 만족도가 높아지고 단지의 생활분위기에도 긍정적인 영향을 미친다. 또한, 주민들의 활발한 참여와 감시활동은 공무원 등 관련 있는 이해관계자들의 사고방식과 행동패턴을 바꾸어 놓음으로써 다른 차원에서 지역의 변화를 일으키는 요인이 될 수 있다.

② 주민조직

아파트 단지에서 주민참여는 주민조직을 통해서 구체화될 수 있다. 아파트 주민조직이 형성되기 위해서는 지역성을 가지고 거주자 간의 사회적 상호작용이 있는 어떤 공통의 관계가 있어야 한다. 아파트에서 구성되는 주민조직은 법정단체와 자생단체로 나뉜다. 동대표로 구성되는 입주자대표회의가 법정단체이며, 자생단체에는 부녀회, 노인회, 각종 동아리 및 동호회, 입주자대표회의의 승인을 받아 결성된 공동체 활성화 단체 등이 속한다. 아파트에서 입주자대표자회의와 주민조직이 활성화될수록 단지의 커뮤니티도 활성화되는 것으로 알려져 있다.

주민 자생단체의 활동은 1990년대부터 활발히 이루어지고 있으며 친목 형태의 소규모 모임뿐만 아니라 주민들의 권리를 적극적으로 찾고 커뮤니티 형성을 도모하고 더 나아가 자신의 주거환경을 적극적으로 개선하는 모임까지 활동의 범위가 넓어지면서 커뮤니티 활성화를 위한 주요한 주체가 되고 있다.

③ 주민활동가

주민조직을 활성화하는 데 주민활동가의 역할이 크다. 커뮤니티가 활성화된 아파트 단지에서는 적극적이고 추진력이 있는 주민활동가가 있다. 주로 자생단체나 공동체 활성화 단체의 임원이나 회원이 주민활동가가 된다. 주민활동가는 주민조직을 만들고 커뮤니티 활동을 이끌어나가는 역할을 하는데, 구체적으로 아파트 현장에서 프로그램을 기획하고 커뮤니티 사업을 수행한다.

아파트 내에서 커뮤니티를 형성하는 일은 커뮤니티활동에 관심이 있는 사람들을 찾아내고 이들과 여타 주민들을 어떻게 연결시키는가에 달려있다. 따라서 각 단체의 리더 역할이 매우 중요하며, 타 단체와의 공조 또한, 커뮤니티 활성화 성공의 조건이라고 할 수 있다. 이를 위해서는 주민과 주민활동가(커뮤니티 리더)의 역량이 강화되어야 한다. 주민이 사업을 제안하고 주도적으로 이끌고 나아가는 것이 바람직하다. 그러나 아직까지 많은 단지에서 커뮤니티 사업에 대한 인식이 부족하고 사업을 구체화하기 어려워하는 실정이다. 주민참여는 민주적인 시민교육을 통해 강화되므로 지속적인 홍보와 교육훈련, 커뮤니티 관련 공동 워크숍 개최 등을 통해 역량 강화가 필요하다(지은영 외, 2014; 천현숙 외, 2013).

결국 아파트 단지에서는 커뮤니티 사업을 책임감 있게 추진해 갈 주민활동가와 주민조직이 자발적으로 다양하게 구성되어 있는 것이 중요하다.

2) 커뮤니티 프로그램

커뮤니티 활성화 프로그램이 제대로 운영되지 못하는 것에 대하여 주민의 호응 부족, 주민자치 역량의 부족, 주민 개인의 이기적 생각과 생활, 무관심, 시간부족 등의 다양한 이유가 있다.

공동주택 단지에서 커뮤니티를 활성화하기 위해서는 무엇보다도 거주자들의 특성과 요구를 반영한 다양한 프로그램이 개발되어야 한다. 커뮤니티 프로그램이 부재한 것이 커뮤니티 활동에 참여하지 못하는 주요한 요인의 하나가 되지만, 특정 연령층이나 특정의 취미를 가진 거주자들에게 한정되어 프로그램에 참여하기 곤란한 것도 문제가 된다.

커뮤니티 프로그램 운영을 위해서는 첫째, 커뮤니티 공간이 마련되어야 하고, 둘째 운영할 커뮤니티 프로그램이 있어야 한다. 커뮤니티 공간을 기반으로 제공되는 강좌, 프로그램은 개인의 여가, 편익에 유익할 뿐만 아니라 거주자 교류의 기회를 마련하고 근린관계를 증가시킨다.

커뮤니티 프로그램을 운영하고 관리하기 위해서는 프로그램, 인적자원과 재정이 필요하다. 프로그램에는 커뮤니티 프로그램의 운영시기, 운영시간, 홍보 내용을 정하고, 인적으로 운영주체, 봉사자수, 강사필요수, 참여인원을 정하고, 재정적으로 참가비, 운영비를 정해야 한다(강순주 외, 2014).

그러나 커뮤니티 프로그램 운영에 있어서 몇 가지 문제점이 지적되고 있다. 첫째는 프로그램의 지속성 부족이다. 박은철(2011)은 공동주택단지의 커뮤니티 활성화 방안에 관한 연구에서 커뮤니티 프로그램의 지속성이 부족하다고 하였다. 다수의 공동주택 단지에서 시행하고 있는 공동체 프로그램은 취미강좌와 체육 활동 등을 제외하면, 일회성·행사성 프로그램인 경우가 대부분인 경우가 많다는 것이다. 입주민을 위한 다양한 공동체 프로그램을 실시한 공동주택 단지에서도 프로그램을 지속하고 있는 경우는 10%정도였으며 입주자대표회의 구성원 변화나 관리비의 절감, 참여하지 않는 입주민과의 형평성 등을 이유로 공동체 프로그램을 중단·폐지하는 경우가 상당수인 것으로 파악되었다. 그리고 부녀회, 동호회 등 자생조직의 프로그램이 회원 위주로 운영되는 경우 단지 전체 주민참여 프로그램으로는 다소 한계가 있기도 하다.

서울시정개발연구원(2010)의 아파트 관련 주민의식 조사에서 단지 내의 공동체 프로그램에 참여한 경험이 있는 입주민은 전체 18.6%에 불과하며, 소유자는 22.5%, 세입자는 5.3%에 불과한 것으로 조사되었다〈표 7-2〉. 프로그램의 유용성과 필요성에 대해서는 공감하지만 아직까지 프로그램에 대한 참여는 저조한 것을 알 수 있다.

〈표 7-2〉 자생조직의 공동체 활동 및 단지 내의 공동체 프로그램 참여 경험

구분		참여경험 있음	참여경험 없음	합계
자생조직의 공동체활동	소유자	23.6%	76.4%	100.0%
	세입자	8.8%	91.2%	100.0%
	전체	20.2%	79.8%	100.0%
단지 내의 공동체 프로그램	소유자	22.5%	77.5%	100.0%
	세입자	5.3%	94.7%	100.0%
	전체	18.6%	81.4%	100.0%

(출처: 박은철 2011, 재인용)

두 번째는 프로그램의 활성화를 위하여 단지별 생활프로그램의 차별화 필요성이다. 거주자 연령대의 차이에 따라 요구하는 프로그램에 차이가 있으므로 관리사무소에서는 거주자의 연령대별 분포를 파악하고 데이터베이스화하여 프로그램 기획 시 참고하도록 하

는 것이 필요하다(박경옥, 2010). 아울러 동호회 활동이 많이 이루어지는 아파트의 경우, 커뮤니티활동 필요도나 참여도가 높은 것으로 보아 주민 간의 사회적 교류를 활성화하는 동호회 활동을 관리의 영역으로 지속적으로 지원할 필요가 있다(천현숙 외, 2013).

3) 커뮤니티 공간

커뮤니티 공간은 거주자의 커뮤니티 의식 증진과 편익을 위해 아파트 단지 내에서 각 세대의 단위주택 외에 별도로 제공되는 일정수준 이상의 질적인 시설과 서비스 프로그램이 운용되는 기능의 공간을 말한다. 커뮤니티 공간은 주민공유공간이라고도 하며, 주택건설기준 등에 관한 규정에서 주민공동시설, 부대시설이 이에 속한다.

커뮤니티 공간은 주민들의 커뮤니티 의식 함양에 유용하다고 보고되고 있는데, 이웃과 친하게 된 배경에 대하여 다양한 커뮤니티 시설을 갖춘 주상복합 거주자가 주상복합 입주예정자보다 커뮤니티 시설에서 만난다는 비율이 높게 나타났다(이경희 외, 2004). 서로 접촉 및 상호작용을 할 수 있는 시설물이 잘 갖추어져 있을 때 주민들 간의 상호접촉 및 교류가 증가하는 것이다. 아파트 거주자들이 공동으로 이용하는 물리적 장소나 시설이라는 것을 공동의 이용을 통해 이웃 간 교류의 기회를 넓히고, 상호교류가 결국 공동체성을 만든다고 볼 수 있다.

아파트가 등장하면서 주민공유공간이나 커뮤니티 공간은 무분별한 개발과정에서 나타나는 최소한의 주거환경 수준을 확보하자는 차원에서 시작되었으나 최근 커뮤니티 공간에 대한 관심이 편리성과 기능성을 요구하는 현대 도시인들의 요구와 부합하는 사례가 늘고 있다. 아파트 거주자들은 취미, 여가, 안전, 편익, 건강에 대한 관심을 갖고 이러한 욕구를 충족시킬 관련 시설이 아파트 단지 내에서 갖추어져 있기를 기대한다.

공동주택 단지의 커뮤니티 공간은 주거공간에서 할 수 없는 다양한 활동을 가능하게 한다. 공동주택에서의 커뮤니티 공간의 집합적 서비스는 첫째, 일상생활을 편리하게 해주며, 둘째, 단위 주택 내에서 개별적으로 갖기 어려운 공간을 제공하며, 셋째, 가족 내에서 전통적으로 이루어졌던 기능을 수행하며, 넷째, 주민관계를 지원하여 커뮤니티를 활성화시킨다.

공동주택의 커뮤니티 공간은 가사노동 등의 기초생활을 위한 공간, 공동체 문화를 형성하기 위하여 다양한 행사를 하기 위한 공간, 그리고 여가활동을 하는 데 필요한 공간의 제공, 구매시설과 같은 생활편익 시설의 제공, 여성 취업에 따르는 문제나 노인, 청소년 문제 등에 대응하기 위하여 필요한 공간으로 사용될 수 있다(경실련 도시개혁센터, 2000).

커뮤니티 공간이 갖추어야 할 요건에 대하여 주서령 외(2002)는 공동주택 단지 내에서 현대 사회가 요구하는 관리·행정, 건강·운동, 정보·상담, 여가·문화, 보육·교육 등을 제공하고 행위할 수 있는 복합적 공간 및 시설이 되어야 한다고 제안하였다. 이연숙(1995)은 현대사회에서 발생하는 요구사항을 담당하는 한편, 주민편의와 친목도모를 위한 시설이 되어야 하는데 이를 위하여 기초생활 공유를 위한 공간, 이웃공동체문화 육성을 위한 공간, 여가행태수용을 위한 공간, 생활을 위한 공간, 현대사회문제에 대응하기 위한 공간이 요구된다고 하였다〈표 7-3〉.

〈표 7-3〉 주민공유공간의 유형

유형	주된 개념적 설명	주민공유공간으로 될 가능성이 있는 공간의 종류
기초생활 공유를 위한 공간	• 일반적으로 단위주택 내에서 이루어지던 생활을 공간의 절약 차원에서 이웃과 같이 나누어 사용할 수 있는 공간 • 단위주택으로부터 빠져나올 수 있는 공간 개념	공동세탁실, 공동장소, 다목적행사실, 로비, 자전거 보관서, 우편물수취함, 쓰레기 분리수거대, 게스트룸
이웃공동체 문화육성을 위한 공간	전통적으로 마을의 행사가 되어 이웃공동체 의식을 절감할 수 있었던 장소로 특히 현대사회의 문제로서 변질되어 가고 있는 공간	다목적행사실, 소규모작업장, 카페
여가행태 수용을 위한 공간	여가 시대에 대응하여 가족구성원의 요구를 반영해 줄 수 있는 공간	선큰가든, 실내 헬스장, 사우나, 탁구실, 골프연습장, 문화교실, 문고, 문고카페, 독서실, 다목적행사실
생활편익을 위한 공간	단지 내외에 별도로 형성되어 주민의 생활에 편리를 가져다주는 서비스 지향적 공간	상가/슈퍼, 편의점, 사우나
현대사회 문제에 대응하기 위한 공간	가족의 해체 현상 등으로 특히 사회문제로 지적되고 있는 노인, 청소년, 탁아, 여성, 환경, 재택근무 등까지도 경감시키는 완충작용을 할 수 있는 공간	놀이방/탁아시설, 노인복지회관, 청소년 문화회관, 다목적행사실, 성큰 가든, 독서실, 경비실

(출처: 이연숙, 1995 일부 수정)

4) 지원조직

지원조직이란 아파트 커뮤니티를 활성화하는 데 있어서 도움이나 협조를 구할 수 있는 지역사회 내의 외부지원 조직을 의미한다. 아파트 커뮤니티 사업의 중심에는 항상 거주자들이 있지만 거주자들의 힘이나 자원만으로는 한계가 있을 수 있다. 이러한 한계를 보완하기 위해 외부의 지원조직과 자원이 필요하다.

아파트 단지를 중심으로 지역사회에는 행정기관, 사회활동가, 시민단체, 일반 주민단체, 공공시설 등 각기 다른 목표와 지향을 가진 커뮤니티 조직과 자원들이 존재한다. 아파트 커뮤니티를 활성화하기 위해서 기본적으로 지역사회의 자원으로서 행정기관 및 조직, 공공시설, 정보 및 자료, 그리고 인적자원이 있으며 이들 자원과 서로 도움을 주고받을 수 있다(서울시, 2011). 즉 기관으로는 공공기관, 주민자치센터, 정보화도서관, 보건소 및 의료기관, 교육기관, 건강가정지원센터, 지역사회 복지관(노인, 장애인, 아동 등)이 있다. 그리고 단체로는 지역 NGO, 지역 내 통반장, 주민자치위원회, 환경·복지·문화 단체 등의 지역 내 조직을 들 수 있다〈표 7-4〉. 각 기관과 조직에서 운영하고 있는 프로그램이 무엇인지 지속적으로 파악해서 아파트 단지 거주자들이 참가할 수 있도록 하거나 관련 내용을 참고하여 해당 아파트의 커뮤니티 활동과 연계한다.

지역사회 내의 커뮤니티 조직과 자원들은 각기 다른 목표와 지향을 가지고 있지만 지역 전체의 커뮤니티 활성화라는 공동의 목표하에 지역 내의 다양한 조직·자원들과 의견교류나 협력을 모색할 수 있을 것이다. 구체적으로 첫째, 인적 측면에서 프로그램 강사, 지역 자원봉사자 등이 있으며, 둘째, 자문 측면에서 커뮤니티 전문가, 지역활동가 등의 자문 지원을 받을 수 있으며, 셋째, 공간 측면에서 지역사회 시설 내 공간, 빈 공간이나 빈 대지를 지원받을 수 있다. 넷째, 프로그램 측면에서 기초건강 체크나 이동도서관 등 방문 서비스와 연계할 수 있으며, 다섯째, 커뮤니티 활동과 관련된 정보와 자료 등의 자원과 연계할 수 있다.

아직까지 현장에서 아파트 커뮤니티 사업에 외부자원 연계는 활발히 이루어지지 않고 있으며 주민활동가의 개인적 역량에 달려있는 경우가 많다. 따라서 지역사회에서 활용할 수 있는 프로그램 강사, 지역 자원봉사자, 커뮤니티 전문가, 지역활동가, 프로그램 정보 등에 대한 정보 구축도 시급하다(지은영 외, 2014; 천현숙 외, 2013).

한편, 내부와 외부 자원이나 지원에는 균형을 이뤄야 한다. 왜냐하면 아파트 단지에서 지나치게 많은 자원은 거주자들의 자발성을 저하시키고, 너무 빈약한 자원은 사업 자체를 저하시킬 수 있기 때문이다.

〈표 7-4〉 연계 가능한 기관 및 조직과 주요 활동

기관 및 조직		연계 가능한 활동
공공 기관	구청	어린이 문고, 마을봉사의 날, 아버지요리교실, 여성교육, 벼룩시장, 퀼트교실, 베이비시터, 홈베이커리, 놀이지도사, 미용사, 공예 등
	지역 주민센터, 주민자치센터	• 취미교양: 천연비누·화장품 DIY, 노래교실, 민요와 장구, 드럼, 우크렐라, 기타교실, 사진교실, 유화·인물화, 가죽공예, 예쁜 글씨 POP 자격증반 등 • 요리강좌: 떡케익, 제과기능사, 커피바리스타자격증 과정, 한식조리기능사, 중식조리기능사, 요리 특강 등 • 어학강좌: 중국어, 일본어, 생활영어 등 • 유아·어린이 강좌: 유아체육, 요리강좌, 동화구연, 논술, 재활용공예, 바둑교실 등 • 어르신교실: 노인건강체조, 발마사지, 안마교실, 건강기공 등 • 기타: 사랑의 집수리 봉사, 토요마을학교 농촌체험교실, 청소년 문화체험, 경로당 어르신 말벗 되어드리기, 마을 꾸미기 활동 등
	보건소	운동교육실 운영, 1구민 1운동 갖기, 방문간호 건강관리, 정신건강, 영양개선활동 등
교육 기관	평생교육원	바리스타아카데미, 미술 강좌, 어린이 철학교실, 꽃꽂이, 외국어 강좌, 플롯, 민요, 수지침, 스포츠댄스 등
사회 복지관	종합 사회복지관	• 아동복지: 장애아동발달 프로그램, 어린이기자단, 사회성향상프로그램 등 • 청소년복지: 청소년생활체육대회, 청소년자원봉사학교, 장애청소년계절학교, 청소년 방과후 공부방 등 • 성인복지: 평생교육대학과정, 취업지원프로그램, 경력단절여성 전문강사 양성교육 프로그램, 장애가족역량 강화 평생교육프로그램 등 • 어르신복지: 나들이 사업, 이동목욕, 여가문화프로그램, 어르신대학 등 • 기타: 마을축제, 교육문화사업, 자원봉사자 교육 등
	노인종합 복지관	• 노인상담사업, 평생교육사업, 어르신아카데미, 열린강좌, 명절행사 등. • 동호회(서예, 사진, 가요, 포켓볼, 댄스, 오카리나, 크로마하프, 민요 등), 직업찾기 프로그램, 인생설계 프로그램, 여가선용 프로그램 등 • 경로당 활성화 사업 등
	장애인 복지관	• 재활상담, 심리상담, 상담지도활동, 주거환경개선, 이동목욕서비스, 방문이미용, 차량봉사대, 문화공연 등 • 생애주기별 프로그램: 영유아, 아동, 청소년, 성인, 노년기 등 • 가족문화지원사업, 지역사회역량 강화 사업 등
지역 NGO	건강가정 지원센터	• 가족교육: 결혼준비교실, 남성가족생활교육, 부모-자녀교육, 의사소통교육, 식생활 및 영양관리 교육, 의생활과 주생활 관련 교육 등 • 가족상담: 이혼 전·후 상담, 가족기능강화, 치료프로그램(놀이, 미술), • 가족친화문화조성: 한부모가족 학습지원멘토링, 가족봉사단, 이웃사촌브릿지 등 • 가족돌봄지원: 아이돌봄 서비스, 동화구연, 종이접기 등

7.5 공동주택 커뮤니티 활성화 사업 사례: 충청도 당진시 E아파트의 지속가능한 커뮤니티 프로그램 개발[24]

1) 커뮤니티 사업 개요

① 단지 특성

E아파트의 커뮤니티 사업은 충청도의 마을 공동체 활성화 사업(도시형 아파트)의 일환으로 추진되었다. E아파트는 충청남도 당진시 소재이며, 2015년에 입주한 811세대 단지이다. 주민조직으로는 입주자대표회의, 선거관리위원회, 층간소음관리위원회, 부녀회, 노인회, 기타 동호회가 구성되어 있으며, 특히 입주자대표회의와 부녀회의 활동이 매우 활발하고 관리사무소로 이를 적극 지원하였다 〈표 7-5〉, 〈표 7-6〉.

② 커뮤니티 사업의 목표와 수행 과정

사업의 목표는 주민과 주민활동가의 역량 강화를 위한 교육을 통해 자발적인 참여를 유도하고 자생단체를 활성화함으로써 지속적인 커뮤니티 활동으로 연결될 수 있도록 하는 것이다. 이 과정에서 아파트 단지 특성에 적합한 프로그램을 선정하고, 프로그램 운영하면서 문제점 해결과 피드백을 통한 추구 사업 발굴하여 지속가능한 커뮤니티 활성화 환경을 구축하고자 하였다.

커뮤니티사업의 특징은 단지특성을 반영한 활동이 진행될 수 있도록 단지에 커뮤니티전문가를 파견하여 맞춤형 컨설팅을 실시했다는 점이 일반적으로 지자체 커뮤니티 지원사업의 경우에 일부 사업비가 지원되지만 본 사업에서는 주민들의 자발적인 참여와 활동을 촉진하기 위하여 재정을 자립화하였다. 이는 주민의 필요와 요구가 반영된 사업과 프로그램을 발굴·운영한다면 주민참여는 자발적으로 일어날 것으로 예측했기 때문이다.

커뮤니티 사업 추진 과정은 5단계로 진행되었다. 1단계에서 사전 조사와 사전미팅을 통하여 단지 특성이 진단되고, 2단계는 입주민·주민활동가를 대상으로 커뮤니티 사업소개와 교육을 진행하였다. 3단계는 활동을 계획하는 단계로서 전문

---

[24] 이 글은 '은난순·지은영·채혜원(2014), 도시형 아파트 마을공동체 활성화 컨설팅보고서. 충청남도'를 수정·보완하여 작성하였음.

가와 주민이 토의와 미팅을 통해 의사를 수렴하고 아이디어를 개발하였다. 4단계는 커뮤니티 프로그램을 실행하는 단계로 역할분담과 지역자원연계, 홍보 등의 활동이 이루어졌다. 마지막으로 5단계는 평가와 피드백, 그리고 지속가능한 커뮤니티 활동을 계획하는 단계였다〈그림 7-3〉.

〈표 7-5〉 단지 개요

구분	내 용
세대 수/ 평형	811세대, 10개동, 최대 23층 / $111m^2$, $112m^2$, $131m^2$, $157m^2$
입주 년도	2010.5.
난방 방식	개별난방, 도시가스
관리 방법	위탁관리
관리 직원	관리소장, 관리과장 1인, 경리주임 1인, 기전반장 2인, 기전기사 2인, 총7인

〈표 7-6〉 커뮤니티 활성화 요소 현황

요소	내 용
주민 조직	입주대표회의, 부녀회, 노인회, 선거관리위원회, 층간소음관리위원회, 기타(헬스동호회, 골프동호회) 등
기존 커뮤니티 프로그램	• 장학금 지급(인근 학교, 12명/년, 연말에 시행) • 영화 상영(필로티 공간) • 신문 발간 • 입주민 공청회: 하자보수 논의 건 • 4월 축제(격년제, 2012년 시행)
커뮤니티 공간	문고, 독서실(꿈자람터), 중앙광장, 운동시설(휘트니스센터, GX룸, 골프연습실), 입주민 나눔터 문고 / 독서실 / 중앙광장

수변시설	GX룸	휘트니스센터
골프연습실	입주민 나눔터	조경

지역사회자원	• 교육시설: 기지초등학교, 송악중학교, 송악고등학교, 순천향대학교, 호서대학교, 선문대학교 • 문화시설: 부석사, 함상공원 • 공공기관 및 시설: 당진군청, 보건소, 송악면 주민센터, 경찰서, 당진시 자원봉사센터, 당진시 근로자종합복지관, 당진시 남부노인복지관, 당진시 드림스타트센터, 당진시 장애인복지관, 당진시 노인복지관 등

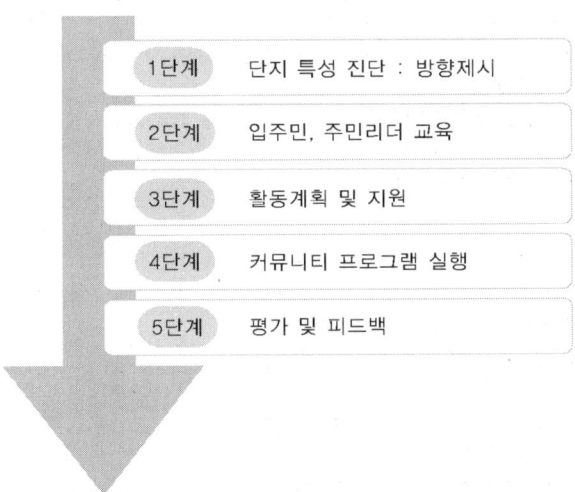

1단계   단지 특성 진단 : 방향제시
2단계   입주민, 주민리더 교육
3단계   활동계획 및 지원
4단계   커뮤니티 프로그램 실행
5단계   평가 및 피드백

〈그림 7-3〉 사업수행 흐름도

2) 커뮤니티 컨설팅 과정

커뮤니티 활성화를 위한 사업계획, 실행, 평가 및 피드백, 차기 커뮤니티 사업 계획이라는 일련의 과정을 수행하기 위하여 총7차의 컨설팅이 진행되었다. 기간은 2014년 6월 13일부터 10월 23일까지 이루어졌으며, 컨설팅 과정과 세부내용을 요약하면 〈표 7-7〉과 같다.

〈표 7-7〉 커뮤니티 컨설팅 과정과 세부 내용

회차	내용
1차 (5/16)	• 사전 미팅: 입주자대표회장, 관리소장, 전문가 • 아파트 현황 파악: 단지 특성, 커뮤니티 활동, 커뮤니티 공간, 주민조직 등
2차 (6/13)	• 커뮤니티 사업 소개: 커뮤니티 사업의 의의와 목적 • 커뮤니티 프로그램 제안과 결정: 관리비 절감을 위한 에너지 절약 프로그램, 자원봉사단체 결성, EM을 활용한 프로그램

3차
(7/2)
	• 에너지 절약 교육
	  - 에너지 절약을 통한 관리비 절감 소개와 세대별 에너지 절약 실천교육
	• 당진 자원봉사센터에서 아파트 방문 설명회
	  - 홈페이지 활용방법, 봉사단구성, 프로그램의 자원봉사자 활용 적합 여부 설명
	• 커뮤니티 활동에 대한 토론
	  - 에너지 절감, 관리비 절약 관련 프로그램: '불을 끄고 별을 보자'
	  - 탄소포인트제 설명 및 회원 가입
	  - EM 효소 교육 강좌 기획

4차
(7/21)
	• 지원조직 미팅: 당진시 자원봉사센터 방문하여 아파트 자원봉사활동 논의
	• 아파트 커뮤니티 사업의 청소년 자원봉사단 적합성 교육
	• 서울시 아파트 커뮤니티 사업의 중고생 자원봉사단 활용 사례 소개
	• 커뮤니티 활동에 대한 토론: 프로그램 제안
	  - EM을 활용한 친환경, 환경개선 사업
	  - 2차 EM 교육 강좌
	  - EM을 활용한 단지 청소 및 지역사회 개선
	  - 자원봉사 프로그램 개발 논의
	  - 커뮤니티공간을 활용한 프로그램 개발
	프로그램 결정 사항: 8월 계획
	  - EM 교육, EM 만들기, EM을 활용한 단지 청소: 부녀회 주체로 기획, 운영
	  - 자율방범대 조직 및 방범 활동: 입대회 주체로 기획, 운영
	지구를 살리는 우리집 전등 끄기 실시: 저녁 8:00-8:30
	• EM을 활용한 단지 청소
	  - 8월 8일 실행 / 참여 봉사자 수: 22명

5차
(8/22)
	• 사전 활동
	  - 에너지의 날 행사를 위한 사전 미팅 참여
	• 자원봉사자 활동
	  - '에너지의 날 당진 지역 기념 행사' 자원봉사
	  - 청소 및 정리, 교육 및 홍보, 행사 지원
	• 당진 송악 이편한세상아파트 자율방범대 발대식: 참가자: 22명
	• 에너지 절약 체크리스트 교육 및 배포
	  - 자원봉사자들에게 에너지절약 교육 및 주민들에게 '실천 리스트' 자료 배포
	• 불 끄고 별 보기 행사
	• 자원봉사자 대상 설문조사: 에너지 절약 및 자원봉사활동

6차 (9/19)	• '이편한세상 한가족 축제' • 아파트 자율 방범대 운영: 매주 2회, 2개조 활동 • 한가족 축제 자원봉사활동 • EM 효소 세제 판매: 부녀회 주관 • 축제 및 커뮤니티 사업에 대한 모니터링 - 프로그램 내용 및 진행 절차, 참여 정도, 주민 반응, 참여의 용이성, 인력 및 조직, 예산, 홍보, 공간 활용, 외부자원 연계 등 • 아파트 커뮤니티에 대한 의견 조사: 설문조사 70명, 면접조사 5명
7차 간담회	• 아파트 커뮤니티 활성화 시범 사업 추진 과정 설명 • 커뮤니티 사업 리뷰 • 커뮤니티에 대한 주민 의견 조사 결과 보고 • 차기 커뮤니티 사업 계획에 대한 논의

3) 커뮤니티 사업 내용

2014년도 E아파트에서 추진된 커뮤니티 활동과 프로그램은 커뮤니티 주민교육, 관리비 절감을 위한 에너지 절약 활동, 아파트 청소년 자원봉사활동, 친환경 EM효소 만들기와 활용, 아파트 자율방범대 활동, 단지축제, 캠페인 및 홍보활동이 진행되었다. 구체적인 커뮤니티 프로그램과 세부 활동은 〈표 7-8〉과 같다.

〈표 7-8〉 커뮤니티 컨설팅 과정과 세부 내용

주제	세부 활동	사진
커뮤니티 교육	주민활동가, 주민을 대상으로 한 커뮤니티 교육	
관리비 절감을 위한 에너지 절약 활동	• 리더 및 주민 대상의 에너지 절약 교육 • 탄소포인트제 설명 및 회원 가입 제안 • 에너지 절감 포스터 및 홍보물 게시 • 청소년 자원봉사 에너지 절약 교육 • 에너지 절감 체크리스트 주민들에게 배포 • 불 끄기 행사 2회 • '에너지의 날' 당진지역 행사 연계	
아파트 청소년 자원봉사활동	• 단지 청소 • '자율방범대' 활동 • 단지 행사 지원: 에너지의 날, 한가족 축제 • 에너지 절약 교육 • 에너지 절감 체크리스트 주민 배포 • EM 만들기 참여	
친환경 EM 효소 만들기와 활용	• EM 교육 수강 • EM 만들기 • EM 나눔 • 청소년과 함께한 EM을 활용한 단지 청소 • 부녀회의 EM 세제 제작 및 판매	
아파트 자율 방범대 활동	• 송악 이편한세상아파트 자율방범대 발대식 • 아파트 자율 방범대 운영	
단지축제: 한가족 축제	• 어린이 사생대회 • 해나루 나눔 음악회: 당진 시립 예술단 지원 • 윷놀이, 투호, 떡매체험, 제기차기 등 • 난타공연: 해나루드림팀 지원 • 입주민 장기자랑, 초대가수 공연 등	
캠페인 및 홍보 활동	• 스마일 캠페인: 스티커 제작 • 에너지 절약 캠페인: 홍보물 게시 및 유인물 배포	

〈E아파트 커뮤니티 활동에 대한 거주자 의견 조사〉

- 2014년도 커뮤니티 사업에 대한 주민 의견 조사를 2014년 10월 10일~2014년 10월 16일까지 주민(100명)을 대상으로 실시하였다.
- 아파트 단지의 커뮤니티 행사나 프로그램에 참여한 경험이 있는 응답자는 55%이며, 없다는 응답자는 45%로 조사되었다. 커뮤니티 행사 참여를 어렵게 하는 요인에 대하여 응답자 과반수(51%)가 시간이 맞지 않거나 적당한 프로그램이 없다고 하였다.
- 단지 행사가 주민화합에 효과가 있는지에 대해서는 62% 이상이 긍정적으로 응답하여, 또한, 에너지 절감 활동이 관리비 절감에 효과를 미쳤다는 응답자는 72%이며, 대부분의 응답자(92%)가 현재 살고 있는 아파트에 만족하는 것으로 조사되었다.

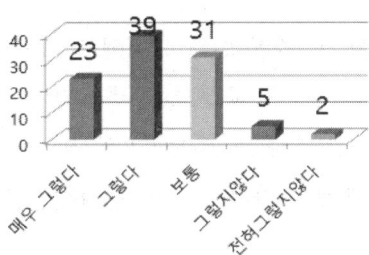
단지행사가 주민화합에 효과 여부

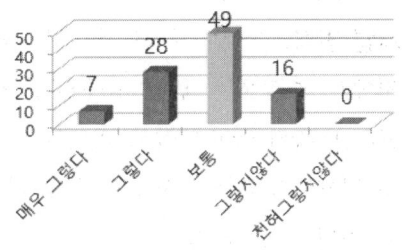
자원봉사단체 참여 의사

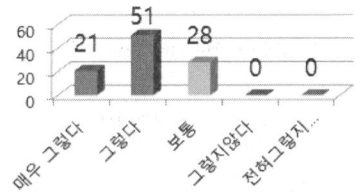
에너지 절감이 단지 관리비 절감에 효과 여부

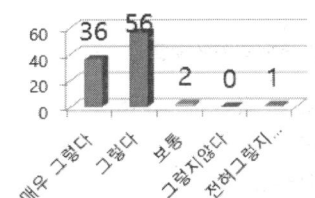
현재 살고 있는 아파트에 대한 만족도

〈그림 7-4〉 커뮤니티 활동에 대한 거주자의 태도

4) 지속가능한 커뮤니티를 위한 향후 계획: 커뮤니티 '돌봄 서비스'

① 사업개요
- **사업명**: '커뮤니티 돌봄 서비스'
- **사업목적**: '커뮤니티 돌봄 서비스'는 아파트 단지, 지역이라는 지리적 환경과 공동체성을 추구하는 주민들에게 관심을 갖고 지속적으로 보살피고 개선시키는 서비스라고 할 수 있다.

② 사업방향 및 방식
- **사업 방향**: 아파트 주민들의 공동체 활성화 및 주민 의식 고취하고, 아파트 단지에서 주거생활 편익 증진시킬 수 있는 사업을 중심으로 추진한다. 또한, 2014년까지 아파트에서 운영하고 있는 기존 활동을 지속적으로 발전시키고, 주민들이 요구하는 새로운 사업과 프로그램을 추가하고, 자원봉사활동을 활성화 한다〈그림 7-5〉.

기존 활동의 지속 발전
- 관리비 절감을 위한 에너지 절약
- 한가족 축제
- 친환경 EM 활동
- 자원봉사단
- 청소년 자원봉사활동
- 아파트 자율 방범대 활성화

지속가능한 커뮤니티 활동 방안

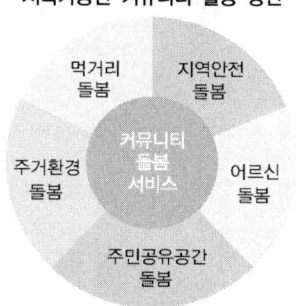

〈그림 7-5〉 커뮤니티 사업 향후 계획

③ 커뮤니티 돌봄서비스의 주요 세부 사업

커뮤니티 돌봄서비스는 지역안전 돌봄, 먹거리 돌봄, 어르신 돌봄, 주거환경 돌봄, 주민공유공간 돌봄으로 구성되며 구체적인 내용은 〈표 7-9〉와 같다.

〈표 7-9〉 '커뮤니티 돌봄서비스' 프로그램의 구성과 내용

안전 돌봄 : E아파트 안전지킴이	• 자율방범대는 실시하고 있는 사업으로써, 자원봉사자를 중심으로 시민이 마을 단위로 조직하여 관할 지구대 및 파출소와 상호협력관계를 맺고 방범활동을 하는 자율봉사 조직이다. • 주 2회, 2시간씩 3~4인 1조로 수행하는 것으로 계획함.
먹거리 돌봄 : 김치 만들기	• 먹거리·양식 돌봄은 김치명인, 고추장명인이 아파트 주민과 함께 김장 김치나 고추장, 된장 등을 만들고 지역의 독거어르신과 소외된 이웃들에게 나눠주는 프로그램이다. • 당진 지역이나 아파트단지에서 김치나 장 등을 잘 담그기로 소문난 주민을 찾아 강사로 위촉하고 김치명인, 고추장 명인, 된장 명인과 함께 하는 김장 만들기 등의 활동을 통해 요리강습과 비법을 배운다. 재료는 당진 지역에서 산출한 채소(유기농 채소)를 활용하여 김치나 장을 담근다.
어르신 돌봄 : 고령자 시설 방문 자원봉사	• 주민 자원봉사자 또는 청소년 자원봉사자가 아파트 단지의 경로당, 인근 지역의 고령자 시설을 방문하여 외로움을 덜어드리고 필요한 부분을 도와드림으로써 돌봄을 받고 있다는 안정감을 심어드린다. • 말벗, 지역김치 나누기, 반찬 나누기, EM을 활용한 청소, 형광등 교체, 건강관리, 쌀 전달하기 등 친교, 음식 나눔, 청소 및 정리, 간단한 수리 등을 다양한 활동을 할 수 있다. • 연계 프로그램으로 김치 명인과 함께 하는 김장 나누기, EM을 활용한 지역 가꾸기, 자원봉사활동 등을 진행한다.
주거환경 돌봄 : EM을 활용한 깔끔이 봉사단	• 2014년 커뮤니티 시범사업 중 친환경 활동으로 꾸준히 운영하였던 EM만들기 및 교육사업과 단지청소 사업을 지속·확대한다. EM을 활용하여 단지뿐만 아니라 동네와 지역, 고령자 시설 등 지역 내에서 청소하여 깨끗한 주거 환경을 만드는 것이다.
아파트 주민공간 돌봄 : 커뮤니티 공간 활성화	• 당진 이편한세상 아파트의 주민공유공간이 주민들의 주거생활을 지원하면서 커뮤니티를 활성화시키는 공간이 될 수 있도록 하드웨어적인 시설 관리뿐만 아니라 주민 요구에 대응하는 프로그램도 개발한다. • 휘트니스센터, 어울림터, 꿈자람문고, 독서실, 야외공간 등의 활용을 높일 수 있도록 주민 의견 수렴이나 아이디어 회의를 통하여 프로그램을 발굴한다.

3부 커뮤니티 활성화

08장 공공임대아파트의 커뮤니티 활성화
09장 주민참여와 주민역량 강화
10장 커뮤니티 공간 계획과 활용
11장 커뮤니티 프로그램 기획과 운영
12장 지역사회자원 연계
13장 아파트 커뮤니티 활성화 지원
    : 법과 정책

8장 공공임대아파트의 커뮤니티 활성화

공공임대아파트는 일반 분양아파트에 비해 커뮤니티 공간이 획일적이고 부족할 뿐만 아니라 사회경제적 수준과 환경, 의식수준에 있어 일반 분양아파트와는 차이가 존재한다.

하지만 최근 들어 공공임대아파트에서는 기존의 환경개선, 공간구조 개선 수준의 커뮤니티 활동에서 벗어나 주민의 자발적인 참여 확대가 늘어나고 지역자원과의 연계를 통하여 입주민의 사회적 결속력을 강화할 수 있는 커뮤니티 변화를 시도하고 있다. 이를 통하여 보다 높은 수준의 삶의 질을 공유하는 주거공동체를 형성해 나가고 있는 것이다.

한편 국가 및 지자체 차원에서도 커뮤니티 활성화 사업에 대한 중요성을 인식하고 장기공공임대주택 입주자 삶의 질 향상 지원법 제정과 주거환경개선사업, 주거복지 프로그램 등 지속적인 관심을 가지고 있다.

8.1 임대주택의 개념과 종류

임대주택이란 국가 및 지방자치단체, 개인사업자 등이 주택을 건설하여 필요한 자에게 제공하고 이에 대한 임대료를 받는 주택을 말하며, 건설임대주택과 매입임대주택으로 구분된다. 임대주택법 제2조에 의하면, 건설임대주택은 임대사업자가 임대를 목적으로 건설하여 임대하는 주택과 사업계획승인을 받아 건설한 주택 중 사용검사 때까지 분양되지 아니한 주택을 의미한다. 매입임대주택은 임대사업자가 매매 등을 통해 소유권을 취득하고 임대하는 주택을 말한다.

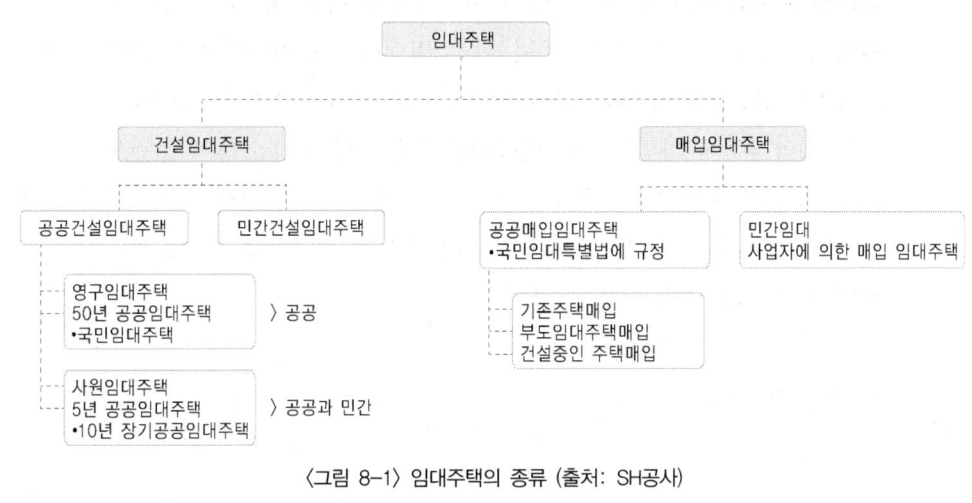

〈그림 8-1〉 임대주택의 종류 (출처: SH공사)

1) 건설임대주택

임대사업자[25]가 임대를 목적으로 건설하여 임대한 주택으로서 정부지원 여부에 따라 공공과 민간건설임대주택으로 구분된다.

① 공공건설임대주택

- 정의
  - 국가 또는 지자체의 재정으로 건설하거나 건설·임대하는 주택
  - 국민주택기금의 자금을 지원받아 건설·임대하는 주택
  - 공공사업에 의하여 조성된 택지에 건설·임대하는 주택

- 종류
  - **영구임대주택**: 수급권자 선정기준의 소득평가액 이하인 자 등을 대상으로 하여 최저소득계층의 주거안정을 강화하기 위해 국가 등의 재정으로 건설하는 임대주택 또는 주택기금의 지원을 받아 영구적인 임대를 목적으로 건설한 임대주택이다(임대주택법 제16조 제1호).

---

25) '임대사업자'란 국가, 지방자치단체, 한국토지주택공사, 지방공사, 주택임대사업을 하기 위해 등록한 자 및 임대주택조합을 말한다. (임대주택법 제2조 제4호)

- **국민임대주택**: 무주택 저소득층의 주거안정을 위해 재정과 국민주택기금 지원으로 LH 등이 건설하여 30년 이상 임대하는 주택이다(임대주택법 제16조 1항). 전용면적에 따라 공급대상이 달라지는데 전용면적 50㎡~60㎡ 이하는 청약저축에 가입한 무주택세대주로서 해당 세대소득이 전년도 도시근로자 가구당 월평균소득의 70% 이하인 자이다. 전용면적 50㎡ 미만인 경우 무주택세대주로서 당해 세대의 월평균소득이 전년도 도시근로자 가구당 월평균 소득의 50% 이하인 자이다.

- **공공임대주택**: 무주택 국민의 주거안정을 목적으로 공급하고 있다. 공급대상은 당해 주택건설지역에 거주하는 무주택 세대주로서 청약저축 가입자이며, 임대의무기간 5, 10년 경과 후 분양 전환되는 임대주택이다. 사원임대주택은 5인 이상 고용사업체의 무주택세대인 피고용자를 대상으로 하며 근로자의 고용안정과 주거안정차원을 목적으로 공급하고 있다.

〈표 8-1〉 공공건설 임대주택의 종류별 입주특성

구분	유형별 (사업주체)	임대 기간	입주대상(임차인)	규모 (전용면적)
공공 임대	영구 및 통합공공임대	50년	• 무주택세대구성원 • 우선공급대상자(신혼부부, 예비신혼부부인 수급자, 귀환 국군포로 등) • 일반공급대상자(국민기초생활보장법상 수급자 등)	40㎡ 이하
		30년	• 무주택세대구성원 • 월평균소득이 기준 중위소득의 150%(가구원수가 1명인 경우에는 170%, 2명인 경우에는 160%) 이하인 자 • 기타 일반공급대상자(청년, 신혼부부, 한부모 가정, 고령자 등)	85㎡ 이하
	국민임대 (토지주택공사, 지자체)	30년	• 50㎡ 미만: 전년도 도시근로자 가구당 월평균소득의 50%(1인 가구 70%, 2인 가구 60%) 이하인 자 • 50~60㎡ 이하: 전년도 도시근로자 가구당 월평균소득의 70%(1인 가구 90%, 2인 가구 60%) 이하인 자	60㎡ 이하

장기전세	20년	• 60㎡ 이하: 무주택세대구성원으로서 전년도 도시근로자 가구원수별 가구당 월평균 소득의 100%(1인 가구 120%, 2인 가구 110%) 이하인 자 • 61~85㎡ 이하: 무주택세대구성원으로서 전년도 도시근로자 가구원수별 가구당 월평균 소득의 100%(1인 가구 120%, 2인 가구 110%) 이하인 자	85㎡ 이하
공공임대	5년/ 10년/ 50년	• (수도권) 입주자저축(청약저축, 주택청약종합저축)에 가입하여 1년이 경과한 자로서 매월 약정납입일에 월 납입금을 12회 이상 납입한 자 • (수도권외 지역) 입주자저축(청약저축, 주택청약종합저축)에 가입하여 6개월이 경과한 자로서 매월 약정납입일에 월 납입금을 6회 이상 납입한 자 • 기타 특별공급대상자(다자녀가구, 국가유공자 등)	85㎡ 이하

(출처: 국토해양부 2022년 주택업무편람)

② 민간건설임대주택

공공사업에 의하여 조성된 택지 외의 택지에 민간이 순수한 자기자금으로 건설한 임대주택

2) 매입임대주택

임대사업자가 매매 등에 의하여 소유권을 취득하여 임대하는 주택으로 임대의무기간은 준공공임대주택의 경우 10년이며 그 밖의 매입임대주택은 5년이다.

8.2 공공임대아파트의 특성과 커뮤니티 필요성

공공임대아파트 거주자의 사회경제적 수준과 환경, 의식수준은 커뮤니티 활성화에 영향을 미친다. 특히 영구임대아파트는 일반 공공임대아파트보다 저소득계층이 많이 입주해 있으며 다른 아파트 단지들과는 다른 사회경제적 특성을 가지고 있다. 영구임대아파트를 비롯한 임대아파트의 커뮤니티 활성화의 장애요인은 다음과 같다.

① 다양한 입주자 구성

일반아파트는 다양한 계층이 조화를 이루고 있으나 영구임대아파트의 입주자는

가족전체가 노인들로만 구성되었거나 세대주 또는 세대원 중에 장애(정신, 지체, 알코올중독 등)가 있는 가족이 있거나 혹은 부모 중 한사람이 없는 결손가정이 대부분이다. 특히 노인 및 장애인 1인 가구는 심각한 사회적 고립을 경험하며 단지 내에는 중증 알코올 중독자, 정신질환자 등이 격리되거나 치료하지 않고 무방비상태로 거주하고 있는 경우도 있다. 입주자 대부분이 국가의 보호를 필요로 하는 극빈계층으로 이들의 빈곤은 오랫동안 지속되는 경향이 있다.

저소득층의 커뮤니티 결속력은 주거지 내에서 발생하는 커뮤니티의 문제를 자력으로 해결하고 빈곤으로 인한 결핍을 상호부조를 통해 보완하는 원동력이 될 수 있기 때문에 커뮤니티 활성화를 통하여 삶의 질을 향상시킬 수 있다.

② **단지 내 환경 및 공간 부족**

임대아파트는 분양아파트에 비해 주민회의실, 도서실, 기타 주민을 위한 실내 커뮤니티 공간이 부족하다. 뿐만 아니라 입주자가 오래 거주하면서 기간 경과에 따라 가구구성원의 변화로 부대복리시설의 부조화 문제도 발생한다. 아동인구는 감소하고 청년이나 노인층의 증가로 어린이 놀이터 대신 청소년 및 노인시설이 더 필요함에도 이에 적극 대처하지 못하는 것이다.

또한, 영구임대아파트의 경우는 한 동에 200~300세대 등 다수 거주하고 있어 빈번한 이용으로 엘리베이터 등 시설물의 노화도 촉진되고 있다. 공공임대아파트는 분양아파트에 비해서 주인의식이 약하므로 관리주체가 사명감을 가지고 체계적으로 관리하지 않으면 건물 수명이 단축될 우려가 있다.

또한, 영구임대아파트 단지 내 공공장소에서는 일탈과 반사회적 행동이 비교적 자주 발생하여 이러한 부정적 커뮤니티의 분위기는 거주자들이 안전하지 못하다고 느끼는 동시에 이웃주민들에 대한 신뢰도를 떨어뜨린다. 이는 결과적으로 영구임대 입주자들의 사회적 박탈감과 사회적 배제를 초래하게 된다.

③ **거주자의 참여인식 부족**

영구임대아파트 주민들은 자신의 주거공동체에 대한 자부심이 낮은 편이며, 이웃 분양아파트 단지 주민들은 자녀들의 교육환경의 질이나 주택가격이 떨어질지도 모른다는 우려 때문에 영구임대아파트 단지가 주변에 위치하는 것에 대해 부정적인 평가를 하고 있다. 이러한 편견은 임대아파트 주민들의 자존감과 지역사회에 대한 참여도를 떨어뜨려 커뮤니티 활성화의 장애요인이 된다. 주거환경개선 등 커뮤니티 활동을 통해 공공임대아파트 입주자들의 주인의식을 높이고 자부심을 고취시켜 입주민 간의 사회적 결속력을 강화할 필요가 있다. 뿐만 아니라 주거지에 대한 애착을 가질 수 있는 커뮤니티 활동을 통해 보다 높은 수준의 삶의 질을 공유하는 주거공동체를 형성해야 한다.

④ 커뮤니티 리더의 부재

영구임대아파트 입주민은 대부분 노인, 장애인이 많다. 젊은이의 경우에도 생활수준이 열악하여 단지 공동의 문제에 참여할 여력이 없는 경우 많다. 커뮤니티 활동을 기획하고 이끌어갈 조직이 필요하지만 임차인대표회의 구성이 힘들고 지속적인 커뮤니티 활동에도 한계가 있다.

입주민들의 커뮤니티 활동 참여에 있어서도 자발적인 참여보다는 관리사무소나 사회복지관 등의 프로그램에 수동적으로 참여하는 경우가 많다.

위와 같은 공공임대파트의 특성상 커뮤니티 활성화에 대한 필요성이 더욱 커지고 있다. 커뮤니티 활성화의 효과를 살펴보면 다음과 같다.

- 공공임대파트의 커뮤니티 프로그램은 기존의 시설물 위주의 관리에서 마을만들기까지 관리의 폭을 넓혀 공동주택관리 문화를 한 단계 끌어올림
- 환경개선, 친목도모를 넘어 주거복지향상을 위한 프로그램의 영역 확대
- 침체된 영구임대단지에 활력과, 입주민의 자존감을 회복시켜주는 데 기여
- 사례단지는 물론 다른 임대단지와 인근 분양아파트 단지에도 영향
- 단지 내는 물론 지역사회 구성원들과도 갈등을 줄이고 신뢰를 회복하는 계기 마련
- 주인의식을 고양시켜 공적 자산에 대한 철저한 관리로 낭비 요인도 제거
- 지역사회와 상호 협력하는 등 유기적인 연대체계 구축

8.3 사회적기업(Social Enterprise)

1) 사회적기업의 정의

사회적기업에 대한 정의는 국가마다 다양하게 정의되고 있는데 일반적으로 공적 목표와 기능을 강조한 사업형태를 말한다. OECD(1999)는 '사회적 사업을 공익을 위해 모험 사업가적인 전략으로 조직화되어 수익의 극대화가 아닌 경제적·사회적 목표의 실현에 조직의 목적을 두고 사회적 소외와 실업문제에 대하여 혁신적인 해결책을 제시할 역량이 있는 민간기업의 활동'으로 정의하고 있다. 주주의 가치를 극대화하기보다는 사회적 욕구를 충족시키는 데 목적을 두는 비즈니스를 지칭하고 있는 것이다(함유근·김영수, 2010).

우리나라는 사회적기업육성법 제2조에서 취약계층에게 사회서비스 또는 일자리를 제공하거나 지역사회에 공헌함으로써 지역주민의 삶의 질을 높이는 등의 사회적 목적을 추구하면서 재화 및 서비스의 생산·판매 등 영업활동을 하는 기업으로서 제7조에 따라 인증받은 자로 정의하고 있다.

한편, 한국사회적기업진흥원은 영리기업과 비영리기업의 중간 형태로 사회적 목적을 우선적으로 추구하면서 재화·서비스의 생산·판매 등 영업활동을 수행하는 기업을 사회적기업으로 정의하고 있다. 영리기업이 주주나 소유자를 위해 이윤을 추구하는 것과는 달리, 사회적기업은 사회서비스를 제공하고 취약계층에게 일자리를 창출하는 등 사회적 목적을 조직의 주된 목적으로 추구한다는 점에서 차이가 있다. 사회적 목적이란 첫째, 취약계층에서 일자리 또는 사회서비스 제공하는 것, 둘째, 지역사회 발전 및 공익증진, 셋째, 민주적 의사결정 구조(서비스 수혜자, 근로자, 지역주민 등 이해관계자가 참여), 넷째, 수익 및 이윤 발생 시 사회적 목적 실현을 위한 재투자 등으로 볼 수 있다(김현민, 2014).

2) 유사 개념

사회적기업과 유사한 개념으로 커뮤니티 비즈니스, 협동조합, 마치즈쿠리(まちづくり) 등이 있다.

사회적기업은 경제활동과 인간성 회복 등이라는 면에서 커뮤니티 비즈니스 활동과 유사하다고 할 수 있다. 하지만 취약계층을 지원하기 위한 활동으로서 대상 및 사업 내용에 따라 참가주체가 달라진다는 점 등에서 볼 때 지역재생을 위한 지역주민의 경제활동이라는 커뮤니티 비즈니스와는 의미가 다르다고 볼 수 있다.

사회적기업은 취약계층에 대한 일자리 제공을 목표로 하며, 경제활동과 광범위한 지역성을 특징으로 한다. 협동조합은 조합원의 권익향상 및 지역사회에의 공헌을 목표로 한다는 차이를 보인다. 마치즈쿠리의 경우 지역에 살고 있는 사람들이 양질의 생활을 할 수 있도록 도와주는 활동으로 지역과 지역민을 대상으로 한다는 점에서 커뮤니티 비즈니스와 유사하다고 볼 수 있으나 경제활동을 목적으로 하지 않는다는 차이점을 보이고 있다.

〈표 8-2〉 사회적기업, 커뮤니티 비즈니스, 협동조합, 마치즈쿠리의 개념

구분	사회적기업	커뮤니티 비즈니스	협동조합	마치즈쿠리
공식 목표	취약계층에 대한 일자리 제공	일반주민에 의한 공동체 활성화	조합원의 권익을 행상하고 지역사회에 공헌	마을에 살고 있는 사람들의 양질의 생활을 할 수 있도록 도와주는 활동
운영 목표	서비스 및 인간성 회복, 다양한 커뮤니케이션	지역 커뮤니티 문제해결, 인간성 회복, 다양한 커뮤니케이션	서민경제 활성화, 자활을 통한 공생발전 도모	삶의 질 향상 운동
운용목표	경제활동	경제활동	경제활동	경제활동
조직 규모	커뮤니티 비즈니스가 성장한 단계	사회적기업의 이전단계, 한정된 지역	사회적기업과 유사	지역한정
구성원과의 관계	익명성	얼굴이 보이는 관계	얼굴이 보이는 관계	얼굴이 보이는 관계
사회적 자본	형성 어려움	수월한 형성	수월한 형성	수월한 형성
적용 지역	광범위	지역 한정	광범위	지역 한정
참가주체	대상 및 사업내용에 따라 다름	주민	조합원	주민

(출처: 김현민, 2014)

3) 사회적기업의 유형

한국사회적기업진흥원에서 사회적 목적에 따라 일자리제공형, 사회서비스제공형, 지역사회공헌형, 혼합형, 기타형 등 5가지 사회적기업의 유형을 분류하고 있는데 구체적으로 사례와 함께 살펴보면 다음과 같다.

① **일자리제공형**: 조직의 주된 목적이 취약계층에게 일자리를 제공
- 사례: 새터민의 희망일터 '메자닌아이팩'
  메자닌아이팩의 근로자 대부분은 새터민(탈북자)이다. 새터민이 빈곤층으로 전락하지 않도록 돕기 위해 설립된 사회적기업으로 사회복지법인 열매나눔재단이 SK에너지와 협력하여 만들었다. 현재 거래처가 50여 곳이 넘는 활발한 작업 공장으로 새터민의 자립·자활에 기여하고 있다.
  - 주요 사업: Box 제조 등

② **사회서비스제공형**: 조직의 주된 목적이 취약계층에게 사회서비스를 제공
- 사례: 지역의 돌봄서비스를 책임지는 기업 '휴먼케어'
  노인과 장애인의 이해와 요구를 우선 배려하면서도 직원의 근무여건 개선을 위해 노력하는 조정자 역할을 수행하여 지역사회 내 정직하고 질 좋은 사회서비스를 제공하는 기업이다.
  - 주요 사업: 요양기관, 복지용구사업, 장애인 활동보조 지원사업 등

③ **지역사회공헌형**: 조직의 주된 목적이 지역사회에 공헌
- 사례: 지역농업공동체를 꿈꾸다 '홍성 풀무나누미 영농조합법인'
  풀무학교와 친환경농산물을 중심으로 형성해 온 홍동지역의 많은 시설기반과 인적기반 등을 통해 친환경농산물 소포장 및 도농교류사업을 추진함으로써 친환경농산물의 품질을 높이고, 소비자의 만족도를 증진하는 한편, 농촌여성인력의 생산가공활동 참여를 통한 일자리 창출과 가정경제의 활성화를 도모하고, 도농 간의 교류를 통한 생산소비자 공동체를 구현

④ **혼합형**: 조직의 주된 목적이 취약계층 일자리 제공과 사회서비스 제공이 혼합
- **사례**: 행복을 나누는 도시락 '행복도시락'
  행복도시락은 결식이웃에게 무료 도시락을 만들어 배달하고 취약계층에게는 조리와 배송 등의 과정에 참여하게 하여 일자리를 제공한다.
  - **주요 사업**: 결식이웃 무료급식, 도시락사업, 김치 등

4) 주거복지 분야와 사회적기업

주거복지 분야의 사회적기업은 주로 국민기초생활보장법의 현물 주거급여 지원에서 집수리사업과 각 부처의 주택개량사업에 참여하던 자활단체 및 자활기업들로 노동부의 인증을 통해 기업성과 사회성을 인정받은 경우이다.

주거복지 분야의 사회적기업은 집수리, 주거환경개선 및 주택개량 등의 사업을 하고 있으며 2013년 말 기준 33개의 사회적기업이 활동하고 있다. 이는 전체 사회적기업의 3.2% 정도이며 주거복지 분야의 사회적기업은 지속적으로 증가하는 추세여서 이후에도 더 늘어날 가능성이 높다고 본다(진미윤 외, 2014).

일부 기업에서는 사회공헌활동의 일부로 사회적기업을 지원하는 경우가 있는데, 한국주택금융공사는 사회적기업인 (주)희망하우징과 연계하여 주거복지 활동을 지원하고 있다.

주거복지 분야의 사회적기업의 현황은 다음과 같다.

〈표 8-3〉 주거복지 분야의 사회적기업의 현황

사회적기업명	설립	사업 내용	지역
사단법인사람과 공간	2008	집수리 및 주거복지사업	전남 여수
(유)두레건축	2008	저소득층 주거복지	강원 강릉
(주)아름다운 집	2008	저소득층 집수리사업	경기 시흥
(주)에이스하우징	2008	건설자재 도매업	인천
(주)빛고을건설	2008	저소득층 집수리사업	광주
(주)진천군 주거복지센터	2009	주거복지 및 집수리사업	충북 진천

(주)일과 나눔	2009	공중화장실 관리	경기 남양주
(유)인제하우징	2010	집수리 및 일반유료공사	경남 김해
민들레 하우징(주)	2010	농어촌 빈집 주인 찾아주기	서울 서초
(주)노나메기	2010	저소득층 집수리사업	강원 원주
(주)사회적기업 청정마을	2010	주거환경개선	경기 성남
(주)부여복지마을	2010	집수리, 청소	충남 부여
(주)드림앤해피워크	2010	집수리 등 주거환경개선	경북 울진
(유)두레건축	2010	저소득층 주거환경개선	전북 순창
(유)수인테리어	2010	취약계층 집수리, 에너지효율 개선사업	전북 김제
(주)신디자인	2011	디자인 종합솔루션	경북 문경
(주)나눔하우징	2011	집수리, 인테리어	서울 성북
(주)다솜건축인테리어	2011	고령자 장애인 편의시설 제공 등	전북 무주
(주)희망하우징	2012	집수리, 리모델링	서울 동작
(주)부산광역주거복지센터	2012	주택개량사업	부산 연제
(주)사랑의 집수리 망치와 벽돌	2012	주거환경개선사업	경북 경주
(유)보은건설	2012	집수리, 주택개조	전북 남원
일촌나눔하우징주식회사	2013	집수리사업	서울 노원
(주)하우징케어	2013	실내건축 및 건축공사 마무리	서울 강서
(유)금산주거복지센터	2013	집수리사업	충남 금산
(주)편안한 집	2013	주거환경, 집수리사업	경남 하동
(주)두꺼비하우징	2013	노후주거재생, 도시재생 마을사업	서울 은평
(주)미향주거복지센터	2013	저소득층 에너지효율 개선사업	전남 목포
(주)새로이건축	2013	집수리 및 주택개조사업	충북 옥천
(사)대한민국주거복지협회 울산주거복지센터사업단	2013	주거환경개선사업	울산 울주
(주)천안주거복지센터	2013	집수리사업	충남 천안
(주)아키페리어금빛가람	2013	집수리 및 주거복지사업	서울 강북

(출처: 한국사회적기업진흥원, 2014; 진미윤 외, 2014 재인용)

사례 | 주거복지 관련 협동조합

2012년 '협동조합기본법' 시행에 따라 비영리 부문의 복지활동이 체계를 갖추게 되었다.

주거복지 분야의 협동조합은 대부분 2000년 국민기초생활보장법에서의 현물 주거지원사업에서 활동하던 자활단체로 주거복지센터, 두꺼비하우징, 주거복지연대 등이 있다. 이들 주거복지 관련 협동조합의 활동은 주택건설, 환경개선, 부지 조성, 주택개량 및 유지보수, 주택관리, 부동산 임대업, 임대주택 건설, 대학생 주택임차 등으로 사회적기업이 주로 집수리 등 주택개량과 주거상담 위주의 활동을 펼치는 것에 비하여 그 활동 영역이 매우 광범위하다고 볼 수 있다(진미윤 외, 2014).

2013년 말 전국 협동조합 수는 3,046개(일반 협동조합 2,944개, 사회적 협동조합 102개)이며 협동조합연합회 10개와 사회적 협동조합연합회 1개가 설립되어 있다(기획재정부, 2014).

주거복지 활동과 관련된 협동조합은 2013년 말 28개로 다음과 같다(협동조합 http://www.cooperatives.go.kr)

- 사회적 협동조합: 사회적 협동조합 한울타리(대구), 서울주거복지 사회적 협동조합(서울), 아시아도시재생연구원(광주)
- 일반 협동조합: 씨알주택 협동조합, 전국 주거복지협동조합, 한두레 협동조합, 하우징쿱 협동조합, 공정건축 협동조합, 구름정원사람들 협동조합, 한국주택리모델링 협동조합, 도시융합 협동조합, 큰바위얼굴 협동조합, 서초주택 협동조합, 수정마을 꿈의 궁전주택협동조합, 마전1동 공동사업 협동조합, 코비즈건축 시행 협동조합, 디자인더대연주택협동조합, 협동조합 공터, 바우언 주택건설협동조합, 한양아파트 우리협동조합, 품앗이 공동주택관리 협동조합, 문화예술인 협동조합, 민들레 주택협동조합, 강릉을 사랑하는 사람들 모임 부동산중개업 협동조합, 완주두껍하우징 협동조합, 대한힐링하우스, 협동조합 신봉리 A 주택소비자협동조합.

성미산마을: '커뮤니티 비즈니스' 활동 사례

커뮤니티 비즈니스의 성공적인 활동사례로 언급되는 곳은 서울시 마포구에 위치한 성미산마을이다.

이곳에서 커뮤니티 활성화의 시작은 1994년과 1995년에 두 개의 공동육아협동조합을 설립하면서 초기 주체가 형성되면서 부터이다. 이들은 아이들이 성장하면서 제기되는 문제들을 해결하고 먹거리를 비롯한 생활에 대한 대안을 마련하는 한편, 성미산 개발에 대한 반대운동을 벌이면서 주민자치력을 키우게 되었다. 이를 계기로 어린이집, 생활협동조합, 우리 마을 꿈터(방과후 학교), 마포연대, 마포FM, 성미산학교(대안학교), 성미산마을극장 등 다양한 사회적 경제 조직 및 공동체 활동으로 발전하게 되었다.

마포두레 생활협동조합 2001(유기농먹거리, 생활용품)
2001년 설립된 마포두레 생활협동조합은 먹거리라는 일반적인 것을 강조하여 누구나 가입할 수 있는 주민조직으로 마을 공동체 확산의 중요한 교두보 역할을 하고 있다.

생활협동조합의 시도와 성공은 성미산 커뮤니티 형성의 역사에서 중요한 의미를 가진다. 생협은 소수의 특정한 필요를 매개로 한 집단(공동육아어린이집)이 아니며 성미산지키기 운동에서 생협은 주요한 조직적 구심역할을 담당하였다. 생협은 마을만들기를 주요한 사업으로 구상하였고 곧 생협과 연계된 사업체들을 만들게 되었다.
 관련 사업체는 우리마을꿈터 2002(지역교육), 동네부엌 2002(반찬가게), 되살림가게 2008(재활용), 한담두레 2008(바느질), 비누두레 2008(비누·수공예), 품앗이 '선물' 2009(지역화폐), 돌봄두레·어깨동무 2009(노인요양사업), 두레지원센터 2008(일공동체지원) 등이다.

5) 공공임대주택 단지 내 사회적기업

한국토지주택공사(LH)는 2010년 4월부터 영구임대주택 단지와 국민임대주택 단지에 사회적기업을 유치하여 입주민의 자활을 지원하고 있다.

영구임대주택에서의 사회적기업은 주로 영구임대주택 상가에 위치하고 있으며 재활용 기업, 일반 제조업, 음식물 제조업체 등이 입점하고 있다(박근석 외, 2012). 이들 사회적기업의 특성이 영세하고 상가를 창고나 사무실 활용으로만 국한하다보니 실제 영구임대주택 입주민의 고용 창출을 기대하지 못하고 있다(진미윤 외, 2014)는 평가를 받고 있다.

국민임대주택 단지에서는 LH 사내복지기금을 활용하여 'LH 마을형 사회적기업' 지원사업을 하고 있다. 이와 영구임대주택의 사회적기업 유치와의 차이점은 일자리 창출뿐 아니라 기업을 유치하여 서비스를 다양하게 제공한다는 점이다. 마을형 사회적기업은 입주민과 지역주민의 수요와 욕구를 조사하여 지역주민에게 맞는 재화와 용역을 생산, 판매하여 수익금을 받게 되며 지역사회 발전을 위해 재투자하는 것으로 계획되었다. 일정 요건에 부합하는 사회적기업이 선정되면 총 1억 8천만 원을 지원받게 된다(1차년도 1억 3천만원, 2차년도 3천만원 지원).

〈표 8-4〉 LH 마을형 사회적기업 현황

연도	지구명	사회적기업명	추진 사업
2010	시흥 능곡	자연마을 사람들	돌봄서비스, 자연공방
2011	청주 성화	함께 사는 우리	로컬푸드사업, 사람방가게 운영
2011	대구 율하	동구 행복 네트워크	안심망서비스, 웰도락사업
2011	전북 익산	행복 나루터	도시농업(텃밭), 급식사업
2011	충북 충주	행복을 꿈꾸는 마을	영동사업(텃밭), 지역아동 돌봄
2011	경기 화성	꼬마	EM비누제조, 폐현수막사업
2011	원주 태장	꿈터	주민 창업지원, 공방사업
2011	울산 호계	로하스	밑반찬 급식사업, 간병도움사업
2012	서울 노원	마을국수9	취약계층 일자리, 먹거리 제공

(출처: LH 임대공급 운영처, 내부자료, 2013.8 기준; 진미윤 외, 2014; LH홈페이지 참조)

보금자리주택지구는 다양한 계층이 함께 거주하는 특징을 가지고 있으며 분양주택과 임대주택의 경우 다양한 격차가 발생하고 있다. 상대적으로 약자인 임대주택에 대한 배려가 필요한데 대표적인 것이 영구임대주택 입주자들을 대상으로 일자리 창출과 의료·보육복지 등 사회서비스 제공이 가능하도록 사회적기업을 유치하는 것이다.

보금자리주택에서 사회적기업을 위한 공간은 보금자리주택업무지침 제34조 6에 따라 사회적기업유치공간 설치기준(영구임대주택 500세대 이상 단지에 입주공간 확보)을 확대 적용하여 100세대 이상 영구임대주택 및 국민임대 1,000세대 이상 단지에 유치공간을 확대하여 적용하였다(토지주택연구원, 2011).

LH에서 공급하는 주거단지의 사회적기업 유치공간은 다음과 같다(토지주택연구원, 2014).

- **일자리 창출형**
  - **사회사업**: 단지청소, 수리, 공동부업장 등 일자리 창출과 지족기능의 창업형 공간
  - **기타 사업**: 로컬푸드, 도시락급식 등 지역생물제조와 연계된 생산나눔형 공간

- **사회서비스형**
  - **복지사업**: 간병, 아동돌봄 등 노인정, 보육실 등과 연계된 주민케어형 공간
  - **교육문화사업**: 공부방, 공방 등 문고 등과 연계된 커뮤니티 활성화 공간

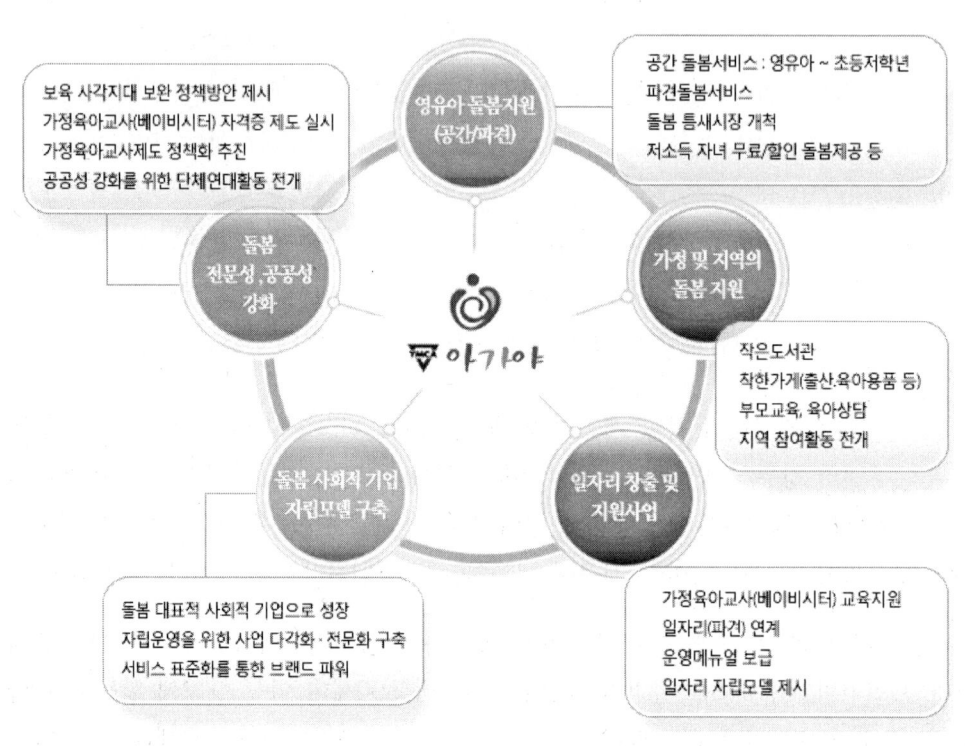

〈그림 8-2〉 사회적기업 '아가야' (시간제 돌봄서비스) 현황 (출처: 토지주택연구원, 2010)

6) 사회적기업 지원 정책

사회적기업은 보호된 시장에서만 활동하는 것이 아니고 주요 기업과의 경쟁 속에서 상업활동을 하는 기업으로 독점적 공급자의 위치에 있는 것이 아니다. 이에 정부는 사회적기업에 대한 지원 등을 통하여 정책적으로 사회적기업의 성장을 주도하고 있다.

우리나라의 사회적기업은 개별 소비자, 기업 그리고 정부 등의 수용 요인에 의해 확대되고 있으며 그중에서도 정부의 역할은 지배적이라고 할 수 있다(김우동, 2015).

① **사회적기업 육성법**

정부는 사회적기업을 체계적으로 육성하기 위하여 2007년 1월 사회적기업 육성법을 제정하고 이에 따라 제1차 사회적기업 육성 기본계획을 수립하였다. 현재는 2013~2017년까지 제2차 사회적기업 육성 기본계획이 시행 중에 있으며 그 내용을 살펴보면 사회적기업의 자생력강화, 맞춤형 지원체계 마련, 사회적기업 역할 확대 및 성과 확산, 민간과 지역 간 파트너십 강화 등이다. 소관부처는 고용노동부이다. 사회적기업 육성법은 사회적기업의 설립과 운영을 지원하고 사회적기업을 육성하여 우리 사회에서 충분하게 공급되지 못하는 사회서비스를 확충하고 새로운 일자리를 창출함으로써 사회통합과 국민의 삶의 질 향상에 이바지함을 목적으로 한다. 또한, 사회적기업 육성법에 의해 사회적기업의 활동실태를 5년마다 조사하고 고용정책심의회에 통보하여야 한다. 사회적기업은 인증 요건을 갖추어 고용노동부장관의 인증을 받아야 한다.

사회적기업 육성법에서 명시하고 있는 지원 내용을 살펴보면 다음과 같다.

- **경영지원**: 사회적기업의 설립 및 운영에 필요한 경영·기술·세무·노무(勞務)·회계 등의 분야에 대한 전문적인 자문 및 정보 제공 등 지원(제10조)
- **교육훈련 지원**: 사회적기업의 설립·운영에 필요한 전문인력의 육성, 사회적기업 근로자의 능력향상을 위하여 교육훈련 실시(제10조의 2)
- **시설비 등 지원**: 사회적기업의 설립 또는 운영에 필요한 부지구입비·시설비 등을 지원·융자하거나 국유·공유 재산 및 물품을 대부하거나 사용 가능(제11조)
- **공공기관의 우선 구매**: '중소기업제품 구매촉진 및 판로지원에 관한 법률' 제2조 제2호에 따른 공공기관의 장은 사회적기업이 생산하는 재화나 서비스를 우선 구매(제12조)
- **조세감면 및 사회보험료의 지원**(제13조)
- **연계기업의 책임 한계**: 연계기업은 사회적기업의 근로자에 대하여 고용상의 책임을 지지 않음(제15조)
- **연계기업 등에 대한 조세감면**(제16조)
- **사회적기업의 날 지정**: 사회적기업에 대한 이해를 증진시키고 사회적기업가의 활동을 장려하기 위하여 매년 7월 1일을 사회적기업의 날로 하며, 사회적기업의 날부터 1주간을 사회적기업 주간으로 함(제16조의 2)

② '장기공공임대주택 입주자 삶의 질 향상 지원법'

2009년 3월 제정된 '장기공공임대주택 입주자 삶의 질 향상 지원법' 시행령 제2조에는 장기공공임대주택의 복지서비스시설 종류·규모 및 설치에 대해 규정하고 있다. 장기공공임대주택의 복지서비스시설은 주택법에 따른 부대시설 및 복리시설을 기본으로 하되 지역자활센터, 사회적 일자리 창출, 사회적기업 등 입주자의 자활과 고용을 위한 활동을 촉진하기 위하여 설치하는 생산활동 시설이 복지서비스시설에 포함되어 있다. 이는 영구임대주택 등에 활발한 이웃 간의 교류와 커뮤니티 활성화를 위한 사회적기업 유치를 적극 지원하기 위한 것이라 하겠다.

③ 한국사회적기업진흥원

한국사회적기업진흥원은 사회적기업 육성법 제20조에 근거하여 사회적기업의 육성 및 진흥에 관한 업무를 효율적으로 수행하기 위하여 2011년 2월에 출범하였다.

지속가능한 사회적기업 육성을 통한 사회통합과 삶의 질 향상이라는 미션으로 사회적기업 발굴·육성·확대, 사회적기업 자생력 강화, 사회적기업 가치 확산, 조직역량 극대화 등의 목표 전략을 수립하였다. 2015년 11월 기준 현재 사회적기업은 1,475개이다.

고유업무 및 위탁업무는 다음과 같다(http://www.socialenterprise.or.kr/about/intro.do).

- 사회적기업가 양성과 사회적기업 모델발굴 및 사업화 지원
- 사회적기업의 모니터링 및 평가
- 업종·지역 및 전국단위 사회적기업 네트워크 구축·운영 지원
- 사회적기업 홈페이지 및 통합정보시스템 구축
- 경영 기술·세무·노무·회계 등의 개선을 위한 컨설팅 지원
- 사회적기업 관련 국제교류 협력
- 활동에 관한 실태조사
- 사회적기업 인증에 관한 업무
- 정관 등의 변경에 관한 보고서의 수리(受理)
- 교육훈련의 실시

8.4 소셜믹스(Social mix)와 커뮤니티

1) 소셜믹스의 정의

사회 혼합 혹은 사회 통합이라고 하는 소셜믹스의 사전적 의미는 이질적이고 다양한 사람들로 이루어지는 사회 구성원이 정체성을 갖도록 통합하는 일이다(위키피디아, Wikipedia)라고 정의하고 있다.

소셜믹스의 개념은 계층의 간격을 좁히고 분화를 막기 위한 의미로 사용되고 있으며, 현재 우리나라에서는 사회적 계층을 사회경제적 지위로 보고 양극화된 소득계층의 통합에 소셜믹스의 중점을 두고 있다(심윤수 2007).

도시나 주거단지계획에 있어서의 소셜믹스는 사회 통합을 목적으로 사회경제적으로 상이한 계층을 같은 영역 내 함께 거주하도록 유도하기 위한 통합적 주거단지 개발전략(송현아 외, 2013)으로 보고 있다. 즉 소셜믹스는 주거단지계획에서 소득수준에 따른 거주자들 간의 위화감과 갈등을 줄이기 위해서 임대주택과 분양주택을 조화롭게 배치하는 개념이라고 할 수 있겠다.

일반적으로 사회적 혼합은 공간상에 첫째, 사회적 계층이나 사회경제적 지위 혼합, 둘째, 민족, 장애 등 인구학적 혼합, 셋째, 젊은이, 고령자 등 연령별 혼합, 넷째, 가구유형, 가족유형 등의 측면에서 상이하고 다양한 사람들의 혼합과 관련지을 수 있다(김현호, 2010).

우리나라의 경우, 1980년대 후반 대규모로 조성된 임대주택단지에 거주하는 한부모 가구, 장애인, 무직자, 낮은 경제활동 인구 등 사회적 약자에 대한 사회적 배제현상과 주거지의 분리 문제가 나타나게 되었다. 뿐만 아니라 주거환경의 빈곤과 같은 악순환이 나타나 임대주택 거주자의 정주성 상실을 초래하고 이는 결국 주거지 관리 소홀로 이어져 노후화와 슬럼화를 촉진시키게 되었다. 이로 인해 저소득층을 집단화시키는 대단위 임대주택 공급에서 벗어나 다양한 계층이 함께 거주할 수 있도록 분양아파트와 함께 개발하는 혼합단지의 형태가 등장하게 되었다. 즉 소셜믹스(social mix)는 주거단지 계획에서 소득수준에 따른 사회적 계층 간의 간격을 줄이기 위해서 분양아파트단지 내에 임대주택과 분양주택을 조화롭게 혼합 배치하는 개념이다.

2) 소셜믹스 유형

임대주택과 분양주택의 혼합정도에 따라 유형별 특성을 살펴본다. 서수정(2004)은 소셜믹스의 유형은 비혼합형과 혼합형으로 구분하고 비혼합형은 다시 독립형과 인접형으로, 혼합형은 단지 내 혼합형과 동내 혼합형으로 구분하고 있다. 각 유형에 따른 개념과 물리적 배치형태는 다음과 같다.

① 독립형

주택계획단계에서부터 임대주택과 분양주택을 분리하여 배치한 경우가 해당된다. 즉, 출입구가 각각 있는 경우, 차량과 보행 동선이 처음부터 분리되어 배치된 형태이다. 따라서 독립형 단지에서는 임대주택과 분양주택 주민 간 교류가 전혀 없으며, 서로 독립된 생활을 한다.

② 인접형(단지 내 분리형)

하나의 단지로 승인받고 임대주택과 분양주택이 함께 배치되어 있으나 단지 형성 후, 임대주택과 분양주택의 경계(옹벽, 담장 등)를 설치하거나 외부에서 아파트의 동 번호, 단지배치를 통해 식별이 가능한 경우가 포함된다. 또한, 단지 내부에서 차량이나 동선이 연결되어 있다고 해도 출입구가 분리되어 설계되었다면 인접형으로 파악한다. 임대주택과 분양주택의 동 번호의 시작이 다르게 되어 있는 경우, 아파트의 안내도에 임대주택 동만 표기되어 있지 않는 경우가 이에 해당된다. 이것은 임대주택 주민들의 심리를 위축시키고, 소외감, 위화감을 조성하여 사회적 분리를 일으킨다.

③ 단지 내 혼합형

하나의 단지로 계획되어 임대주택 동과 분양주택 동으로 나누어진 형태로, 외부에서의 식별이 불가능한 경우이다. 한 개 동, 소규모 임대주택이 입지한 경우이며, 임대주택이 단지의 제일 구석에 배치되는 특징이 있다. 동내 혼합형은 하나의 주거동에 임대와 분양이 혼합되어 건설된 경우이다. 라인별 혼합, 층별 혼합, 무작위 혼합의 방식이 있다

④ 동 내 혼합형

주거동 내에 임대주택과 분양주택이 혼합되어 있는 형태이다.

〈표 8-5〉 임대주택과 분양주택의 혼합유형별 분류

유형	개념	배치예시
독립형	• 임대주택이 8m 이상 도시계획도로로 분리되어 하나의 단지가 구성된 경우 • 보행자전용도로에 의해 구분된 단지	
인접형	• 단지 내 도로 또는 대지 구분에 의해 분리되어 임대주택과 분양주택이 인접하여 분리 • 하나의 단지로 승인을 받았더라도 의도적으로 계획과정에서 임대주택 영역과 분양주택 영역 분리(출입구 구분, 옹벽, 단지 내 도로 등으로 영역분리)	
단지 내 혼합	• 하나의 단지 내에 주거동을 구분하지 않고 혼합 배치 • 임대주택과 분양주택이 각각 몇 개의 주거동으로 군집되어 하나의 단지 구성	
동내 혼합	• 주거동 내에 임대주택과 분양주택이 혼합	

(출처: 서수정, 2004)

3) 사회통합을 위한 물리적인 공간계획

주거의 공간적 분리는 사회적 배제를 유발, 심화시킴으로써 막대한 사회적 비용을 초래할 수 있어(천현숙 외, 2009) 이를 극복할 수 있는 방안 중의 하나로 제시되는 것이 사회적 혼합, 즉 소셜믹스이다.

기존의 임대주택단지에서 발생하는 주거지 분리문제를 해결하기 위하여 사회통합을 고려한 중·대형 분양주택단지를 적절히 혼합하여 배치(social mix)하여 자연스러운 커뮤니티를 형성할 수 있도록 계획하는 것이다.

2005년 '도시 및 주거환경정비법' 개정으로 재개발·재건축 시 임대주택을 단지 내에 건설하도록 강제 규정으로 마련하였다.

서울시의 경우, '역세권 시프트(Shift)의 사회적 혼합 적용기준(안)'에 의하면 동일 단지 건축물 안에 분양주택과 장기전세주택을 함께 계획하는 경우 분양주택과 차별화된 구조와 동선체계로 하거나 공동이용시설 사용상의 불리 등으로 인한 차별 및 불편 문제가 발생하지 않도록 사회혼합(social mixing)을 고려한 건축계획을 수립하여야 하고, 원칙적으로 장기전세 주택만을 별동으로 계획하여서는 안된다고 명시하고 있다.

소셜믹스 단지 건설은 물리적 혼합, 소형주택의 의무공급비율, 임대주택용지 의무 확보, 저소득층을 위한 주택 일부 제공하는 등 의무적으로 일정비율 이상을 임대주택으로 건설하도록 하고 있다.

박광재(2010)의 연구에서 밝히는 소셜믹스 단지에서 입주자의 커뮤니티 활성화를 유도하는 물리적인 공간계획은 다음과 같다.

① 공간적 통합 유도

지역여건을 고려하여 지역주민과 공유하는 주거단지가 되도록 하여 거주자간 커뮤니티 형성을 넘어 주변 지역사회와의 사회적 통합을 기대한다.

도서관, 운동시설, 복지시설 등 커뮤니티 시설을 지역주민에게 개방하여 함께 사용하고, 인접 단지 및 도시기반시설 등과의 적극적인 연계를 통한 물리적인 연속성이 유지되도록 한다. 이러한 시설은 주거동의 저층부나 가로변에 위치하여 단지주민들과 지역주민들에서 접근성과 이용 편의를 제공할 수 있도록 한다.

임대주택과 분양주택이 인접한 경우, 거주자 간 최대한 동질성을 유지하기 위해 마주하는 주거동이나 연접하는 주거동은 동일 규모 또는 단위주택의 규모의 차이가 최소화되도록 한다. 계층간 발생할 수 있는 갈등을 최소화할 수 있도록 배치하여 입주 후 지속적인 커뮤니티가 형성되도록 하여야 한다.

② **물리적 차별 지양**

소셜믹스 단지에서 외부마감 재료, 안내체계, 외부 조형물 등을 동일하게 적용하여 임대주택 주거동이 구분되지 않도록 한다. 즉 주거동의 형태 등 설계와 마감수준 등에서 분양주택과 임대주택 간의 차별성을 지양해야 한다.

일반적으로 물리적 환경의 낙인은 임대주택 거주자들을 주거지에서 소외시키는 현상으로 초래한다. 질적 수준이 낮은 물리적 환경은 거주자들 스스로 환경에 대한 애착을 없애고 단지 내 반사회적 행위로 연결되어 주거환경의 슬럼화를 조장하게 된다. 따라서 사회통합은 물리적 환경에서 배제가 유발하지 않도록 배려해야 하는데서 출발한다.

입주민들에게 필요한 주거공간을 제공한다는 단순한 목적이 아니라 최신 기술 및 설계기법을 적용하여 단지 및 주택을 설계하고 마감재 수준도 지속적으로 개선함으로써 입주민들의 생활의 질을 행상시켜 실질적인 주거복지 증진이 가능하도록 '삶의 공간창출'이 되어야 할 것이다.

③ **거주자 간 접촉기회 증대**

소셜믹스 단지에서 임대주택과 분양주택 거주자들이 커뮤니티를 형성하기 위해서는 접촉할 수 있는 기회를 제공해야 한다.

분양주택과 임대주택을 연계하는 생활가로를 조성하고 생활가로변에는 가로형 주거동을 계획하여 주민 간의 자연스러운 접촉기회를 제공해야 한다. 임대주거동과 분양주거동이 만나는 곳에 거주자가 참여할 수 있는 공동텃밭, 체육시설 등을 배치하여 노동을 통한 주민 간 교류를 확대한다. 또, 보행자의 왕래가 많은 장소, 분절된 영역이나 특별히 흥미 있는 지점에 놀이공간, 휴게공간, 광장 등을 조성하고 분양주택과 임대주택 거주자가 자유롭게 접할 수 있도록 주거동 주변에 옥외공간과 보행 네트워크를 형성한다.

또한, 거주자 간의 접촉 기회 증대를 위해 임대주택 주거동과 분양주택 주거동의 출입 등에 있어 생활방향을 일치하는 것이 중요하다. 거주자들 간의 작은 접촉이 발전하여 단지 내 커뮤니티 참여로 발전할 가능성이 높기 때문이다.

8.5 공공임대주택과 커뮤니티 시설

1) 장기공공임대주택 입주자 삶의 질 향상 지원법

2009년 3월 제정된 '장기공공임대주택 입주자 삶의 질 향상 지원법'의 시행령 제2조에서는 장기공공임대주택의 복지서비스시설 종류·규모 및 설치에 대해 규정하고 있다.

장기공공임대주택의 복지서비스시설은 주택법에 따른 부대시설 및 복리시설을 기본으로 하되 지역자활센터 등 자활과 고용을 위한 활동을 촉진하기 위한 시설과 보건의료 및 건강증진을 위한 시설, 사회복지사업 등을 위한 시설이 포함된다.

또한, 입주자의 삶의 질 향상을 위해 주거환경개선 및 입주자 지원을 위한 방안들을 명시하고 있어 국가 및 지방자치단체는 이를 발전시킬 수 있는 토대를 마련하였다.

① 장기공공임대주택

'장기공공임대주택 입주자 삶의 질 향상 지원법' 제2조에서 장기공공임대주택을 정의하고 있다.
- 30년 이상 임대할 목적으로 국가 또는 지방자치단체의 재정 및 주택도시기금을 지원받아 건설 또는 매입한 임대주택,
- 50년 이상 임대할 목적으로 국가 또는 지방자치단체의 재정이나 주택도시기금을 지원받아 건설한 임대주택

② 복지서비스시설

'장기공공임대주택 입주자 삶의 질 향상 지원법' 시행령 제2조에서 다음으로 정의하고 있다.

〈표 8-6〉 복지서비스시설의 종류와 관련 법

복지서비스시설		관련법
부대시설	–	「주택법」 제2조
복리시설	–	「주택법」 제2조
지역자활센터 등	자활과 고용을 위한 활동을 촉진하기 위한 시설	「국민기초생활 보장법」 제16조
보건소, 보건지소	보건의료 및 건강증진을 위한 시설	「지역보건법」 제7조, 제10조
정신보건센터 등		「정신보건법」 제13조
사회복지관 등	사회복지사업 등을 위한 시설	「사회복지사업법」 제2조

③ 지원 내용

'장기공공임대주택 입주자 삶의 질 향상 지원법' 시행령 제3조에 의하면 국가 및 지방자치단체는 입주자의 삶의 질 향상을 위하여 다음의 지원을 실시하여야 한다.

- 입주자의 커뮤니티 활성화를 위한 프로그램 개발 및 재정 지원
- 노약자·장애인을 위한 승강기 등 편의시설 설치 및 보수비용 지원
- 시설물 노후화 등으로 인한 유지보수 및 기능 향상에 필요한 비용 지원
- 그 밖에 입주자의 주거복지증진을 위하여 필요한 사업으로서 대통령령으로 정하는 사항

사례 싱가포르 공공주택 커뮤니티 시설

싱가포르의 공공주택 커뮤니티 시설은 Town Council에 의해 권역별 관역관리시스템으로 운영되고 있다. 공동주택 단지 내 관리사무소를 별로로 두지 않고 각 구역의 Town Council이 구역별로 2만~10만 세대의 아파트를 관리한다.

정부기관 중 특히 주민공동체 및 커뮤니티와 관련 있는 기관은 PA(People's Association)로 지역마다 Community Club을 건립하고 저렴한 비용의 다양한 커뮤니티 프로그램을 제공한다. Community Club은 일반적으로 대규모 주택국(HDB: Housing and Development Board) 공급 단지와 인접해 있거나 단지와 단지 중간에 위치하는 경우가 많아 단지 내에 소속된 커뮤니티 시설처럼 보여지기도 하나 실상은 지역주민 모두 사용하는 커뮤니티 시설의 역할을 한다.

(출처: 강순주 외, 2012)

2) 사회복지관

1989년 주택건설촉진법 등에 의해 저소득층 영구임대아파트 건립 시 일정규모의 사회복지관 건립이 의무화되었다. 100세대 이상의 영구임대아파트단지에는 대부분 사회복지관과 주민복리시설이 존재하며 영구임대주택단지 내 복지서비스 제공은 대부분 단지 내의 사회복지관을 통하여 이루어지고 있다. 영구임대아파트는 주거공간이 협소(40~46㎡)하여 이를 보완할 커뮤니티 공간이 사회복지관에 배치된 것이다.

① 사회복지관의 프로그램 현황

영구임대주택의 경우 대부분 단지 내 종합사회복지관을 중심으로 신체적, 정서적, 사회적 복지서비스가 제공되고, 커뮤니티 프로그램과 시설이 운영되고 있다. 대부분의 프로그램이 단지에 거주하는 장애인, 노인 등 사회적 약자에 대한 수혜적 성격이 강하고 커뮤니티 활동이 주민자치에 의한 것이라기보다는 사회복지관 같은 매개 시설을 거쳐서 수동적으로 이루어지고 있다(이원영, 2011). 최근에는 사회적 요구가 지역 자원의 광범위한 문화, 복지 서비스를 제공하는 방향으로 전환되고 있어 위탁운영기관에서 지역자원과 연계한 커뮤니티 활성화 프로그램을 도입하고 있다.

〈표 8-7〉 사회복지관의 프로그램 현황

		관리·행정·정보	건강/상담·복지서비스	교육·문화·여가	생산·경제
사회복지관	가족복지	-	청소년상담 노인상담 장애인상담 성인상담 아동상담 가족집단상담	컴퓨터교실 아동, 청소년 특기교실 청소년공부방 영어학습실 무료독서, 논술반 수화반 생활요리반 제과, 제빵강좌 성인기능교실 다목적 교육교실 노인여가문화 건강생활강좌	조리사자격증반 미용실 자격증반 노인공동부업 주민사교모임활동 체육대회
	지역복지	취업정보센터	간병인 양성교육 건강진단 서비스 물리치료	도서관 운영 꽃꽂이교실 주민탁구교실	일자리 창출

		한방침술, 수지침 개인 및 가정문제상담	주민조직화교육 에어로빅교실 자원봉사자교육	
재가복지	-	노인무료급식 식사배달, 밑반찬배달 지원 간호사 방문 무료진료 이미용 서비스 휠체어 대여 장애인 지원사업 무료도배 일상생활지원	-	-
어린이집	-	아동보호 및 급식지원	방과후 공부방 유아특기교실 컴퓨터교실 유아재능교실 시간제보육 부모교육	작품전시 발표회

(출처: 이원영, 2011)

② 사회복지관을 활용한 커뮤니티 활동

- 사회복지관을 관리 협력체로 하여 입주민을 위한 행사를 공동으로 시행
  - 어버이날 행사, 재개관에 따른 주민잔치, 중복잔치 등 공동으로 시행

- 소득향상을 위한 지원
  - 취업알선센터 운영으로 취업기회 확대
  - 미용교육, 제빵교육 등 기능교육실 운영으로 소득향상의 기반 마련
  - 노인, 장애인을 위한 공동작업장 마련

- 방과 후 아동을 위한 사회복지관 프로그램
  - 초등부 대상으로 아동학습교실 운영
  - 무료 글짓기교실, 한문교실 등 운영

- 기타
    - 결식노인 중식 제공
    - 단지 내 노인을 위한 야외나들이
    - 아동여름캠프 운영
    - 노인정에서 장구, 춤교실 운영

3) 주거복지동

주거복지동은 저층부 사회복지시설과 고층부 주택을 수직 연계하여 임대주택과 복지시설을 통합하는 것이다.

2010년 7월 개정된 '장기공공임대주택 입주자 삶의 질 향상 지원법' 시행령 제8조에 의해 장기임대주택 단지 내 별도의 동을 증축하여 장기임대주택 공급 가능하게 되어 기존의 영구임대주택 단지 내 여유부지를 활용하거나 기존 부대시설을 철거한 후 주거복지동을 건립할 수 있게 되었다. 여유부지는 기존 단지 내 공지, 상가부지, 사회복지관 부지 등이다.

> **장기공공임대주택 입주자 삶의 질 향상 지원법 시행령 제8조(장기공공임대주택 단지의 증축)**
> 법 제10조의 2 제1항에 따라 사업주체는 장기공공임대주택 단지 내 공지(空地)에 별도의 동(棟)을 증축하거나 기존 부대시설·복리시설을 철거한 후 별도의 동을 증축하여 「공공주택건설 등에 관한 특별법」 제2조 제1호 가목에 따른 주택을 건설·공급할 수 있다. [본조신설 2010.7.15]

① 추진배경

임대주택과 복지시설을 통합하는 주거복지동 건립을 추진하게 된 배경은 다음과 같다.

- 1995년 이후 영구임대주택 공급이 중단된 후 도시 내 절대빈곤층의 주거공급의 부족
- 대부분 입주 25년 이상 지나 노후화된 기존 영구 및 50년 임대주택의 주거환경 개선의 필요

- 영구임대주택단지의 노인(56.3%)과 장애인(39.7%)가구 비율이 높아 복지시설 확충 시급

② 계획

주거복지동에는 영구임대주택과 식당 등 기본시설 외에 재활치료실, 보육시설, 자원봉사실 등 복지지설이 설치되며 단지 내에 거주하는 입주민 중 고령자나 장애인에게 우선 입주 기회가 있다. 단지 여건에 따라 주거복지동을 신축하거나 사회복지관 리모델링 등을 통해 1층에 운동공간과 노인정, 케어센터(의료) 등의 시설을 배치한다.

주거복지동 건물은 장애인 등이 불편하지 않도록 '무장애 설계(Barrier-Free)'가 적용되며 저층은 복지시설, 중층 이상에는 1~2인 가구용 영구임대주택이 공급된다.

복지시설의 규모에 따라 2개 이상의 주거동과 연결하는 방식도 추진한다. 다만 주거복지동 건립으로 단지가 지나치게 과밀화되는 것을 막기 위해 건축위원회 심의를 거쳐 사업계획을 승인을 거쳐야 한다.

③ **주거복지서비스 유형**

주거복지동의 주거복지서비스에 따라 돌봄형, 계층 맞춤형, 통합형으로 분류할 수 있다.

〈표 8-8〉 주거복지동의 주거복지서비스 유형

유형		주요 서비스 대상 및 내용
돌봄형	고령자·장애인(반자립형)	돌봄이 필요한 반자립형 고령자, 장애인
	고령자·장애인(자립형)	자립형 고령자, 장애인
계층맞춤형	1인 가구	직장인, 대학생 등 1인 가정
	보육형	신혼부부, 영유아, 아동 보유가정
	청소년형	소년소녀가장, 청소년 보유가정
통합형	사회통합형	소셜믹스(입주자 다양화)
	자활형	단지 내 사업, 취업 관련 기능 강화

(출처: 윤영호 외, 2011)

④ 사업 현황

2011년부터 노후화된 영구임대주택단지의 주거환경을 개선하고 수도권 영구임대주택 공급을 위해 주거복지동 사업이 추진되어 왔다.

한국토지주택공사(LH)에 따르면 2015년 현재 영구임대주택단지의 주거복지동 사업추진 대상은 10개 단지(임대주택 1722가구 증축)다.

현재 준공된 주거복지동은 1차 사업대상 5개 단지(1014가구) 중 분당한솔 7단지가 유일하다. 분당한솔 7단지는 2015년 5월 말 기존 단지 안에 주거복지동 1개, 주거동(임대동) 1개를 새로 지어 임대주택 248가구를 추가 공급하였다. 주거복지동에는 고령자와 장애인을 위한 108가구, 주거동엔 일반 가구용 140가구가 공급되었다. 신축동에는 지하주차장을 지어 주차난을 해소하였다(아시아경제 2015.7.30.).

아시아경제(2015)에 의하면 분당목련 1단지(220가구), 서울중계 3단지(130가구)의 주거복지동은 2016년에, 인천삼산단지(208가구)는 2017년 2월 준공을 목표로 하고 있다. 그리고 2차 사업대상 5개 단지(708가구)인 대전중촌 2단지(112가구)와 청주산남 2-1단지(122가구), 광주우산 3단지(112가구), 익산부송 1단지(112가구), 경주용강단지(250가구)는 모두 2018년 준공을 목표로 하고 있다.

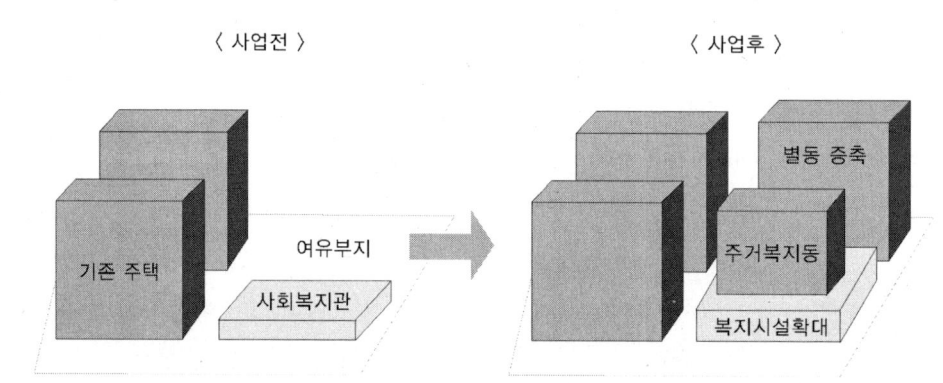

〈그림 8-3〉 주거복지동 사업 전후 개념도 (출처: 김관영, 2013)

8.6 커뮤니티 프로그램의 사례

공공임대아파트는 입주자의 특성상 복지서비스와 결합된 커뮤니티 활동이 많다. 커뮤니티 활성화를 위해 공공임대아파트에서 실시하는 프로그램의 대표적인 사례를 살펴본다.

〈표 8-9〉 공공임대아파트의 대상별 커뮤니티 프로그램

구분	대상	프로그램	특기사항
환경개선	공용공간	마을만들기	마을만들기위원회 구성 체육, 여가공간 등 환경 개선
	노후단지 (영구임대)	주거환경개선	주민복지센터 확충, 녹지조성, 만남의 장 설치 등(정부예산사업)
특별보호	독거노인	관리홈닥터	주기적 방문, 상담·고충해결(요보호세대 선정 및 담당직원 지정)
	불우아동 (초등학생)	We Start	현장체험지원, 축구교실 운영(지자체 지원)
	맞벌이부부자녀	엄마손밥상	방학 중 식사·교육·문화 제공(NGO와 공동 시행)
학습환경	저학년	학습교실	공부방 운영, 어학·한자교실 등
	입주민	취미·학습	노래, 서예, 수지침, 한글, 어학
	청소년 일반주민	IT플라자	정보화 교육기회 제공(정통부·정보문화진흥원 지원사업)
자활지원	부녀자	소득원개발	원예작품, 한지공예작품 판매
	무직자	취업알선 등	공공근로사업, 경비원고용 등
	임대료연체	기금유치	아름다운재단 등 비영리/민간복지자원 등과 연계
공동체성 강화	입주민	가든 리더 양성	원예치료 및 정서함양(교수, 전문가 등과 공동 시행)
	주민대표	위탁교육	관리업무 지식 등의 습득을 위해 전문기관위탁교육(숙명여대 평생교육원)

(출처: 한상삼)

1) 주거환경개선 프로그램

주민회의를 통하여 아파트단지 뒤편 공지를 주민복지를 위한 운동시설로 활용하여 입주민의 커뮤니티를 활성화 한 사례이다.

〈표 8-10〉 주거환경개선 사례

단지명	용인 김량장 주공2단지(공공임대아파트)
단지 특성	• 입주년도: 1998년 입주 • 세대수: 495세대 • 1990년대 후반 건설되어 커뮤니티 공간이 부족한 단지 • 커뮤니티 공간에 대한 열망은 있으나 부지에 대한 고심이 많음 • 단지 외부의 운동시설 이용에는 비용이 많이 들어 부담인 상황
내용	• 외부에 위치하여 환기와 통풍이 유리 • 자연채광으로 쾌적한 환경 유지 • 단지의 환경개선 효과 • 주민들간의 커뮤니티 활성화 효과와 삶의 질 향상

2) 특별보호 프로그램

단지 내에 '위스타트 센터(We Start center)'를 설치하여 입주 아동을 돌봄으로써 아파트의 커뮤니티 활성화를 유도한 사례이다.

〈표 8-11〉 특별보호 프로그램 사례

단지명	하안13단지(영구임대아파트)
단지 특성	• 입주년도: 1990년 • 세대수: 3,292세대 • 최초 입주자 모집 당시에는 수급자등을 대상으로 하여 입주자 구성은 기초생활수급자, 독거노인, 장애자, 소년소녀가장 등이 대부분이나 신청자가 모자라 일반청약자도 선착순으로 입주시킴. • 아파트단지를 참여하는 공동체, 더불어 사는 공동체, 화합하는 공동체로 만들기 위하여 관리사무소의 기능을 단순한 시설물 유지관리의 소극적 개념에서 탈피하여 커뮤니티센터로 전환함.
내용	• 위스타트 센터(We Start center)를 설치하여 우리 모두가 나서 저소득 가정의 아이들에게 복지와 교육, 건강을 지원해 공정한 삶의 출발을 돕는 시민운동을 실천함 • 복지, 교육, 건강의 지원에 만족하지 않고, 저소득 아동들의 정서, 인성, 인지영역 등의 확대와 발전을 위해 노력 • 2004년 발족하였으며 주력사업은 '위스타트 마을만들기'와 방과후 교실을 활성화함.

3) 학습환경 프로그램

아파트 단지 내 아동들을 위한 방과후 공부방을 운영하여 학습과 돌봄 서비스를 통한 공동체 활성화 사례이다.

〈표 8-12〉 학습환경 프로그램 사례

단지명	수원매탄그린빌 6단지(국민임대아파트)
단지 특성	• 입주년도: 2001년 입주 • 세대수: 710세대
내용	• 방과후 공부방 '아이별 꿈터' 운영 • 맞벌이부모, 조손가정의 아동의 학습환경 제공 • 방과후 오후에 아동들에게 갈 곳을 제공 • 학원에 갈 수 없는 환경의 저학년 아동들을 선생님이 학습지도와 돌봄 서비스 실시

4) 자활지원 프로그램

'아름다운 가게'를 아파트 단지 안에 유치하여 주민들의 자원봉사와 커뮤니티를 활성화한 사례이다.

〈표 8-13〉 자활지원 프로그램 사례

단지명	하안13단지(영구임대아파트)
단지 특성	• 입주년도: 1990년 입주 • 세대수: 3,292세대 • 단일단지로는 전국에서 가장 큰 영구임대아파트로 상대적으로 여유 공간이 많아 커뮤니티 활성화를 위한 공간창출이 용이하다는 장점 • 소수이긴 하지만 자활의지와 삶에 대한 변화 욕구도 증대하고 있어서 전국시범단지로 참여하게 되었음
내용	• '아름다운 가게'는 우리사회의 친환경적인 변화에 기여하고 국내외 소외계층 및 공익활동을 지원하는 비영리 공익법인임 • 주민회관 1층에 아름다운 가게를 두고 재사용 나눔가게로 이용 • 주민들이 자주 이용하고 자원봉사활동으로 기여할 수 있는 기회 제공 • 주민과 함께하는 살기 좋은 아파트단지 만들기 운동 전개 • 올바른 주거문화를 계몽, 공동체 의식 증진 • 커뮤니티 추진 홍보 및 전파, 확산 • 커뮤니티 활성화에 기여

5) 지역공동체성 강화 프로그램

수서주공아파트 주민은 지역공동체 모델 만들기의 일환으로 '수서 참살이(eco-life) 프로젝트' 추진하였다. '가든리더 양성'을 통하여 사업 확장과 커뮤니티 활성화를 유도한 사례이다.

〈표 8-14〉 지역공동체성 강화 프로그램 사례

단지명	수서주공(영구임대아파트)
단지 특성	• 입주년도: 1992년 입주 • 세대수: 2,565세대 • 단지 공간개선을 위하여 연못 및 분수대, '치유의 정원', 방범초소와 어울누리 지원센터 입주민 쉼터 조성 • 노후시설물 보수 및 교체: 단지 입구 보도블록 교체, 어린이 놀이터, 세대 욕실문, 천장, 바닥타일, 도배, 장판 교체, 경비통합시시템 설치
내용	• '수서 참살이(eco-life) 프로젝트(2009-2010)'는 아파트 단지 내 에너지 절약 생활화 및 음식물 쓰레기 재생활동의 지속성 확보를 위한 지역 주민 공동체 참살이(eco-life) 구축을 위한 것. • 음식물 쓰레기를 활용한 퇴비로 유기농 야채와 국화 재배 • 참살이 프로젝트는 음식물쓰레기 절감, 퇴비 재생에 그친 것이 아니라 주민의 '국화 재배 동아리'를 결성하여 퇴비를 활용한 국화재배를 추진 • 재배된 국화는 전시회를 통하여 소개되었으며, 일부는 장터에서 판매 되었으며 인근 파출소, 동사무소, 단지에 기증

8.7 주민참여와 운영조직

공공임대아파트에서 커뮤니티 활동은 임차인대표회, 부녀회 등 주민의 자발적인 참여와 관리소, 사회복지관, 지역사회와 단체 등과의 협력체계를 구축하여 활성화시킬 수 있다.

1) 입주자 참여

2000년 '임대주택법' 개정으로 임차인대표회의 구성·운영이 제도화됨에 따라 입주민의 관리참여가 확대되었다. 또한, '장기공공임대주택 입주자 삶의 질 향상 지원법'에서도 사업주체가 커뮤니티를 활성화하기 위한 계획을 수립하여 입주자의 참여를 촉진하고 입주자와 협력하도록 하고 있다.

임대주택법 제29조(임차인대표회의)

① 임대사업자가 대통령령으로 정하는 호수 이상의 임대주택을 공급하는 공동주택단지에 입주하는 임차인은 임차인대표회의를 구성할 수 있다.
② 임대사업자는 입주예정자의 과반수가 입주한 때에는 과반수가 입주한 날부터 30일 이내에 입주현황과 임차인대표회의를 구성할 수 있다는 사실을 입주한 임차인에게 통지하여야 한다. 다만, 임대사업자가 본문에 따른 통지를 하지 아니하는 경우 시장·군수·구청장이 임차인대표회의를 구성하도록 임차인에게 통지할 수 있다.
③ 제1항에 따라 임차인대표회의가 구성된 경우에는 임대사업자는 다음 각 호의 사항에 관하여 협의하여야 한다. 〈개정 2012.12.18.〉
  1. 임대주택 관리규약의 제정 및 개정
  2. 관리비
  3. 임대주택의 공용부분·부대시설 및 복리시설의 유지·보수
  4. 그 밖에 임대주택의 관리에 관한 사항으로서 대통령령으로 정하는 사항
④ 제1항의 임차인대표회의의 구성 및 운영 등에 필요한 사항은 대통령령으로 정한다.

장기공공임대주택 입주자 삶의 질 향상 지원법 제4조(입주자의 참여)

사업주체는 입주자의 삶의 질 향상을 위하여 입주자의 커뮤니티를 활성화하기 위한 계획을 수립하여 입주자의 참여를 촉진하고 입주자와 협력하여야 한다

그러나 임대아파트에서 자발적인 커뮤니티 단체의 구성과 활동은 미흡한 편이며 프로그램 기획이나 관리 역할을 수행할 수 있는 인력이 부족하여 커뮤니티 활성화는 쉽지 않은 상황이다(SH도시연구소, 2012). 분양아파트의 커뮤니티 활동은 주로 입주자대표회의와 부녀회 등이 주체가 되어 주민자치의 커뮤니티 활동이 이루어지고 있는 반면 임대아파트의 경우는 주민자치에 의한 것이 아니라 사회복지관이나 부대복리시설 기준 적용에 따라 주로 생활복지 측면에서 수동적으로 이루어지는 활동이 많다(이원영, 2011)

세대규모가 상대적으로 적은 단지는 주민들이 자체적으로 커뮤니티 시설 운영위원회를 조직하여 다양하게 설치된 시설에 대한 구체적인 운영방침을 가지고 체계적으로 운영하고 있다. 그러나 운영조직 없이 동호회나 자생단체 및 임차인대표회의가 관리사무소를 매개로 의견을 교류할 뿐 커뮤니티 활성화를 위한 긴밀한 관계가 형성되지 않은 단지도 많은 실정이다.

커뮤니티 프로그램을 운영하여도 주민의 적극적인 참여의지 없이는 커뮤니티 활성화는 어려운 일이다. 거주자의 참여와 함께 주민자치조직이 적극적으로 커뮤니티 활동을 주도해 나갈 때 입주자의 커뮤니티가 활성화될 수 있을 것이다. 입주자의 참여를 이끄는 방안을 다음과 같다.

① 자발적 참여형 커뮤니티 형성을 위한 협력·지원관계 구축
사업주체, 지자체, 사회복지관, 시민단체 등 유관기관 및 단체와의 커뮤니티 형성 지원네트워크 구축

② 임차인대표회의, 통장, 부녀회, 새마을지도자 등 단지 내 커뮤니티 활성화를 위한 리더그룹의 역할 강화

③ 관리소가 주체적으로 활동하여 입주민들로 하여금 동참하도록 유도하고 쾌적한 단지를 유지할 수 있도록 홍보

③ 단지화합 행사 개최 등으로 서로 다른 행정구역으로 인한 이질감 극복, 상호 신뢰감 형성, 이웃 간 친밀감 형성을 도모하여 주민화합 분위기 조성

2) 주거복지거버넌스 협의체

주거복지거버넌스 협의체는 LH임대주택 임차인의 삶의 질 제고를 위하여 관리소를 중심으로 지역의 오피니언 리더들과 연계하여 구성한 협의체로서 LH 토지주택공사가 주관하고 예산을 지원한다. 편안한 주거를 제공한다는 일차적 목표에서 벗어나 입주민의 자발적 참여를 통한 아파트 커뮤니티 문화를 활성화하고 삶의 질 향상을 지원하는 제도이다.

주거복지거버넌스 협의체는 2011년부터 운영되기 시작하였으며 임대주택 내 발생하는 다양한 문제 해결 및 입주자 복지 증진을 위해 LH, 지자체, 관리사무소, 소방서, 경찰서, 시민단체 등 다양한 기관이 상호 협력하여 지원한다. LH 임대주택 단지 중 주거복지거버넌스 협의체가 구성되지 않은 단지는 단지별로 커뮤니티 활성화 활동을 추진하고 있다(토지주택연구원, 2014).

〈표 8-15〉 주거복지거버넌스 협의체 활동유형

활동유형	운영기간		활동대상	활동 내용
	일회성	지속성		
건강활동		○	전체 주민	• 다양한 체육활동 교실 • 체육 동호회 활동 • 건강진단 및 예방교육 프로그램 • 치매예방 교육 및 진단
	○		전체 주민	• 이미용 봉사 활동 • 알코올 중독 세대 지원 • 어르신을 위한 무료 발마사지 • 무료 건강검진 등
돌봄활동		○	사회취약계층 및 취약계층	• 엄마손밥상 • 독거노인 및 취약계층 돌봄 • 공부방 운영 • 한부모가정 자녀 학습 성취 교육 • 실버사원을 활용한 독거노인 안전확인서비스 • 사회취약계층 멘토링 등
	○		사회취약계층 및 취약계층	• 저소득 가정 장학금 지원 • 독거노인세대 세탁지원 • 소년소녀가장 및 조손가정 돕기 • 동절기 김장김치 지원 • 새터민을 위한 청소도우미 지원 등

		○	전체 주민	• 정기적인 단지 대청소 등 • 경로당 어르신들의 단지 및 주변정화활동
환경개선	○		전체 주민	• 단지 내 식재 • 단지 내 텃밭, 꽃밭 가꾸기 • 아름다운 길 가꾸기 행사 • 단지 입구 노변환경 재조성 사업 • 단지 내 시설 설치
		○	전체 주민	• 비행청소년 및 알코올 중독자 관리를 위한 협의체 구성
계몽활동	○		전체 주민	• 비행청소년/알코올중독자 선도 및 계도 • 가스화재 예방교육 • 녹색가정 인증제 등 정부시행 프로그램 교육 • 단지 내 불법주차장 단속
공연/전시 및 행사	○		전체 주민	• 문화예술 공연 • 체육대회 및 단지 내 잔치 • 야외 영화상영 및 전시회 개최 • 어버이날 기념 행사 • 가정방문을 통한 설명절 함께 보내기 • 사람의 바자회
취업지원		○	노약자 및 취약계층	• LH마을형 사회적기업 설립 • '콩나물 시루향기' 사업 등
	○		노약자 및 취약계층	• 찾아가는 일자리 상담(부스 설치) • 취업상담실 운영 등

(출처: 토지주택연구원, 2014)

주거복지거버넌스 협의체의 활동범위는 포괄적이고 다양한 만큼 다양한 외부기관이 참여하고 있다. 건강활동의 경우 인근 보건소, 치매센터, 인근 개인병원, 인근 생활체육기관 등이 참여하고 있으며 돌봄 활동은 어린이집, 사회복지관 등이 참여한다. 취업지원은 사회적기업, 일자리 지원센터 등의 지원을 받고 있다. 각종 공연 전시 등은 사회복지관, 지역의 예술단체뿐만 아니라 동호회 성격의 문화단체들이 행사를 지원 또는 주관한다.

2013년 12월 기준 전체 735개 단지 중 160개의 단지에서 주거복지거버넌스 협의체를 구성하여 운영하고 있으며 커뮤니티 활동은 273개 단지에서 추진하고 있다(SH도시연구소, 2012). 영구임대아파트에서 상대적으로 활발하게 추진되고 있다.

〈그림 8-4〉 주거복지거버넌스 협의체 (출처: 진천자치신문)

3) 주거복지상담사

주거복지상담사는 서울시 SH공사에서 입주민의 안정적 주거생활 보장과 취업 알선 등 취약계층의 주거복지 실현을 위해 영구임대아파트 단지에 배치한 커뮤니티 활동 코디네이터이다.

관련 근거는 서울특별시 '영구임대주택 운영 및 관리규칙' 제12조(입주자의 주거복지 향상 및 주거자립 지원)와 '장기공공임대주택 입주자 삶의 질 향상지원법' 제3조(삶의 질 향상을 위한 국가 등의 지원)에 의한다.

서울시 SH공사는 사회복지사 2급 이상 자격증을 소지한 자를 특별 채용하여 주거복지 업무를 전담하도록 하고 있으며 2011년까지는 계약직으로 모집하였으나 2012년 특정직(주거복지상담사)으로 채용하였다. 2010년 7월부터는 통합관리센터를 통해 단지 관리사무소에 배치되었다.

주거복지상담사의 주요업무는 주거복지상담과 자립 및 자활지원으로 대별되며 대부분이 사회적 약자인 기초생활수급자와 장애인, 독거세대 등 입주민의 특성에 맞추어 외부의 복지자원을 활용하여 전문적인 복지 서비스를 제공하는 역할을 담당하고 있다. 주거복지상담은 거주에 따른 고충상담, 주거복지서비스 상담, 주택이동 방법 상담, 대기자 입주상담 등이다. 자립 및 자활지원의 내용은 자립지원제도 연계지원, 입주자 취업 알선, 사회적기업 지원 등이다. 주거복지상담사 제도를 통해 개별적인 입주민 중심의 복지서비스가 이루어지고, 주거자원 및 서비스 연계를 통해 실질적인 문제 해결이 가능하다는 효과가 있다(토지주택연구원, 2014).

4) 주택관리공단

주택관리공단은 주택관리의 전문화를 위해 1998년 11월 설립되었다. 설립 목적은 임대아파트 단지의 슬럼화로 인한 국가자산의 관리 소홀을 방지하고 입주민의 자활의식을 고취하여 삶의 질을 높이는 것이다.

이를 위하여 주택관리공단에서는 입주민의 경제적 부담을 경감하기 위한 관리비 절감 노력을 시작으로 '더불어 사는 마을', '살고 싶은 마을'을 만들기 위한 단지 여건에 맞는 프로그램을 개발하고 추진하는 등 커뮤니티 활성화에도 노력을 기울이고 있다.

커뮤니티 활성화를 위한 내용을 살펴보면, 입주민으로 하여금 관리에 대한 관심과 참여를 유도함으로써 투명하고 공정한 관리운영 도모하기 위하여 일일명예관리소장제, 시설물견학, 간담회, 자율방범대 등을 운영하였다. 또한, 단지환경 개선을 통한 쾌적한 단지 조성을 위한 자원재활용, 우리 마을 가꾸기 등, 그리고 입주민에 대한 친절서비스와 생활고충 상담으로 관리소 이미지를 개선하는 노력을 기울여왔다. 입주민과의 상호 신뢰감 형성을 위하여 정기적인 친절교육, 불우이웃돕기, 취업알선, 청소년 선도 등을 실시하고 있다.

한편 '살고 싶은 마을만들기 위원회'를 구성하고 단지별 특성과 여건에 따라 커뮤니티 프로그램을 운영하고 있다. 뿐만 아니라 지역 유관기관 및 단체와 연계하여 다양한 아이템을 개발하고 중점추진 사업으로 적극 반영하여 예산지원 및 관리소 평가 시 반영함으로써 활성화를 유도하고 있다. 또한, 지속적으로 추진되어 온 커뮤니티 추진 수범사례를 효율적으로 전파, 홍보함으로써 커뮤니티 활성화를 통한 새로운 관리문화 정착화에 노력하고 있다.

9장 주민참여와 주민역량 강화

9.1 주민참여

1) 주민참여의 의미

사전적 의미로 주민은 특정한 지역에 거주하는 사람을 말하고, 참여는 어떤 일에 끼어들어 관계하는 것을 가리킨다. 주민참여는 주민들이 자신들이 살아가는 지역에서 일어나는 의사결정과정에 영향을 행사하기 위하여 이루어지는 활동이다.

커뮤니티를 형성하기 위해서는 주민의 활동이 반드시 필요하고 주민주체가 되는 것이 가장 바람직하다. 주민활동은 주민들과 일상적으로 접촉하고, 교류하면서 주민들을 지역사회의 주체로 만들어가는 활동을 통해서 발전할 수 있다.

지방자치단체의 주민이 지방자치 행정과정에 참여하며, 아파트 주민이 공동체 생활과정에 직접 또는 간접적으로 참여하게 된다. 특히 주거지를 중심으로 한 커뮤니티에서 관심을 갖고 있는 거주자의 주민참여는 주민들이 거주지역에서 커뮤니티 생활에서 이해관계가 있는 사건에 대하여 주민의 주거복지 증진이나 공익 실현을 위하여 주민조직을 통하여 각종 활동에 직·간접적으로 참여하는 것이라고 할 수 있다.

주민참여는 주민들이 스스로 자신의 주거환경을 만들어가고 자신들의 요구를 적절히 계획에 반영하는 것이다. 지역주거환경의 개선과 정비 과정에서 주민들이 관심을 가지고 직접 참여하여 조직적인 활동을 전개함으로써 커뮤니티 의식을 형성하고 이웃과 함께 가꾸어 나가는 지역과 마을을 만들 수 있다.

2) 주민참여의 기능

참여증진은 사회적으로 소통, 화합, 배려를 유도하고, 행정적으로 갈등을 조정하며, 정치적으로는 공식적 조직견제의 기능을 수행하고, 경제적으로 감시·통제의 역할을 한다.

아파트 커뮤니티 생활에서 주민참여가 주거만족에 미치는 영향에 대한 연구에 의하면, 주민조직 참여가 많을수록 이웃과 소통이 원활해지고, 이웃과 화합이 잘된다. 또한, 주민조직 참여가 많을수록 이웃에 대한 배려가 높아지고 이웃과의 소통·화합·배려가 많을수록 주거만족도가 높아진다. 따라서 아파트에서 동호회 등 자생단체는 소통, 화합, 배려 등의 사회적 기능에 수행하고, 입주자대표회의가 참여의 행정적 기능을 잘 수행해야 참여증진으로 주거만족을 이룰 수 있다. 반면 아파트 주민의 무관심과 참여저조는 주민 참여기능을 무력화시켜 입주자대표회의나 관리사무소 등의 운영과 관리의 감시·감독 기능을 저하시키고, 부정·비리 발생을 방치하는 결과를 가져올 위험성이 있다고 하였다(김해숙 외, 2014).

주거지역의 커뮤니티 활성화에 주민참여가 필요한 이유와 기능은 다음과 같다.

첫째, 커뮤니티 구축의 기능이다. 주민참여를 통해 주민은 자신이 살고 있는 지역의 문제점을 해결하고 환경을 개선해나가는 과정에서 대한 지역에 관심과 애착을 갖게 된다. 주민들은 이것은 사후관리 측면에서 유리하며 지속적으로 사업을 이끌어 나아가는데도 긍정적인 영향을 미치게 된다.

둘째, 주민요구 반영의 기능이다. 주민참여를 통해 주민들은 자신들의 요구사항을 표현할 수 있다. 주민참여는 지역사정에 정통하지 못한 행정가 또는 전문가들에게 해당지역의 실태와 정보, 요구를 직·간접적으로 제공한다. 이로써 해당사업이 수혜자인 주민들의 욕구를 충족시키고 만족도를 높일 수 있게 된다.

셋째, 이해조정의 기능이다. 주민참여는 주민들 간의 이해관계가 보다 쉽게 조정될 수 있는 기회를 부여하기도 한다. 주민 간의 갈등은 행정적·법적 규제를 통해 해결하기에는 어려운 점이 많다. 주민참여는 다양한 참여주체들 간의 이익상충과 마찰을 조정하고 타협과 협력에 이르는데 긍정적인 역할을 하게 된다. 아파트에서 주민들이 관리 규약과 관리 사안 결정 등에 참여함으로써 스스로 해결점을 찾고, 조정의 방법을 강구하도록 할 수 있다.

1990년대 말부터 아파트에서는 관리업무의 투명성을 증진시키기 살고 있는 단지에 대한 관심을 높이기 위한 방안으로 주민참여의 중요성이 높아지고 있다. 아파트 관리의 주민참여는 정보의 기능, 신뢰증진의 기능, 통제의 기능, 이해관계 조정의 기능을 한다.

즉 단지 내 주요 안건의 처리와 행정적 결정에 주민이 참여함으로써 입주자대표회의 및 관리주체의 의결과 집행계획을 주민에게 보다 정확하게 전달 할 수 있으며, 관리운영에 있어서 정보를 공유하지 않음으로 인해 발생할 수 있는 주민의 불만과 저항을 줄이는 기능을 한다. 관리사안 결정 및 수행에 주민의 참여가 이루어질 때, 입주자대표회의와 관리주체의 업무 처리에 대한 이해를 구할 수 있고 신뢰구축에도 긍정적인 영향을 미치게 된다. 또한, 주민들 간의 이해관계가 보다 쉽게 조정될 수 있는 기회를 부여함으로써 공동생활로 인한 주민 간의 갈등을 해결하는 데 활용될 수 있다. 즉 주민들이 직접 관리규약과 관리사안 결정 등에 참여함으로써 스스로 해결점을 찾고, 조정의 방법을 강구할 수 있도록 할 수 있다.

그러나 주민참여에는 순기능뿐만 아니라 역기능도 존재한다. 참여가 잘못된 방향으로 이루어지는 경우에는 모든 관리사안 결정에 주민이 참여하는 그 처리가 늦어질 수 있으며 운영상의 비효율성이 생길 수 있다. 또한, 주민의 개인적 견해와 자기중심적인 이해가 지나치게 반영될 경우, 주민전체의 이익과 객관성에 문제가 생길 수 있다. 특히 소수의 참여자가 강한 영향력을 행사하는 경우 이러한 가능성을 더욱 높아지며 주민집단 간의 의견이 조정되지 못하는 경우에는 주민갈등이 심화될 수 있다.

주민참여와 주민자치활동인 자기 지역의 이익만을 추구하여 다른 지역을 희생시키기도 한다. 특정 지역을 토대로 하는 연대감이 자신이 속해있는 지역의 이익만을 추구하는 지역이기주의로 흘러 가서는 안 된다. 지역의 문제를 해결하고 더 나은 방안을 모색하며 커뮤니티를 활성화하는 것은 궁극적으로 우리의 생활환경이 쾌적하고 만족스럽게 되는 것이 목표이기 때문이다.

주민참여의 수준과 정도는 차이가 있는데 참여주체들이 어떠한 목적을 가지고 커뮤니티 활동에 참여하는지에 따라 달라진다. 즉 주민참여 기법의 사용목적에 따라 사용자의 의도에 의해 주민참여를 필요로 하는 정도가 달라질 수 있으며, 이를 통해 주민참여기법과 주민참여의 수준을 연관 지을 수 있다(오다해, 2013).

〈표 9-1〉 주민의 참여수준에 따른 주민참여 유형과 주민참여 기법

분류유형	특징	주요 주민참여 기법
1단계 단순참여	• 주민이 자신이 거주하는 단지와 지역사회에 관심을 가짐 • 주민의 참여 수준이 비교적 낮으며, 주민에 대한 일방적인 참여 유도가 이루어짐 • 일반적으로 주민을 제외한 참여주체가 사업에 대한 정보를 주민에게 제공하며, 주민들에 의해서 단순 청취가 이루어짐	홍보 및 교육
2단계 의견제시	• '단순참여'에 비해 주민의 참여가 좀 더 적극적으로 이루어짐 • 행정의 계획 및 결정과정에 대해서 주민들이 관여하여 그들의 의견을 제시할 수 있게 됨 • 행정의 가치와 주민의 가치가 함께 다루어짐	설문조사 현장조사 인터뷰 및 면담(주민상담) 공청회 주민의견 수렴회(간담회, 토론회) 워크숍
3단계 계획 참여	• 가장 높은 수준의 주민 참여가 이루어짐 • 주민들이 계획·설계 과정에 직접 참여하게 되며, 주민들의 참여에 의해 마을만들기 사업이 진행됨 • 주민들이 직접 계획·설계 과정에 참여하는 만큼 마을만들기 사업에서 주민의 의사가 영향력 있게 작용함	주민자치조직의 단순참여 수상제도(아이디어 공모사업) 생활환경 증진을 위한 자발적 참여 공동체 프로그램

(출처: 오다해(2013) 일부의 내용을 수정하였음)

9.2 주민참여 방법

1) 주민참여 기법

주민참여를 이끄는 방법은 다양한 영역에서 다양한 방법으로 나타난다. 도시계획이나 도시개발의 경우 시민참여로, 지구계획이나 지구환경정비, 마을만들기의 경우는 주민참여로 이루어지며, 특정 주택공급이나 재건축, 재개발의 경우는 조합이 되어 입주대상자가 주민참여의 대상이 된다. 또한, 주민자체센터나 주민공동시설과 같은 주민 커뮤니티 시설을 통해 커뮤니티 형성의 거점을 만드는 방법도 있다. 이처럼 주민참여는 매우 다양한 영역에서 거론되며 그 유형과 방법도 매우 다양하다.

주민참여 기법은 주민참여의 유도와 주민들의 의견수렴을 용이하게 하기 위해 이용될 수 있는 수단이라 볼 수 있다. 주민들의 관심을 유도하는 방식에서부터 주민을 포함한 다양한 이해당사자들의 상호적 소통이 이루어지는 방식까지 매우 다양하다.

주민참여의 유형과 방식은 제도성 여부에 의한 제도적·비제도적 참여와 주도권(Initiative)소재에 따른 행정주도형·주민주도형 참여로 구분될 수 있다(배웅규, 2001, 장철호 2004). 제도화된 주민방법으로는 위원회, 지방의회 및 상임위원회, 정당, 공청회, 반상회, 주민투표, 주민감사청구 및 청원제도 등이 있으며, 비제도화된 주민참여방법으로는 집단행동 및 시위, 여론조사, 인터넷 의견 수렴, 워크숍의 방법이 있다. 아파트에서 입주자대표회의를 통한 주민참여는 공식적·제도적 주민참여로 볼 수 있으며, 부녀회나 동호회 등 자생단체를 통한 주민참여는 비공식적·비제도적 주민참여로 볼 수 있다[26].

닉웨이츠(Nick Wates, 1999)는 커뮤니티의 계획과 관리에 지역주민 참여의 중요성을 강조하면서 효과적인 53가지 방법 제안하였다. 주민참여가 이루어지는 시간과 장소, 함께 하는 사람들, 주민참여가 이루어지는 목적, 보유하고 있는 자원 등에 따라 선택할 수 있도록 하였다.

커뮤니티 활성화와 마을만들기를 위한 주민참여 방법으로 다양한 방안들이 실시되고 있다. 공청회, 워크숍, 위원회, 전시회, 계획 관련 홍보 책자 발간, 아이디어 공모 등이 추진되고, 조사 방법으로는 자문그룹 인터뷰, 주요인사 앙케이트, 간담회, 관찰조사, 면담, 설문조사 등이 실시된다. 김상균(2001)은 우리나라 사람처럼 의사표현에 있어서 소극적인 주민들의 의견을 밖으로 끌어내는 성공적인 주민참여 설계를 위해서 가장 중요한 것은 주민 간에 의견을 교환하기 위한 언어의 공유화과정, 서로 다른 의견을 조율하기 위한 기법이라고 보았다. 그리고 이를 위한 기법으로는 워크숍, 인터뷰, 설문분석, 희망표현, 사진 촬영, 시뮬레이션, 모형, 지도 그리기, 대상지 걷기, 예산 분배 게임, 이용 후 평가 등의 방법을 제시하고 있다.

---

[26] 아파트 커뮤니티 참여에 대해 공식적·제도적인 참여조직에 입주자대표회의와 관리사무소가 포함되느냐 여부는 아직까지 확정된 연구가 없으나, 공동주택관리법에 근거하여 공식적·제도적인 참여조직을 입주자대표회의나 관리사무소, 비공식적·비제도적 참여조직을 부녀회나 동호회 등 자생단체로 볼 수 있음.

〈표 9-2〉 주민참여 방법

번호	방법	번호	방법
1	활동계획 이벤트	28	세부 계획 워크숍
2	활동계획을 세우는 주(week)	29	이동 스튜디어
3	건축센터	30	모형
4	예술 워크숍	31	근린주구계획 사무소
5	수상제도	32	신문의 부록
6	워크숍 설명회	33	오픈하우스 행사
7	선택목록	34	오픈 스페이스 워크숍
8	커뮤니티 디자인 센터	35	편집의 참여
9	커뮤니티 계획 포럼	36	자료수집을 위한 사진촬영과 기록
10	커뮤니티 개요 정리	37	계획의 원조기구
11	디자인 조력팀	38	계획의 날
12	디자인 축제	39	실천 계획
13	디자인 게임	40	계획 주말
14	디자인 워크숍	41	우선권 결정
15	개발 트러스트	42	진행계획 세션
16	다이어그램	43	시찰 여행
17	전자 지도	44	재검토 세션
18	합성 입면도	45	위험 평가
19	친환경 상점	46	로드 쇼
20	실행 펀드	47	시뮬레이션
21	현장워크숍	48	거리 전시대
22	미래조사회의	49	계획안의 테이블 전시
23	게임하기	50	테스크 포스
24	아이디어 대회	51	도시디자인 스튜디오
25	상호작용의 전시	52	사용자 그룹
26	지역디자인 보고서	53	가두연설 비디오 박스
27	지도 만들기		

(출처: Nick Wates, 1999)

〈표 9-3〉 주민참여의 유형과 방법

주민참여의 유형		주민참여의 방법		
제도성 여부	제도적 참여	위원회, 지방의회 및 상임위원회, 정당, 공청회, 반상회, 주민투표, 조례 제정 및 개폐창구제도, 주민감사 청구 및 청원제도, 공시제도 등		
	비제도적 참여	집단행동 및 시위, 시민단체, 여론조사, 공론조사, 인터넷의견수렴, 워크숍 등		
주도권 소재	행정주도형 참여	-		
	주민주도형 참여	-		
참여기술	적극적 참여	모델전시, 모의실험, 워크숍		
	소극적 참여	정보수집: 설문, 여론조사, 투표, 인터뷰, 관찰법 등 정보전달: 출판, 라디오·TV광고, 교재, 지침서 등		
참여의 성격	능동적 직접참여 ↕ 수동적 간접참여	높은 관여 수준 ↕ 낮은 관여 수준	표준설계방식, 설계선택방식, 상담설계방식, 자유설계방식	
	개별참여	-		
	집단참여	-		

(출처: 조정현, 2010)

주민참여는 마을환경계획과 마을 디자인에도 적용된다. 기존의 마을과 근린 계획 과정에서 간과되었던 거주자 및 커뮤니티의 의견을 반영하는 것으로 주민참여를 통하여 주민의 요구사항을 이끌어 낸다. 지역거주자들의 삶을 담을 환경을 만들어내기 위해서는 지역의 잠재력과 문제점을 가장 잘 파악되어야 하고, 거주자의 참여가 이루어질 때 거주자의 요구를 반영한 커뮤니티를 계획할 수 있다.

2) 주거지역 커뮤니티 활성화를 위한 주민참여 기법

주거지역 커뮤니티 활성화와 마을만들기를 위한 주요한 주민참여 기법에는 주민조직참여, 수상제도, 생활환경 증진을 위한 자발적 참여, 설문조사, 현장 답사, 인터뷰 및 면담, 공청회, 커뮤니티 프로그램, 워크숍, 홍보 및 교육 등이 있다(오다해, 2013).

① 주민조직 참여

주민들이 자신들을 대표할 조직(주민조직)을 구성하여 지역 커뮤니티 활동에 참여하게 된다. 주민조직에 참여함에 따라 그들 공동체의 목표를 달성하기 위한 의견수렴·토의·협의·사업구상 및 시행 등이 보다 체계적으로 진행된다.

② 수상제도(아이디어 공모사업)

주민들이 운영한 커뮤니티 사업과 마을만들기 사업에 가치를 매겨 상을 수여하는 제도이다. 수상제도나 아이디어 공모사업은 비교적 적은 비용으로 운영이 가능하며, 우수 사업이나 아이디어를 발굴하는 데 유용하다.

③ 커뮤니티 프로그램

주민들이 참여할 수 있는 커뮤니티 프로그램을 운영한다. 커뮤니티 프로그램은 커뮤니티 의식의 형성을 도모하는 활동 프로그램이며, 주민활동가, 전문가, 행정, 시민단체가 프로그램을 개발·운영하게 된다.

④ 생활환경 증진을 위한 자발적 참여

생활정주환경 개선에 대한 필요성을 주민들끼리 공감대를 형성하게 되어 자연스럽게 개선사업이 진행되는 것을 말한다. 일반적으로 소수의 주민들이 참여하기 시작하여 다수의 주민들로 참여가 확산되어 나가게 된다. 주민들에 의해 시작된 마을만들기 사업이 점차 규모가 커지면 행정 및 시민단체가 이들을 지원하게 되는 경우도 있다. 자발적 참여의 경우에는 법적 강제력이 없고 별도의 절차가 필요하지 않아서 주민들의 관심과 의지만 있다면 쉽게 커뮤니티 사업이 진행될 수 있다.

⑤ 워크숍

행정, 시민단체, 전문가 등이 주관하며 주민들 간의 소통을 목적으로 개최하는 주민의견 수렴장치이다. 워크숍은 다양한 방법을 통해 전행될 수 있으며 주민들의 창의적인 의견을 수집할 수 있다는 장점이 있다.

⑥ 설문조사

커뮤니티 사업에 대한 주민들의 의견을 직접 혹은 간접적인 방법으로 수집한다. 주민들에게 대상지에 대한 요구사항을 간편한 방법으로 수집할 수 있다. 설문조사는 주민요구의 우선순위를 가장 직접적으로 파악할 수 있으며 주민 관심 유도가 가능하지만 설문결과를 해석하는 데 다양한 관점들이 개입할 여지가 많다.

⑦ 인터뷰 및 면담(주민상담)

인터뷰는 직접 주민이나 관계자를 만나 대화를 나누며 조사하는 방법이다. 커뮤니티 사업과 관련하여 직접 의견을 공유하게 되며 세심한 의견까지 수렴할 수 있다는 장점이 있다. 그러나 인터뷰 및 면담에 참여하는 소수의 주민이 일반주민을 대표하는 정도에 따라 행정 혹은 전문가가 얻을 수 있는 정보의 차이가 있을 수 있다.

⑧ 공청회

정부기관(행정)이 커뮤니티 사업이나 마을만들기와 관련하여 일정한 사항을 결정하기 위해 공개적으로 주민들의 의견을 수렴하는 형식의 제도이다. 공청회를 통해 시민단체나 전문가들 또한, 사업과 관련하여 의견을 제시할 수 있으며, 동시에 행정은 주민들의 의견을 청취하고 수렴한다.

⑨ 홍보 및 교육

주로 행정 및 시민단체가 주도하여 커뮤니티 사업의 초기단계에서 이루어진다. 일반적으로 홍보 및 교육을 통해 해당지역의 커뮤니티 사업에 대한 계획 수상을 주민들에게 알리는 것을 말하며, 그 외에도 공도사업의 참여를 유도하는 것도 포함된다. 이러한 과정을 통해 주민들의 관심을 도모하게 되며 커뮤니티 사업에 참여할 수 있도록 유도하게 된다. 홍보 및 교육은 다른 기법들에 비하여 시간과 비용이 적게 들지만 능동적인 주민참여를 끌어내기 어렵다.

9.3 주민조직과 주민활동가

1) 주민조직의 의미

주민참여가 주민들이 스스로 주거환경 개선과 정비과정에 관심을 가짐으로써 지역의 커뮤니티 활성화에 기여하는 역할을 한다면 이러한 주민참여를 조직적으로 보장할 수 있는 것이 지역단위의 주민조직이라고 할 수 있다. 주민조직은 지역사회에서 추구하는 목적을 달성하기 위하여 의도적으로 계획해서 구성된 사회적 단위 또는 인간 집단이다. 공간적으로 특정 지역 내에 국한되어 있기 때문에 조직의 활동이나 성원은 이 지역사회의 사회구조와 특성 및 욕구를 반영한다.

폴매티시(2015)는 커뮤니티 조직 활동이란 지역사회 사람들을 협력관계로 이끌고 그들에게 스스로를 돕는 수단을 제공하는 과정이라고 하였다. 이 과정은 마을 공동체를 개발하고 커뮤니티를 형성하는데 매우 중요한 전략이 된다. 지역사회에서 자원들을 연결하는 조직활동은 지역사회에서 핵심자원을 찾아내고 이를 확장시키기 위해 장기간에 걸쳐 관계망을 만드는 일이며, 지역의 사회적 능력을 성장시키는 과정이다. 이 과정은 지역사회의 중요한 자원을 찾아내고, 지역사회 관련 정보를 모으고, 주민활동가를 발굴해 교육시켜서 지역사회를 대표하게 만들고 지역 주민들의 온전한 파트너로서 봉사하도록 하는 것 그리고 지역사회 안팎의 다양한 네트워크를 강화시키는 것을 포함한다.

2) 주민조직의 기능

주민조직화는 지역사회개발과 커뮤니티 활성화를 위한 지속적 전략이기도 하다. 효과적인 커뮤니티 개발을 위해서는 지역사회주민의 효과적인 참여가 필요하다. 마을만들기나 커뮤니티 사업의 성패는 주민의 참여에 달려있고, 주민의 참여는 주민조직을 통해 이루어진다. 지역의 커뮤니티 활성화를 위한 주민조직은 지역과 주거단지, 그 주변의 커뮤니티 의식 증진과 삶의 질 향상 및 지역사회에 기여할 수 있다.

개인의 생활에 영향을 미치는 주민조직의 기능으로는 다음과 같은 것들이 있다.

첫째, 주민조직을 통한 참여와 의사소통의 경험은 일반 주민들에게 무력감을 해소하고 적극적인 시민으로의 변화를 가져올 수 있는 계기를 제공해준다. 둘째, 조직구성원들의 사회화 및 기존가치와 이데올로기 습득기회를 제공해준다. 셋째, 소속감을 갖게 하여 생활에 안정감을 준다, 넷째, 일상생활의 복잡한 스트레스를 해소시킬 수 있는 기회를 제공한다. 다섯째, 사회이동의 중계역할을 한다. 여섯째, 조직구성원들의 기득권을 보호해준다. 일곱째 정보나 아이디어 제공으로 교육적 효과를 진작시킨다. 여덟째, 외부세계와 연결할 수 있는 기회를 제공해준다(한국도시연구소, 2001). 현대사회는 지역사회주민조직과 같은 자발적 조직체가 갖는 사회적 기능에 관심을 갖게 되는데 이는 이차집단이 인간관계의 원자화를 극복한다고 본다.

아울러 지역사회 주민조직은 사적생활을 하는 개개인보다 큰 조직과 기관의 공동생활을 연결시켜주는 매개구조의 역할을 수행한다. 지역사회개발과 관련해서 주민조직은 다음과 같은 기능을 가진다. 첫째, 주민조직 활동을 통한 생활개선과 환경보호 등 개발사업이 지역사회 변동을 촉진시키는 기능이 있다. 둘째, 지역사회 내의 준거집단역할을 담당하여 경쟁과 개발을 촉진시켜 주민욕구를 조정하고 통합하는 기능이 있다. 셋째, 주민들의 가치와 목표선택을 구체적으로 창출해주는 기능이 있다. 지역사회전체에 영향을 미치는 주민조직의 기능으로는 우선 다양한 개인의 자원을 응집시켜 지역사회 전체에 효과적인 영향력을 발휘할 수 있도록 조정시키는 기능이 있다(서규석, 2003).

그리고 주민조직은 목표수립과 목표를 추진하는 주민들의 동원 그리고 프로그램을 지원할 자원동원과 프로그램 제안 등을 할 수 있으며, 또한, 프로그램을 변경하거나 주민에게 유해한 프로그램을 배제하거나 부적절하다고 생각되는 서비스의 교체요구 등도 주민조직의 기능이라 할 수 있다.

결국 주민조직은 개인적으로 해결하기 어려운 문제를 주민을 집단화하여 공동으로 해결할 수 있게 함으로써 지역주민들의 의견을 대변하고, 지역주민들이 지역사회를 위해 일할 수 있는 기회를 제공해주는 역할을 한다.

주민의 커뮤니티 참여는 각 부분을 담당할 다양한 조직의 형태로 구체화된다. 지역사회에 결성되는 조직들은 매우 다양하다. 동호회와 같이 관심사가 같거나 친목을 목적으로 조직되거나, 자원봉사회, 부녀회, 노인회 등 사회봉사를 목적으로 조직될 수 있고, 소비계, 생산계 등 경제이익을 목적으로 조직될 수도 있다. 또한, 주민의 의사를 대변하거나 주거지의 문제를 해결하고 바꿔나가기 위하여 조직될 수 있다.

3) 주민활동가(주민 리더)

주민활동가(community leader)는 자신이 살고 있는 지역 사회의 특정 사업이나 기능을 맡아서 지역 사회 주체 역량을 경영하고 지휘하는 역할을 담당하는 사람들이다.

커뮤니티 주민조직을 활성화하는데 중요한 요소 중에 하나가 리더십으로 알려져 있다. 리더십은 주민조직에 가입하는 것 이상으로 지역사회에 대한 애착과 적극적 참여가 있어야 한다. 커뮤니티 의식과 주민조직을 다룬 연구에서 주민활동가나 주민 리더의 존재 여부가 지역 커뮤니티 의식 형성에 영향을 미치는 것으로 나타났다 (Zaff&Devlin, 1998). 공동주택의 커뮤니티 활성화 사업이나 마을만들기 사업에서 커뮤니티가 활성화가 된 사례에서도 주민활동가들이 적극성이나 추진력을 갖고 활동하는 것을 볼 수 있다. 따라서 커뮤니티가 활성화되기 위해서는 주민조직을 만들고 커뮤니티 활동을 이끌어나갈 수 있는 주민활동가가 있어야 한다.

지역에서 주민활동가는 자치위원회, 마을활동가 등을 들 수 있으며 공동주택에서는 공동체 활성화 단체, 부녀회, 노인회, 입주자대표회의, 자생단체 등에서 커뮤니티를 위해 활동하는 주민을 말한다.

각 지자체를 중심으로 커뮤니티 활성화 정책이 추진되고, 아파트에서 자발적으로 커뮤니티 사업이 이루어지면서 자생단체나 공동체 활성화 단체의 임원이나 구성원들의 역할이 더욱 중요해졌다. 주거지에서 커뮤니티 의식을 증진시키거나 커뮤니티를 개선하는 일은 지역의 사안을 찾아내고 커뮤니티 활동에 관심이 있는 사람들을 발굴하며 이들과 다른 주민들을 연결하여 참여를 유도하는 것으로 구체화될 수 있다. 따라서 커뮤니티 활성화를 위한 사업을 기획하는 일과 프로그램을 개발하고 추진하는 일 등이 주민활동가의 역할을 되었다. 다른 조직이나 단체와의 공조 또한, 주민활동가의 역할이 되어 커뮤니티가 활성화되는 데 주민활동가의 역량이 매우 중요한 것을 인식된다.

마쓰노 히로시 외(2010)은 일본의 마을만들기에서 주민 활동가가 갖추어야 할 요건과 역할에 대하여 자신의 지역과 사회활동 등에 대한 확고한 신념과 자긍심을 가지고 정열을 쏟아야 한다고 제안하였다. 그리고 아이디어가 풍부하고 창의적인 연구를 집중시킬 수 있는 능력과 마을의 개성 있는 발전을 추진하는 기획력을 가지고 있으며, 행동력과 활력이 넘치는 실천력을 가져야 한다고 하였다. 커뮤니티 사업은 관념론만으로는 추진될 수 없고 구체적인 행동이 있어야 성과를 올릴 수 있기 때문이다(마쓰노 히로시 외, 2010).

또한, 커뮤니티 활동과 관련하여 주민활동가는 지속적으로 주민들을 설득하고 중재하는 역할을 하게 되므로 신뢰성과 성실성, 공평성을 갖추어야 한다. 또한, 커뮤니티 활성화 사업이나 마을만들기 사업 등은 지역과 주민들을 천천히 변화시키기 때문에 조급함을 갖기 보다는 긴 안목을 보유한 사람이 적합하다. 그리고 소수의 사람이나 특정인이 지나치게 장기간 리더십을 행사하거나 리더십의 교체가 제대로 이루어지지 않는 경우가 있는데 이것은 커뮤니티 활성화에 장애요소가 된다. 견제와 균형, 다양한 참여를 통한 민주성을 확보하는 가운데 주민활동가의 활동이 이루어져야 한다.

이를 위한 지역사회 주민조직 리더십에 대한 체계적 연구 및 교육·훈련의 노하우가 이루어져야 한다. 정부나 지자체 차원에서 지역사회 주민조직 리더십에 대한 연구와 교육 및 훈련에 대한 지원시스템이 시급히 마련되어야 할 것이다.

주민활동가, 리더 발굴 방법
- 기존 자생단체인 부녀회, 동호회 등이 참여하도록 유도한다.
- 반장에게 커뮤니티 리더 역할을 할 주민을 소개받는다.
- 주민자치센터 등에서 활동경험이 있는 단지 주민들을 참여시킨다.
- 주민을 대상으로 큰 글씨 홍보물을 이용한 엘리베이터 홍보 등을 통해 자발적 참여를 유도한다.

(출처: 서울시, 2011)

9.4 주민역량 강화와 주민교육

1) 주민역량 강화의 개념

능력은 구체적인 영역에서의 기술과 지식 등을 일컫는다면, 역량은 그러한 능력들의 총체적인 결합으로 특정한 문제나 목표를 성취할 수 있는 힘을 말한다. 지역사회개발과 관련하여 역량 강화(Capacity-building, empowerment)라는 개념은 1980년대 중반부터 사용되기 시작하였다. 이는 농촌사회발전을 위한 개발 노력들이 오히려 지역의 외부자원에 대한 의존성과 주민들의 자립능력을 훼손하는 부정적 결과를 낳은 데 따른 것이다.

지역주민역량은 주민들이 지역의 문제를 스스로 찾아내고, 해결할 수 있는 능력으로 개념화되며, 이를 위해 주민들은 주체적 지위를 갖고 지역문제 해결과 관련된 다른 주체, 즉 행정이나 외부 전문가들과 대등한 권한을 유지하며 상호작용할 수 있는 능력을 필요로 한다(차성란, 2011).

또한, 외부에 의해 또는 주변의 권유로 조직된 공동체와 조직은 구성원 간 유대감이 약하고, 호기심이 저하될 경우 쉽게 조직과 공동체를 이탈하게 되는 경우가 발생하기 때문에 커뮤니티 사업의 지속성 확보 측면이나 공동체 유지를 위하여 역량 강화가 필요하다.

역량 강화를 기반으로 한 공동체 활동은 구성원들의 결속력과 지지를 형성하고, 긍정적인 안정감을 바탕으로 공동체가 지속적으로 발전·유지될 수 있는 원동력이 될 수 있다. 따라서 커뮤니티 활동의 기술향상과 더불어 공동체에 대한 애착 및 이해증진, 공동체 구성원 간의 유대감 강화를 도모할 수 있는 프로그램 구성이 요구된다(대한국토·도시계획학회, 2015).

2) 커뮤니티 주민 교육 프로그램

주민참여는 주민의 역량 강화를 통해 증진될 수 있으며 역량 강화를 위해서는 지속적인 교육 프로그램의 운영이 필요하다. 교육을 통해서 자기계발뿐만 아니라 지역사회에 능동적으로 참여할 수 있는 계기를 가질 수 있다. 또한, 주민이나 주민활동가가 커뮤니티 사업에 필요한 기술을 배울 수 있는 교육 프로그램이 있어야 커뮤니티 사업이 성공할 가능성도 높아진다. 이 주민 교육 프로그램이 소위 말하는 '리더십 프로그램', '역량 강화 프로그램'이다.

주민 교육 프로그램을 통하여 주민들이 커뮤니티 문제를 정확히 이해하고, 변화를 이끌 수 있는 기술을 배울 수 있다. 이렇게 함으로써 주민들은 정보나 다른 조직들에 의존하지 않을 수 있다. 주민 교육 프로그램의 주제는 주로 조직기술, 인간관계 훈련, 복잡한 지역 문제 분석 기술, 주민조직 기술 등으로 구성된다.

이러한 교육 프로그램은 지역 주민들이 스스로 운영할 수 있고, 외부 전문가를 초빙해 진행하거나 공식적인 커뮤니티 전문가가 진행할 수도 있으며, 교육 진행 방식은 주민들의 참여도와 전문가의 적극성에 따라 강의식형, 워크숍형, 스튜디오형의 3가지 유형으로 분류할 수 있다(폴 메티시, 2015; 박혜은, 2013).

공동주택 커뮤니티 교육의 필요성에 대한 연구 자료에서 보면, 지자체의 커뮤니티 활성화 사업에 참여한 단지의 입주자대표회의의 93.6%, 주민활동가 83.6%가 필요하다고 하였다. 또한, 이미 커뮤니티 교육을 받은 경험이 있는 주민활동가 중에서 커뮤니티 교육이 커뮤니티 사업을 수행하는 데 도움이 되었다고 응답한 비율은 70%로 높게 나타났다(천현숙 외, 2013).

현재 현장에서 커뮤니티에 대한 관심은 증가하지만, 커뮤니티에 대한 정보나 지식이 거의 없고 사업에 대한 지식도 거의 없는 경우도 많다. 실제로 아파트단지에서 커뮤니티 사업이나 활동을 수행하는 대다수의 주민활동가는 커뮤니티 사업이 무엇인지도 모르고 시작했고, 커뮤니티 교육이 필요하다는 의견을 보이고 있다.

커뮤니티의 중요성이 인식되고 있으나 주민활동가 역시 커뮤니티 활성화 사업에 대한 이해가 부족하고 커뮤니티 프로그램의 기획이나 운영에 대한 경험이 없어서 단지에 적합한 프로그램을 발굴해내는 것이 어려운 상황이다. 따라서 주민의 역량 강화를 위한 커뮤니티 교육이 이루어진다면 향후 커뮤니티 활성화에 기여할 수 있을 것이다(지은영 외, 2014).

우리나라에서 운영되고 있는 대부분의 커뮤니티 교육프로그램은 지자체나 시민단체가 주체가 되어 진행되고 있다. 공동주택관리와 관련하여 관리자와 입대회를 대상으로 한 교육, 공동주택의 커뮤니티 활성화 사업과 관련된 교육, 마을만들기 사업 관련 교육 등이 있다.

3) 아파트 커뮤니티 활성화를 위한 교육지원 프로그램

주민교육은 커뮤니티와 관련한 다양한 지식과 정보를 제공할 뿐만 아니라 커뮤니티 활성화에 대한 관심과 주민참여를 유도하는 데 활용된다. 지자체나 시민단체가 수행하는 주민교육프로그램은 주로 아파트 주민, 주민활동가, 예비 주민활동가, 커뮤니티에 관심 있는 주민들을 대상으로 한다. 주민교육을 통해 커뮤니티 활성화의 리더로서 혹은 관심 있는 예비 참여 주민으로서의 소양과 역량을 키우고자 한다. 아파트 커뮤니티 활성화 교육지원 프로그램은 커뮤니티 활성화를 가지고 진행되거나 또는 아파트 관리에 대한 교육 일부를 커뮤니티 활성화에 대한 내용을 다루는 방식으로 진행된다. 교육내용은 커뮤니티 활동에 대한 입주자대표회의 역할과 주민활동가가 사업을 수행하는 데 필요한 지식과 정보 등으로 구성된다.

〈표 9-4〉 아파트 커뮤니티 활성화 교육지원 프로그램의 예

프로그램		세부 내용
서울시 지자체, 「찾아가는 주민리더교육」	목적	• 아파트 공동체를 활성화하고 주민 간 원활한 소통을 위한 사업을 도와주기 위함 • 아파트와 커뮤니티에 대한 전반적인 이해, 층간소음문제 등 아파트 관련 문제, 단지 맞춤형공동체 활성화 프로그램 발굴 등 • 공동주택 공동체 활성화 사업 및 공동주택 운영 및 관리교육 등을 실시함
	대상	구내 주민, 봉사자, 활동가 모임, 공동주택 주민, 자치위원, 자생단체 회원 및 직능단체 회원, 동별 대표자, 관리주체 및 직원, 공동체 활성화 단체회원 등
	교육방법	교육전문가(커뮤니티전문가)가 아파트로 직접 찾아가 교육함
	횟수	단지당 14회 이내(1일 1회, 1시간 이상~3시간 이내)
	교육내용	• 주민과 함께 할 수 있는 공동체 활성화 사업(사업 기획 및 운영 전반, 행정지원 안내 등) • 공동주택 운영 및 관리(주택관리업자 및 사업자 선정 지침, 공동주택관리 규약 및 선거관리위원회 운영 등)

4) 마을만들기 관련 주민교육 콘텐츠

마을만들기 사업에서 주민교육 프로그램은 주민리더 발굴과 주민역량 강화를 목적으로 전국적으로 다양한 방법으로 추진되고 있다. 마을만들기는 지역 내 인재를 육성하는 것이 사업이 첫 단계이다. 지역주민의 역량을 강화하고 주민리더를 발굴·육성하기 위하여 주민교육 프로그램을 운영한다. 또한, 교육 과정을 통해 지역주민, 행정가, 전문가가 한자리에 모여 지역 이슈와 문제점을 함께 논의할 수 있는데, 이 과정을 통해 마을만들기 사업 계획안을 마련하는 등 마을만들기 활성화의 장으로 활용하고 있다. 서울시 성북구에서는 도시 아카데미를 운영하면서, 과정 수료 후 사업예산을 확보하여 시범사업을 추진하는 등 행정적 지원을 하기도 하였다. 정릉1동은 교육 결과물을 통해 마련된 사업계획안을 바탕으로 지역 주민과의 협의를 통해 담장 허물기 사업, 골목길 조성 사업, 꽃밭 가꾸기 사업 등 마을만들기 사업을 추진하였다.

〈표 9-5〉 마을만들기 관련 교육 콘텐츠의 예 〈2012 성북구 도시아카데미〉

프로그램	세부내용
목적	마을만들기의 일환으로서, 주민 스스로 마을에 대한 고칠거리와 가꿀거리를 고민하고, 마을의 미래상을 구상하는 등 지역의 현안을 분석하고 개선방안을 도출할 수 있도록 마련된 지역주민 중심의 교육 프로그램
대상	성북구 내의 환경개선, 마을경제 활성화, 상업지역 활성화, 역사문화자원 활용한 지역활성화, 교육복지를 통한 마을만들기에 관심이 있는 주민
시수	11회 강좌(2시간씩)
모집방법	서울시 공동주택 통합정보마당(openapt.seoul.go.kr) 통해서 공개모집 등, 관련 협회 및 기관의 협조
시행년도	2010년도부터 시행
교육내용 구성	• 마을만들기 개념과 효과에 대한 인식 향상 • 경제, 문화 예술, 생태, 복지 등 다양한 영역과 마을만들기 연계 방안 이해 • 물리적 환경 개선, 주민공동체 활성화, 마을기업 발굴 등 다양한 분야에서의 구체적인 지역 이슈 발굴과 행동 계획 수립
교육 콘텐츠	1강 우리 마을, 우리 힘으로 2강 마을이 살아야 한국경제가 산다. 3강 우리 동네 이런 곳이 있었네. 4강 전통과 역사가 살아있는 성북 만들기 5강 예술가들, 재래시장으로 들어가다. 6강 마을이 복지다 7강 현장 답사 8강 금수강산 성북 만들기 9강 워크숍 10강 워크숍 11강 조별 발표 및 수료식

〈표 9-6〉 서울시 마을만들기 지원센터에서 운영되는 마을 공동체 교육 콘텐츠

프로그램	세부내용
마을공동체 교육 콘텐츠 개발 사업 1탄: 전문분야	1강 마을공동체의 이해와 활성화 방안 2강 문화예술과 마을공동체 3강 공동체교육 대안을 찾아서 "아이 한 명을 키우기 위해서는 마을 전체가 필요하다" 4강 집을 생각하다 5강 사회적 경제란 무엇인가?
마을공동체 교육교재: 지역활동 및 실무분야 I	1강 마을 공동체의 이해와 필요성 2강 행복한 마을을 만드는 신나는 재미 3강 마을공동체 활동 기초 4강 마을공동체 활성활를 위한 주민 워크숍 5강 우리 마을 골목 바꾸기 6강 청년 마을 살기 7강 마을 청년 소모임 운영, 이렇게 하면 된다 8강 모이고 떠들고 꿈꾸다 9강 마을이 학교다 10강 가정폭력 없는 움직이는 마을만들기 프로젝트 11강 마을공동체 지원사업 사업계획서 작성법
마을공동체 교육교재: 지역활동 및 실무분야 II	1강 공동체 활성화를 통한 살기 좋은 아파트 만들기 2강 도시농업을 통한 마을공동체 복원과 기후변화 대응 3강 교남동 마을만들기 활동을 통해 느낀 아파트 네트워크 구성의 필요성 4강 롯데캐슬 루나아파트 공동체 활성화 사례 5강 삼각산 재미난 마을 이야기 6강 마을, 이야기를 퍼뜨리다 "은평 산새마을 사례 중심" 7강 고덕 상록 아파트 공동체 활성화 사업 추진 사례 8강 마을리더 또는 커뮤니티 전문가를 위한 공동주택 커뮤니티 활성화 방법 9강 아파트 마을살이 – 실행 과정, 사업 추진 및 공간 활용법

9.5 주민참여와 주민역량 강화를 위한 제도적 지원

1) 지자체의 공동주택 상담실 운영

공동주택운영과 관련한 입주자 간의 분쟁을 예방하고 주택관리에 대한 정보와 지식을 제공하기 위하여 주택관리사, 입주자대표 등 전문상담사가 직접 상담해주는 공동주택 무료 상담실을 운영하고 있다. 서울시의 경우「서울특별시 무료법률상담실 설치 및 운영조례」에 근거하여 2010년에 설치되었다. 공동주택관리 관련 분쟁 각종 누수 소음 분쟁, 공동주택 층간소음 관련 분쟁에 대한 상담을 하고 있으며, 전화, 방문, 온라인을 통해 상담을 한다.

2) 단지컨설팅과 교육

'커뮤니티 활성화' 컨설팅은 주거지역과 단지의 여건과 특성, 주민들의 다양한 커뮤니티 수요를 고려하여 보다 효과적으로 커뮤니티 활성화를 유도하기 위한 것이다. 아파트 단지의 커뮤니티 실태를 파악하고, 단지의 특성에 적합한 커뮤니티 프로그램 개발, 외부자원 확보 및 프로그램과의 연계방안을 지원하고, 우수사례를 발굴하여 운영 노하우를 공유하는 데 목표를 두고 있다. 컨설팅은 주로 주민대상의 상담과 교육으로 이루어지며, 일련의 과정을 통해 주민의 참여를 유도하고 역량을 강화시킨다.

2012년 서울시에서는 아파트공동체 활성화 공모사업을 추진하는 데 있어서 집중지원단지로 선정된 단지에 서울시 공동주택관리 전문위원을 배치하여 컨설팅을 하였다. 사업분야별 학계, 실무 전문가로 구성된 공동주택관리 전문위원이 출장컨설팅을 하였다. 컨설팅 대상자는 해당 단지의 공동체 활성화 단체 회장, 회원 및 일반주민, 입주자대표회의, 관리소장 등이었다. 컨설팅을 받은 단지에서는 주민 주도하에 커뮤니티 활성화 사업계획서를 작성하도록 하였다.

3) 지자체의 커뮤니티전문가 배치

서울시 각 구청에 배치된 커뮤니티 전문가는 구청에서 수행하는 업무와 아파트 단지에서 커뮤니티 활성화를 위한 지원업무를 한다.

주로 주민활동가와 주민조직, 주민들을 지원하면서 공동체 활성화와 관련한 공동주택 현황 및 특성 파악, 공동주택 공동체 활성화와 관련한 전화 상담 및 방문 상담, 단지 특성 및 입주민 요구사항 수렴을 통한 단지 진단, 공동체 활성화 관련 사업 지원(사업계획서 작성, 프로그램 발굴, 공간 모색, 기타 행사보조 등), 공동체 활성화 사업 행정 보조(자료 작성, 정산 관련 등), 사업 종료 후 성공/실패 요인 분석하여 차기 사업에 반영, 기타 공동체 활성화 사업과 관련된 사항의 업무를 한다.

10장 커뮤니티 공간의 계획과 활용

　커뮤니티 공간은 거주자에게 공동체 의식을 위한 교류의 장을 제공하고, 다양한 경험과 사회활동의 가능성을 제공한다. 또한, 지역사회와 밀접한 연관을 맺어주어 삶의 질을 향상시켜 주는 매개가 되기도 한다.

　특히, 공동주택의 경우 전유부분과 공유부분이 물리적인 계획에 의해 뚜렷하게 구획되어 커뮤니티 형성을 위한 공간적 범위가 분명한 특징을 가진다. 공동주택단지에서 커뮤니티 공간은 가정생활을 영위하고 프라이버시를 유지하기 위한 각 세대 개별 주호에 대해 상대적인 의미를 지닌다. 각종 서비스, 놀이, 휴식, 오락, 이웃과의 친목 등 사회적 접촉과 공동생활에 대한 욕구를 수용하는 물리적, 공간적 영역으로서의 의미와 함께 이웃과 공유하며 사회적 관계를 형성함으로써 풍요로운 공동체 의식이 생성될 수 있는 매개공간으로 의의를 가진다.

10.1 커뮤니티 공간의 개념

　커뮤니티 공간은 커뮤니티 센터, 커뮤니티 시설, 공동체 공간, 공용시설, 부대복리시설, 주민공유공간 등 다양한 용어로 사용되고 있다. 건설사에 따라 생활문화타운, 자이안 센터(Xian Center), 클럽하우스 등으로 불리기도 한다.

　일반적으로 공동주택 내 커뮤니티 공간은 주민들의 건강, 여가 및 취미, 교육 등 복지와 문화생활 향상 등에 이르기까지 다양한 활동을 위한 주민공동의 공간으로서 역할을 하며 거주자들의 교류가 일어날 수 있는 공간이라는 포괄적인 개념으로 사용되고 있다.

　각 연구에서 정의하고 있는 커뮤니티 공간의 개념을 살펴보면 주서령 외(2002)는 공동주택 단지 내에서 주민들이 적극적으로 공동체 생활을 참여·영위할 수 있도록 그 중심의 장을 제공하는 시설로서 현대사회가 요구하는 다양한 공동체 활동을 제공하는 시설이라고 정의하고 있다. 또한, 커뮤니티 시설을 구성원들의 일상생활에서 정서적, 기능적 중심 역할을 하는 공간으로서 좁은 의미로는 공동체의 교류 및 유대감 형성을 위해 이용되는 시설, 넓은 의미로는 공동체 구성원들의 생활 영위를 위해 공동의 목적으로 이용되는 시설로 정의하고 있다(한국토지공사, 2007). 이와 같이 커뮤니티 공간은 거주자가 공용으로 사용하는 공간과 시설로서 일상생활의 정서적, 기능적 중심 공간으로서의 성격을 가지며, 커뮤니티 활동을 위해 이용되거나 건강, 여가 및 취미, 교육 등 각종 활동을 위해 마련된 시설을 의미한다.

1) 법적 용어 정의

커뮤니티 공간에 대한 용어는 주택법과 주택건설기준 등에 관한 규정에서 부대시설과 복리시설, 주민공동시설로 정의하고 있다.

① 부대시설이란 주택법 제2조(정의)에서 주택에 딸린 주차장, 관리사무소, 담장 및 주택단지 안의 도로와 이에 준하는 것으로서 대통령령으로 정하는 시설 또는 설비이다.

② 복리시설이란 주택법 제2조(정의)에서 주택단지의 입주자 등의 생활복리를 위한 공동시설로 어린이놀이터, 근린생활시설, 유치원, 주민운동시설 및 경로당, 그리고 그 밖에 대통령령으로 정하는 공동시설이다.

③ 주민공동시설은 주택건설기준 등에 관한 규정 제2조(정의)에서 해당 주택의 거주자 공동으로 사용하거나 거주자의 생활을 지원하는 시설로서 경로당, 어린이놀이터, 어린이집, 주민운동시설*, 도서실(정보문화시설, 작은도서관), 주민교육시설*, 청소년 수련시설, 주민 휴게시설, 독서실, 입주자집회소, 공용취사장, 공용세탁실, 사회복지시설*, 다함께돌봄센터, 공동육아나눔터, 기타 사업계획 승인권자가 인정하는 시설을 의미한다. 대부분의 주민공동시설은 거주자의 복리향상시설이라 할 수 있다.

- 주민운동시설- 거주자의 체육활동을 위하여 설치하는 옥내외운동시설('체육시설의 설치·이용에 관한 법률'에 의한 신고체육시설업에 해당하는 시설을 포함)·생활체육시설 기타 이와 유사한 시설
- 주민교육시설-영리를 목적으로 하지 않는 공동주택의 거주자를 위한 교육장소
- 사회복지시설- '공공주택건설 등에 관한 특별법' 제2조에 따른 공공주택의 단지 내에 설치하는 사회복지시설
[주택건설기준 등에 관한 규정 제2조]

10.2 커뮤니티 공간의 법적 설치기준

공동주택에 설치되는 커뮤니티 공간 설치에 대한 법적 기준은 '주택건설기준 등에 관한 규정'에서 부대시설과 복리시설로 구분하여 규정하고 있다.

1) 커뮤니티 공간의 설치기준 특징

커뮤니티 공간의 법적인 설치기준은 세대수를 중심으로 결정되고 있다. 세대수에 따라서 단지의 규모가 결정되며 단지의 규모에 따라서 법적 커뮤니티 시설 설치가 반드시 이루어져야 하는 강제성을 가지고 있다.

부대·복리시설에 대한 설치기준은 2013년 6월에 설치해야 하는 커뮤니티 공간의 총량면적과 의무설치 시설만을 규정하는 것으로 개정하였다.

개정 전 부대·복리시설의 설치기준은 세대수별로 설치해야 하는 주민공동시설의 종류와 면적을 획일적으로 규정하였다. 공동주택의 세대 규모, 조성시기 등에 따라 차이가 있지만 법적 최소기준만을 적용하거나 세대수별 획일적인 커뮤니티 공간 설치기준은 다양한 단지의 특성 및 주민의 요구 변화에 대응하지 못하는 한계점을 가졌다.

그러나 2013년 개정으로 기존의 개별적인 시설의 설치면적 기준을 폐지하고 총량면적 범위 내에서 기본 의무시설 설치기준을 준수하도록 하면서 단지여건이나 단지 거주자 수요특성을 고려하여 최대한 자율적인 주민공동시설 등의 설치가 가능하게 되었다.

① 세대수별 총량면적

주민공동시설은 100세대 이상의 주택을 건설하는 주택단지에 일정면적 이상의 주민공동시설을 설치하도록 규정하였다. 100세대 이상 1,000세대 미만은 세대당 2.5㎡를 더한 면적, 1,000세대 이상은 500㎡에 세대당 2㎡를 더한 면적을 설치해야 한다.

특히, 지역특성, 주택유형 등을 고려하여 특별시, 광역시, 특별자치도, 시 또는 군의 조례로서 주민공동시설의 설치면적을 각 기준의 4분의 1 범위에서 강화하거나 완화할 수 있도록 유연성 있는 기준도 마련하였다.

② 의무설치시설과 설치기준

주민공동시설의 의무설치시설은 세대수별로 어린이놀이터, 경로당, 어린이집, 주민운동시설, 작은도서관으로 규정하고, 적합한 설치 기준을 제시하였다.

〈표 10-1〉 세대수별 의무설치 주민공동시설

세대수	의무설치 주민공동시설
150세대 이상	경로당, 어린이놀이터
300세대 이상	경로당, 어린이놀이터, 어린이집
500세대 이상	경로당, 어린이놀이터, 어린이집, 주민운동시설, 작은도서관, 다함께돌봄센터

2) 커뮤니티 공간의 법적 설치기준

① 부대시설의 설치기준

부대시설은 관리사무소와 주차장, 담장 및 주택단지 안의 도로로 구분하고, 주택건설기준 등에 관한 규정 제4장에서 그 설치기준을 규정하고 있다.

관리사무소의 설치기준은 세대수별 면적기준을 규정하고 있다. 50세대 이상의 공동주택을 건설하는 주택단지에는 10㎡에 50세대를 넘는 매 세대마다 500㎠를 더한 면적 이상의 관리사무소를 설치하여야 한다. 다만, 그 면적의 합계가 100㎡를 초과하는 경우에는 설치면적을 100㎡로 할 수 있다. 또한, 관리업무의 효율성과 입주민의 접근성 등을 고려하여 배치하여야 한다.

관리사무소는 1979년 공동주택을 건설하는 단지에서 500세대에 30㎡를 기준으로 매 500세대를 초과할 때마다 가산면적을 더한다는 내용으로 '주택건설기준에 관한 규칙'에 신설되었다. 특히 1982년 개정과정에서 설치기준이 500세대에서 50세대 기준으로 변경됨으로써 관리사무소 설치가 강화되었으나 면적기준은 완화되었으며 1991년 '주택건설기준 등에 관한 규정'으로 법령이 바뀌면서 현재에 이르고 있다.

〈표 10-2〉 관리사무소의 설치기준

부대시설	세대수	설치기준	조항
관리사무소	50세대 이상	· 10㎡ + (세대수 − 50)× 0.05㎡ 이상 · 바닥면적의 합계가 100㎡ 초과 시 100㎡로 할 수 있음 · 관리업무의 효율성과 입주민의 접근성 등을 고려하여 배치	제4장 제28조

② 복리시설의 설치기준

주택건설기준 등에 관한 규정 제5장에서 복리시설에 대한 설치기준을 규정하고 있다. 근린생활시설과 유치원, 주민공동시설에 대한 규정은 다음과 같다.

- 근린생활시설

근린생활시설은 하나의 건축물에 설치하는 근린생활시설 및 소매시장·상점을 합한 면적(전용으로 사용되는 면적을 말하며, 같은 용도의 시설이 2개소 이상 있는 경우에는 각 시설의 바닥면적을 합한 면적으로 한다)이 1천㎡를 넘는 경우에는 주차 또는 물품의 하역 등에 필요한 공터를 설치하여야 하고, 그 주변에는 소음·악취의 차단과 조경을 위한 식재 그 밖에 필요한 조치를 취하여야 한다.

- 유치원

유치원은 2천세대 이상의 주택을 건설하는 주택단지에는 유치원을 설치할 수 있는 대지를 확보하여 그 시설의 설치희망자에게 분양하여 건축하게 하거나 유치원을 건축하여 이를 운영하고자 하는 자에게 공급하여야 한다. 예외 조항은 통행거리 300m 이내에 유치원이 있는 경우, 통행거리 200m 이내에 '교육환경 보호에 관한 법률' 제9조에 정하는 시설이 있는 경우, 주택단지가 노인주택단지·외국인주택단지 등으로서 유치원의 설치가 불필요하다고 사업계획 승인권자가 인정하는 경우이다. 유치원을 유치원 외의 용도의 시설과 복합으로 건축하는 경우에는 의료시설·주민운동시설·어린이집·종교집회장 및 근린생활시설에 한하여 이를 함께 설치할 수 있도록 하고 있다. 이 경우 유치원 용도의 바닥면적의 합계는 해당 건축물 연면적의 2분의 1 이상이어야 한다. 또한, 복합건축물의 경우 유아교육·보육의 환경이 보호될 수 있도록 유치원의 출입구·계단·복도 및 화장실 등을 다른 용도의 시설(어린이집 및 사회복지관은 제외)과 분리된 구조로 하여야 한다.

• **주민공동시설**

주민공동시설 설치 관련 기준은 주택건설기준 등에 관한 규정 제55조 2항에 설치해야 하는 커뮤니티 공간의 세대수별 총량면적과 조례로 조정 가능한 총량 범위 그리고 의무설치 시설을 규정하고 있다.

〈표 10-3〉 복리시설의 설치기준

복리시설	세대수	설치기준	조항
근린생활시설	-	1,000㎡ 초과 시 주차, 물품의 하역 등에 필요한 공터 설치, 소음 및 악취차단과 조경을 위한 식재 조치	제5장 제50조
유치원	2,000세대	유치원을 설치할 수 있는 대지를 확보하여 그 시설의 설치 희망자에게 분양하여 건축하게 하거나 유치원을 건축하여 이를 운영하고자 하는 자에게 공급 * 예외조항 • 통행거리 300m 이내 유치원이 있는 경우 • 통행거리 200m 이내 '교육환경 보호에 관한 법률' 제 9조 각호의 시설이 있는 경우 • 노인주택단지, 외국인주택단지 등으로서 유치원의 설치가 불필요하다고 사업계획 • 승인권자가 인정하는 경우 • 유치원 외의 용도의 시설과 복합으로 건축하는 경우에는 의료시설·주민운동시설·어린이집·종교집회장 및 근린생활시설에 한하며, 유치원의 출입구·계단·복도 및 화장실 등은 분리된 구조	제5장 제52조
주민공동생활시설	100세대 이상~1,000세대 미만	세대수 × 2.5㎡	제5장 제55조
	1,000세대 이상	500㎡ + (세대수 × 2㎡)	

〈표 10-4〉 의무설치 주민공동생활시설의 설치기준

주민공동시설	설치기준
경로당	• 일조 및 채광이 양호한 위치에 설치할 것 • 오락·취미활동·작업 등을 위한 공용의 다목적실과 남녀가 따로 사용할 수 있는 공간을 확보할 것 • 급수시설·취사시설·화장실 및 부속정원을 설치할 것
어린이놀이터	• 놀이기구 및 그 밖에 필요한 기구를 일조 및 채광이 양호한 곳에 설치하거나 주택단지의 녹지 안에 어우러지도록 설치할 것 • 실내에 설치하는 경우 놀이기구 등에 사용되는 마감재 및 접착제, 그 밖의 내장재는「환경기술 및 환경산업 지원법」제17조에 따른 환경표지의 인증을 받거나 그에 준하는 기준에 적합한 친환경 자재를 사용할 것 • 실외에 설치하는 경우, 인접대지경계선(도로·광장·시설녹지, 그 밖에 건축이 허용되지 않는 공지에 접한 경우에는 그 반대편의 경계선을 말함)과 주택단지 안의 도로 및 주차장으로부터 3m 이상의 거리를 두고 설치할 것
어린이집	• '영유아보육법'의 기준에 적합하게 설치할 것 • 해당 주택의 사용검사 시까지 설치할 것
주민운동시설	• 시설물은 안전사고를 방지할 수 있도록 설치할 것 • '체육시설의 설치·이용에 관한 법률 시행령' 별표 1에서 정한 체육시설을 설치하는 경우 해당 종목별 경기규칙의 시설기준에 적합할 것
작은도서관	'도서관법 시행령' 별표 1 제1호 및 제2호의 기준에 적합하게 설치할 것
다함께돌봄센터	'아동복지법' 제44조의2 제5항의 기준에 적합하게 설치할 것

3) 환경부의 녹색건축인증기준

① 녹색건축인증제도

녹색건축인증제도(G-SEED green standard for energy and environmental design)는 국가인증 제도로서 2013년 녹색건축물 조성지원법에 따라 건축물의 자재 생산, 건설, 유지 관리, 폐기 등 전 과정을 대상으로 환경에 영향을 미치는 요소에 대해 평가하여 자원절약형이며 자연친화적인 건축물의 건축을 유도하기 위하여 시행되었다. 총 4개 등급으로 건축물의 친환경성을 인증한다.

〈그림 10-1〉 녹색건축인증 등급

인증 대상은 3,000㎡ 이상의 공공건축물이라면 의무적으로 인증을 취득해야 하고 2020년부터 주택건설기준 등에 관한 규정 개정 시행으로 500세대 이상의 공공주택도 인증을 취득해야 하는 것으로 확대되었다. 인증 주관은 국토교통부와 환경부이며 운영기관은 한국건설기술연구원이다. 인증기관은 총 10개로 5개 공공기관(한국토지주택공사, 한국에너지기술연구원 등)과 5개 민간기관(한국환경건축연구원 한국그린빌딩협의회 등)으로 구성되어 있으며 안증 시 수수료가 발생한다.

신축 주거용 건축물의 경우 녹색건축인증을 위한 전문분야는 9개로 토지이용 및 교통, 에너지 및 환경오염, 재료 및 자원, 물 순환관리, 유지관리, 생태환경, 실내환경, 주택성능 분야, 혁신적 설계이다. 이 중 혁신적 설계는 가산항목이며, 주택성능 분야는 평가에 포함되지 않고 인증서에만 표시되고 있다. 녹색건축인증 시 인센티브는 지자체마다 상이하지만 건축물의 용적률과 높이 제한 기준 완화, 재산세 감면, 취등록세 감면, 주택건설사업 기반시설 기부채납 경감 등이 있다. 녹색건축인증 유효기간은 인증서를 발급한 날로부터 5년이며 1회에 한하여 5년 범위 내에서 연장이 가능하며 적용기준은 본인증 시 적용된 기준으로 평가된다.

② 커뮤니티 센터 및 시설공간의 조성수준

커뮤니티 센터 및 시설공간의 조성수준은 주택성능 분야의 한 항목으로 주택성능 분야는 녹색건축인증 평가 항목에는 포함되지 않아 배점은 부여하지 않지만 공동주택 성능등급 인증서에는 표시된다.

〈표 10-5〉 녹색건축인증을 위한 주택성능 분야의 인증항목

전문분야		인증항목	구분	배점
8. 주택성능분야	8.1	내구성	-	-
	8.2	가변성	-	-
	8.3	단위세대의 사회적 약자배려	-	-
	8.4	공용공간의 사회적 약자배려	-	-
	8.5	커뮤니티 센터 및 시설공간의 조성수준	-	-
	8.6	세대 내 일조 확보율	-	-
	8.7	홈네트워크 및 스마트홈	-	-
	8.8	방범안전 콘텐츠	-	-
	8.9	감지 및 경보설비	-	-
	8.10	제연설비	-	-
	8.11	내화성능	-	-
	8.12	수평피난거리	-	-
	8.13	복도 및 계단 유효너비	-	-
	8.14	피난설비	-	-
	8.15	수리용이성 전용부분	-	-
	8.16	수리용이성 공용부분	-	-

평가의 목적은 주거단지 내 커뮤니티 형성을 도모하는 공간 및 시설계획은 주거단지의 사회적 지속성을 높여주는 중요한 계획요소로 이에 대한 계획 여부를 통해서 주거단지의 커뮤니티 증진을 위한 노력을 평가한다. 평가 방법은 단지 내 일정수준 이상의 커뮤니티 센터나 커뮤니티 공간의 조성 여부이며 산출기준은 다음과 같다.

〈표 10-6〉 커뮤니티 센터 및 시설·공간의 조성수준 평가기준: 신축건물의 공동주택

구분	커뮤니티 센터 및 시설·공간계획 여부	가중치
1급	주민공동시설을 법적기준면적의 1.20배 이상 설치 + 커뮤니티 공간 + 커뮤니티 센터를 계획한 경우	★★★★
2급	주민공동시설을 법적기준면적의 1.10배 이상 설치 + 커뮤니티 공간을 계획한 경우	★★★
3급	주민공동시설을 법적기준면적의 1.05배 이상 설치	★★
4급	주민공동시설을 법적기준 면적으로 설치한 경우	★

- 커뮤니티 공간면적: 세대당 0.3㎡/호 이상
  - 단, 전체세대가 국민주택규모(전용 85㎡) 이하는 0.15㎡/호 이상
  - 최소 50㎡ 이상, 최대 400㎡(계산상 400㎡ 이상일 경우에는 400㎡로 인정)
- 커뮤니티 공간은 근린교제가 가능한 오픈 공간으로서, 단지 내 중앙광장, 노천극장, 테마광장 등이 포함됨
- 커뮤니티 센터라 함은 단지 내 주민들이 모여서 커뮤니티 활동을 할 수 있도록 법정시설 외에 별도로 조성된 건축공간으로서, 독립된 출입구를 확보하여야 함
- 커뮤니티 센터의 최소면적은 500세대까지는 1㎡/세대, 500세대를 초과하는 세대에 대해서는 0.5㎡/세대일 것. 단, 전체가 국민주택규모(전용 85㎡ 이하)의 경우 0.5㎡/세대로 함
- 주민공동시설이란 주택의 거주자가 공동으로 사용하거나, 거주자의 생활을 지원하는 시설로 주택건설기준 등에 관한 규정에서 정하는 경로당, 어린이놀이터, 어린이집, 주민운동시설 등을 의미함
- 주민운동시설이란 주택건설기준등에 관한 규정 제2조 제5호에 따라 거주자의 체육활동을 위하여 설치하는 옥내외운동시설(체육시설의 설치이용에 관한 법률에 의한 신고 체육시설업에 해당하는 시설을 포함한다)·생활체육시설 기타 이와 유사한 시설을 의미함

> **사례** 커뮤니티센터 및 시설 공간 산출 사례
>
> - 일반 공동주택 단지로서 전체 세대수가 500세대이며, 「1급: 주민공동시설을 법적기준면적의 1.20배 이상 설치 + 커뮤니티 공간 + 커뮤니티 센터를 계획한 경우」를 취득하고자 한 경우
>
> > 주택건설기준등에 관한 규정 55조의2(주민공동시설)
> >
> > ① 100세대 이상의 주택을 건설하는 주택단지에는 다음 각 호에 따라 산정한 면적 이상의 주민공동시설을 설치하여야 한다. 다만, 지역 특성, 주택 유형 등을 고려하여 특별시·광역시·특별자치시·특별자치도·시 또는 군의 조례로 주민 공동시설의 설치면적을 그 기준의 4분의 1 범위에서 강화하거나 완화하여 정할 수 있다.
> >   1. 100세대 이상 1,000세대 미만: 세대당 $2.5m^2$를 더한 면적
> >   2. 1,000세대 이상: 500제곱미터에 세대당 $2m^2$를 더한 면적
>
> - 주민공동시설 법적 기준면적: 500세대 × $2.5m^2$ = $1,250m^2$
> - 주민공동시설 법적기준면적의 1.2배: $1250m^2$ × 1.2 = $1,500m^2$
> - 커뮤니티 공간: 500세대 × $0.3m^2$ = $150m^2$
> - 커뮤니티 센터: 500세대 × $1m^2$ = $500m^2$
> - 최종평가: 주민공동시설 $1,500m^2$, 커뮤니티 공간 $150m^2$, 커뮤니티 센터 $500m^2$ 이상을 설치하는 경우 1급으로 인정 가능함에 따라 1급 ★★★★에 해당함
>
> 출처: 녹색건축물 인증 기준 해설서 -신축 주거용 건축물-, 2021

10.3 커뮤니티 공간 및 단지의 변천

공동주택에서 공동생활을 위한 공간에 대한 계획이 아직 전제되지 않았던 시기부터 시작하여 커뮤니티 공간이 점차 중요한 계획의 고려요소로 자리잡기까지 다양한 시도와 변화를 거쳐 왔다. 물리적 공간이 커뮤니티의 구심점 역할을 하기까지 시기별로 변화를 살펴본다.

1) 1970년대: 커뮤니티 공간의 부재

1970년 이전은 강력한 정부의 주도로 주택공급 위주의 주택정책으로 사실상 커뮤니티 공간에 대한 고려는 미흡하였다. 우리나라 최초로 단지개념의 마포아파트가 건설되었으나 커뮤니티 공간에 대한 공급은 이루어지지 못하였다(강부성 외, 1999).

1970년대는 도시개발의 활성화로 대규모 아파트단지가 조성된 시기로 커뮤니티 공간은 단지 내 어느 곳에서나 편리하게 접근할 수 있도록 하기 위하여 단지 중앙부에 모든 시설을 집중화하는 경향을 보였다. 상가 등 주구센터를 주거단지 내에 집중적으로 배치하고 주거단지 외곽을 담장으로 둘러싸면서 주변 가로공간에 대해 폐쇄적, 배타적으로 계획하는 방식이었다. 그러나 커뮤니티 공간에 대한 기능과 활성화보다는 위치적 특성이 중요하게 부각되었다.

1970년대 초까지 아파트는 판상형 주거동을 단순 일렬 배치하는 방식이 주류였다. 차도 및 주차장과 함께 중층 판상형 주거동을 일렬로 배치하면서 단지 내 적당한 위치에 공원, 놀이터 등을 분산 배치하였을 뿐 주거동 배치 및 거주자의 생활동선과 연계한 보행공간 및 커뮤니티 공간에 대한 계획개념은 부재하였다. 주민의 커뮤니티 활성화를 위한 공간이기보다는 단순한 휴식공간 이상의 성격을 지니지 못하였다.

1979년 주택건설촉진법의 주택건설기준 등에 관한 규칙이 제정되면서 공동주택단지에서 부대복리시설 설치를 법적으로 의무화되면서 커뮤니티 공간이 아파트 단지계획의 중심개념으로 다루어지기 시작하였다.

2) 1980년대: 커뮤니티 공간의 빈약과 무관심

1980년대는 지속적인 경제성장에 편승하여 대규모 단지 중심의 양적 위주의 건설과 아파트의 다양화가 시도되었다. 이 시기에는 판상형 주거동과 일률적인 배치 등 아파트 단지의 획일적 개발에 대한 비판이 일면서 목동단지, 아시아선수촌단지, 올림픽선수기자촌 단지 등에서는 입주자의 주거생활에 실질적인 개선책을 도모하기 위한 개발 계획들이 등장하게 되었다.

이와 함께 커뮤니티 공간에도 변화가 생겼는데 광장, 실외정원 등이 단지의 중앙부에 위치하게 되었으며 휴게공간, 수경시설, 조형물 등이 설치되기 시작하였다. 그러나 이러한 시도들이 직접적으로 입주자들의 커뮤니티 형성에 직결되지는 못하고 아파트단지 홍보역할에 그쳤다.

대부분의 아파트의 경우 관리사무소와 노인정 정도가 입주민이 공동으로 사용할 수 있는 공간이었다. 관리사무소에 배치되는 시설도 관리요원들 사무실과 입주자대표회의실로 이용할 수 있는 일부 시설정도에 불과하였고, 주민들의 편익을 위하여 사용할 수 있는 공간은 거의 없었다. 실외 공간도 어린이 놀이터, 농구장, 테니스장 등 일부 체육시설 외에는 특별한 시설이 없었다.

커뮤니티 공간은 단지 통과적 성격을 지닌 익명의 공간으로 거주자들은 이웃과 함께 하는 공유공간에 관심을 갖기보다는 가족들만의 공간인 전용공간을 중시하는 주민 간 커뮤니티를 형성하는 데 불리한 환경이었다.

3) 1990년대: 획일적 커뮤니티 공간과 초고층주상복합의 등장

1990년대는 단지형 아파트 개발이 보편화되고 1기 신도시 개발과 함께 주거환경의 질적 개선이 이루어진 시기이다. 다양한 주호 평면이 등장하고 입주자의 생활에 좀 더 직접적인 영향을 미칠 수 있도록 커뮤니티 공간에 대한 개선이 이루어졌다.

이 시기에도 지속적으로 아파트의 고밀화가 진행되면서 옥외공간율은 1979년 이전의 82%에서 1990년 이후 43%로 떨어졌으며 축소된 옥외공간은 대부분 주차장이 차지하게 되어 옥외환경은 더욱 심각한 수준이었다.

이러한 추세 속에서도 1990년대 초중반을 거치면서 보차분리, 데크를 이용한 보행공간의 확보, 각종 옥외 시설물(분수, 실개천, 운동시설, 어린이 놀이터 등)의 조성 노력이 이루어져 나갔다.

한편 1990년대 후반 들어 초고층주상복합아파트가 등장하면서 다양한 커뮤니티 공간이 등장하였다. 'One stop life'를 강조하면서 휘트니스 센터, 도서관, 취미실, DVD룸, 회의실, 실내놀이터 등 다양한 종류의 커뮤니티 공간을 확보하여 거주자의 여가와 편익뿐만 아니라 교류의 장으로 활용될 수 있도록 공간적 변화를 보였다(국토연구원, 2013).

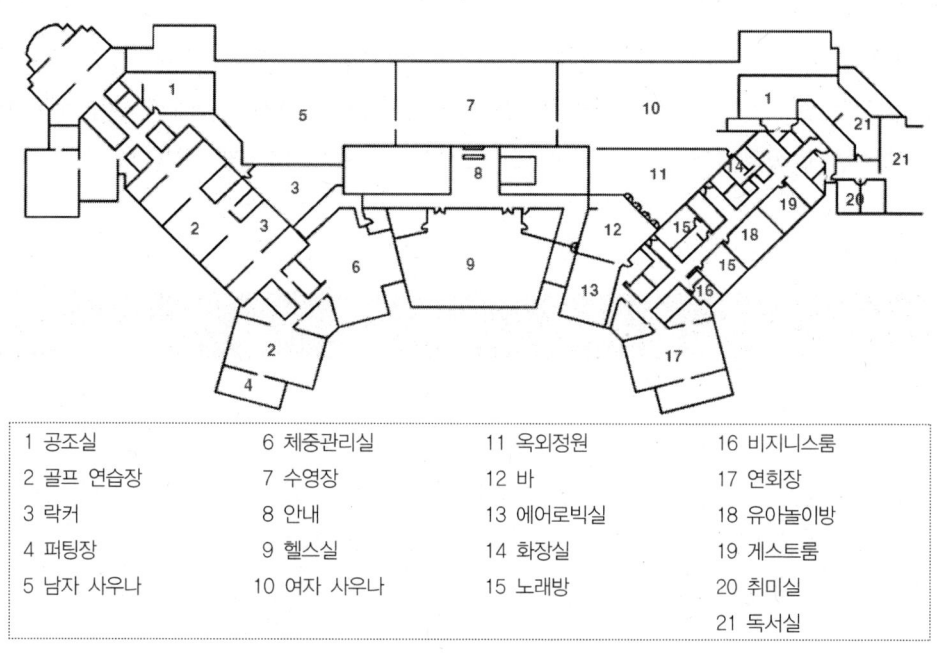

〈그림 10-2〉 1990년대 후반 건설된 초고층주상복합아파트의 커뮤니티 시설

4) 2000년대 이후: 다양한 커뮤니티 공간의 확산

2000년대는 주택의 양적공급이 일정부분 해결되면서 주거의 질적인 향상이 이루어진 시기이다. 이웃관계의 단절을 불러온 아파트의 역기능을 문제점으로 인식하고 이를 극복하기 위하여 공동주택에서 커뮤니티 공간을 적극적으로 짓기 시작하였다.

2000년대 초반까지만 하더라도 아파트의 커뮤니티 공간(주민공유공간)은 경로당, 어린이놀이터, 주민운동시설, 독서실 등으로 법에서 정하고 있는 복리시설의 하나로 단지마다 동일하게 마련되었다. 초기 주민공유공간에 대한 의무설치는 무분별한 개발과정에서 나타나는 최소한의 주거환경 수준을 확보한다는 차원에서 시작되었으나 주택의 분양성을 높이기 위해 커뮤니티 공간을 과도하게 공급되기도 하였다.

2000년대 들어서는 초고층 주상복합아파트뿐만 아니라 일반 분양아파트에서도 운동시설로 헬스장, 수영장, 실내골프장, 탁구장, 배드민턴장, 롤러스케이트장이 설치되고, 교육을 위한 공간으로 유아놀이방, 방음설비가 된 악기 레슨실 등이 설치되었으며 편익을 위하여 노래방, 영화감상실, 연회실, 취미실, 코인세탁실 등 다양한 커뮤니티 공간이 계획되었다.

이러한 추세는 계속되어 주민 공유 공간에 대한 관심이 편리성과 기능성을 요구하는 주민들의 요구와 부합하여 다양한 공동생활공간을 도입하는 사례가 늘면서 아파트 선택기준에 커뮤니티 공간의 종류가 중요한 요소로 인식되게 되었다.

10.4 커뮤니티 공간 계획

커뮤니티 공간이 입주자의 커뮤니티 활동을 촉진시키는 장이 되기 위해서는 이용자에게 안심감을 부여할 수 있는 환경설계가 요구되며, 입주자 간에 접촉의 기회를 증진시키는 공간계획과 함께 활동 유형별, 사용자별로 선호되는 시설을 적절히 배치하여 주민들이 더욱 편리하게 접근하여 이용할 수 있도록 계획되어야 한다.

1) 커뮤니티 공간 계획 시 고려 사항

① 커뮤니티 공간의 종류에 따른 적정 규모
커뮤니티 활동의 종류 및 성격에 따라 필요한 공간의 크기는 달라진다. 예상 참여 인원, 기구 및 집기 등을 고려하여 적정 규모의 공간을 계획한다. 특히 수영장 등 관리비가 많이 소요되는 시설의 경우는 일일 이용 인원, 월 회원 수, 최대 동시 이용 인원 등 실제 이용 인원을 추정하여 규모를 산출하여야 관리비 등의 문제를 막을 수 있다.

② 접근성을 고려한 커뮤니티 공간 위치
커뮤니티 공간의 배치에 따라 거주자들의 참여 정도가 달라지므로 필요시 언제든 쉽게 접근 가능한 공간이 되어야 거주자의 시설 이용률이 높아질 수 있다. 노인, 아동 등 이용자의 신체적 특성상 이용하기 쉬운 1층에 위치해 접근성을 높인다.

활동 및 시설의 종류에 따라 공간을 근접하게 위치시키거나 분리시켜 시설 이용의 편리성과 효율성을 높여야 한다. 일반적으로 독서실, 문고 등 정적인 공간과 운동시설 등 활동적인 공간은 분리 배치시킨다.

> **참고** 실내 커뮤니티 시설 개발
>
> - 커뮤니티 시설 배치에 따라 거주자들의 참여정도가 달라짐
> - 커뮤니티 시설이 실외공간이 많고 상대적으로 실내공간은 적음
> - 건물 내 여가시설은 높은 이용률을 나타냄
>
>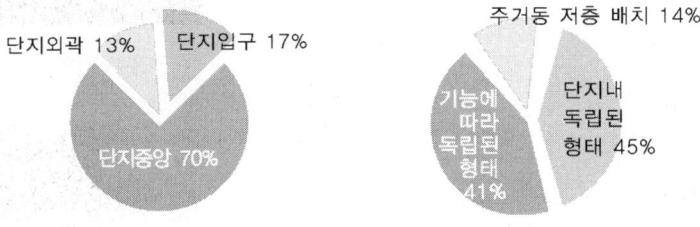
>
> 〈커뮤니티 시설의 배치위치에 대한 선호〉 〈커뮤니티 시설의 형태에 대한 선호〉
>
> 〈그림 10-3〉 커뮤니티 시설에 대한 선호
> (출처: 김혜진·이연숙, 2008, 주거단지 내 커뮤니티 시설에 대한 연령대별 의식 비교 연구)

③ 커뮤니티 공간의 실내환경 및 안전계획

실내의 온도, 습도, 공기오염, 밝기, 소음 등은 거주자의 건강, 쾌적성과 관련이 깊어 생리적으로 큰 영향을 미친다. 커뮤니티 공간에 대한 사후관리를 통해 공간의 수명을 늘리고 거주자들의 이용 만족도도 높인다. 이를 위해 청소 등 공간사용에 대한 책임자를 정하고 이용자에게 공고문 등으로 공간사용에 대한 에티켓과 유지관리에 협조를 부탁한다.

〈표 10-7〉 커뮤니티 공간의 실내환경 계획

구분	내용	
실내 운동공간	• 마감재: 운동 시 충격을 완화시켜줄 수 있도록 방진바닥, 우드플로링, 탄성고무재 등을 사용 • 벽과 천장: 거울 사용, 페인트 도장과 PVC를 사용함 • 환기시스템과 소음문제에 대비하여 흡음재 마감함	
노인공간	• 마감재: 바닥은 우드륨, 벽과 천장은 벽지 사용 • 색채: 바닥은 브라운 계열, 벽과 천장은 흰색 계열을 많이 사용함 • 고령자의 신체적 특성을 고려하여 무장애 공간(Barrier-free) 계획과 유니버설 디자인을 적용함	
보육시설 및 놀이공간	• 마감재: 아동의 안전을 위하여 매트를 사용하고 놀이공간을 제외한 곳은 우드륨과 우드플로링을 많이 사용함 • 벽과 천장은 벽지와 페인트 도장을 많이 사용함. • 내장재와 마감재 바닥 등은 친환경 소재를 사용함.	

④ 공간에 필요한 가구 및 비품 구비

커뮤니티 공간에 따라 요구되는 시설과 설비, 비품 등을 계획하여 확보하도록 한다. 예를 들어 주민회의실의 경우는 빔프로젝트, 테이블, 의자, 소파, 거울, 시계, 청소도구함, 오디오, 화이트보드 등을 구비하여야 한다. 그리고 공간을 다목적으로 사용하고자 할 시에는 가구 및 집기를 보관하는 창고가 있으면 편리하게 공간을 사용할 수 있다.

2) 커뮤니티 공간별 계획

① 운동공간

주민의 체력증진과 운동이라는 여가 활동을 통해 주민 상호 간의 교류를 증가시킬 수 있다. 운동공간은 효율적인 이용을 위해서 헬스, 수영, 사우나 골프연습장, 에어로빅 등 복합화한 공간으로 계획하고 있다.

아파트 주변에 식재와 녹음을 조성하여 조깅코스를 설계하기도 하며, 중정부나 지하에 체력단련실을 계획하기도 한다. 최근 들어 체력단련실, 골프연습실 등은 설치이용률이 높고, 단지 내 주민공동시설을 운동공간으로 용도 변경하는 추세를 보이고 있다.

〈표 10-8〉 운동공간의 계획

헬스장	• 전문시설로 계획 • 단지 내 고른 접근성 • 트레이닝 기구와 비품 배치 • 환기와 소음 문제 해결 • 샤워실, 락카, 휴게실 등 부속공간 계획	
수영장	• 전문시설로 계획 • 채광계획; 눈부심 등 방지 • 바닥마감: 미끄럽지 않은 재질의 타일 마감 • 샤워실, 락카, 휴게실 등 부속공간 계획	

② 유아 및 아동공간

- 놀이터: 어린이놀이는 유희라기보다는 어린이의 지능발달과 심신을 발달시키는 놀이공간으로 인식된다. 유아들의 경우 부모와 동반하여 놀이터를 이용하는 경우가 많으므로 성인을 위한 시설 또는 공간과 인접시킴으로써 주민 간의 유대가 형성될 수 있도록 계획한다.

- 보육시설: 유아놀이방 등 여성의 사회활동 증가로 수요가 높은 공간 중의 하나이다. 아동의 발달을 고려한 계획과 비상구 등 안전장치를 확보해야 한다. 아이들이 충분히 뛰어놀 수 있는 규모를 확보하고 놀이터나 조형물 광장 등과 연계할 수 있는 외부놀이 공간이 필요하다. 특히 소음방지 계획을 세워 민원에 대처해야 한다.

〈그림 10-4〉 유아 및 아동공간

③ 학습공간

도서관(문고)과 독서실 등이 해당되며 학습시설의 특성상 소음방지를 위한 방음계획이 필요하다. 어린이문고 등 특정 연령대를 위한 경우가 아니라면 아동 공간, 모자 공간, 일반인 공간 등의 공간분할이 필요하다. 주위에 소음발생이 있는 공간과는 인접하지 않도록 해야 한다. 독서실의 경우 전담 관리인에 의한 관리가 필요하며 도서관은 꾸준한 도서구비 등으로 지속적인 운영이 되도록 한다.

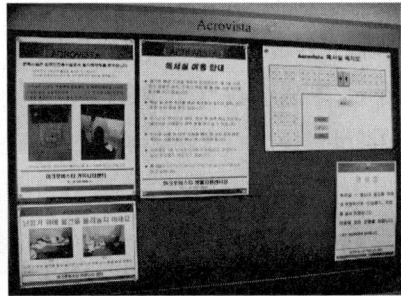

〈그림 10-5〉 학습공간

④ 옥외공간

- 산책로: 건강 중시 사회현상으로 이용도가 높다. 운동기능이 강조되면서 걷고 싶은 가로공간이 될 수 있도록 녹지공간과 연계하여 계획해야 한다. 또한, 적절한 간격으로 벤치와 보안 등을 설치하여 우범화되지 않도록 계획해야 한다.

- **수변공간**: 어린이의 놀이공간과 노인들의 휴식처로 주로 사용되며 여름철에 이용도가 높은 편이다. 실개천, 연못, 분수 형태로 어린이들의 유희공간으로 활용이 가능하며 공간의 자연친화성을 강조할 수 있다. 수변공간은 유지비용 부담을 고려하여 태양광 등의 잉여자원을 활용하는 방안을 계획하는 것이 필요하다.

- **가로공간**: 보행자 중심의 공간으로 인식되고 사용되므로 완전한 보차분리계획이 필요하다. 최근 주차장을 지하로 계획하고 지상주차장 공간을 최소화하여 녹지공간을 확대하는 아파트가 많이 계획되고 있다.

- **광장(오픈스페이스)**: 주민단체모임의 장소로서 커뮤니티가 강조되는 공간이다. 입주자에게 휴식, 담소, 산책, 가벼운 운동의 공간이 될 수 있도록 광장주변에 벤치, 분수, 음료수대 등 필요한 시설을 함께 설치하고, 단지 내 어느 주동이라도 접근하기 쉬운 위치에 배치하여 계획하도록 한다.

〈그림 10-6〉 옥외공간

10.5 커뮤니티 공간의 활용

최근 공급되는 공동주택에는 다양한 커뮤니티 공간이 계획되어 있으나 기존에 지어진 오래된 아파트에는 커뮤니티 공간이 거의 없다. 그러나 커뮤니티 공간의 편리성과 기능성에 대한 관심과 수요는 증가하고 있어 커뮤니티 공간을 기획하는 주체는 입주자의 특성과 단지 특성에 따라 다양하게 활용할 수 있다. 커뮤니티 공간이 부족한 경우, 단지마다 유휴공간을 활용하거나 하나의 공간을 다목적으로 활용, 또는 다른 공간으로 용도변경하는 방법 등으로 공간 활용의 효율성을 높일 수 있다. 일반적으로 커뮤니티 공간을 기획하는 주체는 해당 프로그램의 주민활동가인 경우가 대부분으로 공간 활용을 위해서는 프로그램 활동 유형별, 대상자 사용별 등을 고려하여야 한다(홍형옥 외, 2011).

1) 유휴공간 활용

① 옥상공간 활용

옥상은 화재 등 비상시 대피할 수 있도록 열어두도록 법으로 규정하고 있어 커뮤니티 공간으로 개방하게 되면 비상시 피난공간의 역할까지 할 수 있어 안전문제에 있어서도 용이하다. 옥상에 화단조성, 원예 및 텃밭 가꾸기 등으로 단지 내 자연을 도입하여 부족한 녹지를 확보하기 위한 방법으로 활용될 뿐만 아니라 커뮤니티 활성화를 유도할 수 있다. 옥상녹화는 열손실 방지로 에너지 절약과 단열효과를 기대할 수 있을 뿐만 아니라 소음흡수와 휴식공간으로 그 가치를 가진다.

〈그림 10-7〉 옥상의 휴게실과 운동시설 활용

② 필로티 공간 활용

필로티란 건물 전체 또는 일부를 지상에서 기둥으로 들어올려 분리시킬 때 만들어지는 공간이다. 주로 단지 내 개방감을 주고 1층 주거의 사생활을 보호하는 기능을 하고 있다. 필로티는 주거동과 외부공간을 잘 연결시켜주는 매개공간으로 주민들이 자연스럽게 만나고 이야기하는 공간으로 활용하는 경우가 많다. 한편 소형 정원을 계획하여 다양한 공간감 형성하거나 휴게공간, 자전거 등 보관장소로 활용되기도 한다. 다만 활용 시 소음 등의 민원문제를 고려하고 보행자의 통행을 방해하지 않도록 계획해야 한다.

③ 지하공간 활용

주택건설기준에 관한 규정 제11조에 의해 공동주택을 건설하는 주택단지에 설치하는 지하층은 근린생활시설, 주차장, 주민공동시설로 사용될 수 있다. 지하층은 주민공동시설로 사용할 수 있는 구조 및 설비를 갖추도록 한 규정에 따라 사용상 불편이 없도록 층고가 높게 설계되어지면서 지하층의 활용은 높아지고 있다.

> 주택건설기준 등에 관한 규정 제11조(지하층의 활용)
>
> 공동주택을 건설하는 주택단지에 설치하는 지하층은 근린생활시설(변전소·정수장 및 양수장을 제외)·주차장·주민공동시설 및 주택(사업계획승인권자가 해당 주택의 주거환경에 지장이 없다고 인정하는 경우로서 1층 세대의 주거전용부분으로 사용되는 구조만 해당한다) 그 밖에 관계 법령에 따라 허용되는 용도로 사용할 수 있으며, 그 구조 및 설비는 '건축법' 제53조에 따른 기준에 적합하여야 한다〈개정 2005.6.30.〉.

〈그림 10-8〉 필로티에 자전거 보관

지하공간 활용은 고밀화한 단지에서 효과적이며 단열, 차광, 항습, 기밀성 등의 장점을 가지고 있다. 또한, 거주자들이 지하층을 자주 이용함으로써 간접적인 감시효과로 범죄를 예방하는 효과를 가져온다.

지하공간을 활용하는 방법으로 드라이 에리어(dry area)[27] 또는 선큰 가든(Sunken garden)[28] 등을 설치하여 채광 및 통풍 상의 문제를 해결하고 지하층에 주로 독서실, 주민집회실, 체력단련실, 문고 등을 설치하는 사례가 증가하고 있다. 단 구조와 설비는 건축법 제53조 기준에 따라 건축물의 피난·방화구조 등의 기준에 관한 규칙에 적합하여야 한다. 또한, 거주자의 안전을 고려하여 피난계단과 직통계단, 방화구획, 내장재 사용 등 방재 및 피난대책을 마련해야 한다.

〈그림 10-9〉 지하공간의 코인공용세탁실

---

[27] 건물 주위를 파내려가서 한쪽에 옹벽을 설치한 도랑으로 방습, 방수, 채광, 통풍에 유효함.
[28] 지하나 지하로 통하는 공간에 꾸민 정원. 폐쇄적인 지하공간에 채광 및 개방감을 부여함으로써 채광이나 통풍이 어려운 지하공간의 불리한 조건을 개선한 공간을 제공함.

> **건축물의 피난·방화구조 등의 기준에 관한 규칙**
>
> **제25조(지하층의 구조)** ① 법 제53조에 따라 건축물에 설치하는 지하층의 구조 및 설비는 다음 각 호의 기준에 적합하여야 한다.
> 1. 거실의 바닥면적이 50제곱미터 이상인 층에는 직통계단 외에 피난층 또는 지상으로 통하는 비상탈출구 및 환기통을 설치할 것. 다만, 직통계단이 2개소 이상 설치되어 있는 경우에는 그러하지 아니하다.
> 1의2. 제2종근린생활시설 중 공연장·단란주점·당구장·노래연습장, 문화 및 집회시설중 예식장·공연장, 수련시설 중 생활권수련시설·자연권수련시설, 숙박시설 중 여관·여인숙, 위락시설 중 단란주점·유흥주점 또는 「다중이용업소의 안전관리에 관한 특별법 시행령」제2조에 따른 다중이용업의 용도에 쓰이는 층으로서 그 층의 거실의 바닥면적의 합계가 50제곱미터 이상인 건축물에는 직통계단을 2개소 이상 설치할 것
> 2. 바닥면적이 1천제곱미터 이상인 층에는 피난층 또는 지상으로 통하는 직통계단을 영 제46조의 규정에 의한 방화구획으로 구획되는 각 부분마다 1개소 이상 설치하되, 이를 피난계단 또는 특별피난계단의 구조로 할 것
> 3. 거실의 바닥면적의 합계가 1천제곱미터 이상인 층에는 환기설비를 설치할 것
> 4. 지하층의 바닥면적이 300제곱미터 이상인 층에는 식수공급을 위한 급수전을 1개소 이상 설치할 것
> ② 제1항제1호에 따른 지하층의 비상탈출구는 다음 각호의 기준에 적합하여야 한다. 다만, 주택의 경우에는 그러하지 아니하다.
> 1. 비상탈출구의 유효너비는 0.75미터 이상으로 하고, 유효높이는 1.5미터 이상으로 할 것
> 2. 비상탈출구의 문은 피난방향으로 열리도록 하고, 실내에서 항상 열 수 있는 구조로 하여야 하며, 내부 및 외부에는 비상탈출구의 표시를 할 것
> 3. 비상탈출구는 출입구로부터 3미터 이상 떨어진 곳에 설치할 것
> 4. 지하층의 바닥으로부터 비상탈출구의 아랫부분까지의 높이가 1.2미터 이상이 되는 경우에는 벽체에 발판의 너비가 20센티미터 이상인 사다리를 설치할 것
> 5. 비상탈출구는 피난층 또는 지상으로 통하는 복도나 직통계단에 직접 접하거나 통로 등으로 연결될 수 있도록 설치하여야 하며, 피난층 또는 지상으로 통하는 복도나 직통계단까지 이르는 피난통로의 유효너비는 0.75미터 이상으로 하고, 피난통로의 실내에 접하는 부분의 마감과 그 바탕은 불연재료로 할 것
> 6. 비상탈출구의 진입부분 및 피난통로에는 통행에 지장이 있는 물건을 방치하거나 시설물을 설치하지 아니할 것
> 7. 비상탈출구의 유도등과 피난통로의 비상조명등의 설치는 소방법령이 정하는 바에 의할 것

④ 기타

커뮤니티 공간이 부족한 공공임대아파트의 경우는 미임대 상가를 활용하여 입주자의 주거복지를 활성화하는 방법이 있다.

은평 북카페 '물푸레' 사례는 서울시 '여성이 행복한 도시 프로젝트'의 일환으로 장기 미분양, 미임대 상가를 활용하여 커뮤니티 공간을 조성하였다. 2011년 은평뉴타운 1지구 14단지 내 미분양 상가를 SH공사에서 리모델링하고 은평구에서 무상으로 임대하여 조성되었다. 설치비용은 서울시와 SH공사가 지원하고 생

태보전시민모임인 (주)에코상상사업단이 위탁 운영하고 있다. 여성과 아이가 행복한 마을사랑방, 문고, 커피 등 음료 판매뿐 아니라 소모임, 교육 및 독서 강좌 진행 등 다양한 활동을 추진하고 있다.

〈그림 10-10〉 여성행복 북카페 '물푸레' (출처: http://bookhunter.tistory.com/219)

2) 공간을 다목적으로 이용

커뮤니티 공간이 부족한 아파트의 경우, 공유공간을 단일 목적에만 이용하기보다는 다양한 활동이 일어나는 공간으로 사용할 수 있다. 입주민들의 커뮤니티 시설에 대한 요구는 높아지지만 이를 수용할 수 있는 공용공간이 부족할 경우, 활동간 연계가 이루어지는 복합기능의 공간으로 활용하면 공간 활용 측면에서 효율적이다.

〈그림 10-11〉 의자배치 등을 통하여 회의 등 다목적 사용

다목적으로 공간을 사용할 경우에는 이용시간과 공간 이용수칙, 서로 배려하는 에티켓과 질서 등을 정하고 이용하도록 한다. 예를 들어 낮 동안은 주민 모두가 이용하는 도서관으로 사용하고 저녁부터는 청소년 독서실로 운영하는 방법, 낮 동안은 주민 회의실로 사용하고 저녁에는 자녀들의 공부방, 독서실로 활용하는 방법 등이 있다.

3) 다른 공간으로 변용

기존의 커뮤니티 공간이 활용도가 낮거나 협소한 경우, 그리고 거주자의 새로운 요구가 있을 때에는 공간을 다른 용도로 바꾸어서 사용할 수 있다. 입주자 등의 의무에서 증축, 개축 등의 행위가 금지되어 있지만, 현재 사용 중인 단지 내 부대복리시설의 용도를 바꾸어서 사용하고자 할 때에는 법에 정하는 바에 따라 일정한 절차를 밟으면 전환할 수 있다.

공간을 변용하기 위해서는 간단한 설비를 갖춤으로써 해결 가능한 경우도 있지만 대수선, 신축 및 증축 등 대규모 공사가 필요한 경우도 있다. 공간의 용도를 다르게 사용하기 위해서는 행위허가 및 신고기준을 따라야 하며, 이와 관련된 법적 기준을 면밀히 검토해야 할 것이다.

공간을 변용하는 방법으로는 공간 분할, 면적 변화, 용도 변경 등이 있다.

① 기존 공간을 다른 공간으로 분할 사용
- 기존의 문고를 회의실로 분할하여 사용
- 기존의 보육시설을 독서실, 강의실 등으로 나누어 사용

② 기존 공간의 면적을 확장 또는 축소하여 사용
기존의 활동공간이 좁을 때 증축하여 사용할 수 있음

③ 기존 공간을 용도 변경하여 사용
아파트 단지 내 지하주차장의 일부를 도서실, 문화교실, 체육시설 등 다양한 문화공간으로 용도변경하여 사용

사례 | 한국기네스에 오른 아파트: 368종의 식물을 키우는 아파트

경기도 수원시 팔달구의 '꽃뫼버들마을 LG아파트'는 한 주민이 방치된 화단에 꽃을 사다 심기 시작한 후 13년이 지난 현재 화단에는 약 500여 종의 식물이 자라고 있다.

2012년 한국기네스협회가 우리나라 아파트 가운데서 가장 많은 목초본유 총 368종을 키우고 있는 아파트로 인정하였다. 애초 꽃을 심을 때부터 누가 시켜서가 아닌 주민 스스로 한 일이다. 저마다 좋아하는 식물이 다르다보니 지금은 아파트 세대수(665세대)에 버금갈 정도로 종류가 많아졌다. 마음대로 심고 알아서 가꾸는 게 기네스북에 등재된 비결이다.

화단이 변하니 사람도 변했다. 꽃이 피니 벌이 찾아오고 주민들이 모여서 어울리다보니 공동체가 꿈틀거렸다. 콘크리트 벽을 사이에 두고도 얼굴 한번 본 적 없던 사이가 이웃사촌이 됐다. 이웃을 알고 나니 일상이 즐거웠다. 의미 있는 일을 계획하고 봉사활동도 활발해졌다. 이젠, 화단 밖에도 꽃이 피었다. 공동체가 살아난 것이다. 학업을 벗어나 진정으로 내 아이가 행복했으면 좋겠다는 생각을 가진 엄마들이 하나 둘 모여 체험활동도 하고 봉사활동도 하면서 끈끈한 사이가 됐다. 그러다보니 딴 곳으로 이사를 가는 세대가 이곳은 거의 없다. 오히려 친인척들이 이사 오는 아파트가 됐다.

공간이 변하니 사람도 변했다. 개발의 상징인 아파트 공간에서 주민들 스스로 친환경적인 삶을 고민하는 인식의 변화가 일어났다. 대표적인 게 낙엽과 김장쓰레기로 만든 퇴비다. 이 퇴비는 지난 2011년 수원시 시민창안대회서 대상을 차지하여 친환경적이면서 우수하다는 평가를 받았다. 덕분에 음식물 처리비용이 50원밖에 나오지 않아 아파트관리비용도 줄었다. 반면, 각종 공모사업 지원금과 수상금은 꽤 많아 책걸상을 구입해 공부방을 꾸미고 화단을 가꾸었다.

꽃에 기울였던 관심이 자연스레 흙으로 이어지고 그러다 환경문제, 윤리적 소비, 사회적 경제로까지 확대됐다. 주민들 스스로 원예와 조경, 도시농업을 공부한 결과도 화단에 고스란히 담겨져 있다. 13년 동안 모여서 서로 이야기하고 정보를 나누고 교육을 받은 것도 오늘을 이룬 의미 있는 과정이었다. 아파트가 삭막한 공간이란 말은 이곳에서는 옛말이 되었다.

〈그림 10-12〉 꽃뫼버들마을 아파트단지의 화단 (출처: 오마이뉴스 2015.11.12.)

11장 커뮤니티 프로그램 기획과 운영

11.1 커뮤니티 프로그램에 대한 이해

커뮤니티 프로그램은 커뮤니티를 활성화하기 위해 행해지는 프로그램이다. 프로그램이란 용어의 뜻은 어떤 일이나 행동을 하기 전에 미리 기록하고 적어 둔 계획안이나 계획안을 만드는 행위를 의미하는 것으로 볼 수 있다. 현대 행정학이나 조직학 분야에서는 프로그램을 '특정한 목표를 달성하기 위한 일련의 활동들의 집합'이나 '목표를 달성하기 위한 일련의 상호의존적인 활동들'로 규정하면서 진행순서를 의미하는 내용과 실천을 포함시키고 있다(이봉주 외, 2014). 이러한 맥락에서 커뮤니티 프로그램은 커뮤니티 활성화라는 일정한 목적을 달성하기 위해 계획된 활동들의 구조화된 집합체라고 정의할 수 있다.

커뮤니티 프로그램은 지역을 기반으로 관심, 생활, 문화를 공유하고 있는 거주자들의 커뮤니티를 활성화하기 위한 활동으로 커뮤니티 활동의 내용이자 하는 일 그 자체이다. 커뮤니티 활성화 방안으로 공동체 프로그램 개발과 운영이 중요하다.

주민들이 손쉽게 참여하고 흥미를 느낄 수 있는 프로그램을 개발·운영함으로써 지역과 단지에서 주민들의 관심과 참여를 효과적으로 이끌어 낼 수 있다. 거주자들은 커뮤니티 프로그램의 참여를 통하여 주민들과 정서적 친밀감이나 충족감이나 소속감을 느끼며 주민들과 함께 한다는 연대감 등을 가질 수 있다. 미국의 CAI(Community Association Institute, 2003)에서도 커뮤니티 의식을 증진시키는 데 프로그램 개발이 중요하다고 하였으며, 거주자들을 대상으로 필요한 프로그램에 대한 조사를 하거나 주민행사를 하여 거주자들의 관심을 유도할 수 있다고 하였다.

커뮤니티 프로그램은 궁극적으로 거주자들의 공동생활 참여를 높이는 활동이지만 여러 측면에서 주거생활의 질과 주거만족도를 높이는 데 활용될 수 있다. 거주자에게 필요한 프로그램은 생활지원 측면에서 보면 거주자의 생활 편익과 향상을 위한 서비스가 된다. 그리고 공간·시설운영 측면에서 지역 내 커뮤니티 공간 및 시설을 이용할 수 있도록 프로그램이다. 주민공유공간을 기반으로 제공되는 강좌·프로그램은 개인의 여가·편익에 유익할 뿐만 아니라 주민교류의 기회를 마련하고 근린관계를 증가시킨다. 지역주민들의 협동적 상호작용을 촉진 및 증대시키기 위해서는 지역주민들이 참여할 수 있는 커뮤니티 프로그램이 유용하다. 또한, 단지가 갖고 있는 여러 가지 문제를 해결하는 데 커뮤니티 프로그램을 활용할 수 있으며, 지속가능한 주거환경을 조성하고 삶의 질을 향상시키는 데 활용될 수 있다.

〈그림 11-1〉 커뮤니티 프로그램의 유용성

커뮤니티 프로그램의 유용성은 주민에게 필요한 프로그램이 지속적으로 운영될 때 더욱 발휘된다. 그러나 공동주택단지에서 시행되는 공동체 프로그램은 취미강화와 체육활동 등을 제외하면 일회성, 행사성 프로그램인 경우가 대부분이고, 부녀회나 동호회 등 자생단체의 프로그램은 회원 위주로 활동하는 경향이 있다(박은철, 2011). 아파트에서 실시되는 커뮤니티 프로그램에 대하여, 주민들은 일회성 프로그램보다는 참여형, 문화·교육형의 프로그램을 선호하고 있으나 커뮤니티 물리적 환경과의 불일치와 체계적인 프로그램 시스템의 미비로 인해 적용되지 못하고 있다는 문제점을 지적하였다(강준주 외, 2005).

아울러 커뮤니티 현장에서 효과적이고 성공적인 프로그램이 되기 위해서는 무엇보다도 초기의 목적과 목표를 충실히 달성해야 한다. 커뮤니티 활성화 프로그램에는 다음의 몇 가지 중요한 원칙이 포함되어야 한다.

첫째, 주민들의 자발적인 참여를 유도할 수 있도록 계획되고 진행되어야 하며, 둘째, 주민 자원을 활용하고, 주민들이 자발적으로 봉사할 수 있는 활동이어야 한다. 셋째, 주민들이 해당 프로그램에 참여하는 것에 그치는 것이 아니라 거주 지역에 관심을 갖고 커뮤니티 의식을 증진시킬 수 있는 내용이어야 하며, 넷째, 주민들의 활동이 지역사회와 단지에서 지속가능한 것이 될 수 있는 것이 바람직하다.

커뮤니티 프로그램은 거주자들의 지역사회 참여를 통해 커뮤니티 의식을 증진시키고, 거주지역을 긍정적으로 변화·발전시킬 수 있는 촉매제로 작용할 수 있다.

11.2 커뮤니티 프로그램의 종류

커뮤니티 프로그램의 종류는 매우 다양하며 시기별, 주제별, 대상별로 구분할 수 있다.

1) 시기별 프로그램

① 일상적 프로그램

일상은 매일의 평상시 생활을 말한다. 일상적 프로그램은 주민들이 일상적으로 반복적으로 필요로 하는 콘텐츠로 진행되어야 한다. 예를 들어 이웃과의 친교, 운동, 휴식, 여가, 훈련, 학습 등을 활용한 프로그램을 들 수 있다. 이러한 프로그램을 진행하기 위해서는 사전에 주민들이 일상적인 삶에서 필요로 하는 욕구가 무엇인지 살펴볼 필요가 있다. 일상적 프로그램은 주민들이 평상시 생활에서 연속적으로 만날 수 있고, 주민들의 직접적인 욕구에 응답할 수 있다는 점에서 효율적인 커뮤니티 활동이라 할 수 있다.

② 일회적 프로그램

일회적 프로그램에는 정기적·부정기적 프로그램이 있다. 주민 다수가 참여할 수 있는 축제, 한마당잔치와 같은 형식의 행사는 지역 주민들의 통합력을 높여준다는 점에서 일회적이지만 커뮤니티 활성화에 도움을 줄 수 있다. 일상적 프로그램으로 '탁구교실'을 한다면 일회적 성격의 '탁구대회'를 개최할 수 있다.

2) 분야별 프로그램

커뮤니티 프로그램을 통하여 주거의 물리적 환경을 개선하고 주민들의 건강이나 문화생활에 기여하거나 사회봉사활동을 할 수 있고 환경친화·에너지 절약 활동을 유도할 수도 있다. 그리고 이들 프로그램은 단지축제, 캠페인, 동아리 운영, 강좌 등의 다양한 방법으로 실행할 수 있다.

① 주거환경개선 분야

커뮤니티 프로그램 중에서 주민이 가장 필요로 하는 프로그램이다. 주거환경개선 프로그램은 주민이 주거환경개선의 주체가 되어 스스로 원하는 쾌적한 아파트 단지를 만들어 가는데 목표를 둔다. 주거의 물리적 환경 개선은 주민들이 필요로 하지만 제대로 관리가 되지 않았던 지역의 각종 공동시설이나 환경을 함께 돌보는 과정이다. 이를 통해 주민들의 생각과 의견을 조정하고 신뢰를 쌓고 상호호혜의 규범을 만들어 갈 수 있다. 주민이 주거 환경 가꾸기를 이끌어가기 위해서 필요한 작업은 먼저 자신들이 바라고 생각하는 것들을 적극적으로 표현하는 것이다. 살면서 느꼈던 점이나 바꾸고 싶었던 점들을 안건으로 내놓고 서로 토론하여 개선안을 도출한다. 지역 내에서 버려진 공간이나 개선되어야 할 부분을 찾기 위하여 사전 조사를 실시를 한다. 주민회의나 설문조사를 통하여 주민, 관리자, 전문가 등의 의견을 수렴할 필요가 있다. 프로그램으로는 주민대청소, 화단 정리, 유기농 텃밭 가꾸기, 녹화, 담장 녹화, 도색 작업, 벽화 그리기, 담장 허물기, 공유공간 만들기 등이 있다.

〈그림 11-2〉 아파트단지 화분 설치

② **건강·체육 분야**

건강에 대한 관심이 높아짐에 따라 주거지역에서 건강 프로그램에 대한 선호도도 매우 높다. 건강프로그램은 주민들이 자신의 건강을 유지하고 주민들과 교류할 수 있는 기회를 제공한다. 거주지역 내에서 운영되는 건강프로그램은 접근성이 좋아 편리하게 이용할 수 있다는 장점을 갖는다.

건강·체육프로그램을 운영하고자 할 때는 기초체력 향상과 만성질환 예방 및 완화에 도움이 되는 프로그램을 선정하도록 한다. 연령에 따라 목적과 선호하는 건강프로그램이 다르므로 연령별 프로그램을 제공한다. 고령자 프로그램으로 경로당 건강교실을 운영할 수 있으며, 아동 건강프로그램은 건강한 성장발달에 도움될 수 있는 프로그램을 선택한다. 또한, 지역적 특성에 따라 인근에 산이 있는 단지에서는 산악자전거교실을, 청소년이 많은 단지는 농구대회, 주부가 많은 단지는 스포츠댄스 등을 운영함으로써 단지 특성을 살리고 여건에 적합한 프로그램을 선정 운영하는 방법도 있다. 인근 지역에 있는 스포츠 센터, 주민자치센터, 사회복지관 등의 건강 및 체육프로그램을 사전 조사하고, 보건소 및 보건진료원, 지역 민간 병원·의원 등의 지역자원 연계를 도모할 수 있다.

건강·체육 프로그램은 각종 친선경기로 프로그램을 활성화시킬 수 있다. 건강 관련 프로그램을 발전시키기 위해 프로그램을 지원할 수 있는 장비 및 도구가 갖추어져 있는지 파악하고, 평일은 물론 공휴일까지 체력단련실을 개방하여 지속적인 심신단련의 기회를 제공하는 것이 좋다.

프로그램으로는 주민헬스장 운영, 탁구, 요가, 에어로빅 등의 레슨 형태, 자전거 타기, 걷기 운동 캠페인 등이 있다.

〈그림 11-3〉 이른 새벽부터 늦은 저녁까지 이용할 수 있는 운동시설

③ 여가·취미·교양교육 분야

여가·취미·교양 프로그램은 일과 노동으로부터 벗어나 편한 마음으로 휴식하고, 지역사회에 참여하며 시간을 자유롭게 활용하는 데 도움을 준다. 주민들은 여가·취미 활동을 통해 자기개발을 하고 뜻과 취미가 맞는 이웃과 어울리면서 결속감과 공감대를 형성할 수 있다. 일과 생활의 조화를 강조하는 문화로 패러다임이 전환되는 상황에서 여가·취미·교양 프로그램은 문화생활의 전반적인 영역에 걸쳐 강좌 정보를 주민에게 제공하여 평생교육의 기회를 마련하고 건전한 여가생활의 영위 및 삶의 질을 개선하는 데 활용될 수 있다.

여가·취미·교양 교육 관련 커뮤니티 프로그램으로는 독서, 강좌·교실 형태와 같은 지적활동이 포함되며, 예술, 음악, 영화, 여행 등의 문화활동 프로그램 등으로 운영될 수 있다. 여가·취미 프로그램으로는 영화 공연 관람, 독서클럽의 요구도가 높고, 교육 관련 프로그램으로는 음악교육, 어학교육, 컴퓨터교육 프로그램에 대한 요구도가 높다.

프로그램으로는 영화 상영, 문화 강좌, 부모교육강좌, 문고 운영, 취미 프로그램, 다도교실, 퀼트교실, 손뜨개교실, 문화기행교실 등이 있으며, 어학강좌로 영어회화, 중국어, 일본어, 한문 교실 등이 있다.

④ 사회봉사 분야

주민에게 봉사의 기회를 갖게 하며, 지역 내 화합의 창구가 될 수 있다. 최근 봉사에 대한 열의가 확산되고 있지만 어떻게 시작해야 할지 망설이는 경우가 많다. 도움을 필요로 하는 곳과 연결하는 것이 쉽지 않다. 봉사활동 프로그램은 이들을 연계함으로써 도움이 필요한 사람에게 적당한 시기에 봉사활동자로부터 도움을 받을 수 있게 해준다. 자발적이고 적극적인 봉사활동을 함으로써 사회공헌적 가치를 구현하고 지역사회 발전에 기여하게 된다. 소외된 이웃들에게 더욱 관심을 기울이고 더불어 사는 사회분위기 조성을 위해서 다양한 프로그램의 개발이 필요하다. 일부 아파트에서는 아파트주민이 아파트 봉사단을 만들어 재능나눔, 마을 가꾸기 프로그램, 재난재해 복구 참여, 방범 활동을 하고 있다. 비슷한 취미나 관심을 가진 동아리의 모임으로 출발하여 자원봉사활동 모임으로 유도 발전시킬 수도 있다. 유휴인력, 즉 주부, 조기 은퇴한 중장년층은 사회봉사활동에 주요한 인적자원이 될 수 있다.

프로그램으로는 소년·소녀 가장 자매결연, 불우이웃돕기, 사회복지시설 지원, 장학사업 등이 있다. 대상별로 아동 및 청소년 대상으로는 상담, 방과후 지도, 교육봉사, 예체능지도, 식사 보조 및 간식 제공, 여가 지도 등이 있으며, 장애인·고령자 대상의 정서 지원(말벗, 상담, 대필 등), 의료 및 수발 봉사 재가봉사, 여가지도 등이 있다. 또한, 외국인 근로자 대상으로 우리나라 문화와 언어교육, 생일과 명절시 초대, 필요한 물건 수집 및 제공, 영유아 봐주기, 보건의료서비스 등이 있으며, 미혼모·불우여성을 위한 말벗, 상담, 아동보호, 자녀학습 보조 등의 프로그램을 운영할 수 있다.

⑤ 친환경·재활용·에너지 절약 분야

친환경·재활용·에너지 절약 프로그램은 자원의 낭비를 막고 자연환경 오염을 방지하고 지속가능한 발전을 위한 활동이다. 환경의 중요성을 인식하고, 주민들의 자발적인 참여와 실천으로 지구환경을 보전하기 위한 에너지·자원 절약, 환경 보존에 기여하는 데 목적이 있다.

친환경·재활용·에너지 절약 분야의 프로그램은 자연친화적인 프로그램과 취미활동 프로그램을 연계하여 운영하는 것이 좋다. 예를 들어 텃밭 만들기는 단지 주민의 화합에도 긍정적인 영향을 주고, 수확한 작물로 생활이 어려운 세대에게 김치를 담아 제공하여 불우이웃돕기에도 기여할 수 있다.

프로그램으로는 텃밭 만들기, 친환경 EM만들기와 활용, 자원 재활용을 한 폐식용유 활용 비누 만들기, 재활용품 분리수거, 음식물 쓰레기 분리수거, 음식물 퇴비화, 재활용품 바자회 등이 있으며, 에너지 절약을 위한 절수기기 사용, 단지 절전기구 사용, 심야 절전장치 사용, 신재생에너지 사용 등이 있다.

〈그림 11-4〉 텃밭 가꾸기

> **도시농업**
>
> 도심생활에서 쉽게 접할 수 없는 각종 농작물의 재배과정을 어린이들에게 학습시키고 도심 속의 작은 자연녹지 공간을 조성하고자 농장가꾸기 프로그램을 운영하고 있다. 이는 주민들의 정서함양과 노인들에게는 소일거리 제공, 어린이들에게는 자연학습장으로 활용도가 높다. 또한, 단지주민의 화합과 협동심 고취에도 효과적이다.

⑥ 주민화합 분야

주민화합, 소통과 커뮤니케이션을 위한 프로그램이다. 주민화합을 위해서는 주민참여를 유도하고 주민들이 서로 간에 화합을 도모할 수 있도록 기회를 마련하는 것이 중요하다. 단지 내 주민 가족 모두가 참여할 수 있는 행사를 통해 아파트에 대한 애착심을 높이고 아파트 주민들의 연대의식, 친밀감, 아파트에 살면서 받게 되는 충족감을 높인다.

프로그램은 다양한 방법으로 실행될 수 있다. 축제, 캠페인, 동아리 결성 등이 대표적인 예이다. 이를 통하여 커뮤니티 활성화뿐만 아니라 여러 가지 효과도 가져올 수 있다. 예를 들어 주민축제는 지역주민들에게 교육의 효과를 제공하기도 한다. 아파트 단지에서 열리는 어린이 미술대회는 아파트 단지의 유치원생들과 초등학생들의 그림을 모아 전시하고, 주민들이 직접 심사하게 하여 미술에 대한 의식과 관심을 고취시킬 수 있다. 프로그램으로는 축제로서 탁구대회, 서예전, 작은 음악회, 시 낭송 대회, 노래자랑, 영화상영 등이 있으며, 생활문화 캠페인 활동으로 이웃 간에 인사하기, 담배꽁초 버리지 않기 등이 있다. 또한, 동아리를 운영하거나 마을 소식지 발간, 아파트 홈페이지를 제작하여 주민들과 소통하는 방법이 있다.

〈그림 11-5〉 마을축제: 주민행사와 그림 전시

〈표 11-1〉 분야별 커뮤니티 프로그램의 목적과 종류

분야	목적	프로그램 종류
주민화합	개인, 가족 단위로 모두가 참여할 수 있는 행사를 통해 아파트에 대한 애착심을 높이고 주민들 간의 공동체 연대감 형성에 기여한다.	• 축제: 작은 음악회, 그림전시회, 탁구대회, 서예전, 시낭송대회, 노래자랑, 영화상영, 열린극장, 장터 등 • 생활문화 캠페인: 인사하기, 스마일 운동, 담배꽁초 버리지 않기, 소음 줄이기, 전면주차 유도 등 • 품앗이 프로그램: 품앗이 반찬, 품앗이 도시락, 품앗이 양육 등 • 동아리 운영 • 마을 소식지·신문 발간, 아파트 홈페이지 제작 • 아파트 관리 참여 • 다문화 이해: 문화교류 행사, 이민자 화합잔치, 외국인과의 만남의 날 등
주거 환경개선	주민이 주체가 되어서 아파트 주거환경을 개선하고 주민 스스로 원하는 쾌적한 아파트 단지를 만들어가는 것이다.	• 유기농 텃밭 만들기, 단지 내 녹화, 담장 녹화, 허브 정원 만들기, 꽃길 만들기, 화단 정리, 화분 설치 • 주민 대청소 • 자전거 거치대 배치, 벽화 그리기, 담장 허물기
건강·운동	건강 프로그램을 통하여 주민들의 기초체력 향상과 건강 증진을 도모하고, 자신의 건강관리 역량을 높여서 삶의 질을 향상시킨다.	• 운동 프로그램: PT 프로그램, 요가, 차밍댄스, 에어로빅, 건강체조, 탁구교실 등 • 건강검진, 건강 강좌 • 주민헬스장 운영 • 아파트 계단 걷기 운동, 자전거 타기 운동, 아토피 없는 아파트 만들기
여가, 취미, 교양, 교육	아파트 주민들에게 여가·취미·교양 프로그램을 제공함으로써 주민들이 건전한 여가를 활용하고 문화적 욕구를 충족시키고 취미활동을 증진시킬 수 있도록 돕는다.	• 문화 강좌, 취미 프로그램: 서예, 퀼트, 다도, 요리, 노래, 연주, 원예, 비즈공예, 꽃꽂이, 손뜨개, 양재·홈패션, 사진, 부모교육, 컴퓨터 교실 등 • 어학강좌: 영어회화, 중국어, 일본어, 한문 교실 등 • 자녀학습 강좌 • 보육·아동탁아방 운영, 문고, 독서실 운영 • 단체활동: 체육활동, 야외활동 등
사회 봉사활동	사회봉사활동의 의미와 필요성에 대해 인식하고 자발적이고 적극적인 봉사활동을 함으로써 사회 공헌적 가치를 구현하고 지역사회 발전에 기여한다.	• 일손 돕기: 사회복지시설, 단지 행사 자원봉사, 지역행사 지원 활동 • 위문: 양로원, 고아원, 장애인, 병약자 위문 • 캠페인: 환경보호 캠페인, 교통안전, 공공질서 확립 등 • 자선구호: 재해구호, 사회복지시설 지원, 장학 활동, 소년·소녀가장 자매결연, 어려운 이웃돕기 등 • 어르신 효도 관광, 자율방범대, 독거노인 김장 배달 • 주민봉사단 운영

친환경 · 재활용 · 에너지 절약	환경 중요성을 인식하고, 아파트 주민들의 자발적인 참여와 실천으로 지구환경을 보전하기 위한 에너지·자원 절약, 환경 보존에 기여한다.	• 음식물쓰레기 분리수거 및 음식물류 폐기물 감량 • 폐식용유 수거, 재활용비누 만들기 • 음식물 퇴비화, EM(Effective Micro-organisms) 효소 만들기 • 탄소저감운동: 탄소 포인트 적립 제도 • 재활용품 바자회 행사, 아파트단지 녹색 장터, 벼룩시장, 아나바다 운동 등 • 친환경·녹색구매 모니터링, 친환경 농산물 직거래 • 환경교육: 기후변화, 에너지 환경 교육 • 환경캠페인: 전기절약 행사, 소등행사 • 재활용, 에너지 절약 관련 입주민 교육 • 재활용품 분리함 설치 및 수집: 폐지·헌옷 모으기, 폐형광등, 전구, 핸드폰, 건전지, 소형가전제품 분리수거 • 아파트 자전거 공용제, 자전거 타기 운동 • 대여 프로그램

(출처: 홍형옥, 2011)

11.3 커뮤니티 프로그램 기획과 운영

커뮤니티 프로그램을 통해 단지환경을 개선하고, 주민들의 건강, 문화생활을 돕거나 사회봉사활동을 할 수 있고, 친환경·에너지 절약 활동 등을 유도할 수도 있다. 커뮤니티 프로그램은 주거단지 현장에서 추구하는 목표에 초점을 두고 다양한 방법으로 이루어질 수 있으므로 단지의 특성이나 주민들의 요구 등을 고려하여 개발되어야 한다.

1) 커뮤니티 특성 파악 및 주민 의견 수렴

커뮤니티 사업을 기획하기 전에 지역의 특성을 파악해야 한다. 이제까지 커뮤니티 활동을 수행하는데 단지의 특성과 주민 요구에 대한 파악이 간과되어 오기도 했다. 이는 주로 커뮤니티 활성화라는 이념적인 사고에 치우치는 경향이 강하고 몇몇 사람들을 통해 파악한 단지의 정보들에 대한 과신 때문이기도 하다. 이는 커뮤니티 활성화 사업이 그리 성공하지 못해왔던 한 요인이기도 하다. 성공적인 커뮤니티 사업을 위해서는 아파트 단지 특성을 맞는 프로그램이 추진되어야 한다.

아파트나 단지를 직접 방문하여 관계자를 만나고, 시설 현황을 둘러본다. 현장에서는 보다 실질적인 자료와 아이디어를 얻을 수 있으며, 계획하고자 하는 커뮤니티 활동을 미리 예측해볼 수 있다. 관계자를 통해 활동 실행 시 어려운 점, 이에 대해 도움 받을 수 있는 곳, 활용 가능한 방법 등 노하우를 들을 수 있다.

커뮤니티 활성화 프로그램을 선정하거나, 공간 활용 등 전체 주민을 대상으로 한 설문조사를 실시할 수 있다. 설문조사는 주민들이 필요로 하는 커뮤니티 프로그램의 우선순위를 가장 직접적으로 파악할 수 있으며, 커뮤니티 프로그램에 대한 홍보와 주민관심도 이끌 수 있는 방법이다. 일단 모아진 자료는 한눈에 알아보기 쉽게 정리되어야 한다. 정리된 자료를 많은 사람들이 쉽게 파악할 수 있도록 하기 위해서는 그래프나 다이어그램 등으로 조사의 결과를 표시하면 더욱 효과적이다〈그림 11-6〉.

〈표 11-2〉 아파트 단지의 특성 파악 요소

대상	특성
주민	연령대별 분포, 아동 비율, 맞벌이 부부 비율, 고령자 비율, 장애인 수 기존 단지 내 행사 시 참여 정도, 단지 홈페이지 활성화 정도
입주자 대표회의	입주자대표회의 구성원의 특성, 회장 특성, 연령 및 직업, 동별대표자 경력, 주민 간의 분쟁 유무, 관리사무소와의 관계
관리주체	관리사무소장의 마인드, 커뮤니티 활성화 추진 경력, 관리업체 지원 유무
기존 자생단체	부녀회 등 기존 자생단체의 유무와 활동 범위, 입주자대표회의와의 관계
단지구성	평형 분포, 소유 및 임차인 거주비율, 복도식·계단식, 분양과 임대주택 여부, 건축경과년수, 단지 내 주민공용공간 종류와 특성
단지주변지역	동사무소·주민자치센터·지역복지관과의 관계(거리, 교류 정도 등), 교육기관(초·중·고등학교, 대학 등), 스포츠 센터, 산책로 혹은 조깅코스, 지역 공공도서관, 해당 지역에서의 주민축제 유무, 지역 내 주택 특징(아파트 단지 위주, 단독주택과 혼합, 다세대·다가구 주택과의 혼재, 재개발 지역, 불량주거지 유무), 상업지역·공장 및 업무지역과의 관계, 학원가 형성 정도, 공원 등 오픈 스페이스 유무, 외국인 거주 정도 등

(출처: 홍형옥, 2011)

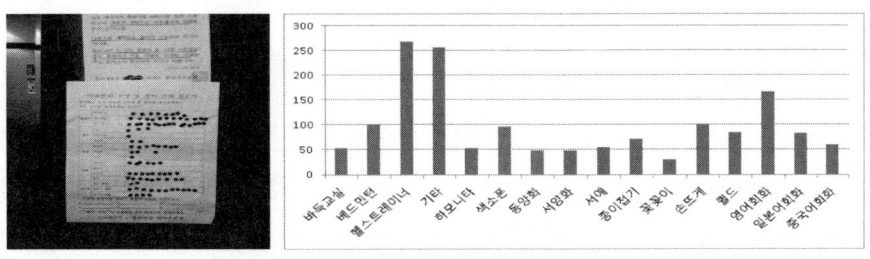

〈그림 11-6〉 서울 신도림 E아파트의 교양·취미 강좌에 대한 주민요구도 조사
(좌: 승강기에 게시된 조사표, 우: 주민 요구도 조사 결과)

2) 커뮤니티 활성화 사업 기획 프로세스

커뮤니티 프로그램 기획은 커뮤니티 활성화를 위해 가장 적합한 프로그램을 설계하는 것이다. 지역과 단지에 적합한 프로그램을 발굴하여 운영하는 것은 주민활동가나 커뮤니티 전문가의 핵심 역할 중에 하나로 알려져 있다.

프로그램 기획 과정에서 각 단계의 순서와 내용은 현장의 상황이나 프로그램의 특성에 따라 조금씩 다르지만, 프로그램 목표와 주제 선정, 주요 대상 선정, 운영방법, 프로그램 시기 및 기간, 장소 및 시설 선정, 홍보방안, 예산계획 등이 포함되어야 한다.

프로그램 개발 필요성 및 추진 여부 결정

1단계	2단계	3단계	4단계	5단계	6단계	7단계	8단계	9단계
목적 설정	주요 대상 선정	프로그램 주제 및 내용 선정	프로그램 운영방법 및 전략 설정	프로그램 시기 및 기간 설정	프로그램 장소 및 시설·설비 선정	프로그램 책임자 선정 및 역할 분담, 지원조직 모색	프로그램 홍보 방안 모색	프로그램 예산 및 조달방법 모색

① 프로그램 목적 설정

목적은 프로그램이 운영된 후 그 프로그램 통해서 아파트나 주거단지의 변화, 참가자로부터 기대되는 효과를 의미한다. 프로그램을 만드는 이유와 목적을 명확히 하는 것이 좋다. 무엇 때문에, 누구를 위해서 프로그램을 준비하는가에 대한 구체적이고 철저한 분석이 필요하다.

② 주요 대상(Target group) 선정

사업목적을 바탕으로 프로그램의 주요 참가 대상을 선정한다. 성별, 연령별, 가족형태별, 동일 관심 집단별 등 대상요인을 고려할 수 있다. 주요대상 그룹을 선정하는 것은 프로그램의 내용을 산만하고 방만하게 운영하지 않는 좋은 방안이기도 하다. 그리고 사업의 주요 대상 그룹에 따라 사업의 내용도 그에 맞춰져야 할 것이다.

〈표 11-3〉 대상별 커뮤니티 프로그램 내용과 종류

대상	내용	프로그램 종류
주민	주민대상 프로그램은 더불어 모이고 만날 수 있는 친교에 초점을 둘 수 있으며, 건강, 문화, 여가, 봉사, 환경보호, 사회적 관심사 등과 관련된 주제를 중심으로 프로그램을 실행할 수도 있음.	• 주거환경개선, 건강·체육, 여가, 취미, 교양, 교육, 사회봉사, 친환경, 주민화합을 위한 프로그램 등 • 단지축제, 전시회, 캠페인, 강좌 등
주부	아파트 내에서 여가, 문화, 교육 활동이 이루진다면 취미와 여가생활을 풍요롭고 편리하게 즐길 수 있음. 그리고 정기적인 모임을 통해 이웃과 친교도 나눔. 주부를 참가자나 수강자의 자격뿐만 아니라 프로그램의 운영에 책임자로서, 관리자로서, 자원봉사자로 참여할 수 있도록 유도해 볼 수 있음.	• 생활강좌: 건강, 체육, 문화, 교양, 교육 등 • 주거환경개선, 친환경·에너지 절약 교실, 자녀양육 교실, 사회봉사 등
고령자	아파트 단지 내에 거주하고 있는 어르신을 위하여 사회활동이나 여가생활면에서 성공적인 노년기의 삶을 지원할 수 있는 프로그램을 제공.	취미강좌, 경로잔치, 건강체육, 건강강좌, 야외활동 프로그램 등
자녀	자녀의 특기·적성교육의 일환으로 자녀 프로그램이 운영될 수 있음. 영어교실과 같은 학습프로그램뿐만 아니라 자녀들의 인성 및 감성 교육도 병행하여 자녀의 상상력을 키워주고 잠재된 창의력을 길러주는 프로그램을 운영할 수 있음	• 어학 및 교육: 영어교실, 독서퀴즈왕 선발대회, 과학교실 등 • 예능: 미술·음악교실 등 • 건강체육: 재즈, 어린이 발레 교실 등 • 기타: 보육, 아동탁아방, 독서실 운영 등
직장인	직장을 다니는 사람들은 주로 낮에 이루어지는 단지 프로그램을 이용하는데 어려움이 있음. 프로그램의 운영시간이 낮에 집중되어 있다면 직장인이나 학생들이 참여할 수 있도록 그들을 위한 프로그램을 따로 운영함.	문화강좌, 외국어 교육, 체육프로그램 등

(출처: 홍형옥, 2011의 내용을 일부 수정하였음)

〈표 11-4〉 프로그램 참가 대상 선정을 위한 체크리스트

항목	점검
성별	☐ 주민전체, ☐ 남, ☐ 여
연령	☐ 주민전체, ☐ 20대 미만, ☐ 20–30대, ☐ 40–50대, ☐ 60대 이상
참가 인원	☐ 개인, ☐ 가족 단위
기타	☐ 주부, ☐ 직장인, ☐ 동호회, ☐ 기타 ( )

③ 프로그램 주제 및 내용 선정

프로그램 목적을 실현하기 위해 아파트 단지에서 커뮤니티 활성화를 위해 참가자들에게 무엇을 전할 것이며 무엇을 함께 나눌 것인지를 결정한다. 주민화합을

프로그램의 목표로 세웠다하더라도 주민 축제를 할 것인지, 동호회 결성을 할 것인지를 명확히 해야 한다. 커뮤니티 프로그램의 주제를 선정하는데 아파트 주민의 흥미와 요구, 프로그램의 목적과 의도, 전문가들의 조언 등이 반영되었는지 파악해야 한다.

④ 프로그램 운영 방법 및 전략 설정

프로그램 목적을 구체적으로 실행하기 위한 프로그램의 운영방법과 규정, 신청방식, 정원관리, 진행방식, 참가유도 전략 등을 세운다. 목적과 지역 특성에 따라 프로그램의 대상과 시행주체, 접근하는 방법, 동원해야 할 자원 등이 달라질 수 있다.

전략은 사업 목적에 맞게 세워야 한다. 예를 들면, 주민의 활동역량을 강화하는 데 주안점을 둘 것인지, 일회성 캠페인을 통해 홍보에 주력할 것인지, 기존 자생단체의 역량을 활용하여 특별한 이벤트를 개최할 것인지에 대한 전략을 결정한다. 그리고 이에 적당한 세부 시행 계획을 준비한다. 참가자들에 대한 규약이나 규칙 및 프로그램 관리 및 운영에 대한 원칙을 만들면 더욱 좋다.

⑤ 프로그램 시기 및 기간 설정

프로그램의 운영 시간 및 기간에 대한 구체적인 사항을 설정한다. 즉, 프로그램을 언제 시작하고 어느 정도의 기간을 운영하며, 운영시간을 어떻게 할지 정한다. 커뮤니티 사업은 주민들의 생활 속으로 밀착되어야 한다는 점을 고려할 때, 일상에서 생기는 대소사에 민감하게 대응해야 한다. 휴가철, 자녀 시험기간, 연휴 등은 물론 지역사회에서 연례적으로 개최되는 축제나 공공기관의 행사, 이벤트의 일정까지도 고려하는 세심함이 필요하다. 따라서 주민들이 많이 참여할 수 있도록 시기와 시간을 정해야 한다. 여러 가지 프로그램의 준비와 시행을 하다보면 언제나 시간이 부족하고 쫓기게 되므로 미리 계획해둔 일정에 따라 프로그램을 진행해야 한다.

⑥ 프로그램 장소 및 시설, 설비 선정

장소를 선정할 때에는 프로그램의 성격, 예상 참가인원 등을 고려해야 한다. 대중적인 주민행사는 많은 사람들이 모일 수 있도록 접근성이 있고 적절한 규모를 갖춘 공간이어야 하며, 토론하거나 공부하는 모임은 개방된 장소보다는 조용한 공간이 적당하다. 또한, 악기 연주와 같은 프로그램은 진행되면서 소음이 발생할 수 있으므로 이를 고려하여 민원이 발생하지 않도록 주의해야 한다. 아울러 예상치 못한 일로 공간을 사용할 수 없을 때에 대체할 다른 공간을 찾아두는 것도 필요하다. 예를 들어, 중앙광장에서 개최하기로 한 벼룩시장 행사를 비가 오면 1층 필로티나 지하주차장에서 하도록 상황에 따라 융통성 있게 운영할 수 있도록 한다.

⑦ 프로그램 운영 주체 결정 및 지원조직 모색, 책임자 선정 및 역할 분담

이 단계는 프로그램 책임자를 선정과 역할 분담하고 지원조직을 파악하는 단계이다. 프로그램 운영 방법에서 설정한 프로그램의 업무를 실질적으로 누가 수행할 것인가를 정하는 것이다. 어떤 사업을 계획하고 실행하기 위해서는 담당 조직이 있어야 하므로, 프로그램 운영에 대한 주체를 결정하고 책임자 선정과 역할을 명확히 한다.

역할 분담에 있어서 커뮤니티 활동을 하면서 몇몇 소수에게 그 역할이 집중되는 것은 여러 가지 면에서 바람직하지 못하다. 가능하면 주민, 참가자 모두가 실천에 있어 자신들의 역량에 따른 역할을 부여받아야 한다. 이를 통해 각 구성원들의 자발적인 참여가 높아질 수 있으며, 책임감을 가질 수 있다. 또한, 프로그램의 성과에 대한 만족도 역시 모두에게 돌아갈 수 있을 것이다. 각 구성원들의 역량, 시간적 여유나 개인적 자질 및 특기 등을 고려하여 적절한 역할이 배분되어야 한다.

커뮤니티 프로그램 개발을 위한 담당자 역할 분담하는 데 있어서 프로그램 책임자와 담당자들의 역할 분담표를 만들어 활용한다. 프로그램 주제, 목표, 형식 결정에는 전문가와 주민 모두의 참여가 필요하지만, 프로그램 실행예산, 강사 선정, 강사 섭외, 자원봉사자 모집 등은 역할 분담표에 따라 분담하여 진행한다. 아파트 단지에서 공유공간과 프로그램이 원활히 운영되기 위해서는 어떠한 조직의 지원을 받을 수 있는가를 파악할 필요가 있다. 기본적으로 이웃, 관리자, 구청이나 주민자치센터, 시민단체, 민간단체 등과 도움을 주고받을 수 있다.

<표 11-5> 프로그램 역할분담 체크리스트

과제	담당자	
	조직	○○○○
프로그램 주제설정 및 목표설정		
프로그램 종류 및 운영방법 규정		
프로그램 예산준비		
평가계획		
프로그램 실행		

⑧ 홍보 방안 모색

다양한 홍보물을 통해 커뮤니티 활성화 프로그램에 대한 관심을 유도하도록 한다. 아파트 단지에서는 주민들이 잘 볼 수 있도록 게시판이나 매일 이용하는 엘리베이터, 동별 출입구 등에 홍보물을 게시한다. 현수막, 포스터, 대자보, 스티커, 전광판, 공고문 등을 활용하고, 홍보물이 눈에 잘 띄게 하고 흥미를 끌 수 있는 내용과 디자인도 필요하다.

⑨ 프로그램 예산 및 조달방법 모색

프로그램 운영에 필요한 적정예산을 수립한다. 여기에는 수입과 지출이 포함된다. 프로그램 예산계획은 사업비의 규모가 이미 정해졌을 때에는 기획 초기단계에 이루어지지만, 일반적으로 프로그램의 내용과 구체적인 운영방법, 역할 분담 등에 대한 계획안이 도출된 후에 구체적인 예산을 세우는 것이 합리적이다.

재정조달의 원론적인 방법은 해당 프로그램의 주체와 해당 프로그램으로 인해 이익을 얻는 집단이 되어야 한다. 그리고 재정을 조달하는 데에 있어서 특정한 인물이나 기관에 지나치게 의존하게 되면, 프로그램의 원래 목적과 상관없이 재정을 지원하는 곳의 영향력이 지나치게 커질 수 있으므로 이에 대한 주의도 필요하다.

예산서를 작성할 때에는 산출근거와 내역을 명확히 해야 한다. 예산서에 들어가는 주요항목은 인건비, 행사준비비, 회의비, 물품구입비, 봉사자 식대, 용역비, 잡비 등으로 나눌 수 있다. 전체 소요되는 비용을 산출하고 필요한 재정의 조달방법을 강구한다.

> **아파트에서 운영하는 커뮤니티 프로그램 참가비**
>
> 아파트는 기본적으로 거주자들의 관리비를 바탕으로 운영된다. 아파트에서 프로그램이 운영되면서 발생하는 비용을 누가 부담할 것인가도 중요한 사안이다. 재정 조달의 원론적인 방법은 해당 프로그램의 운영주체와 해당 프로그램으로 인해 이익을 얻는 집단이 되어야 한다.
>
> 기본적으로 주민 전체를 대상으로 실시되는 아파트 단지의 프로그램 운영비용은 어떻게 할까? 참가비를 받을 것인가? 무료로 할 것인가? 누가 비용을 부담해야 할 것인가? 전체를 잡수익금으로 충당하면 되는가? 프로그램의 종류에 따라서 달라질 것이다.
>
> 관리비에 포함하여 균등하게 부담시키는 방법, 프로그램 서비스를 받는 거주자가 부담하는 수익자 부담 방법, 프로그램의 내용에 따라 관리비에 포함하는 프로그램과 수익자 부담 프로그램으로 분리하는 방법, 기본 사용을 보장하고 과다이용분을 부담시키는 방법을 모색할 수 있다.

〈표 11-6〉 커뮤니티 활성화 공모사업 심사표 (서울시 사례)

평가 항목	평가 기준	배점 / 득점
시책 반영	1. 서울시 공동주택관리규약준칙 및 시책사업 반영하였는지	10
	2. 커뮤니티 전문가 컨설팅 이수한 단지인지	10
사업 홍보	3. 공모사업에 대해서 주민들이 잘 알고 있는지 - 게시판 등 매체 활용한 홍보 횟수 및 주민 인지율 등	10
	4. 사업계획시 주민의 니즈(욕구, Needs)를 제대로 파악하였는지 - 온라인, 오프라인 욕구조사를 통해 나타난 주민 희망 사업인지 - 욕구조사 Tool은 커뮤니티 전문가를 통해 배포	10
사업 계획	5. 사업계획서의 사업 필요성 및 기대효과 등이 적정한지 - 기존 자생단체 등의 사업과 중복되지는 않는지 등	10
	6. 사업계획서의 사업비 산출 내역이 정확한지 - 자치구 검토의견서 참조	10
주민 참여	7. 단지 내 성별, 연령별, 직업별로 다양한 참여가 가능한지	10
	8. 사업 전용 거점공간 확보 및 활용이 가능한지 - 실외에서 활동하는 사업인 경우 실외 활동공간 확보 등	10
사업 지속	9. 사업에 주민들이 쌍방향으로 참여할 수 있는지 - 사업의 수혜자와 공급자 측면 모두에서 주민의 참여 보장 등	10
	10. 사업 모니터링, 평가 및 피드백이 가능한지 - 주민의견이 활성화단체 및 사업집행 기구에 반영될 수 있는지	10
합 계	※ 배점(10점) 내 평가는 A(10점)·B(8점)·C(6점)·D(4점)로 구분하여 점수 부여	100

3) 효과적인 방법들

① 캠페인, 운동

커뮤니티 관련 캠페인은 개인은 물론 사회 전체에 혜택을 주는 것을 목적으로 한다. 캠페인은 조직적으로 계획된 커뮤니케이션 활동으로서 커뮤니티가 갖고 있는 문제에 관심을 갖게 하거나 주민들 간에 서로 공유해야 할 가치, 목표 등을 알리는 데 활용된다. 캠페인을 벌일 때에는 설득의 효과가 있는 메시지 선택이 중요하다. 긍정적인 메시지, 즉 공동생활예절을 지킬 때의 장점이나 이익을 나타낼 것인가, 아니면 부정적인 메시지, 즉 공동생활예절을 지키지 않음으로 말미암아 발생하는 이외의 손실을 나타낼 것인가를 선택해야 한다. 프로그램으로는 공동생활 예절, 층간 소음 줄이기, 스마일 캠페인, 쓰레기 분리수거, 주차질서, 애완동물 관리, 친환경생활 관련 캠페인이 있다.

② 이벤트, 행사

이벤트는 주어진 기간 동안 정해진 장소에서 주민들을 모이게 하여 사회·문화적 경험을 제공하는 행사이다. 아파트에서 열리는 이벤트나 축제는 주민들에게 커뮤니티 제반 활동을 통해 흥미를 유발시키는 커뮤니케이션 활동이다. 주민들은 이를 통해 비일상적인 특별한 경험을 하게 한다. 아파트 단지에서의 이벤트는 주민들에게 사회·문화적 경험, 놀이와 오락을 제공하고 주거단지에서의 새로운 자극과 활력을 주는 장이 된다. 주요 프로그램으로는 아파트 단지 축제, 야유회, 사생대회, 스포츠 경기, 바자회 등이 있다.

③ 강의, 강좌

강의는 짧은 시간 내에 많은 내용을 사람에게 동시에 전달할 수 있다는 장점이 있다. 열린 강좌나 강연식 공개 토론은 강사(발표자)가 자기의 의견이나 준비한 내용을 발표하고 청중은 발표를 듣고 난 다음 질문을 하고, 강사가 답하는 식으로 진행된다. 지역주민과 함께 하는 열린 강좌를 개최하거나 관심 주제를 두고 특강을 마련할 수 있다.

④ 전시회

전시회는 특정한 물건을 벌여 차려놓고 주민에게 참고가 되게 하는 모임으로 주민들의 관심을 유발시킬 수 있는 방법이다. 성공적인 전시는 많은 사람들을 끌어들이고 관람객에게 자극, 즐거움, 또는 지식을 나눠주는 전시이다. 관람객을 고려한 동선 배치가 이루어져야 하며 적절한 공간연출 계획도 필요하다. 일반적으로 거리전시회가 실내 전시보다 접근성이 유리할 수 있고 실내에서보다 더 많은 사람들의 관심과 참여를 이끌어 낼 수 있다.

⑤ 동아리

동호회, 동아리는 취미나 관심사, 뜻을 같이하는 주민들의 모임이다. 구성원들은 적극적인 의사소통을 통해서 상호 간의 공통적 관심사를 공유하고 지식과 정보를 나눈다. 취미, 운동, 경제, 친목, 자원봉사, 정치, 종교, 지역문제 해결 등의 여러 목적과 관심사에 따라 다양한 동호회를 결성할 수 있다.

〈그림 11-7〉 동호회 활동
(좌: 탁구 동호회, 우: 국화재배 동호회)

⑥ 토론회, 회의, 미팅

토론은 주민들이 자신이 살고 있는 지역에 대한 의견을 자유롭게 발표하고 교환하는 것이다.

토론과 회의는 프로그램을 개발하고 기획하는 과정에서 주민의견을 수렴하거나 토출된 안에 대하여 논의를 할 때 활용된다. 또한, 커뮤니티에 당면한 문제가 있을 때 모여서 문제를 해결하는 방법으로 활용되기도 한다. 그러나 너무 인원이 많으면 원활하게 토론이 이루어지기 어렵고, 심한 의견 대립이 있는 경우에는 결론을 도출하기 어렵다.

〈그림 11-8〉 커뮤니티 프로그램 개발을 위한 주민활동가 미팅

⑦ 신문, 소식지, 전단지 제작

지역, 아파트, 주민의 소식을 신문이나 전단지로 제작하여 전한다. 지역이나 아파트 신문은 일반 신문과는 주민에게 밀접한 뉴스, 지역정보를 제공하며, 이웃에서 일어나는 일들을 생생하게 알려준다. 단지 신문은 주민들 간의 소통과 커뮤니티 활성화의 장으로 활용될 수 있다.

〈그림 11-9〉 당진 E아파트의 소식지

4) 커뮤니티 프로그램 기획 사례

① 교양취미 프로그램

프로그램명	한코한코 뜨개질 교실
목적	주민의 여가 선용과 취미생활은 물론 실생활에도 이용될 수 있는 DIY소품을 제작함
대상	• 뜨개질에 관심 있는 주민이면 누구나 참여 가능함 • 적정인원 10명 (1강좌)
주제	실습 위주의 교육을 통하여 손뜨개 기초를 익히고 소품부터 의류에 이르기까지 다양한 생활작품을 제작
운영방법	• 신청방법: 관리사무소나 경비실, 손뜨개 동호회를 통해 신청함 • 정원관리: 모집 정원 초과 시에는 선착순 우선 • 운영규정: 강사가 강의 진도표와 교육내용을 작성하고, 강좌 신청 전에 참가자들이 확인할 수 있도록 게시판에 공개하여 알림 • 진행방식: 강사에 의한 강의 및 지도와 참가자들이 참여하는 실습을 병행
참가유도 전략	• 손뜨개 작품 전시회를 가짐 • 연계 프로그램 개발; DIY 제작 프로그램, 소규모 퀼트 교실 등
운영시간	3개월 과정 (주 1회: 10:30 ~12:00)
장소	소규모 회의실 또는 문고 (입주자대표회의실, 부녀회실을 활용할 수 있음)
시설·설비	• 강의실: 부녀회실 • 뜨개질을 할 수 있는 밝은 조명 1000~1600Lx(룩스) • 책상 및 의자 정리, 사용도구 정리정돈 수납
인력	• 강사 초빙: 뜨개질에 조예가 깊고 경험이 풍부하며, 강의능력이 있는 주민을 강사로 선정하거나 자원봉사자 활용 가능함 • 자원봉사: 물품관리 및 준비, 프로그램 진행보조 담당
지역자원	주민자치회, 문화센터 등을 활용하여 강사 섭외
홍보	• 방법: 엘리베이터 게시판, 단지게시판, 홈페이지, 상가 주변 현수막 • 내용: 목적, 대상, 강좌 시작일, 이용시간, 장소, 신청방법, 강의내용 또는 수업방식, 준비물 등
예산 및 비용	• 무료(단, 재료 및 도구는 참가자 부담). • 강사를 외부 초빙할 때는 참가자들이 수강료 부담 −재능기부자를 활용할 때는 참가자들이 수강료 무료

② 친환경 프로그램

프로그램 명	녹색 텃밭 가꾸기
목적	단지에서 버려진 공간을 사용하고 친환경적인 단지로 탈바꿈하기 위함
대상	주민 전체
주제	유기농 야채나 허브 등을 재배할 수 있는 텃밭을 가꿈

운영방법	• 신청방법: 관리사무소나 경비실을 통해 신청함
	• 운영규정
	  – 신청자를 대상으로 담당자가 팀을 정하거나 참가신청자가 팀을 구성해서 신청 가능
	  – 유기농 야채, 허브, 꽃 재배 등 영역별로 여러 팀을 구성할 수 있음
	  – 담당자는 텃밭 가꾸기에 소요되는 비용지출, 장비사용 및 관리를 위해 팀별로 역할 분담을 하도록 돕고 진행과정을 주기적으로 점검함
	  – 참가자가 생태적 텃밭 가꾸기에 유용한 정보를 줄 수 있는 강의를 원할시에는 특강을 위한 외부 전문가나 입주자 중 전문가를 선정할 수 있음
	  – 수확물의 소유권과 관련한 갈등 소지가 있을 것을 대비하여, 사전에 수확물을 어떻게 소비할 것인가를 제시할 필요도 있음
	    예) 경로당이나 저소득가정에 기증하거나 장터를 열어 주민에게 저렴하게 판매함 (수익금은 텃밭 가꾸기의 공동비용으로 활용함)
	• 진행방식
	  – 담당조직과 책임자의 계획과 작업순서에 따름
	  – 팀별로 모여서 작업하고, 매일 해야 하는 작업은 당번을 정해서 수행함

참가유도전략	• 생태적 텃밭 가꾸기에 대한 전문가 특강을 개최함 • 우수사례 그룹 선정 • 연계 프로그램 개발: 꽃시장 견학, 허브재배지 견학, 식물원 견학 등
운영시간	• 정해진 시간은 없음 • 물 주기나 방충은 팀별로 시간과 담당 순번을 정함 • 팀별로 자율적으로 모이고 모든 팀이 필요시에 모여서 의견을 나눔
장소	• 텃밭을 만들 수 있는 공간이면 어느 곳이나 가능함 • 아파트 단지 내 동별 화단 일부, 경계식재 부분, 아파트옥상, 공터
시설·설비	• 삽목용 트레이, 흙만들기용 화분들과 시트, 물뿌리개, 삽, 흙, 퇴비 등 • 사용도구 정리정돈 수납 • 시설청소(주 2회, 사용 시)
인력	• 주민활동가, 전문가 • 단지 내 식물재배 경험자인 주민을 활용함
지원조직	• 주민자치회, 사회복지관, 인근 양로원, 구민회관, 여성문화회관 등과 연계 • 입주자대표회의, 부녀회, 노인회, 통반장회, 각종 주민조직과의 유대 강화
홍보	• 방법: 엘리베이터게시판, 단지게시판, 홈페이지, 현수막 • 내용: 목적, 대상, 이용시간, 장소, 이용방법, 자원봉사자 모집 등
비용	• 무료(단, 씨앗이나 장비 등의 구입은 참가자 부담) • 강사를 초빙할 때는 참가자들이 강사료 부담

11.4 커뮤니티 프로그램 실행과 평가

1) 커뮤니티 프로그램 실행

프로그램 실행의 단계는 구체적인 내용을 채우는 실천의 단계이며 프로그램 운영 사이클의 중심 부분(main-event)이다. 즉, 프로그램의 기획단계에서 무엇을, 어떤 순서로, 누가, 어떤 자원과 방법으로 할 것인지에 대한 것을 결정했다. 실행단계에서는 기획된 것을 근거로 실행에 옮기는 것으로 커뮤니티 실행 과정에는 역할분담, 계약 및 물품 구매 방법 결정, 지역사회자원 연계, 활동장소 섭외, 단지 내 자원봉사자 활용, 갈등관리 등이 포함된다. 또한, 각 실행단계에서 중요한 활동이 모니터링과 정보의 공유이다.

① 모니터링

프로그램을 계획하는 것이 사업에 필요한 여러 가지 투입요소들을 어떻게 조합하여 활용할 것인가에 관심을 둔 과정이라면, 모니터하는 것은 여러 투입 요소들이 어떻게 효과적이고 효율적인 방법으로 투입되어 산출로 전환되고 있는지를 점검하는 것이라 할 수 있다. 따라서 모니터링은 사업 진행 상황에 대한 정보를 수집하고 이를 효과적으로 사업 운영에 반영하는 정보와 행정관리의 메커니즘. 이를 통해 프로그램이 목적에 맞게, 계획한대로 시행되고 있는지를 점검할 수 있게 된다. 수집된 정보를 바탕으로 문제해결을 위해 다양한 의견교환을 할 수 있는 정기 운영회의 등의 활용방안에 대해서도 특별한 관심이 필요하다.

② 정보의 공유

프로그램 실행 중 주최 측이 무엇보다 관심을 기울여야 할 것은 정보의 공유이다. 직·간접 프로그램 관련자, 즉 실무진이나 운영위원은 물론 참가자 및 후원자들까지도 본 프로그램이 왜, 어떤 목적으로 진행되고 있으며, 어느 단계에 와 있는지, 부족한 것은 무엇이고, 잘하고 있는 것은 무엇인지, 이 프로그램이 끝나면 모두는 무엇을 성취할 수 있는지에 대한 끊임없는 오리엔테이션과 정보제공이 필요하다. 하고 있는 일에 대한 현주소를 정확하게 판단하는 역할을 한다.

2) 커뮤니티 프로그램 평가

평가는 프로그램이 성공적인지 아닌지 그리고 그 이유를 밝히는 것으로 성공요인과 실패요인을 분석하는 것이다. 평가를 하는 이유는 커뮤니티 프로그램이나 사업에 대한 성공의 포상을 위한 것이나 사업실패의 추궁을 위한 것이 아니다. 평가의 목적은 평가를 통해 커뮤니티 프로그램을 보다 잘 운영하기 위해서이다. 평가는 미흡했던 부분을 찾아내고, 잘한 부분은 더욱 강화해서 좀 더 나은 프로그램과 사업을 만들기 위해 실시하는 것이다. 프로그램 평가를 위한 체크리스트를 활용하여 누락된 부분이 없도록 하고, 평가과정에서 전문가의 조언이나 자문위원회의 의견을 반영하는 것도 바람직하다.

〈표 11-7〉 프로그램 평가를 위한 체크리스트

항목	평가
1. 프로그램의 목적이 성취되었는가	
2. 대상 주민의 특성과 욕구를 반영하였는가	
3. 프로그램이 흥미를 유발하였는가	
4. 참여가 용이했는가: 시간대, 장소 등	
5. 참여가 이루어졌는가: 참여 인원, 참여 정도, 이용 빈도 등	
6. 프로그램이 경쟁보다는 협동과정을 있었는가	
7. 인력과 조직의 배치가 적절했는가	
8. 예산은 적절했는가: 예산 부족 또는 과다 지출	
10. 비용처리는 투명하게 이루어졌는가	
11. 홍보방법은 적절했는가	
12. 공간은 적절했는가: 접근성, 쾌적성, 보건성, 편리성 등	
13. 지역자원이나 외부 자원 연계가 제대로 이루어졌는가	

12장 지역사회자원 연계

12.1 지역사회자원과 커뮤니티

지역사회(local community)의 개념은 주요한 몇 가지 측면의 논의를 통해 정의될 수 있다. 첫째 지역사회는 우리가 살고 있는 지리적 공간을 의미한다. 지리적 개념으로 ○○시, ○○구, ○○동을 지역사회로 생각한다. 지역사회는 행정단위로 인식할 수 있으나 생활권, 근린주구, 근린생활공간이라는 의미로 해석하는 것이 유용하다.

둘째, 지역사회의 또다른 개념은 사회구조적 공간을 의미한다. 지역사회에는 오랜 세월을 거쳐 형성되어온 집단의 독특한 가치, 관습과 생활방식, 인간관계와 거래질서, 계층과 지배구조 같은 것이 존재한다. 가치나 규범이란 좋다거나 나쁘다거나 또는 받아들일 수 있는 기준을 설정하는 것을 뜻한다. 또한, 관습은 사람들이 행동하는 데에 필요한 규범이나 믿음의 총체로 특정집단 사이에 일치된 방법으로 공유된다. 지역사회는 사람들이 집단을 이루어 살아가면서 가치나 세계관, 생활방식 등을 공유한다.

셋째, 지역사회는 조직적 측면에서 단순히 개인의 집합체라기보다는 조직단체의 집합체로 볼 수 있다. 행정체계에 따라 구획된 행정조직으로 통·반, 읍·면 등이 있다, 주민자치 조직으로는 아파트 입주자대표회의, 부녀회, 노인회, 복지관 같은 조직들도 있고, 친목회나 동호회 또는 시민단체 같은 자발적 조직이 존재한다. 또한, 교회와 성당, 직장조합, 기관, 회사, 협회 같은 조직들도 있다. 개인과 집단 간의 정도 차이는 있지만 지역사회 구성원들은 조직에 소속되어, 조직활동을 통하여 지역사회에 참여하게 된다.

지역사회에서 생존과 작동에 필요한 필수적 기능들은 다양한 조직을 통해서 제공된다. 따라서 지역사회구성원들은 직간접으로 조직에 참여하거나 조직의 고객이 되어 필요한 서비스를 제공받고 욕구를 충족시킬 수 있다.

이와 같이 지역사회는 지역성을 바탕으로 한 지리적·환경적 측면과 사회적·구조적·조직적 측면들이 상호작용하면서 하나의 지역사회가 구성되고 있는 것으로 볼 수 있다.

한편 자원(resource)은 사전적으로 인간생활 및 경제 생산에 이용되는 원료, 노동력, 기술 등을 의미한다. 즉 인간의 다양한 생활상의 욕구 충족과 문제해결을 목적으로 이용되는 요소를 통틀어서 이르는 말이다. 모든 개인과 조직은 생존, 생활, 과업 등을 원만히 수행하고 다양한 욕구들을 충족시키기 위해 개인적, 사회적인 지원체계(Support system)를 필요로 하는데, 이 같은 지원체계가 작동하기 위해서는 자원들이 있어야 한다. 지역사회자원으로 각종 제도, 시설, 기관, 단체, 프로그램 및 사람들의 지식, 기술, 정보 등을 포함하는 인적, 물적, 그리고 정보가 있다.

커뮤니티 활동에서 지역사회자원에 관심을 두는 이유는 주거지에서 커뮤니티 사업을 추진하는 과정에는 지역사회자원을 활용한 통합적인 지원체계가 중요한 역할을 하기 때문이다. 커뮤니티 활성화 측면에서 볼 때 지역사회는 다양한 자원을 갖다. 한 지역에서 갖고 있는 자원의 특성과 상황에 따라 지역사회발전이나 커뮤니티의 조건 등이 달라지게 된다. 활용 가능한 지역자원을 발굴하여 지역 스스로 문제에 대한 해결해 나가는 것이 커뮤니티 활성화이다.

주거생활과 커뮤니티를 고려한 생활권과 근린주구

○ 생활권: 공동서비스나 사회활동을 영위하는데 필요한 각종 시설을 주거지 주변에 확보하고, 활용할 수 있는 기능적인 지역적 범위를 말한다(양귀남, 1990). 물리적 측면에서는 일상적인 생활환경 개념을 보행이용권으로 보지만, 사회학적 측면에서는 공통된 커뮤니티 의식과 하나의 연대의식을 가질 수 있는 지리적 범위가 된다.
○ 생활권 계획: 사회조직을 몇 단계로 나누고 각 위계별로 의의를 부여하여 목표를 세우고 이에 필요한 사회적, 물리적 기능과 요소들을 배분하는 계획하는 것이다. 생활권은 그 위계에 따라 1차생활권(소생활권), 2차생활권(중생활권), 3차생활권(대생활권)을 나눌 수 있다.
  - 1차 생활권 (소생활권, 근린생활권): 초등학교 1개가 유지되며 보행권을 고려해서 규모를 결정한다는 점에서 페리가 제안한 근린주구와 공간적인 개념이 같음
  - 2차 생활권(중생활권): 1차 생활권 3~4개 정도가 모인 규모로 간선도로에 의해 구획되어짐
  - 3차 생활권(대생활권): 대도시 크기의 생활권으로 하나의 완결된 공간적 체계로 생산과 소비까지 모든 시민활동이 적절하게 수용될 수 있는 범위의 생활권임.

〈표 12-1〉 생활권 단위별 특징과 공공편익시설의 종류

구분	1차 생활권(소생활권)	2차 생활권(중생활권)	3차 생활권(대생활권)
설정기준	근린생활단위 대규모 주거단지 크기	지방소도시규모 대중교통시설 중심의 생활권	대도시규모 도심 또는 부도심의 성격
공간적 범위	보행으로 10분 이내 거리	대중교통수단 10~15분	하나의 완결된 체계를 갖는 도시적 범위
인구규모	1~2만	5~10만	20~30만
토지이용 특징	주거환경 보호가 최우선	지역중심이 있고, 2~3가지의 토지용도를 보임	주거, 상업뿐 아니라 생산시설도 입지
주요시설	동사무소, 파출소, 우체국, 초등학교, 유치원, 약국, 마을회관, 근린상점, 은행	구청, 경찰서, 소방서, 중학교, 고등학교, 도서관, 보건소, 쇼핑센터	시청, 대학교, 연구기관, 종합병원, 문화공연장, 백화점, 대규모 유통센터

(출처: 이종화, 2009 일부 내용을 수정하였음)

○ 근린주구
근린주구란 동질적인 커뮤니티로서의 개념이 강조되는 사회단위로서 이 안에서 커뮤니티 의식의 형성이 가능하고, 공동서비스나 사회활동을 영위하는데 필요한 각종 시설을 주변에 확보·활용할 수 있는 지역적·공간적 범위라고 할 수 있다.

○ Perry의 근린주구론
근린주구라는 용어는 1929년 페리가 주거단지의 커뮤니티 조성을 위해 근린주구를 계획단위로 채용한 이후로 널리 사용되기 시작하였다. '초등학교와 주민이 필요한 상업시설 및 레크레이션 시설을 가지며, 간선도로에 의해 구획되어지는 커뮤니티의 한 영역'으로 정의하였다. 초등학교를 중심으로 하는 주구단위를 설정해서, 주구안 생활의 안전을 지키고, 편리성과 쾌적성을 확보할 것을 목적으로 하는 다음의 여섯 가지 원칙으로 요약된다.

* 페리가 제안한 근린주구 단위의 6가지 원칙
- 규모: 1개의 초등학교(학생 수용인원: 1,000~1,600명)를 중심으로 인구에 대응하는 규모. 면적은 인구밀도, 주택유형에 의해 결정되며 도보에 의해 사람들이 언제든지 갈 수 있는 5분 이내의 반경 400m 정도의 규모이며, 학교까지는 어린이들이 도로를 횡단하지 않고 도보로 통학할 수 있는 거리임
- 경계: 간선도로로 구획되며, 통과교통은 근린주구 안으로 들어오지 못하고 우회하게 함
- 오픈스페이스: 소공원, 여가공원이 근린의 필요에 맞게 계획되어야 함
- 공공건축 용지: 주민의 요구에 응할 수 있는 학교, 도서관, 커뮤니티센터, 교회 등의 시설이 근린주구 중심점이나 공공광장을 중심으로 적절히 한군데 집중함
- 근린상가: 1~2개소 이상의 상업지구(쇼핑센터)가 인접 근린주구의 상업지구와 연결되는 주구단위 외곽 교통 결절점에 위치함
- 주구 내 가로체계: 외곽 간선도로는 교통량과 균형을 이루며, 내부가로망은 전체가 단지 내의 교통을 원활하게 하며(내부도로의 독립, 입구성), 통과교통이 배제되도록 계획함(방사형, 컬테삭, 보차분리 등)

12.2 지역사회자원 실태 파악

1) 지역사회 조사

커뮤니티 활동을 전개하기 위해서는 그 지역사회가 처해있는 현재의 상황에 대하여 체계적으로 이해하고 있어야 한다. 지역사회 조사를 하는 목적은 지역사회의 구조와 실천적 맥락을 이해하기 위해서이다. 지역에 다양한 정보가 있어야 지역자원을 연계하거나 주민을 조직하는 작업들도 효율적으로 수행할 수 있다.

지역사회 조사는 지역사회의 역동성을 이해하는 기회를 제공하며, 지역사회의 사회적·경제적·문화적·정치적 조건들을 명료하게 보여주고 지역사회 주민에게 영향을 미치는 문제와 바람직한 변화를 위한 요구를 이해하는 데 도움을 준다. 또한, 지역사회조사는 지역사회 주민들이 사업에 참여할 수 있는 기회를 제공하여, 커뮤니티 사업 목표를 설정하고 그를 실행하는 데 필요한 자료를 제공한다. 아울러 지역사회 조사는 어떤 사실을 발견하거나 여러 현상들 간의 관련성을 알아보는 데 필요하다. 예를 들어, 아파트 단지에서 커뮤니티가 활성화되어 있지 않은 경우, 이러한 원인이 주민의 참여도 부족에 따른 것인지, 커뮤니티 공간이 부족하기 때문인지에 대한 진단이 가능하며, 이러한 공간과 프로그램의 부족이 커뮤니티의 특성에 어떠한 영향을 미치는지를 조사를 통하여 알아볼 수 있다.

대개 지역사회를 조사하는 목적은 일반적인 실태파악을 위한 자료수집으로써 지역과 주민들에 대한 객관적인 사실을 조사하게 된다. 그리고 특정의 커뮤니티 사업계획을 수립하기 위한 조사를 하기 위하여 실시되는 데 이것은 필요한 물적·인적 자원을 발굴하기 위한 것이다.

지역사회에 대한 조사는 새로운 정보가 출현할 때마다 보완될 수 있도록 지속적으로 이루어져야 한다. 조사는 단순히 정보를 수집하는 것뿐만 아니라 이를 활용하여 지역사회를 이해하고 커뮤니티 활성화를 촉진하는 데 유용한 정보로 바꾸어 내는 작업까지 나아가야 한다.

조사방법은 설문지조사나 면접조사를 통하여 자료를 수집하거나, 참여관찰을 실시하거나 전문가 또는 주요 정보제공자로부터 전문적인 의견을 얻는 방법 등이 있다. 지역사회에 대한 정보는 문헌을 통하여 확보될 수 있다. 센서스 자료, 정부 및 지자체 보고서, 지역사회 문제에 대한 연구, 정책자료, 지역신문, 지역 방송 등과 같은 문서, 보고서, 메스미디어를 통하여 얻을 수 있다. 또한, 지역사회 조사를 위한 체크리스트를 작성하여 활용할 수 있다.

2) 지역사회자원의 조사 내용

커뮤니티를 활성화하기 위해 지역사회자원을 연계하기 위해서는 우선 지역사회에 대한 이해가 필요하다. 이것은 지역사회의 문화, 자원상황, 주민 특성과 능력, 잠재력 등을 파악하는 것이다.

지역사회 조사의 내용에 대하여 이호 외(2001)는 주민조직화 사업을 수행하기 위한 지역의 사회·인구학적 데이터 조사, 인적·물적 자원의 조사, 지역의 토착세력 관계망 조사, 주민의식조사 등을 기본적으로 조사하여 두는 것이 좋다고 하였다. 이 조사내용들은 커뮤니티 활동을 수행하는 데도 적용될 수 있다.

첫째, 지역의 사회·인구학적 데이터 조사는 지역의 일반적인 특징이나 실태를 파악하게 한다. 대상 지역에 어느 정도의 인구가 살고 있으며, 이들의 연령대 및 특성이 무엇인지 조사함으로써 지역주민들의 특성이 파악된다. 주거유형도 중요한 정보인데, 주로 아파트가 있는 지역과 단독주택이 있는 지역은 지역 간 특성이 다르기 때문이다. 또한, 지역주민들의 경제적 상황이나 지역의 각종 문화시설 등도 커뮤니티 활동에 고려해야 할 중요한 요소이다.

둘째, 인적·물적 자원조사이다. 주민조직화와 마찬가지로 커뮤니티 활동도 지역주민들의 참여가 필요하며, 지역주민들 중 주민활동가를 발굴하거나 커뮤니티 사업에 참여시킬 수 있는 인물을 파악해야 한다. 인적자원뿐만 아니라 지역에 있는 물적 자원을 파악하는 것 역시 커뮤니티 활성화 사업에 있어 중요한 자원 확보 방안이다. 지역사회에 공공시설, 교육시설, 복지관, 시민단체, 주민자치위원회 등이 있는지, 인적자원으로 전문가나 시민단체 등이 있는지를 조사하여 연계 또는 네트워크를 형성하는 것도 효율적인 지역 커뮤니티 활동을 펼치는 데 도움이 된다.

셋째, 지역의 주요 인물과 권력구조를 조사하는 것으로서 지역의 토착세력이나 의사결정 구조를 이해하는 것이다. 모든 지역에는 오랜 전부터 토착세력이 있는데, 개인이나 집단이 될 수 있다. 이들은 지역의 대소사와 의사결정에 영향력을 행사한다.

이들에 대한 조사는 지역의 여론형성 과정과 그 영향력 등을 파악하는 데 중요하다.

넷째, 주민의식조사이다. 주민의식조사는 지역사회와 관련하여 어떠한 의식을 갖고 어떻게 느끼고 있는가를 조사하는 것이다. 이것은 커뮤니티 사업을 벌이는 데 매우 필요하다. 주민들이 현재 자신들이 살고 있는 지역이나 단지에 대해 어떠한 생각을 갖고 있으며, 또한, 주민들이 특정 사안에 대하여 어떤 입장을 갖고 있는지에 대해 파악되어야 적절한 대응방안을 찾을 수 있다.

지역사회 조사의 대상이 되는 구체적 내용은 다음과 같다

① 인구학적 특성
- 전체 인구와 연령 분포: 연령별, 성별, 교육수준별, 생활수준별 등
- 가족의 평균 자녀수 및 가족의 특성
- 지역사회의 인구규모와 인구변동 추세: 주거지역, Bed town, 상업지역 등
- 소득 수준: 소득, 다양한 형태의 공공부조(주거급여, 현금 급여, 의료 급여 등)를 받는 가구·개인·아동의 수

② 주거 특성
- 주민의 평균 거주기간
- 주택 유형: 단독주택, 아파트, 공공주택 등
- 주거실태: 주거비용, 과밀 상황 및 최저주거기준 미달 가구의 비율

③ 커뮤니티에 대한 특성과 욕구
- 지역사회에 대한 감정, 지역사회 일에 대한 참여 의지
- 주민들의 공동체 의식 수준, 이웃관계, 이웃과의 교류 정도
  주민조직, 민간자치조직(동호회, 계, 부녀회, 노인회, 자생단체 등)
- 주민들이 함께 모이는 장소(공원, 주민시설, 학교, 교육시설, 복지관 등)
- 지역사회 주민들을 위한 프로그램의 질, 재정지원, 접근성 등
- 주민의 여가활동 및 여가 자원

④ **지역사회 문제에 대한 간략한 사정**
- 지역사회 내 주요 사회문제에 대한 사정: 주택보급률, 최저주거기준 이하의 주택, 교통문제, 일자리 부족, 청소년 문제, 빈곤, 가정폭력 등
- 지역 문제 해결을 다루기 위해 진행되는 프로그램이나 정책
- 지역 문제 해결을 위해 나선 지도자들 등

⑤ **자연환경과 인공환경**
- 기후, 지형과 지세, 산 계곡 등
- 의식주 활동에 대한 접근성, 도로와 교통체계, 기관 위치, 사회적 상호작용

⑥ **지역경제 및 산업**
- 지역에서 활용할 수 있는 직업, 노동 유형: 임금, 시간제 혹은 전일제, 업무시간과 근무시간대 등
- 실업률
- 여성의 부업 유형, 고령자층의 소득원 등

⑦ **공공기관 및 시설**
- 지방자치단체의 공무를 수행하는 관공서, 공기업, 준정부조직: 행정기관, 경찰서, 소방서, 우체국, 보건소, 도서관 등

⑧ **사회복지시설과 복지체계**
- 사회서비스 및 인적 서비스를 제공하는 사회복지시설: 종합복지관, 노인복지관, 장애인복지관, 아동복지관
- 지역사회 내 자조 집단과 비공식적 원조망
- 주거복지체계

⑨ **교육기관과 프로그램**
- 학교 위치와 유형
- 지역사회에 대한 주민들의 학습 방법

⑩ 민간단체
- 지역 시민단체, NGO, 환경·복지·문화 단체

⑪ 정보원과 여론
- 현안에 관한 정보 및 관점을 제공하는 영향력 있는 TV, 라디오 방송, 지역신문
- 대변인, 주요 지도자

⑫ 의사결정 방식
- 지역사회 문제에 대한 공식적 의사결정 구조
- 지역사회 문제에 대한 비공식적 의사결정 과정
- 의사결정에 대한 비공식적 영향력 행사자

3) 지역사회 조사 방법

① 설문지조사(설문조사법)
- 양적 조사 방법으로 설문지를 이용하여 통계처리할 수 있음
- 지역사회 및 표적집단의 특성이나 욕구를 파악하는 사용하는 가장 일반적인 방법
- 구체적인 조사 목적 정립 → 표본추출방법 결정 → 설문지 작성 → 설문 조사 → 설문지 분석(데이터 코딩 분석) → 설문결과의 해석

② 면접조사
- 조사대상자를 직접 만나서 대화를 나누며 조사하는 방법
- 조사내용 관련 의견을 직접 공유하고 세심한 의견까지 수렴할 수 있다는 장점이 있음
- 참여하는 소수의 주민이 일반주민을 대표하는 정도에 따라 얻는 정보의 차이가 있음

③ 참여관찰
- 조사자가 조사대상자의 활동이나 그 상황에 직접 참여하여 조사하는 방법
- 지역 현장에서 직접 조사대상자와 생활하거나 특정한 활동에 참여함으로써 직접적으로 원하는 정보를 파악할 수 있음

④ 전문가 그룹 인터뷰
- 지역사회, 조사내용에 대해 남다른 지식을 가지고 있는 사람들로부터 면접을 통해서 전문적인 의견을 얻는 조사 기법
- 정책적 대안 등에 대해 그 분야의 전문가나 주요 정보 제공자에게 자문을 구할 때 사용

⑤ 문헌조사
- 조사하려는 현상에 대한 정보를 갖고 있는 기록된 자료를 분석하는 방법
- 센서스 자료, 정부 및 지자체 보고서, 지역사회 문제에 대한 연구, 정책자료, 지역신문 등

⑥ 체크리스트 작성
- 점검, 확인하거나 기록해야 할 사항을 정리하여 주로 표 형식으로 만든 문서를 활용한 조사 방법
- 조사내용을 기록표나 조사표 양식에 기입함으로써 자료화 할 수 있음
- 지역현황 조사표, 커뮤니티 시설 현황표

12.3 지역사회자원 발굴과 연계방안

1) 지역사회자원 연계

지역사회의 커뮤니티를 활성화하기 위해서는 주민들의 참여뿐만 아니라 주민을 중심에 둔 다양한 자원들의 참여와 연계가 필요하다. 커뮤니티가 활성화된 아파트나 주택단지에서 주민들은 스스로가 관리한다고 하지만 외부 조직이나 기관의 지원을 받는 경우도 많다. 예를 들어 당진시의 한 분양아파트에서 주민들의 요구에 따라 친환경 활동으로 EM 만들기 사업을 실행할 때 당진 농업기술센터에 문의하여 강사를 섭외하고, 자율방범대 운영은 관할 경찰서 지구대와 연계하여 추진하였다. 이처럼 공적인 자원이나 비용이 투여되면서 민관 협력 속에서 관리가 이루어지는 경우가 있다. 지원을 필요로 하는 주민을 중심에 두고 다양한 주체들이 협력할 때 커뮤니티 형성의 지속성을 갖는다.

폴매티시(2015)는 커뮤니티 활성화를 성공적으로 이끌어 내기 위해서는 지역의 주민조직이나 운동조직이 외부조직과 연계해야 하며, 외부조직과 연계할 때 재정지원, 정치적 지지, 정보 획득, 기술지원 등의 장점이 있다고 보았다. 첫째, 재정지원으로서 외부와 연계하여 커뮤니티 활성화에 필요한 자금을 얻을 수 있다. 둘째, 정치적 지지이다. 외부와 연계망이 있으면 지역에서 무엇을 필요로 하는지 정책 담당자들을 이해시킬 수 있으며 지역 주민들과 정책 담당자 사이에 우호적 연대감을 갖게 해준다. 또한, 이러한 연대감은 지역 공동체의 관계를 해칠 수 있는 잘못된 정치적 결정을 막는데도 도움이 된다. 셋째, 정보 획득이 용이하다. 외부와 연계하면 다양한 접촉을 통해 여러 정보를 얻을 수 있다. 다른 지역 사람들을 관찰함으로써 그들로부터 배구기도 하고 커뮤니티 활성화에 대한 강한 동기를 갖기도 한다. 예를 들어 지역 주민들이 다른 지역의 커뮤니티 사업을 견학하면서 다른 지역 사람들과 사귀게 되고 자연스럽게 정보를 주고받을 수 있게 된다. 견학을 통해 다른 지역의 커뮤니티 운동이 무엇을 이뤘고 어려움을 어떻게 극복했는지를 배우고 이러한 배움을 자신들의 커뮤니티 사업에 적용한다. 넷째, 기술지원이다. 외부와 연계하면 전문가들의 기술 지원을 받을 수 있으며 이는 커뮤니티 개선 과정에 많은 도움이 된다.

효과적인 지역사회자원 연계활동을 위해서는 지역사회 내에 위치한 다양한 자원들을 효율적으로 활용할 수 있어야 한다. 연계는 서로 다른 분야를 연결하거나 두 개 이상의 다른 기관의 공동의 목적을 달성하기 위하여 함께 일하는 것이다. 지역사회에서 커뮤니티 활성화를 위하여 주로 2개 이상의 다른 조직이나 기관이 상호의뢰하거나 자원과 정보 및 서비스를 공유하고, 필요로 하는 단지나 클라이언트에게 통합적, 지속적, 효율적으로 서비스를 제공하는 것으로 정의할 수 있다. 연계는 기관 간 의뢰, 제휴, 정보 교류, 공동사업추진, 재정 공유 등의 직·간접적인 상호작용 형태를 띤다.

지역사회 내 서비스 기관들 간의 연계 수준에는 차이가 있는데 가장 낮은 의사소통(Communication) 단계에서 협조(Cooperation), 조정(Coordination), 협력(Collaboration), 가장 높은 단계인 동맹(Confederation)으로 구분될 수 있다(이승욱, 2012 재인용).

지역사회자원연계는 어느 특정 지역사회의 지역사회주민이 동원가능한 인적, 물적 자원을 동원하여 그들의 주거지에서 갖고 있는 사회, 경제, 문화적 상황을 개선하고 지역사회의 공동체적 삶의 질을 높이는 목적적인 과정을 수행하는 데 활용된다. 따라서 지역사회자원을 끌어오는 것은 커뮤니티 활성화에도 필요하다. 우리나라 지역사회의 조직을 살펴보면, 시민단체, 일반 주민단체 등 각기 다른 목표와 지향을 가진 커뮤니티 조직들이 존재한다.

아직까지 커뮤니티 활성화를 위한 지역사회자원 연계에 대한 인식과 활동이 부족한 상황이다. 그러므로 각 조직이 지역 전체의 커뮤니티 활성화라는 공동의 목표하에 상호 간 연계되기 위해서는 모임이나 의견교류, 공동의 활동 등 공동의 의식을 가질 수 있도록 전략적인 유도방안이 요구된다.

2) 지역사회자원 연계와 커뮤니티 활성화

커뮤니티 활동은 주민들이 주체가 되어 주민 스스로 수행되는 것이 원칙이다. 그러나 지역사회 주민들이 자원이 없거나 자원 정보가 없을 때 연계가 유용하게 활용될 수 있다. 즉 지역사회의 다른 조직의 능력과 자원을 활용할 수 있다면 서로의 자원을 교환하거나 연계하는 것이 더 효율적이며 효과적일 수 있다. 지역사회연계는 서비스를 공급하는 주체 간에 자원과 정보를 공유하고 교환하는 전달체계를 말한다. 지역사회 차원의 서비스 연계와 조정 과정에는 자발적이고 협력적인 공동의 목표가 설정되고, 민주적 의사결정이 이루어져야 한다.

예를 들어 커뮤니티 활성화를 위해서는 주민참여와 주민조직, 커뮤니티 프로그램, 공유공간, 지원조직 등이 필요한데 단지의 특성상 필요한 시설과 장소를 갖추지 못했거나 주민의 무관심 등으로 커뮤니티를 조성하는 데 어려움이 있는 단지가 있다. 나아가 공통의 관심사를 모으는 것 자체가 어려운 단지도 있다. 이와 같은 경우 지역사회자원에 대하여 주목할 필요가 있다. 지역사회자원 연계는 연계가 가능한 지원조직으로 복지관이나 공공도서관 같은 공공기관이나 지역 내 대학 등 교육기관, 지역 NGO, 시민단체, 마을만들기 관련 단체 등과 교류함으로써 커뮤니티 활동을 보다 다양하게 구성할 수 있다.

공공임대아파트에서 단지의 환경을 개선하고 주거와 복지를 제공하는 데 지역사회자원의 연계가 시도되었다. 서울의 한 영구임대아파트에서는 입주민들에게 필요한 욕구를 반영한 서비스를 제공하기 위하여 다양한 외부자원을 동원하고 여러 주체들과의 협력적 관계를 활용하였다.

- 일명 '수서 참살이 프로젝트'에서는 단지 환경 및 시설물 기능 개선, 지역 화합의 장 마련, 안전망 강화, 주민 자치역량 강화, 일자리 상담과 창출을 위한 사업에 외부자원을 연계하였다. 지역에 소재한 학교나 봉사단체, 기업체, 정부 및 지자체, 비영리단체 등의 참여를 이끌어 협력적 추진이 요구되는 사업을 추진한 것이다(주택관리공단 서울수서관리소, 2009).

즉, 단지 내 생태환경을 개선하기 위해 음식물쓰레기를 퇴비화하고 이를 이용하여 녹지공간을 조성하는 과정에서 사회적 기업과 NGO로부터 기술적인 지원을 받았고, 민간기업으로부터의 재정적인 지원과 인근 중고등학교의 자원봉사를 활용하였으며, 프로젝트를 기획하고 운영하는 데 사회정책서비스연구원의 지원이 있었다.

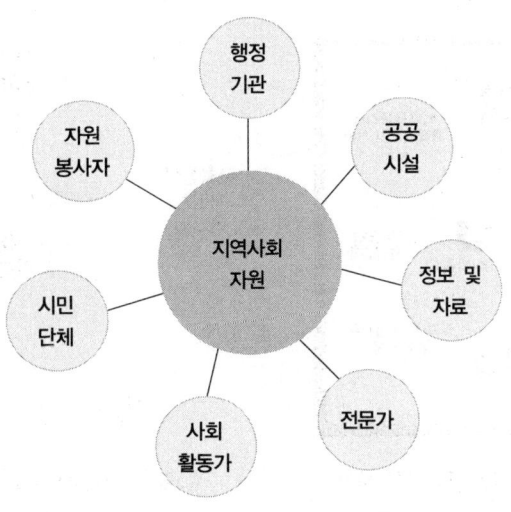

〈그림 12-1〉 지역사회자원 종류

위 사례에서 볼 수 있듯이 주민, 외부비영리조직, 행정조직이 결합된 지원조직이 구성되고 주민과 협력하여 주민들이 바라는 프로그램을 만드는 작업이 중요하다. 거주자는 생활의 욕구를 충족시키기 위하여 기본적으로 이웃, 관리자, 행정기관, 사회활동가, 시민단체, 일반 주민단체 등과 도움을 주고받을 수 있다.

하지만 개인의 차원이 아닌 커뮤니티 차원에서 여러 주체 간의 공동의 활동 내지는 공동의 의식을 갖도록 하는 것이 보다 유리하며 이를 위해서는 전략적인 유도방안이 요구된다(지은영 외 2014).

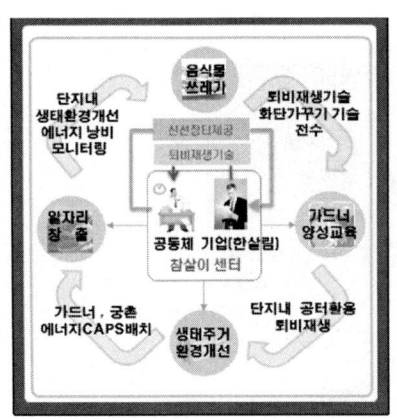
〈그림 12-2〉 수서참살이 프로젝트 모형

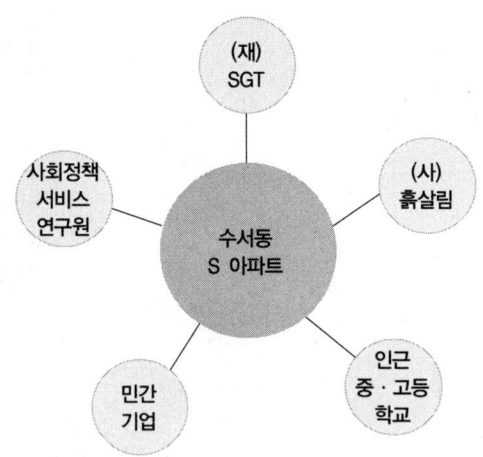
〈그림 12-3〉 수서참살이 프로젝트 지원조직

(출처: 주택관리공단 서울수서관리소, 2009)

3) 지역사회자원 활용 전략

커뮤니티 활동에 지역사회자원 활용 방안에 대하여 서울시에서는 다음과 같이 제안하고 있다.

첫째, 행정기관 및 조직에서 운영하는 프로그램을 연계한다. 각 기관과 단체에서 운영하는 프로그램이 무엇인지 지속적으로 파악해서 아파트 단지 주민들이 참가할 수 있도록 하거나 관련 내용을 참고하여 해당 아파트의 커뮤니티 활동과 연계할 수 있도록 한다. 예를 들어 단지 축제에서 해당 지자체의 교향악단과 합창단이 찾아가는 음악회로 참가하였으며, 스마트폰이 보급되기 시작하던 시기에 자치구의 전산정보과의 지원으로 장년층과 고령자를 위한 스마트폰 사용 교실을 운영하여 주민들의 호응을 얻기도 하였다.

둘째, 지역의 공공시설과 빈 공간을 빌려서 이용한다. 아파트 단지 내에서 수용할 수 있는 공간이 없는 경우 지역의 공공시설을 빌릴 수 있는지 확인하고 이용한다. 민간조직의 문화센터에서 지역주민에게 연회장을 대여하여 아파트 단지 주민의 합창 발표회를 열기도 하고 사회복지관의 강의실에서 주민 강좌 개최하기도 하였다. 공공 및 민간시설로 주민공동시설, 주민자치센터, 음악행사장, 체육시설, 공원, 사회복지시설, 평생학습관, 도서관, 인근 학교 운동장 등이 있다.

셋째, 지역의 자원봉사자와 연계한다. 지역의 공공기관에서 운영하고 있는 자원봉사단을 파악하여 아파트 단지에서 필요로 하는 자원봉사자를 연계한다. 지역사회의 다양한 자원봉사단, 각 지자체의 자원봉사센터의 등록자 등의 참가를 유도한다.

넷째, 전문가 및 지역활동가를 섭외한다. 주민의 힘만으로 해결될 수 없는 일에 외부 전문가와 지역활동가 등의 협력과 지원을 받은 방법을 고려한다. 커뮤니티 활동 초기단계에서는 외부의 전문가나 지역활동가의 역할에 따라 주민의 관심이 유발되고 참여동기가 부여된다.

- **관련 전문가**: 건축설계자, 건축업자, 디자이너, 법률가, 조경사, 예술가 등 관련 분야 전문지식과 경험이 있는 사람
- **지역활동가**: 주민대표, 관련 기관 공무원, 지역지도자 등 프로그램 운영에 대한 노하우를 전해줄 수 있는 사람

또한, 지역사회자원을 연계하는 방법에 대하여 다음과 같이 제안하였다.

첫째 지역의 자원봉사자는 '자원봉사센터'를 통해 확보한다. 현재 서울시를 비롯한 기초자치단체, 각 구에서는 자원봉사센터를 운영하고 있다. 홈페이지를 통해 자원봉사자를 모집하여 전문봉사단을 조직하고 있다.

둘째, 관련 종사자들과 전문가의 명단을 분야별로 확보한다. 다음의 전문가들은 아파트 커뮤니티 활동에 전문적인 지식이나 경험을 제공하여 도움을 줄 수 있다.

- **건축과 디자인 전문가**: 커뮤니티 시설이나 공간을 증개축, 수선 시 도움
- **조경 전문가**: 단지 조경공사 시 자문 등
- **보육교사**: 단지 내 보육시설 운영 시 도움
- 그 외 법률, 세무, 자산개발, 신문, 방송, 환경, 스포츠 전문강사 등

셋째, 자문단을 구성하여 전문역할과 임무를 설정한다. 자문단은 다양한 영역의 전문적 경험으로 단지 내 커뮤니티 활동을 지원, 자문, 강좌 등을 제공할 뿐 아니라 주민들 간의 의견을 조정하여 커뮤니티 활동을 성공적으로 이끄는 데 도움을 준다.

넷째, 지역사회자원과 '파트너쉽'을 체결하여 시스템화 한다. 실제 아파트 커뮤니티 활동과 지역사회의 자원이 지속적, 즉각적으로 연계되기 위해서는 교류를 정기적으로 하는 '파트너쉽'을 맺는다. '결연맺기' 등의 연대를 통해 지역사회 네트워크를 구축한다.

> **참고** 지역사회 내 기관 간의 협력 기술
>
> 커뮤니티를 효과적으로 증진시키기 위해서는 여러 조직이나 전문가의 노력과 협력이 필요하다. 기관간의 협력이 필요하고, 제도적으로 협력을 규정하고 또 협력을 이끌어나가 조직체가 있다 하더라도 저절로 일어나는 것은 아니다. 기관간의 성공적인 협력을 이루기 위해서 다음과 같은 조건이 필요하다
> ① 협력에 대한 참여는 자발적으로 하도록 한다. 강제성을 띠면 협력의 성과를 기대하기 어려우며 형식적으로 흐르게 된다.
> ② 각 기관의 철학, 사명, 인식이 다르나 협력에 대한 공동의 목표를 가져야 한다.
> ③ 지속적인 협력을 위해서는 중요한 결정이 민주적으로 이루어져야 하고, 특정기관이나 전문가 집단이 타집단이나 전문가집단을 지배하지 않도록 해야 한다.
> ④ 기관들은 상대 기관의 목적, 가치, 운영방식, 기관에 의해 서비스를 받는 클라이언트를 이해해야 하며, 협력활동에서 타기관이 기여하는 부분에 대해서 인정하고 신뢰해야 한다.
> ⑤ 각 기관들은 협력활동에서 각 기관의 역할, 권리, 책임 등에 대해서 반드시 명기하여 각자의 역할과 책임소재를 분명히 하며, 특별한 이슈를 다루는데 구체적인 도움이 될 수 있게 실용적인 정보를 문서화한다.
> ⑥ 기관간의 개방적인 의사소통이 이루어지도록 해야 하며, 공식적인 차원과 비공식적인 차원에서 의사소통의 통로를 갖추어 두는 것이 좋다.
> ⑦ 협력활동을 위해 기관은 공식적으로 행정적인 지원을 하여 직원에게 관련교육과 훈련기회를 부여하거나 연계활동을 위해 외부회의에 소요되는 시간 등을 인정한다.
> ⑧ 공동교육 및 훈련의 기회를 통하여 관련 기관의 전문분야 간의 상호이해와 의사소통기술을 촉진시킨다.
> ⑨ 협력활동에 의해 영향을 받는 지역사회 각 분야의 대표자들을 모두 포함하도록 한다.
>
> (출처: 홍성례 외 2015, 재인용)

12.4 자원봉사 활용

자원봉사는 잔여적으로 도움을 필요로 하는 사람들에게 대가를 바라지 않고 자발적으로 서비스를 제공하는 활동으로 정의되었으나, 오늘날에는 지역사회의 발전과 변화를 가져오기 위한 계획적이고 조직적인 활동까지도 포함하는 것으로 그 범위가 확대되고 있다.

자원봉사는 아주 오래 전부터 인간사회에서 존재해왔으나 현대사회에 와서 사회구성원이 고립되고 인간관계가 단절되며 사회의 기능을 저해하는 각종 사회문제가 발생하면서 그 중요성이 더욱 강조되고 있다. 자원봉사를 활성화시키기 위해서는 자원봉사자를 발굴, 훈련, 배치, 감독관리하는 데 필요한 과학적이고 전문적인 관리기술

과 지식을 겸비하여야 한다 (홍성례 외 2015).

공동주택 커뮤니티 사업에서도 자원봉사가 활용된다. 주로 아파트에서는 아파트 봉사단이 결성되어 활동을 하거나 아파트에서 운영되는 커뮤니티 프로그램에 자원봉사활동을 접목하여 운영된다.

자원봉사 조직은 자생적으로 사회봉사 관련 주민조직이나 동아리를 운영하는 방안이 있고, 아파트봉사단을 구성하거나 아파트 자원봉사캠프를 설치하여 지속적이고 체계적인 봉사시스템을 구축할 수 있다.

아파트 자원봉사단 결성은 봉사시스템을 구축하여 지속적인 참여를 가능하게 하며, 입주민들에게 봉사의 기회를 제공하고 단지 내 화합의 창구가 된다. 또한, 청소년이 지역에 관심을 갖고 봉사활동에 참여하는 창구로 활용될 수 있다.

아파트에서 자원봉사 프로그램과 아파트 봉사단 결성 절차는 〈그림 12-4〉과 같다.

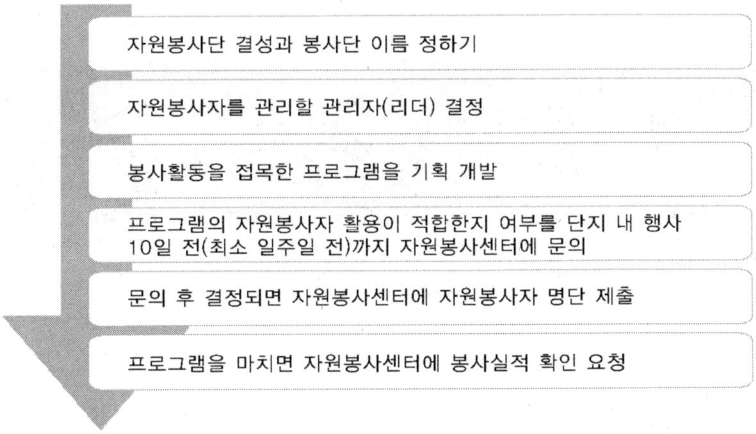

자원봉사단 결성과 봉사단 이름 정하기

자원봉사자를 관리할 관리자(리더) 결정

봉사활동을 접목한 프로그램을 기획 개발

프로그램의 자원봉사자 활용이 적합한지 여부를 단지 내 행사 10일 전(최소 일주일 전)까지 자원봉사센터에 문의

문의 후 결정되면 자원봉사센터에 자원봉사자 명단 제출

프로그램을 마치면 자원봉사센터에 봉사실적 확인 요청

〈그림 12-4〉 아파트에서 자원봉사단을 활용한 커뮤니티 프로그램 운영 절차

사례 서울시 아파트 커뮤니티 사업의 청소년 자원봉사단 활용

- **추진 배경**

  아파트 커뮤니티 사업에서 청소년 자원봉사단 활용은 자원봉사 상담가로 활동하던 서울시 아파트 커뮤니티 전문가에 의해 제안되었다. 아파트 커뮤니티 활성화 사업이 주민의 자원을 활용하고 봉사할 수 있다는 활동임을 착안하였다. 커뮤니티 사업은 이웃에게 관심을 갖고 참여하여 친교를 이루고 공동체를 형성하고 공동의 문제를 해결하는 것이다. 이것은 자원봉사의 특성으로 도움이 필요한 이웃과 지역사회 공동체 형성에 대가 없이 활동하고 이웃과 지역사회 내의 문제를 해결하여 삶의 질을 향상시키기 위한 활동과 일맥상통하기 때문이다.

- **실행**

  서울시 주택본부와 서울시 자원봉사센터가 협조하였으며 초기에는 서울시 아파트 커뮤니티 시범사업 단지의 아파트 봉사단에 한정하였다. 봉사활동의 안정성과 투명성을 위하여 자원봉사센터에서 수시로 방문확인하고, 사진과 활동 내역을 보고서로 제출하였다.

- **효과**

  서울시 자원봉사센터와 아파트 자원봉사 캠프를 연결하는 봉사시스템을 구축하여 지속적인 참여를 가능하도록 한다. 그리고 자녀들에게 우리 아파트와 지역에 대한 애착심을 고취시키고 자녀들의 봉사활동으로 입주민들의 봉사 참여 확대 효과를 가져왔다.

그림그리기 대회   단지 청소   멀티랩 만들기   EM 흑공 만들기

〈그림 12-5〉 청소년 자원봉사단 활용: 서울시 양천구 사례

13장 아파트 커뮤니티 활성화 지원: 법과 정책

최근 아파트 커뮤니티 활성화는 자발적인 주민 참여와 함께 정부 및 지자체 등의 지원, 시민단체 등의 협조 등 다양한 지원을 통해 형성되고 있다. 특히 정부와 지자체는 관련 법과 정책을 통하여 입주자들의 커뮤니티를 적극 지원하면서 더욱 활기를 찾고 있다. 이를 위하여 공동주택관리법에 관련 근거를 마련하고 지방자치단체도 관리규약준칙과 조례제정으로 제도적인 기반을 마련하고 있다.

13.1 공동체 활성화 교육 지원

공동주택 입주자 등의 공동체 활성화 지원 업무를 수행하기 위한 공동주택관리지원센터를(공동주택관리법 제86조) 운영하고 있으며 공동주택관리법 제17조에는 입주자대표회의 구성원 등의 교육에 대해 규정하고 있다. 주체는 시장·군수·구청장이며 대통령령으로 정하는 바에 따라 입주자대표회의의 운영과 관련된 교육과 윤리 교육을 실시하도록 하고 입주자대표회의의 구성원은 그 교육을 성실히 이수하여야 한다. 교육 내용 중 '공동주택단지 공동체의 활성화에 관한 사항'을 포함하도록 규정하고 있다.

공동주택관리법 제17조(교육 내용)

① 공동주택의 관리에 관한 관계 법령 및 관리규약의 준칙에 관한 사항
② 입주자대표회의 구성원의 직무·소양 및 윤리에 관한 사항
③ 공동주택단지 공동체의 활성화에 관한 사항
④ 관리비·사용료 및 장기수선충당금에 관한 사항
⑤ 입주민 간 분쟁의 조정에 관한 사항
⑥ 하자 보수에 관한 사항
⑦ 그 밖에 입주자대표회의의 운영에 필요한 사항

이에 지방자치단체는 '공동주택관리규약준칙' 등에 의한 주민교육을 통해 주민참여를 유도하고 커뮤니티와 관련된 다양한 정보를 제공하는 동시에 주민으로서의 소양과 의식을 함양시키고 있다.

자치구별 주민교육의 내용은 조금씩 상이하나 아파트 커뮤니티 활성화의 취지와 필요성에 대한 이해, 커뮤니티 활동의 전반적인 기획 방법, 커뮤니티 활성화 프로그램과 공간활용 정보, 주민 간 갈등관리, 커뮤니티 관련 법·규정, 참여와 봉사정신 등에 대한 정보와 지식을 제공하고 있다. 최근 들어 층간 소음 문제와 전자 투표 제도 운용 등에 따른 사항들을 정비하여 공동주택관리 규약을 개정하는 지방자치단체들이 많다. 최신 업데이트된 '공동주택관리규약준칙'은 각 시도의 홈페이지에서 확인할 수 있다.

서울시의 경우, 2013년부터 입주자대표, 주민, 관리사무소장 등을 대상으로 커뮤니티 활성화를 위한 교육내용을 포함한 '아파트관리 주민학교'를 운영하고 있다. 관리비 거품을 빼고, 갈등을 줄이는 '맑은 아파트 만들기'를 지속적으로 추진하고 아파트관리 투명화와 공동체 활성화 전개를 목표로 하고 있다.

첫 해 250여 명의 주민과 관리사무소장이 참여하여 최종 151명의 수료생을 배출하였으며 현재는 서울시 평생학습포털에서 언제 어디서나 시민들이 학습할 수 있도록 아파트관리 온라인교육과정을 개설하였다. '아파트관리 주민학교'는 모바일 학습이 가능하며 아파트 관리 투명화, 관리비 절감, 공동체 활성화 등 아파트 거주 주민의 참여역량 향상을 위한 과정으로 언제 어디서나 아파트관리에 대해 편리하게 교육받을 수 있다. 교육대상은 아파트 입주민, 동대표, 관리소장 등 시민 누구나 무료이며 교육과정 80% 이상 학습 시 수료증도 발급받을 수 있다.

13.2 공동주택 모범관리단지 및 우수관리단지의 선정과 지원

공동주택관리법 시행령 제87조에 시·도지사는 공동주택단지를 모범적으로 관리하도록 장려하기 위하여 매년 공동주택 모범관리단지를 선정할 수 있도록 하고 국토교통부장관은 선정된 모범관리단지 중에서 공동주택 우수관리단지를 선정하여 표창하거나 상금 지급, 그 밖에 필요한 지원을 할 수 있다. 이 제도의 취지는 바람직한 공동주택관리를 유도하고 좋은 모델을 발굴, 시상함으로써 타 단지의 운영에 도움이 될 만한 모범적인 사례를 전국으로 전파, 확산함으로써 쾌적한 주거환경과 살기 좋은 공동체 문화를 조성하는 것이다.

2010년 제정된 '공동주택 모범관리단지 및 우수관리단지 선정지침'에는 공동체 활성화 분야의 평가항목도 포함되어 있으며 모범관리단지 선정대상과 선정주체, 선정기준 등에 대한 내용을 담고 있다.

1) 공동주택 모범관리단지 선정대상

① 300세대 이상의 공동주택
② 150세대 이상으로서 승강기가 설치된 공동주택
③ 150세대 이상으로서 중앙집중식 난방방식(지역난방방식 포함)의 공동주택
④ 건축법 제11조에 따른 건축허가를 받아 주택 외의 시설과 주택을 동일건축물로 건축한 건축물로서 주택이 150세대 이상인 건축물

2) 공동주택 모범관리단지 선정주체 및 선정기준

시·도에서 구성한 15인 이내의 공동주택 모범관리단지 선정위원회가 평가와 사실조사 결과를 토대로 위원회에서 심의·의결하여 선정한다. 평가대상 공동주택에 대하여 일정기간 현장 인터뷰 등의 사실조사를 실시할 수 있으며, 모범관리단지 선정 시기는 해당연도 9월 중에 선정하고 있다. 선정기준은 일반관리, 시설유지관리, 공동체 활성화, 재활용 및 에너지 절약으로 구분되며, 이 중 커뮤니티 활성화 분야를 평가함에 있어서 고려하고 있는 사항은 공동체 생활에 필수적인 주민 화합을 위한 행사의 실시 여부, 주민 자율성과 참여의식, 여가생활을 위한 편익증진 시설운영 현황, 다양한 주거환경 개선활동을 통한 살기 좋은 단지 조성도 및 그 밖의 공동주택 공동체 활성화에 필요한 사항이다.

〈표 13-1〉 공동주택 모범관리단지 선정기준

분야	평가항목
일반 관리	• 관리비 등의 사업계획·예산안 수립 및 운영현황 • 관리비 등의 사업실적 및 결산서 제출현황 • 잡수입·장기수선충당금 등의 회계관리 투명성 • 수입과 지출의 예측 가능성 • 선거관리위원회 구성 여부 및 동별 대표자 선출·구성의 민주성 • 동별 대표자 등의 법정교육 이수 여부 • 선거에 대한 주민 참여율 등의 민주성 척도 • 그 밖의 공동주택 일반관리에 필요한 사항
시설 유지 관리	• 공동주택의 장수명화(長壽命化)를 위한 장기수선계획에 따른 노후시설 관리 • 안전점검 등 안전관리 • 장기수선충당금 적립률 • 공동주택의 각종 시설물에 대한 안전관리도와 노후시설 개선도 • 그 밖의 공동주택 시설 유지관리에 필요한 사항
공동체 활성화	• 공동체 생활에 필수적인 주민 화합을 위한 행사 • 주민 자율성과 참여의식 • 여가생활을 위한 편익증진 시설운영 현황 • 다양한 주거환경 개선활동을 통한 살기 좋은 단지 조성도 • 그 밖의 공동주택 공동체 활성화에 필요한 사항
에너지 절감	• 에너지 사용료(량) 공개에 따른 에너지 절감 관련 제도 시행 여부 • 재활용품 활용도 등 입주민의 에너지 절약 이행정도와 활동상황 • 그 밖의 공동주택 에너지 절감과 관련한 사항

3) 공동주택 우수관리단지 선정기준 및 지원

공동주택 우수관리단지는 시·도지사가 추천한 공동주택 모범관리단지 중에서 우수관리단지 선정위원회의 심의·의결을 거쳐 해당연도에 선정하며 우수관리단지 선정 대상단지, 선정주체, 선정기준 및 방법 등은 모범관리단지 선정과정 등에 준용한다. 우수단지로 선정된 공동주택단지에 대하여는 정부 인증을 위한 포상 등 장관 표창을 해당연도 12월 중에 실시한다.

13.3 커뮤니티 활성화 비용 지원

공동주택관리법 제85조에는 지방자치단체의 조례에 공동주택의 관리업무를 수행하기 위하여 필요한 비용의 일부를 지원할 수 있도록 규정하고 있다. 조례란 지방자치단체의 의회에서 제정되는 자치법규로 서울시의 경우, 2007년 용산구를 마지막으로 공동주택지원조례를 제정함으로써 25개구 자치구 모두 지원조례를 마련하였다. 공동주택지원조례에 세부 시행방법을 명시하고 있으며, 지방자치단체에 따라 커뮤니티 활성화를 관리업무의 하나로 포함하여 이에 대한 지원을 하고 있다.

서울시에서는 2010년 공동주택의 공동체성을 강화하고자 '공동주택지원 표준조례안'에 공동체 활성화 지원에 관한 사항을 추가하고, 조례의 명칭을 '공동주택관리지원조례'에서 '공동주택지원조례'로 변경하여 시설물 유지관리뿐만 아니라 공동체 활성화 사업도 지원할 수 있도록 하였다. 이러한 내용을 담은 공동주택지원조례는 공동주택의 공동체 활성화 및 관리에 필요한 비용의 일부를 지원하여 쾌적한 주거환경 조성과 주민화합을 도모함을 목적으로 하고 있다. 이에 지자체에서는 매년 공동체 활성화 지원에 필요한 계획을 수립, 시행하여야 하며 매년 수립된 지원계획을 홈페이지를 통하여 공고하도록 하고 있다.

한편, 공동주택관리법 제21조에는 입주자의 공동체 활성화를 위해 공동체 활성화 단체에게 입주자대표회의 또는 관리주체가 공동체 생활의 활성화에 필요한 경비의 일부를 재활용품의 매각 수입 등 공동주택을 관리하면서 부수적으로 발생하는 잡수입에서 지원할 수 있도록 하고 있다. 경비 지원은 관리규약으로 정하거나 관리규약에 위배되지 아니하는 범위에서 입주자대표회의의 의결로 정한다.

13.4 지방자치단체의 커뮤니티 활성화 지원

지방자치단체는 커뮤니티 활성화를 지원하기 위하여 지방자치단체별 '공동주택관리규약 준칙'을 제정하고 있으며 이는 의무 사항이기도 하다. 공동주택관리법 제19조에는 공동주택관리규약 준칙에 공동체 활성화에 관한 사항이 포함되어야 함을 명시하고 있다. 규약이란 조직체 안에서 서로 지키도록 협의하여 정해놓은 규칙으로 시·도지사는 공동주택의 입주자 및 사용자를 보호하고 주거생활의 질서를 유지하기 위하여 공동주택의 관리 또는 사용에 관하여 준거가 되는 '공동주택관리규약의 준칙'을 정하도록 규정하고 있다. 각 단지에서는 해당 지방자치단체에서 제시하는 '공동주택관리규약의 준칙'을 참조하여 '공동주택관리규약'을 정한다.

서울시 공동주택관리규약 준칙의 내용은 자생단체 구성 및 활동 지원, 자생단체의 기능, 자생단체 지원방법, 소요비용의 지원에 관한 사항, 공동체 활성화 단체의 활동 제한, 봉사활동을 위한 전담운영자에 관한 사항 등으로 구성되어 있다. 그리고 공동체 활성화와 주민자치 활동 촉진을 위하여 입주자와 사용자가 함께 적립에 기여한 잡수입을 우선 지출할 수 있도록 규정하고 있다.

1) 지방자치단체별 '공동주택관리규약 준칙'의 내용

서울시를 비롯한 일부 지자체에서는 커뮤니티 활동을 유도하기 위한 자생단체의 구성을 촉진하고, 비용집행에 있어 투명성을 담보하기 위해 사업계획과 비용집행과정 및 보고 사항, 활동단체의 운영방식 등에 대한 규정을 공동주택관리규약준칙을 통해 제시함으로써 주민참여의 근거를 마련하였다.

① 서울시

서울시 공동주택관리규약 준칙의 제6장 제55조에서 제58조까지 '공동체 활성화를 위한 자생단체 및 활동 등'에 대해 규정하고 있다. 각 조에는 공동체 활성화 단체 구성 및 활동지원, 공동체 활성화 단체의 기능, 필요비용의 지원, 공동체 활성화 단체의 활동 제한, 공동체 활성화 사업을 위한 전담운영자에 대해 관련된 내용을 담고 있다(2022.8.17. 개정).

- **공동체 활성화 단체 구성 및 활동지원**
  공동체 활성화 단체를 구성하기 위해서는 10명 이상의 입주자 등이 입주자대표회의 승인 과정을 거쳐야 단지 내 공식적인 단체로 인정받고 활동비나 사업비를 지원받을 수 있도록 하고 있으며, 시·자치구로부터 공모사업 등을 통해 예산 등을 지원받을 수 있도록 하고 있다.

- 공동체 활성화 단체의 기능

공동주택단지 내·외 주민 간 공동체 활성화 사업을 추진하고 공동보육시설 운영, 자원봉사 프로그램 등 자체 운영프로그램 개발과 입주자 등의 참여를 위하여 노력하는 기능을 한다.

- 필요비용의 지원

단지 자체 재원으로 지원할 수 있는 근거는 서울시 공동주택관리규약준칙 제62조 제4항에 의거하여 잡수입의 100분의 40 범위 내에서 단지 상황에 맞게 그 비율을 관리규약으로 정하여 사용할 수 있도록 하고 있다. 또한, 공동체 활성화 단체의 활동별 사업실적 및 결과보고서를 매월 입주자대표회의에 제출하여야 하게 함으로써 모든 주민에게 투명하게 그 사용내역을 공개하도록 하고 있다.

- 공동체 활성화 단체의 활동 제한

공동체 활성화 단체는 사전에 입주자대표회의의 의결 또는 사전협의를 거치지 않고 입주자 등에게 부담을 주는 행위나 기업체 등으로부터 금전의 기부 등을 받을 수 없다.
다만 공동체 활성화 단체는 시·자치구로부터 공모사업 등을 통한 예산 등은 지원받을 수 있다.

- 봉사활동을 위한 전담운영자

공동체 활성화 단체는 자원봉사를 체계적으로 하기 위하여 전담운영자를 지정할 수 있고 소정의 사례비를 지급할 수 있다.

② 경기도

경기도 공동주택관리규약준칙의 제5장 39조에서 42조까지에는 '공동체 활성화'에 대한 내용을 규정하고 있다. 각 조에는 다음의 5가지 항목을 두고 관련 내용을 담고 있다.

- 공동체 활성화 자생단체 구성 및 활동 지원

단지 내 입주자 등은 개인의 취미생활을 목적으로 구성된 모임을 제외하고 10인 이상으로 공동체 활성화 단체를 구성할 수 있다. 그리고 입주자대표회의가 공동체 활성화 단체의 구성을 의결한 경우 관리주체는 그 의결사항(구성일시, 활동목적, 회칙 포함)을 공동주택의 인터넷 홈페이지와 게시판에 지체없이 공개하도록 하고 있다.

활동 지원으로 관리사무소장은 공동체 활성화 단체 구성 및 공동체 활성화 사업비 정산(장부작성, 지출증빙, 결산 등)을 지원하고 입주자대표회의는 특별한 사정이 없는 한 그 구성 및 활동을 지원하도록 하고 있다.

- 공동체 활성화 전문가 위촉

입주민 등의 이웃 간 신뢰 회복 및 공동체 활동을 통한 삶의 질 향상을 위하여 공동체 활성화 전문가를 위촉하도록 하고 있다. 입주자대표회의는 공개 모집하거나 관련 기관 또는 단체의 장의 추천을 받아 전문가를 위촉할 수 있는데 공동체 활성화 사업 추진 경험이 풍부한 자, 관련된 분야의 대학교수 및 자격 소지자를 대상으로 한다. 공동체 활성화 전문가는 사업을 하고자 하는 공동체 활성화 단체의 구체적인 사업계획 수립 및 운영프로그램 개발 등을 하고 단지 내·외 공동체 활성화 사업을 위한 외부의 자원봉사 네트워크를 갖추기 위한 활동 등을 할 수 있다. 그리고 공동체 활성화 전문가는 활동 및 운영에 관한 사업실적 및 결과보고서를 매월 입주자대표회의에 제출하여야 한다.

- 공동체 활성화 자생단체의 기능

공동체 활성화 단체는 입주자 등의 공동체 생활의 활성화를 위한 사업계획을 추진하여야 한다. 자원봉사, 소통증진, 재능기부 등을 위한 구체적인 사업계획 및 운영프로그램을 개발하고 입주자 등의 참여를 증진시키기 위해 노력해야 한다.

- **공동체 활성화를 위한 자생단체 지원방법**

입주자대표회의는 공동체 활성화 단체가 활동할 수 있는 사무공간의 전용 또는 일시사용, 각종 안내문의 게시 및 첨부, 방송 등의 협조요청을 받을 경우 무상으로 지원할 수 있다.

- **소요비용의 지원**

입주자대표회의는 공동체 활성화 단체의 활동 목적, 입주자 등에 대한 기여, 사업실적 등을 고려하여 사업비용을 지원하도록 하고 있다. 예산액은 사업규모에 따라 차등 지급하고 공동체 활성화 단체는 분기별로 사업실적 및 결과보고서를 입주자대표회의에 제출하여야 하며, 제출받은 사업실적 및 결과보고서는 인터넷 홈페이지와 게시판에 공개하여 전체 입주자 등에게 알려야 한다.

참고문헌

CHAPTER 1

강순주(2012). 공동주택 커뮤니티 관련 연구들의 시대적 경향분석과 사회적 배경요인들과의 관계. 한국주거학회논문집, 23(4), 19-31.
김기홍(2014). 마을의 재발견. 서울:올림.
김수영·장수지·문경주(2013). 신공동체 구축을 위한 시론적 논의. 한국지방정부학회 2013 춘계학술대회 자료집, 333-358.
김주일·김진균(2003). 중정형 집합주택의 변화와 공동체 개념사이의 관계에 관한 연구. 대한건축학회 학술발표대회논문집, 23(2), 47-50.
박예솔·이경환(2012). 중정형 아파트와 비중정아파트의 외부공간에서 나타나는 주민들의 사회적 활동과 커뮤니티 의식 비교연구—은평 뉴타운 1,3지구를 대상으로—. 대한건축학회 논문집 계획계, 28(10), 271-278.
이종수(2008). 공동체와 마을만들기.(이종수 편, 한국사회와 공동체. 서울:다산출판사:1-35.)
하성규·서종균(2000). 아파트 공동체 운동과 주민의식에 관한 연구. 한국사회정책, 7(1), 271-299.
Peck, J.(1996). *Nation Formation: Towards a Theory of Abstract Community*. London: Sage Publications.
Peck, M.S.(1987). *The Different Drum: Community-Making and Peace*. New York: Simon & Schuster.

CHAPTER 2

강수택(1994).상징적 상호작용론의 관점에 의한 일상생활론 연구—미드와 고프만의 이론을 중심으로—. 한국사회학, 30,417-448.
강수택(1998a). 일상생활의 패러다임. 서울:민음사.
강수택(1998b).근대적 일상생활의 구조와 변화. 한국사회학, 32집 가을호, 503-529.
김기홍(2014). 마을의 재발견. 서울:올림.
김성국(1998). 왜 다시 아나키즘인가? (구승회·김성국 외 지음, 아나키·환경·공동체. 서울:모색:19-43).
김수영·장수지·문경주(2013). 신공동체 구축을 위한 시론적 논의. 한국지방정부학회 2013 춘계학술대회 자료집, 333-358.
김종길(2002). 거대이론의 위기와 일상성의 재발견:현상학적 행위이론의 비판적 검토. 사회과학연구,7,67-92.
방영준(1998). 아나키즘의 이데올로기적 특징. (구승회·김성국 외 지음, 아나키·환경·공동체. 서울:모색:47-78).

류지석(2008). 생태적 관점과 공생. (이종수 편. 한국사회와 공동체. 서울:다산출판사:249-275).

손세관(2007). 시민정신이 세운 르네상스의 성채, 피렌체. 서울: 열화당.

신화경·조인숙(2015). 사회적 자본과 주관적 행복감에 관한 연구. 한국주거학회논문집, 26(3),99-108.

안소니 기든스 지음, 황명주·정희태·권진현 옮김(1998). 사회구성론. 서울: 자작아카데미.

앙리 르페브르(1990). 현대세계의 일상성. 서울: 주류일념.

조병은(1991). 가족학연구와 상징적 상호작용론적 접근.(한국가족학연구회 편 가족학연구의이론적 접근-미시이론을 중심으로; 59-83). 서울: 교문사.

Chun, H. S.(2004). *A Study on the Social Capital of Apartment Complex in Large Cities. The Journal of Korean Sociological Association.* 38(4), 215-247.

Cohen, A. P. (1985). *The Symbolic Construction of Community.* Routledge: New York.

Giddens, A. (1999). *Risk and Responsibility.* Modern Law Review, 62(1): 1-10.

Hong, H.O.(2014). *Reality of Housing for Multi-cultural Families from the Perspectives of Social Constructionism and Critical Social Constructionism.* Family and Environment Research, 52(6), 575-588.

CHAPTER 3

강순주(2012). 공동주택 커뮤니티 관련 연구들의 시대적 경향분석과 사회적 배경요인들과의 관계. 한국주거학회논문집, 23(4), 19-31.

권순복(1989). 도시공동사회의 형성과 발전방향 연구. 한양대학교 대학원 박사학위청구논문. 서울.

김수영·장수지·문경주(2013). 신공동체 구축을 위한 시론적 논의. 한국지방정부학회 2013 춘계학술대회 자료집, 333-358.

박서호(1993). 지역사회운동을 통한 공동체의식의 형성 방안, 지역사회 개발을 위한 공동체의식 함양 방안. 대전: 한국지역사회개발협회.

채혜원·홍형옥(2002).지역공동체에 대한 연구의 접근방법과 쟁점. 한국가정관리학회지, 20(1), 33-44.

통계청, 2010, 인구주택총조사 전수집계(가구주택) 결과, 2011년 7월 7일자 보도자료

하성규·김기덕(2011). 사회적 자본의 영향요인과 주거공동체 활성화: 서울 아파트단지와 여주농촌마을 비교 연구. 한국지방자치연구,12(4), 133-153.

Long, D.A., & Perkins, D.D. (2003). *Confirmatory Factor Analysis of the Sense of Community Index and Development of a Brief SCI. Journal of Community Psychology,* 31, 279-296.

McMillan, D.W., & Chavis, D.M.(1986). *Sense of community: A definition and theory. American Journal of Community Psychology,* 14(1), 6-23.

Sarason, S.B.(1974). *The psychological sense of community: Prospects for acommunity psychology.* San Francisco: Jossey-Bass.

CHAPTER 4

강영환(2002). 한국 주거문화의 역사. 서울:기문당.
김칠준(1999). 아파트 공동체 운동의 과제와 전망. 도시와 빈곤, 39, 47-58.
박예솔·이경환(2012). 중정형 아파트와 비중정아파트의 외부공간에서 나타나는 주민들의 사회적 활동과 커뮤니티 의식 비교연구-은평 뉴타운 1,3지구를 대상으로-. 대한건축학회 논문집 계획계, 28(10), 271-278.
백혜선(2005). 공동체의식의 활성화와 공동주택단지 부대복리시설. 한국주거학회 학술대회발표 논문집, 29-43.
손세관(1993). 도시주거 형성의 역사. 서울: 열화당.
손세관(2001). 넓게 본 중국의 주택. 서울:열화당.
송 복(1996). 세계화전략으로서의 공동체 재건. 민주공동체 시민운동의 이론과 실제. 서울:공보처, 51-77.
시정개발연구원(2004). 커뮤니티 활성화를 통한 뉴가버넌스 실현방안.
신혜경(1995). 여성의 역할변화를 수용하는 주거 및 도시계획. (김대년 외 4인 편역. 여성의 삶과 공간환경. 서울: 한울 아카데미. 13-30)
심현천(2000). 아파트 공동체 운동. 도시연구.6, 98-114.
윤일성(2006). 지역사회 공동체 재활성화와 민관협력-공동체 중심의 도시 빈곤지역 재활성화. 지역사회학, 8(1), 69-92.
은난순(2011). 아파트 커뮤니티 활성화 현황-서울시 커뮤니티 지원 프로그램을 중심으로-. 한국주거학회지, 住居, 6(2), 5-10.
이왕건(2005). 지역공동체 조성과 민관협력. 국토연구원. 국토(2005.10), 19-26.
이해준(2006). 농민이 두레를 만든 까닭. (한국역사연구회, 조선시대 사람들은 어떻게 살았을까. 개정판. 파주:청년사:71-84)
이경희(2000). 더불어 사는 마을만들기-코하우징의 사례가 주는 교훈들. 한국주거학회 학술발표대회 논문집, 17-43.
이명규(2008). 일본에서의 마을만들기 운동과 대표사례. (이종수 편. 한국사회와 공동체. 서울:다산출판사:267- 294).
장현섭(1993). 한국사회는 핵가족화하고 있는가. 한국사회사연구회 논문집. 39.48-71.
주강현(2006). 두레, 농민의 역사. 파주:도서출판 들녘.
천현숙(2008). 커뮤니티재생과 거버넌스. 건축 52(7):34-36.
최병두(2000). 도시공동체운동의 실태와 전망. 환경과 todaudd, 24, 90-103.
최일홍·이창호(2005). 일본의 '마치즈쿠리' 사례와 시사점. 국토연구원. 국토. 2005년 10월호, 44-51.
홍형옥(1992). 한국 住居史. 서울:민음사.
홍형옥(2000). 도일 스트리트 코하우징. (주거학연구회, 더불어 사는 이웃, 세계의 코하우징. 서울:교문

사:118-130).

홍형옥(2005). 생활자의 일상성과 살고 싶은 도시. 국토연구원. 국토. 2005년 10월호. 6-18.

Franklin, B. J. (1998). *Constructing a service: Context and discourse in housing management.* Housing Studies, 13(2), 201-216.

CHAPTER 5

강대기(1992). 현대도시론. 민음사.

김경준(1998). 지역사회 주민의 공동체 의식에 관한 연구. 서울대학교대학원 박사학위논문.

김정오(1999). 한국 도시사회의 공동체적 관계망과 유대. 부산대학교대학원 박사학위논문.

김형균 외 27인(2014). 도시재생 실천하라:부산의 경험과 교훈. 미세움.

김혜승·박미선·천현숙·진정수(2013). 사회적 경제조직에 의한 주택공급 방안 연구. 국토연구원.

남원석(2012). 마을만들기, 성공의 조건. 이슈&진단. 제47호. 경기개발연구원.

남원석·박은철(2015). '1인 가구 시대 맞춤형 주거해법' 사회임대형 공동체주택 활성화. 서울연구원.

대한국토·도시계획학회(2014). 새로운 도시. 도시계획의 이해. 보성각.

대한국토·도시계획학회(2015). 도시재생. 보성각.

박경옥·류현수(2012). 성미산마을 공동체 주거 계획과정의 거주자와 코디네이터의 의견조정 사례 연구. 한국주거학회논문집, 제23권 제3호.

손성민·김상연·정재홍(2012). 시정연찬 제24호 pp405-422 대구광역시 정책기획관실

안옥희·서지은·강혜경(2014). 공동주택과 커뮤니티. 신정.

이경희·채혜원(2004). 초고층 주상복합 건물 거주자의 지역공동체의식과 근린활동. 한국가정관리학회지 22(3).

장영희(2001). 아파트관리 평가모델 구축방안. 서울시정개발연구원.

정석(1999). 마을 단위 도시계획 실현 기본 방향: 주민참여형 마을만들기 사례연구. 서울시정개발연구원.

주거학연구회(2004). 안팎에서 본 주거문화. 교문사.

㈜이락(2013). 살고싶은 마을만들기. 창조적 도시재생 시리즈 38. 국토연구원.

최병두(1999). 도시공동체의 복원을 위한 아파트 주민운동. 한국도시연구소 1999 연례심포지엄 발표논문.

채혜원(2004). 공동주택의 지역공동체 육성을 위한 입주자관리 개발방안. 경희대학교대학원 박사학위논문.

최재석(1983). 아파트 지역의 주민구성과 근린관계-서울 중류아파트를 중심으로. 도시문제 18(10), 대한지방행정공제회 발행, 37-164.

최현선·이은지(2012). 커뮤니티 개발에 기반한 도시재생정책. 2012 한국정책학회 하계학술대회.

폴 매티시 지음, 장수찬 옮김(2015). 마을만들기를 위해 알아야 할 28가지. 충남발전연구원 현장 총서. 그물코.

한국도시연구소(2003), 도시공동체론. 한울아카데미.

한국마을만들기연구회(2012). 우리마을만들기. 나무도시.

도시 및 주거환경정비법 2016.3 시행예고

서울특별시 마을공동체 만들기 지원 등에 관한 조례 2016.1 개정

도시재생사업단 홈페이지 http://www.kourc.or.kr
서울시 주택·도시계획·부동산·마곡사업 홈페이지 http://citybuild.seoul.go.kr
일오집 다음 카페 홈페이지 http://cafe.daum.net/15zip

CHAPTER 6

국토연구원(2012). 마을만들기, 진안군 10년의 경험과 시스템: 더디가도 제대로 가는 길.
농정연구센터(2014). 귀농·귀촌 인구의 정착 실태와 관련 정책 발전 방안.
농림축산식품부(2013). 색깔 있는 마을 만들기 자료집 2: 함께하는 우리 농촌 운동.
농림축산식품부(2011). 귀농귀촌인의 성공적 정착과 농촌사회 발전 방안 연구.
미래한국재단(2008). 전라북도 진안군 마을 만들기 사업: 풀뿌리 마을 기반 강화를 위한 농촌 발전
토지주택연구원(2013). 소규모 계획공동체 특성을 고려한 주거단지 계획방향 연구.
KREI(2014). 농업은 미래 성장 산업이다.
농림축산식품부 보도자료 2015.3.19.
아리울신문 2012.04.18.
귀농·귀농종합센터 http://www.returnfarm.com
농림수산식품부 http://www.mafra.go.kr
법제처 www.moleg.go.kr
진안군청 http://www.jinan.go.kr
한국 퍼실리테이터협회 http://www.facilitator.or.kr
국토연구원(2021). 수도권 거주 베이비부머의 귀농·귀촌 특성 분석.
관계부처 합동(2020). 제4차 농어업인 삶의 질 향상 및 농어촌 지역개발 5개년 기본계획(안).

CHAPTER 7

강대기(1992). 현대도시론. 민음사.
강대기(2001). 현대사회에서 공동체는 가능한가. 아카넷.
강순주·김진영·이보배(2014). 아파트 커뮤니티 프로그램 운영 평가를 통한 주민주도형 운영 매뉴얼 개발. 한국
　　　주거학회논문집 제25권 제3호. 131-143.
경실련 도시개혁센터(2000). 더불어 사는 주거만들기. 보성각.
공동주거관리연구회(2008). 공동주거관리이론. 교문사.
곽도(2007). 주민중심형 아파트 공동체 활성화 방안 연구: 아파트입주자대표회의를 중심으로. 중앙대학교대학
　　　원 박사학위논문.

박광재·백혜선·서수정(2001). 아파트 공동체 실현을 위한 방안 연구. 대한주택공사 주택도시연구원.
박경옥(2010). 공동주택 커뮤니티 활성화를 위한 사회적 환경 구축. 한국주거학회논문집, 21(1).
박은철(2011). 공동주택단지의 커뮤니티 활성화 방안. SDI 정책리포트. 서울시정개발연구원.
은난순·지은영·채혜원(2014). 도시형 아파트 마을공동체 활성화 컨설팅 보고서. 충청남도.
이경희·채혜원(2004). 초고층 주상복합 건물 거주자의 지역공동체 의식과 근린활동. 한국가정관리학회지 22(3).
이수미(2013). 주민참여 유형이 아파트공동체의식 형성에 미치는 영향 연구. 서울시립대학교도시과학대학원 석사학위논문.
이연숙(1995). 공동체 생활문화 육성을 위한 한국의 미래주택 개발 방향. 연세대학교 생활과학연구소 학술대회집. 63-108.
조이브(2013). 아파트 커뮤니티 활성화를 위한 실행주체별 관계 및 역할 분석: 서울시의 열린 아파트 만들기 사업을 중심으로. 건국대학교대학원 석사학위논문.
주서령·박연심·박경옥·장성수(2002). 공동주택 커뮤니티 센터의 공간 프로그램 개발. 한국주거학회지 제13권 제3호. 33-43.
지은영·천현숙·은난순·채혜원(2014). 주민주도형 아파트 커뮤니티 사업의 활성화 방안. 한국주거학회논문집 25(5).
진미윤·이유미·김혜란(2001). 아파트 거주자의 근린의식과 근린관계에 대한 조사연구. 대한건축학회논문집 계획계 17(9), 통권 155호. 75-82.
천현숙·은난순·지은영·채혜원(2013). 공동주택 커뮤니티 활성화 지원과 평가 방안. 국토연구원.
홍형옥·은난순·지은영·채혜원(2011). 아파트 커뮤니티 활성화 매뉴얼: 커뮤니티 플래너용. 서울특별시 주택본부.

CHAPTER 8

강순주·함선익·이소연(2012). 싱가포르 공동주택의 커뮤니티 시설 및 운영현황. 한국주거학회 춘계학술발표대회 논문집 춘계 Vol 1 pp231-236.
김우동(2015). 사회적기업가 정신과 사회적기업 육성정책에 관한 연구. 한남대학교 석사학위논문.
국토해양부(2015). 2015년 주택업무편람.
김관영(2013). 행복주택사업의 한계와 대안모색 -주거복지동 건설사업-. 국회 국토교통위원회 국정감사 정책자료집.
김현민(2014). 대안적 지역재생 모델로서의 커뮤니티비지니스: 서울시 성북구 장수마을 사례를 중심으로. 서울시립대 석사학위논문.
김현호(2010). 소셜믹스 개념을 도입한 공동주택 계획기법. 대한건축학회지. 54(7) pp.37-40.
박광재(2010). 사회통합을 위한 주거단지 계획방향. 대한건축학회지. 54(7) pp.21-24.
박재현·강순주(20). 공공분양과 임대아파트 거주자들의 커뮤니티 의식과 커뮤니티 공간 이용 행태 비교 연구.

한국주거학회 p156-161.

서수정(2004). 국민임대주택의 사회통합적 계획방안 연구. 세종:주택도시연구원.

송현아·홍형옥(2013). 소셜믹스 방식의 주택공급에 대한 인식 및 사회적 계층통합의식에 관한 연구. 한국주거학회 춘계학술발표대회 논문집 25(1) pp.489-495.

심윤수(2007). 공공주택의 주거만족에 관한 연구: SH공사 임대·분양혼합배치아파트단지를 중심으로. 서울시립대학교 석사학위논문.

윤영호·조영태·이지은·노상연(2011). 영구임대주택단지 여유부지 활용을 통한 주거복지서비스 강화 및 임대주택 건설방안. 세종: 토지주택연구원.

이원영(2011). 국민임대아파트단지의 공동체시설 현황 및 발전방향. 건국대학교 박사학위논문.

이수민(2013). 분양임대혼합아파트단지의 소셜믹스(Social Mix)에 대한 실태 및 의식조사. 중앙대학교 석사 학위논문

진미윤·김주진(2014). 민관 협력 주거복지 지원체계 구축 방안 연구. 토지주택연구원.

천현숙·강미나·서수정·임현성·서종균·김윤이(2009). 보금자리주택단지의 사회적 혼합방안 연구. 안양:국토연구원.

토지주택연구원(2014). 코디네이터를 활용한 임대주택단지 공동체 활성화 방안 연구.

토지주택연구원(2014). LH주거단지 공동체공간 활용실태 POE 및 개선방안 연구.

토지주택연구원(2011). 보금자리주택지구 커뮤니티 시설 계획기준 및 운영방안 연구.

토지주택연구원(2010). 보금자리주택지구 주민연계형 사회적기업 활성화 방안.

함유근·김영수(2010). 지역경제를 살리는 새로운 대안 커뮤니티 비즈니스. 삼성경제연구소.

SH도시연구소(2012). 주거환경 개선을 위한 커뮤니티 계획 연구.

아시아경제 2015.7.30.

위키피디아 Wikipedia

법제처 www.moleg.go.kr

사회적기업진흥원 http://www.socialenterprise.or.kr

협동조합 http://www.cooperatives.go.kr

CHAPTER 9

곽현근(2008). 지역사회 주민조직 참여의 영향 요인 및 집합적 효능감에 미치는 영향에 관한 연구:대전광역시를 대상으로. 한국행정연구 2008년 여름호 17(2).

김해숙·정복환·김갑열(2014). 주민참여가 주거만족에 미치는 영향: 서울특별시 아파트 거주자를 중심으로. 국토연구 제83권, 31-47.

마쓰노 히로시 외 편저, 장준호·김선직 편역(2010). 커뮤니티를 위한 마을 만들기 개론. 형설출판사.

대한국토·도시계획학회(2015). 도시재생. 보성각.

박혜은(2013). 어촌마을 주민참여 교육 프로그램 효과성 분석에 관한 연구. 농촌계획 19(1). 137-147.
서규석(2003). 지역사회개발을 위한 주민조직 활성화 방안. 대전대학원 행정대학원 석사학위논문.
서울시 주택본부(2013). 아파트 커뮤니티 활성화 매뉴얼. 서울시.
오다해(2013). 마을만들기 사업에 있어서 참여주체의 특성에 관한 연구-주민참여기법을 중심으로. 영남대학교 대학원 석사학위논문.
조정현(2010). 주거단지계획의 주민참여 활성화를 위한 워크숍 프로그램: 코하우징 계획 사례를 중심으로. 가톨릭대학교대학원 박사학위논문.
지은영·천현숙·은난순·채혜원(2014). 주민주도형 아파트 커뮤니티 사업의 활성화 방안: 서울시 아파트 커뮤니티 활성화 공모사업을 중심으로. 한국주거학회논문집 25(5). p51-61.
차성란(2011). 가족친화마을만들기를 위한 주민역량 강화 방안: 살기 좋은 마을만들기를 위한 주민역량 강화 프로그램 분석을 기초로. 한국가족자원경영학회지 15(3).
천현숙·은난순·지은영·채혜원(2013). 공동주택 커뮤니티 활성화 지원과 평가 방안. 국토연구원.
폴 매티시 지음, 장수찬 옮김(2015). 마을만들기를 위해 알아야 할 28가지. 충남발전연구원 현장 총서. 그물코.
한국도시연구소(2001). 주민조직론. 한국도시연구소.
Nick Wates(1999). *The Community Planning Handbook*. Taylor & Francis
Zaff & Devlin A.S (1998). *Sense of Community in Housing for the Elderly. Journal of Commnity Psychology* 26(4). 381-398

CHAPTER 10

강부성 외(1999). 한국 공동주택계획의 역사. 공동주택연구회. 서울: 세진사.
김혜진·이연숙(2008). 주거단지 내 커뮤니티 시설에 대한 연령대별 의식 비교 연구. 한국생태환경건축학회논문집. 8(4), pp.55-62.
박억철·윤명한(2011). 아파트단지의 외부공간(Negative Space) 조형요소에 관한 연구. 기초조형학연구 12(1), pp.251-262.
신성준(2014). 공동주택의 녹색건축인증 인센티브에 따른 사업 타당성 분석. 동아대학교 석사학위논문.
양현주(2006). 커뮤니티를 고려한 아파트단지 내 공동생활공간 계획안. 홍익대학교 석사학위논문.
주서령·박연심·박경옥·장성주(2002). 공동주택 커뮤니티센터의 공간프로그램 개발. 한국주거학회논문집 13(3). pp.33-43.
천현숙·은난순·지은영·채혜원(2013). 공동주택 커뮤니티 활성화 지원과 평가방안. 안양: 국토연구원.
한국토지공사(2007). 단지 내 복합커뮤니티센터 도입방안에 관한 연구.
홍형옥·은난순·지은영·채혜원(2011). 아파트 커뮤니티 활성화 매뉴얼. 서울시.
법제처 www.moleg.go.kr
http://bookhunter.tistory.com/219
한국건설기술연구원(2021). 녹색건축물 인증 기준 해설서-신축 주거용 건축물.

CHAPTER 11

강준주·권오정·김진영(2005). 아파트거주자들의 세대별 특성에 따른 생활관리 프로그램 요구도. 한국주거학회 학술발표대회 논문집.
박은철(2011). 공동주택 단지의 커뮤니티 활성화를 위한 방안 연구. 서울시정개발연구원.
이봉주 외(2014). 사회복지 프로그램 개발과 평가. 신정.
홍형옥·은난순·지은영·채혜원(2011). 아파트 커뮤니티 활성화 매뉴얼. 서울특별시 주택본부.
한국도시연구소(2001). 주민조직론. 한국도시연구소.
CAI(2003). *An instruction to community association living*. Community Association Institute.

CHAPTER 12

이승욱(2012). 산재 보험 재활서비스 활성화를 위한 지역사회자원 연계 체계 구축 방안 연구. 근로복지공단 산재보험연구센터.
이재구(2014). 장애인복지관 재가복지서비스 종사자의 지역사회 자원연계활동에 미치는 영향. 공주대학교대학원 석사학위논문.
이종화(2009). 주거지 계획 이론의 변화에 따른 국내 생활권 계획의 특성 분석. 한양대학교도시대학원 석사학위논문.
이호·박연희·홍현미라(2001). 현장에서 배우는 주민조직방법론. 한국도시연구소.
조병희 외 6인(2010). 지역사회건강증진 역량 강화를 위한 주민 및 조직네트워크 조사에 관한 연구. 보건복지가족부.
주택관리공단 서울수서관리소(2009). '명품수서단지' 육성의 성과와 과제. 주택관리공단 서울수서관리소.
지은영·천현숙·은난순·채혜원(2014). 주민주도형 아파트 커뮤니티 사업의 활성화 방안. 한국주거학회논문집. 25권 제5호.
천현숙·은난순·지은영·채혜원(2013). 공동주택 커뮤니티 활성화 지원과 평가 방안. 국토연구원.
폴 매티시 지음, 장수찬 옮김(2015). 마을만들기를 위해 알아야 할 28가지. 충남발전연구원 현장 총서, 그물코.
한국청소년개발원(1995). 청소년과 지역사회. 한국청소년개발원.
홍성례 외 (2015). 사회복지실천기술론. 교문사.
홍형옥·은난순·지은영·채혜원(2011). 아파트 커뮤니티 활성화 매뉴얼. 서울특별시 주택본부.
서울시 관리규약준칙 2015 개정
서울시 공동체 활성화 단체 운영규정(안)

CHAPTER 13

천현숙·은난순·지은영·채혜원(2013). 공동주택 커뮤니티 활성화 지원과 평가방안. 안양: 국토연구원.
경기도청 www.gg.go.kr
노원구청 www.nowon.kr
대전광역시청 www.daejeon.go.kr
법제처 www.moleg.go.kr
부산광역시청 www.busan.go.kr
서울특별시청 www.seoul.go.kr
서초구청 www.seocho.go.kr
인천광역시청 www.incheon.go.kr

홍형옥

- 고려대학교 대학원 이학박사
- (현)경희대학교 주거환경학과 명예교수

주요연구
- 지역공동체 연구의 접근방법과 쟁점(2002)
- 아파트 커뮤니티 활성화 매뉴얼(2011)
- 주거관리(2011)
- 현대 공동주택관리론(2014)

지은영

- 경희대학교 주거환경학과 이학박사
- 한국교원대학교 가정교육과 교수

주요연구
- 주거복지상담 현장의 실태분석과 활성화 방안(2015)
- 주민주도형 아파트 커뮤니티 사업의 활성화 방안(2014)
- 공동주택 커뮤니티 활성화 지원과 평가방안(2013)
- 주거복지지표 개발에 관한 연구(2008) 등

채혜원

- 경희대학교 주거환경학과 이학박사
- 경남대학교 가정교육과 교수

주요연구
- 공동주택관리지원센터의 역할과 장단기 발전 방안(2015)
- 공동주택 커뮤니티 활성화 지원과 평가 방안(2013)
- 아파트 커뮤니티 활성화 매뉴얼(2011)
- 지역공동체에 대한 연구의 접근방법과 쟁점(2002) 등

주택과 커뮤니티

초판발행	2015년 12월 30일
수정발행	2023년 01월 30일
저 자	홍형옥 · 지은영 · 채혜원
발 행 처	(주)이테시스
주 소	서울 서초구 방배천로 2길 15, 5층
전 화	02) 533-6311
팩 스	02) 533-4311

정가: 25,000원

무단복제를 금합니다. 잘못된 책은 본사에서 교환해 드립니다.